U0585603

浦睿文化　出品

1968:

THE YEAR THAT ROCKED THE WORLD

撞击世界之年

[美]马克·科兰斯基 著

洪兵 译

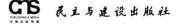
民主与建设出版社

献给我美丽的塔莉娅·菲葛；
为了她将会明辨真伪，热爱生活，憎恶战争，
并永远相信她可以改变这个世界

目录

我认为，人民如此渴望和平，各国政府早晚都应该让道，让人民得到和平吧。

——德怀特·戴维·艾森豪威尔（Dwight David Eisenhower），1959 年

会有一个时候，当这架机器的运转变得如此可憎，令你们从心底作呕，不愿再参与……你们必须将你们的血肉之躯扑在齿轮上……你们必须使它停转。

——马里奥·萨维奥 [1]，伯克利，1964 年

这条道路布满险阻……首要的危险是自认徒劳无益，认为面对这个世界上无数的积弊沉疴，一个男人或者一个女人不可能有所作为……然而……当每次有人为了理想挺身而出，或者采取行动以改变他人的命运，抑或对不公进行抗争时，他就撩动了希望的涟漪，而通过来自无数不同的能量和勇气的相互激荡，这些涟漪汇聚成川，足以涤荡最强横的压迫与阻挠。

——罗伯特·F.肯尼迪（Robert F. Kennedy），南非开普敦，1966 年

我们的规划基于如下的信念，即人类不仅能够认识这个世界，同时也能够改变这个世界。

——亚历山大·杜布切克 [2]，《波希米亚演讲》，1968 年 5 月 16 日

---

1 马里奥·萨维奥（Mario Savio，1942—1996），美国著名政治活动家，伯克利大学"自由言论运动"的领袖，也是整个 20 世纪 60 年代美国民权运动的核心人物和反主流文化运动的偶像。此处引用的他的演讲在 20 世纪 60 年代民权运动中广为流传。——译注。（下文脚注如无特别说明，皆为译注。）

2 亚历山大·杜布切克（Alexander Dubček，1921—1992），捷克斯洛伐克政治家，"布拉格之春"的领导人。

我们批评一切使得人民处于被动状态的社会。

——丹尼埃尔·科恩－本迪特[1]，伦敦，1968 年 6 月

沉默有时是一种耻辱。

——叶夫根尼·叶夫图申科[2]，1968 年 8 月 22 日

青年运动是史无前例的世界性景观。当局想让我们相信这些年轻人会逐渐平和，到而立之年他们会谋得一份类似广告公司主管的工作——我不相信。那些浅薄无能就靠屁话维持的政府，早已使全世界数以百万计的青年人无比厌烦。

——威廉·巴勒斯[3]，《更好的紫腚狒狒的到来》，

《时尚先生》杂志，1968 年 11 月

这是有魔力的话语：都起来靠墙站着，混账，这是持枪抢劫！

——勒鲁瓦·琼斯[4]，《黑人！》，1967 年

---

1 丹尼埃尔·科恩－本迪特（Daniel Cohn-Bendit, 1945—），出生于法国的德国政治家，是 1968 年 5 月法国学生起义的领袖，迄今仍活跃在德、法两国及欧洲绿党。目前任职为欧洲绿党—欧洲自由联盟在欧洲议会之党团共同主席。

2 叶夫根尼·叶夫图申科（Yevgeny Yevtushenko, 1933—），苏联及俄罗斯著名诗人，曾公开谴责苏联对捷克斯洛伐克的入侵。他还是小说家、散文家、剧作家、编剧、演员、编辑，并导演过几部影片。

3 威廉·巴勒斯（William Burroughs, 1914—1997），"垮掉的一代"文学运动的创始人之一，因其对毒品文化惊人和反传统的叙述而著称，代表作是《赤裸的午餐》。《更好的紫腚狒狒的到来》是对 1968 年芝加哥民主党大会的报道，在文中一个美国最高法院前法官以紫色屁股的狒狒形象出现，并劝诫示威学生们支持越战。

4 勒鲁瓦·琼斯（LeRoi Jones, 1934—2014），又名阿米里·巴拉卡（Amiri Baraka），美国著名黑人作家、诗人、歌剧编剧和音乐评论家，著名民权运动活动家，曾在纽约州立大学石溪分校、水牛城大学等院校担任教授。他的诗歌等作品因为大量涉及种族、强奸、暴力、同性恋和宗教问题，既广受赞誉，也引发了极大争议。

导言
震撼世界之年

中年的乐事之一在于发现自己曾经是正确的，并且一个人在 17 岁或者 23 岁这种年纪时，远远要比自己所想象的更为正确。

——埃兹拉·庞德（Ezra Pound），《阅读入门》，1934 年

从来没有一个年份像 1968 年，以后也不大可能再会有这样的年份。那时各个国家和文化仍相互独立、形神迥异——1968 年时的波兰、法国、美国和墨西哥的差别远比今日显著——然而却在世界范围内同时出现了反叛精神的自燃。

历史上曾经有过其他的革命年代，例如 1848 年，但是与 1968 年形成对比的是，1848 年的那些历史事件局限于欧洲，它的反抗同样也局限于一些相似的议题。作为全球帝国体系建立的后果，也有过其他全球性的事件，如第二次世界大战这种影响巨大、波及全球的悲剧事件。1968 年的独特之处在于人民针对各种议题进行反抗，其共同之处仅在于那种强烈的反抗愿望、对反抗方式的理解、对现存制度的疏离感，以及对任何形式的专制主义的深切厌恶。这些反抗指向大多数的机构建制、政治领导人和政治党派。

许多反抗活动并非有预谋或者有组织的，往往是通过匆忙召开的会议指挥的；一些最重要的决定则是在兴之所至时做出的。由于运动是反专制的，因此它们缺乏领导，或者只是拥有拒绝作为领袖的领导人。运动的意识形态通常也不清晰，仅在为数甚少的议题上达成了普遍共识。1969 年，当一个联邦大陪审团指控八位激进活动分子与 1968 年芝加哥的抗议示威活动有联系时，阿比·霍夫曼[1] 作为其中的一员，描述这个群体时说道："甚至关于午餐我们都意见不一。"虽然各处都在发生反抗运动，但是罕有这些力量的联合；即使在美国曾有过像民权运动、反战运动和女权运动的结合，或者在法国和意大利曾有过劳工运动和学生运动的结合，但大都是出于一时之需，并且很快就瓦解了。

四个历史因素共同造就了 1968 年：当时的民权运动新颖而有独创性，形成了示范效应；整整一代人自视与前辈截然不同、与社会格格不入，进而拒斥一切形态的威权；当时的越南战争为全世界所痛恨，而它为所有的反抗者提供了一个理由；所有这些都发生在电视逐渐发展成熟的背景中，但其时电视仍足够新锐，无法像今天这样被操控、提纯和包装。在 1968 年，在当日收看来自世界上另一个地方的电视转播，这个现象本身就是一个扣人心弦的技术奇迹。

美国在越南的战争并不特别，它当然也不比无数其他的战争更应该受到谴责——包括此前法国在越南的战争。但这次它是由美国这样一个史无前例的全球霸权所发起的。当时正值殖民地人民试图通过"反殖民斗争"重建民族国家，此举激发了全世界人民的理想主义；但是当这片贫瘠、弱小的土地在争取独立的时候，却遭到了一个"超级霸权"

---

1 阿比·霍夫曼（Abbie Hoffman, 1936—1989），美国著名的民权运动活动家、反战运动活动家以及环保运动活动家，是 1968 年成立的美国"国际青年党"（Youth International Party, "Yippies"）的发起人之一，尤以策划和组织抗议运动的媒介事件而著称。

的新型实体的狂轰滥炸——美国在这片狭仄国土上投下的非核弹炸弹（non‑nuclear bombs），数量超过了第二次世界大战期间投放在亚洲和欧洲的总和。在1968年越战的高峰期，美军每星期的杀戮数量至少相当于"九一一"事件中的遇难人数。虽然在美国、法国、德国和墨西哥的运动中有着惊人的分裂和众多的派系——但是由于美国的霸权和威望，以及越南战争的残酷和不义的性质——所有人都反对越南战争。1968年，当美国民权运动在非暴力的倡导者和黑人权力的倡导者之间分裂，两个阵营还是能够就反对越战保持共识。只要挺身反对越南战争，全世界的异议运动就能据此建立。

当异议者们试图抗议，他们知道如何行事，他们知道如何游行和静坐，而这些都拜美国民权运动所赐。从密西西比民权运动的电视报道中他们看到了一切，现在他们迫切希望自己成为争取自由的游行者。

对于出生在第二次世界大战之后的那代人而言，"大屠杀"还是个新词，而原子弹才刚刚引爆，他们出生在一个与此前截然不同的世界。在第二次世界大战后成长的一代人，与在第二次世界大战之前和之中成长的那代人大异其趣，以至于为寻找共同点而产生的龃龉屡见不鲜。甚至，他们对同一个笑话的反应都是不同的。鲍勃·霍普（Bob Hope）和杰克·本尼（Jack Benny）这样的喜剧演员大受老一代的欢迎，对新一代却毫无吸引力。

1968年是一个令人震惊的现代主义的年度，而现代主义总是令年轻人着迷，使老年人困惑，但是回首望去，那又是一个古朴纯真的年代。想象一下纽约哥伦比亚大学的学生和巴黎大学的学生隔着大西洋发现他们相似的经历，然后他们会面，小心翼翼地相互接近，试图找出彼此间是否有共同之处。他们惊愕而激动地发觉，无论是在布拉格、巴黎、罗马、墨西哥，还是纽约，他们采用的是同样的策略。利用通讯卫星和并不昂贵、可重复使用的录像带等新的工具，电视使得每个人都可以非常清晰地知晓其他人的作为；在人类的经验中，当日在远方所发生的重要事件第一次可以即时传播，这真是令人兴奋不已。

再也不会有像 1968 年那样出现如此多新奇事物的年度了。"地球村"是马歇尔·麦克卢汉[1]在 20 世纪 60 年代创造的词汇。这个星球日益扁平化，任何事都不会再像第一次看到在月球上拍摄的照片、第一次听到来自外太空的广播那样使我们感到震撼。现在，我们生活在一个每天都期待新突破的世界。如果还能够造就另一批 1968 年的那代人，那么他们所有的运动都将利用网络，而当他们彼此用电子邮件进行联系、更新时，会被执法部门严密监控。毫无疑问，人们会发明其他工具，但即使是关于新发明的概念都变得陈腐了。

我生于 1948 年，属于痛恨越战和对之抗议的那一代人。我对威权的理解来自记忆的塑造：催泪瓦斯的胡椒味，警察在进攻前不动声色，他们慢慢从侧翼逼近示威者，然后以警棍开始杀戮。我从本书的一开始就表明我的成见，是因为即便到了 30 多年后的现在，我仍认为试图在"1968 年"这个主题上保持客观是不诚实的。在阅读了1968 年的《纽约时报》《时代》《生活》《花花公子》《世界报》《费加罗报》，一份波兰的日报和一份波兰的周刊，以及几份墨西哥的报纸后——其中一些声称是客观的而另一些则声明其成见——我确信"公正"是可能的，但真正的"客观"是不可能的。1968 年，所谓的"客观的"美国新闻界，远比它自己认识到的要主观得多。

---

1 马歇尔·麦克卢汉（Marshall McLuhan，1911—1980），加拿大媒介理论家，主要著作有《机器新娘》（1951）和《理解媒介》（1964），是"地球村""媒介即讯息"等重要概念与理论的首创者，被公认为媒介生态学的奠基人之一。

写作本书使我回想起曾经的那个年代，人们能够直言不讳并不忌惮冒犯威权——而从那之后，已有太多的真相被湮没无闻。

第一部
我们怨愤的严冬

眼睛不必再承受所见。
被照亮的黑色表盘上，
一轮新月的绿色密码——
一、二、三、四、五、六！
我呼吸，且无法入睡。
早晨来了，
说："这曾是夜。"

——罗伯特·洛威尔，《近视：一个夜晚》，
摘自诗集《致联邦死难者》，1964 年

第一章
1968 年的第一周

任何秩序井然的年份似乎都应如此——1968 年从一个周一的早晨开始。这是一个闰年，2 月份有 29 天。《纽约时报》当天的头版头条标题是："世界辞别动荡一年，纽约城普降瑞雪"。

在越南，1968 年平静地开启。教皇保罗六世已宣布 1 月 1 日为"和平日"，为此教皇说服南越和美国盟军将其 24 小时的休战再延长 12 小时。在南越的人民解放军武装力量——一支被称为"越共"[1]的亲北越的游击队武装，则宣布将停火 72 小时。在西贡，南越政府强迫店主们悬挂预言"1968 年盟军必胜"的横幅。

在南越湄公河三角洲的午夜，美寿镇（Mytho）上教堂的钟声鸣响，宣告新年的到来。10 分钟后，当钟声仍在回荡，越共的一个小分队出现在稻田边，他们出其不意地伏击了南越海军陆战队第二营，杀死 19 名并杀伤 17 名南越士兵。

《纽约时报》的一篇社论认为，虽然再次交火撕碎了和平的希望，但在越南 2 月份的新年中还有另一次停火的机会。

---

1 原文为"Viet Cong"，是西方及当时的南越对"越南南方民族解放阵线"（National Front for the Liberation of Southern Vietnam）的惯称，该组织于 1960 年 12 月成立，号召成立一支人民的军队以推翻美国等在越南南方的统治，在狭义上专指其游击队武装，广义上则既包括游击队武装，也包括正规军即越南人民军（People's Army of Vietnam, PAVN）。

"L'annee 1968, je la salue avec serenite." 在新年的除夕，魁伟而俨有帝王之威仪的夏尔·戴高乐（Charles de Gaulle）总统在他华丽的宫殿宣布："我祝愿 1968 年成为祥和的一年。"他已年届 78 岁高龄，从 1958 年起就领导法国。他修改了宪法，使得法国总统成为西方民主政体中最为强势的国家元首，这时正值他第二个七年任期的第三年，政局稳定无虞。戴高乐总统在镀金的宫室通过法国电视台——它仅有的两个频道完全由政府控制——发表讲话，他声称其他国家很快将会向他求助，而他不仅将为越南而且将为中东地区调停和平。"因此，所有迹象表明，我们将处于一个对解决国际争端贡献最大的位置。"近年来，他已经习惯以"我们"指称他自己。

当这位被法国人称为"将军"或者"伟大的夏尔"的总统向法国人民发表年度电视致辞时，他显得"不同寻常地温和，几乎到了慈祥的地步"，即便对于美国他也没有使用尖刻的形容词——不久前他还称美国"令人憎恶"。他的语气和 1967 年的新年致辞形成鲜明对比，那时他谈及在越南进行的"可耻的非正义战争"，称那是一个"大国"在摧毁一个小国。对于其盟友指向越战的仇视程度，法国政府日益感到忧虑。

法国正享受着祥和与繁荣的时刻。戴高乐似乎忘记了，在第二次世界大战之后法国也进行了它自己的越南战争。作为美国之敌的胡志明（Ho Chi Minh），在法国殖民统治时期与戴高乐同年出生，并且大半生都在反抗法国。胡志明曾以化名"Nguyen O Phap"在巴黎生活，意为"阮仇恨法国人"。在第二次世界大战中，富兰克林·罗斯福总统曾警告戴高乐：法国在战后应该让印度支那独立。但是戴高乐却告诉胡志明，即使他正在征募越南人民抗击日本，在第二次世界大战后他仍意欲重建法国的殖民地。罗斯福试图说服他"印度支那人民有权利享有更好的地位"，戴高乐却认定自由法国军队应该参与在印度支那的任何行动，因为"法国人在印度支那的土地上洒下的热血构成了有效的领土要求"。

第二次世界大战后，法国为了侵占越南，和胡志明交战并遭受重挫，然后法国在阿尔及利亚再次战败。但是从1962年起法国就处于和平状态，经济开始发展，尽管戴高乐对于经济的细节是出了名的淡漠。从阿尔及利亚战争结束到1967年期间，法国的实际工资每年增长3.6%，汽车与电视的销量迅速提升，进入大学的年轻人的数量更是急剧上升。

戴高乐的总理乔治·蓬皮杜（Georges Pompidou）预计当年度问题不会多。他预测在野的左翼将更为团结，但不太可能夺取权力。"反对党今年将对政府形成困扰，"蓬皮杜宣称，"但他们还不至于成功地引发一场危机。"

颇为流行的周刊《巴黎竞赛报》（Paris Match），将蓬皮杜列为少数几位可能在1968年进行运作以取代戴高乐的政治家之一。然而编辑们预测在法国之外更有看点，他们宣布"美国将上演有史以来最激烈的一次选战"。除了越南，编辑们认为潜在的热点还包括黄金与美元之争、民主自由在东欧社会主义国家的发展，以及苏联太空武器系统的建立。

戴高乐在新年致辞中声称："今日之法国，断不可能如同往昔因危机而瘫痪。"

归功于文化部部长安德烈·马尔罗（Andre Malraux）发起的清洁建筑物运动，巴黎看起来从未如此熠熠生辉。玛德莲教堂、凯旋门、先贤祠，还有其他的标志性建筑不再灰黑一片，而是呈米色和浅黄色，而1月份的冷水喷洗将除去巴黎圣母院700年来的尘垢。这是巴黎目前最具争议的话题之一。喷洗会损坏建筑吗？清洗后的石料颜色将斑驳不一，会不会使它看起来像一件奇怪的百衲衣？

1968 年新年前夕的午夜，坐在宫殿中的戴高乐安详而乐观。"当如此众多的国家处于政局动荡之中，"他承诺说，"法国将继续成为良好秩序的典范。"法国在国际上的"根本目标"是"和平"，戴高乐将军表示："我们没有任何敌人。"

也许这种新式的戴氏语气出于对诺贝尔和平奖的期待。戴高乐将军核心集团的一些人对其未获得诺贝尔和平奖异常愤慨，《巴黎竞赛报》询问蓬皮杜对此是否认同，蓬皮杜则回应道："你们真认为诺贝尔和平奖对将军有意义吗？将军只在意历史，而没有任何评委会能够主宰历史的评价。"

除了戴高乐外，美国的电脑工业也对新年表现出难得的乐观，它预测 1968 年将是一个创纪录的年份。在 20 世纪 50 年代，电脑厂商曾预计 6 台计算机即可满足整个美国的需求，而在 1968 年 1 月已有 5 万台计算机在全美运行，其中 1.5 万台是在 1967 年安装使用的。香烟工业也乐观地认为，1968 年将维持 1967 年 2% 的销售增长率。一家重要的香烟厂商的执行官夸耀说："他们越是攻击我们，我们的销售就越好。"

但是从大多数方面衡量，美国的 1967 年不是一个顺遂的年份。在全国许多黑人聚居的旧城区，包括波士顿、堪萨斯城、纽瓦克和底特律，都爆发了创纪录的暴力和破坏性骚乱。

1968 年是"黑鬼"（negroes）这个词变成"黑人"（blacks）的一年。在 1965 年，作为极具活力和创造力的民权组织"学生非暴力协调委员会"[1]的组织者,斯托克利·卡迈克尔[2]创造了"黑豹"[3]这个名称,继而又出现了"黑人权力"[4]这个词语。那时,在这个意义上,"黑人"这个词是很少使用的诗意表达。这个词在1968年开始成为对黑人激进武装分子的称谓,而到了年底则演变成对黑人民众的首选称谓。"黑鬼"一词则成为对那些不愿挺身而出争取自身权利的黑人的蔑称。

在1968年的第二天,在没有受到挑战的情况下,37岁的教师罗伯特·克拉克(Robert Clark)在密西西比州众议院履职,也就此成为了1894年以来密西西比州立法机构的第一个黑人众议员。

但是美国民权运动的行动重心逐渐从话语温和的南部乡村向更真实的北部城市转移。北方的黑人和南方黑人是不同的。尽管马丁·路德·金博士的大多数南方追随者学习莫罕达斯·甘地及其非暴力的反

---

1 学生非暴力协调委员会(Student Nonviolent Coordinating Committee, SNCC),20世纪60年代美国民权运动最为重要的组织之一。1960年4月,由美国黑人民权女活动家埃拉·贝克(Ella Baker)组织、在美国南方历史最悠久的黑人大学萧尔大学(Shaw University)所举办的一次学生会议,被普遍认为是这个组织的肇始。其主要贡献是通过动员大量的志愿者在南方的实际工作,推动了黑人的选民登记。它领导了20世纪60年代的静坐和自由骑士运动,主导了1963年的华盛顿大游行、"密西西比自由之夏"、密西西比自由民主党的成立等重大事件,在60年代后期主要致力于"黑人权力"运动及反对越战的运动。
2 斯托克利·卡迈克尔(Stokely Carmichael, 1941—1998),特立尼达裔美国黑人,美国20世纪60年代民权运动和"黑人权力"运动活动家。1966年他成为"学生非暴力协调委员会"主席,并使得"黑人权力"成为其核心目标与意识形态。他将非暴力视为一种策略而非一种原则,并谴责民权运动领导人试图将美国黑人整合进主流中产阶级的既成建制,由此与马丁·路德·金等产生分歧。分裂的"学生非暴力协调委员会"在其领导下趋向激进与暴力。他曾担任"黑豹党"的"名誉总理"。
3 黑豹,即"黑豹党"(Black Panthers Party),由休伊·牛顿(Huey Newton)和鲍勃·西尔(Bobby Seale)于1966年10月成立,原名为"支持自卫的黑豹党"(Black Panther Party for Self-Defense),是一个黑人社会主义革命组织,它将黑人的民族主义斥为"黑人种族主义",并倡导没有种族排他性的社会主义革命。它在20世纪60年代和20世纪70年代的民权运动与"黑人权力"运动中扮演了重要角色。"黑豹党"曾在黑人聚居区实施旨在制衡警察暴力、增进健康和扶贫的一系列项目,但其成员针对警察的对抗性、暴力性和军事化的犯罪活动臭名昭著。时任联邦调查局局长胡佛曾称其为"国家内部安全的最大威胁"。
4 黑人权力(black power),表达的是一系列的政治目标,包括进行自卫以反抗种族压迫、建立保障黑人权益的社会性建制,以及发展自足的黑人经济等。这一概念并非首先由斯托克利·卡迈克尔提出,但在1966年6月代表"学生非暴力协调委员会"的一次演讲中,斯托克利·卡迈克尔首次将其作为一个社会和政治口号进行社会动员,其名言为"黑人权力意味着黑人凝聚起来形成一股政治力量,然后要么选举出他们自己的代表以表达其诉求,要么迫使既得利益集团的代表们表达其诉求。"由此,"现在是黑人权力的时代!"(Now is Black Power!)取代了马丁·路德·金倡导非暴力的口号:"现在就要自由!"(Now Freedom!)

英运动，在纽约长大成人的斯托克利·卡迈克尔却对像茂茂[1]——在肯尼亚奋起反抗英国人——那样的暴力反叛者更感兴趣。卡迈克尔性情和善、机智，且有一种从特立尼达同胞那儿继承来的戏剧表演感，他和所有"学生非暴力协调委员会"的成员一样，在南方屡屡入狱，频遭威胁和虐待。在那些年里，"非暴力"这个概念总会有受到质疑的时候。在面对种族隔离主义者的侵扰时，卡迈克尔开始在语言上，有时是在行动中愤怒地回击那些辱骂和虐待。金博士的追随者们高唱着"现在就要自由！"，而卡迈克尔的支持者则喊着"黑人权力！"。金博士曾试图说服卡迈克尔使用"黑人平等"而非"黑人权力"，但是卡迈克尔坚持使用他自己的口号。

越来越多的黑人领袖试图以隔离对抗隔离，即施行一种只为黑人建立的社会秩序，他们声称将把白人记者排除在新闻发布会之外。1966年，卡迈克尔取代了言语温和、倡导非暴力的约翰·刘易斯（John Lewis），成为"学生非暴力协调委员会"的领袖，就此将"学生非暴力协调委员会"转变为一个激进好斗的"黑人权力"组织，"黑人权力"也因之成为全国性的运动。1967年5月，在民权运动中尚未成名的休伯特·拉普·布朗[2]又取代卡迈克尔成为领袖，这时"学生非暴力协调委员会"的非暴力宗旨已名存实亡。在那个充满血腥骚乱的夏天，布朗在一个新闻发布会上放言："喂，你们最好得有枪。暴力是必须的——这和樱桃派一样，是天然的美国特色。"

许多人认定非暴力的宗旨已经过时无用，由此产生的分裂使金博士

---

1 茂茂（Mau Mau），对肯尼亚的基库尤人所主导的部落的统称。"茂茂叛乱"（Mau Mau Revolt）指的是1952年至1956年基库尤部落与当地英军及反基库尤部落之间的军事冲突。1956年10月，叛乱领导人德丹·基马西（Dedan Kimathi）被俘，叛乱失败。

2 休伯特·拉普·布朗（Hubert "Rap" Brown, 1943— ）就任"学生非暴力协调委员会"主席后曾与"黑豹党"有短暂的结盟，其间同时担任"黑豹党"的"司法部部长"。他的另一句名言是："如果美国不改变立场，我就会把它烧成平地。"2000年，他因枪击佐治亚州富尔顿县两名黑人警察被判终身监禁。

丧失了对民权运动的控制力。1968 年看起来注定是属于"黑人权力"的一年，而警察也开始未雨绸缪。1968 年初始，大多数的美国城市都在备战——建造军火库，像把间谍投放到敌占区一样将卧底警察派遣到黑人社区，招募市民组成常设预备队。由于在 1965 年 8 月瓦茨地区的暴动中有 34 人丧生，洛杉矶市考虑购买配置有 30 毫米口径机关枪的防弹装甲车、烟幕弹、催泪瓦斯或者灭火发射器，还有一种据说声音异常尖利、能制服暴动者的警笛。"当看到这些东西时，我想，上帝啊，希望我们永远不必使用它们，"洛杉矶警察局副局长达里尔·盖茨（Daryl Gates）说，"但随后我意识到在瓦茨这些武器该有多么珍贵，在那里我们想援救受伤警察，但面对狙击火力却无法自保。"自从加利福尼亚州州长帕特·布朗在 1967 年的选举中被罗纳德·里根击败——主要是由于瓦茨暴动，警力装备就成为了很容易被利用的政治性议题。问题在于每辆防弹装甲车造价 35000 美元，于是洛杉矶警署只好采纳更为经济的方案——购买军方剩余的、每辆造价只有 2500 美元的 M-8 装甲车。

在底特律，由于 43 人死于 1967 年的种族骚乱，警方虽然已有 5 辆装甲车，但仍在囤积催泪瓦斯和防毒面罩，同时请求增拨反狙击步枪、卡宾枪、霰弹枪以及 1.5 万发子弹。底特律的一个郊区购买了一辆军用半履带车——类似于一辆坦克。为了应对 1968 年，芝加哥为其警察购买了直升机，并开始训练 1.15 万名警察使用重武器并掌握群体性事件控制技能。从 1968 年年初开始，美国似乎就被忧惧所笼罩。

1968 年 1 月 4 日，因为在 1967 年夏天的纽瓦克骚乱中非法持有两把左轮手枪，34 岁的剧作家、直言不讳的"黑人权力"运动倡导者勒鲁瓦·琼斯被判在新泽西州监狱服刑两年半至三年，并罚款 1000 美元。在解释为何判处最长刑期时，埃塞克斯县法官利昂·W.卡普称，他怀疑琼斯在被捕当夜"参与制定"了焚烧纽瓦克的计划。数十年后，改名为"阿米里·巴拉卡"的琼斯成为新泽西州的桂冠诗人。

在越南，尽管美国政府官员总是告知记者们战争将要结束，但它看来离结束仍遥遥无期。

当法国人在1954年撤离越南时，它已分裂为原来就主要由胡志明掌控的北越，以及由反共派系所控制的南越。到1961年，北越共产党通过其武装力量，几乎兵不血刃就控制了一半的南越版图。同年，北越通过后来著名的"胡志明小道"派遣正规军完成对南方的接管。美国对此的反应是加强介入，虽然此前它早就卷入——在1954年，美国就为法国的越南战争提供了约4/5的费用。1964年，随着北越的力量稳步增强，为寻求战争公开化的借口，约翰逊总统利用了一个据称是越共海军在东京湾（现称北部湾）发起的袭击事件作借口。从那时起，美国人每年对越南的军事参与都在加强。

1967年，9353名美国人丧生于越南，超过了此前美国在越南的死难者总数——美国人的死亡总数已达到15997人，另有99742名美国人受伤。美国报纸每周都会刊载各地伤亡人数的报道。战争也使美国付出了巨大的经济代价，据估测，每月的军费支出在20亿到30亿美元之间。为了给巨大的债务止血，约翰逊总统在1967年夏天要求大幅度增税。约翰逊总统曾试图以"伟大社会"计划[1]，即大规模社会福利支出项目，纪念已逝的前任总统，但现在因缺乏资金而偃旗息鼓。

---

1 "伟大社会"计划（Great Society）：1964年3月7日，约翰逊总统在俄亥俄州立大学的演讲中第一次提出"共同建设一个'伟大社会'"的概念；1965年1月，约翰逊总统在国情咨文中正式提出建设"伟大社会"的施政纲领，随后又向国会提出有关教育、医疗、环境保护、住房、反贫困和民权等方面的83个特别立法建议，其中许多获得通过并成为了影响深远的法案，包括保护公民权利的法案，通过教育、职业培训、社区开发"向贫困宣战"的项目，《中小学教育法案》,《社会保险法》，以及涉及消费者保护与环境问题的各个法案。

1968 年年初出版的《伟大社会计划读本：美国自由主义的失败》一书断言："伟大社会"计划与自由主义本身都已濒临覆灭。

纽约市市长约翰·林赛（John Lindsay）是一个有意竞选总统的自由派共和党人，他在 1967 年的最后一天曾表示，在目前的开支计划下，如果联邦政府无法给各个城市增加拨款，那么"美国政府就应该重新检讨它认为自己在越南和其他地方负有的义务。"

和苏联开展激烈的登月竞争的美国政府，被迫削减它的太空探索预算。即使是国防部也将越战作为优先考虑，在年初就请求国会批准延迟或者取消数亿美元并非亟需的军事装备设施订单，以便能有更充裕的资金填补越战的消耗。

1968 年的第一天，约翰逊总统呼吁美国公众减少境外旅行，以便缩减美国日益增长的国际收支逆差——他认为美国人境外旅行的增长应对赤字负部分责任。国务卿迪安·腊斯克（Dean Rusk）认为美国旅游者必须"分担负担"。约翰逊总统要求美国公众将不必要的旅行至少推迟两年，同时建议强制性削减海外商务投资并对海外旅游征税，这些都被田纳西州民主党参议员艾伯特·戈尔（Albert Gore）称为"非民主的"。

许多法国人，以其可以理解的对事物持"法兰西中心主义"观点的秉性，觉得约翰逊采取这些措施是在报复被公认为傲慢的戴高乐。巴黎的《世界报》认为，约翰逊总统的提议给了美国人一个机会以"聚集他们对法国的怨恨"。

随着越战耗资的与日俱增和不得人心，1968 年美国政府官员迫于压力需要粉饰越战。纽约时报社的 R.W. 阿普尔（R.W.Apple）曾报道：

"我前几天参加了一个新闻吹风会，"一个中产阶层的平民说，"然后主持吹风会的那家伙走出来说：'选举年即将开始，我们的上司正忙着确保约翰逊总统在11月连任。'"

这场新的公关活动的核心，是将南越描绘成一片值得美国人为之战斗的土地。官员们收到指示，必须使得美国公众相信南越军队是有战斗力的，因此他们不得不虚构南越军队的战果来赢得美国公众的支持。同等重要的是，美国官员还必须为南越政府令人尴尬的腐败擦屁股，并且将其总统阮文绍（Nguyen Van Thieu）包装成一个鼓舞人心、能激发民众为战争做出牺牲的领导人——虽然所有的证据都证明阮文绍压根儿不是这种人。美国新闻界和政府之间的关系已经有了麻烦，并注定会在1968年变得更糟。

河内的官方报纸《人民报》（Nhan Dan）的新年社论说，面对轰炸，"我们的通讯线路和以往一样畅通"，并且断言"人民的政治和道义团结进一步加强"。

胡志明在新年致辞中说，北越和南越人民"团结如一人"。这位78岁的主席还做了预测："今年美国侵略者将无比被动和慌乱，而我们的军队将乘胜追击，勇往直前，一定会赢得更多、更大的胜利。"他至少说对了一半。

胡志明向所有友好国家以及"美国国内热情支持越南人民正义斗争的进步人士"致以最衷心的祝愿。胡志明的发言促使美国各个阶层的"进步人士"显著增长。

民意测验者注意到，在美国，不仅越战的支持率下降，而且越来越多的人愿意进行示威游行以抗议越战。1965年，当"学生争取民主社会"[1]组织号召在华盛顿进行反战示威时，许多曾参与早期和平运动的人士都抱怨"学生争取民主社会"组织"没有批评共产主义者"，且对他们的运动策略和表述有很多异议。尽管如此，"学生争取民主社会"组织仍然在 1965 年 4 月聚集了 2 万人参加华盛顿游行，这是截至当时最大规模的反战游行。但在当年，"学生争取民主社会"组织和反战运动避免了老生常谈的冷战辩论，使得 1967 年成为极其成功的一年。"结束越战全国动员委员会"[2]联合了过去的和平主义者、新老左翼分子、民权活动人士和年轻人，在旧金山发起了数万人参加的和平示威。3 月份，他们又集结了数十万人追随金博士在纽约发起的游行，从中央公园一直行进到联合国总部。

在秋季的"反对征兵周"，上万人在加州奥克兰示威，其中大部分是年轻人，后来演变成与警察的巷战。反战运动也脱离了金博士的非暴力主张。这些抗议者不想被拖进警车，他们冲击警察的防线，然后撤退到街头的临时路障后面。为抗议陶氏化工公司[3]的招聘，威斯康星大学的数百名学生采用老办法，在校舍中静坐。麦迪逊的警察并未将示威者拖离现场，但是他们使用了胡椒喷雾剂和警棍，这使得公众

---

1 "学生争取民主社会"（Students for a Democratic Society, SDS）的前身为"学生争取工人民主"（Student League for Industrial Democracy, SLID）组织，在 1962 年更名为"学生争取民主社会"，同年于密歇根大学召开第一次大会并发表《休伦港宣言》，是美国新左派的主要代表。这一组织所倡导的参与式民主、直接行动、激进主义及其组织结构极大地影响了此后的美国激进学生社团。它在 1969 年举行最后一次大会后解体。
2 结束越战全国动员委员会（The National Mobilization Committee to End the War in Vietnam, Mobe）原名为"结束越战春季动员委员会"（Spring Mobilization Committee to End the War in Vietnam），是在 1967 年由反战活动人士成立的联合组织，其宗旨是组织进行反对越战的大型示威游行。主席为反战活动家与民权活动家詹姆斯·卢瑟·贝弗尔（James Luther Bevel, 1936—2008），他也是文中所述从林肯公园至联合国总部游行的发起人与组织者。此后，"结束越战全国动员委员会"所组织的游行还包括 1967 年 10 月由 5 万人参加的"向五角大楼进军"的大游行、1968 年由 1 万人参加的芝加哥民主党大会期间的游行，以及 1 万人参加的抗议尼克松就任总统的游行，此后这一组织开始解体。
3 陶氏化工公司（Dow Chemical），是主要生产塑料、化学产品和农业产品的美国跨国公司，成立于 1897 年，总部位于密歇根州米德兰城。它从 1965 年起接受政府合同，生产和提供凝固汽油弹，在其他承包商由于公众抗议而撤出后，成为凝固汽油弹的唯一提供商。陶氏化工公司到 1969 年才停止生产凝固汽油弹，而美国直到 1973 年才停止在越南投掷凝固汽油弹。

极为愤怒，即刻有数千人增援抗议学生，并与警察对抗。

陶氏化工是 20 世纪 60 年代海报中"邪恶公司"的常见形象，它生产了用于对付越南士兵、平民和土地的凝固汽油弹。凝固汽油弹最初在第二次世界大战期间由哈佛大学的科学家为军方研发，这是美国军方利用教育机构研制武器的典型例子。起初"凝固汽油弹"指的是一种能和汽油及其他易燃材料混合的稠化剂，而在越南，这种混合物本身就被称为"凝固汽油弹"。稠化剂能够将火焰转化为胶状物，当它在压力作用下向远距离发射，就会以高温燃烧并释放巨大热量，同时能够黏附在任何目标上——无论是植物，还是人体。按照"全美学生联合会"的统计，1967 年 10 月和 11 月在 62 所大学校园举行的 71 场示威中，有 27 场都是针对陶氏化工，而只有一场是针对教育质量的。

1967 年 10 月底的一个周六，"结束越战全国动员委员会"组织了在华盛顿的一场反战示威，抗议者们在林肯纪念堂集合，穿过波多马克河，向五角大楼进发。来自伯克利的反战积极分子杰里·鲁宾[1]和他来自民权运动的纽约朋友阿比·霍夫曼都参与其中。在游行中，霍夫曼成功地吸引了媒介的关注，因为他承诺将抬升五角大楼，然后旋转它以为之"驱魔"。他没有兑现承诺。诺曼·梅勒[2] 当时在场，并把这事写进了《夜幕下的大军》中，而它成为了 1968 年最脍炙人口和广受称赞的书籍之一。诗人罗伯特·洛威尔、语言学家和哲学家诺

1 杰里·鲁宾（Jerry Rubin, 1938—1994），美国 20 世纪 60 年代和 70 年代反战运动的领袖、反主流文化运动的偶像。他深受麦克卢汉的媒介理论的影响，在与阿比·霍夫曼创立异皮士运动后组织和参与了大量高度戏剧化的政治行动；因组织 1968 年芝加哥民主党大会期间的游行示威成为接受审判的"芝加哥七君子"之一；在 70 年代末他是苹果电脑最早的投资者之一并成为千万富翁。
2 诺曼·梅勒（Norman Mailer, 1923—2007），著名的美国小说家、新闻记者、随笔作家、剧作家、电影制作人和演员，也是 20 世纪 60 年代和 70 年代美国反对越战运动和民权运动的积极分子。其代表作为《裸者与死者》（1948）、获得普利策奖的《刽子手之歌》（1979），他描写 1968 年芝加哥民主党大会的《夜幕下的大军》（1968）获得了美国国家图书奖。他的非虚构类作品富有创造力地结合了自传、社会评论、历史、小说和诗歌的多种技巧，被公认为对"新新闻"的发展有巨大的影响。

姆·乔姆斯基、编辑德怀特·麦克唐纳也在游行队伍中。在对反战运动的特点较为流行的概括中，这些反战运动的参与者是一些被宠坏的、享受特权和逃避兵役的孩子，或者如梅勒在他书中的说法——"美国中产阶级被迷幻剂开光的革命小将"。但事实并非如此。显然，反战运动已经成为基础广泛的、多样性的社会运动。"加入我们！"示威者向守卫着被包围的五角大楼的士兵们叫喊着。这似乎突如其来的招募更多支持者的能力，使他们陶醉其中。

1968 年的第一个星期，共有五人被指控共谋向年轻人提供违反征兵法的建议，其中包括作家兼儿科医师本杰明·斯波克[1]博士，耶鲁大学颇受尊敬的牧师小威廉·斯隆·科芬（William Sloane Coffin, Jr.）。在纽约市，斯波克博士说他希望"10 万个，20 万个，甚至是50 万个美国青年或者拒绝应召入伍，或者在部队中拒绝服从命令"。斯波克博士的被捕尤其引人关注，因为保守派曾经谴责他所倡导的放任的儿童培育方式造就了被宠坏的、好斗的一代人。但是在他们被捕之后，《纽约时报》的社论表示："这一事件的令人瞩目之处在于，挑战征兵法的两个最有名的领袖，一个是儿科医师，一个是大学牧师，他们都是对美国年轻人的道德困境最为敏感的人士。"

1 月 4 日，一个来自长岛的长发披肩的 13 岁少年布鲁斯·布伦南（Bruce Brennan）被指控逃学旷课。他的母亲是一家名为"清洁机"的店铺的老板，布鲁斯有时在店里帮忙出售迷幻药与和平符。他的父亲则是一家管理咨询公司的总裁，他认为布鲁斯之所以被单挑出来加以指控，是因为他参与了和平运动。布鲁斯则辩解他有 11 次缺课是

1 本杰明·斯波克（Benjamin Spock, 1903—1998），美国小儿科医师，20 世纪 60 年代和 70 年代初美国新左派及反越战运动活动家，1924 年奥运会划艇比赛金牌得主。他在1946 年出版的《婴儿与儿童养育》（Baby and Child Care）一书直到 1998 年都是在全美销量仅次于《圣经》的书籍，他的养育观影响了美国数代家长，促使其对子女的养育更为灵活变通和充满关爱，并且将他们视为独立的个人。

因为生病，只有两次缺课是因为参与和平示威。布鲁斯的母亲则称他从 12 岁起就开始参加和平运动。

　　尽管有种种反对的声音，任期已经五年的林登·约翰逊总统看起来仍是获得连任的大热门。1 月 2 日发布的盖洛普民意调查显示，只有不到一半的美国人，即 45% 的美国人，认为介入越南是一个错误。同一天，在新年停火协定结束前的 1 小时 20 分，2500 名越共士兵袭击了一个美军步兵军火补给基地，这一基地位于西贡西北 80 公里的橡胶种植园区，造成美军 26 人死亡，111 人受伤。这是 1968 年死于越南的第一批美国人。美国政府公布有 344 名越共士兵阵亡。美国有一项报告战场上交战对方士兵尸首数目的政策——这是越战期间的一种宣传策略，即所谓的"清点尸首"，好像只要交战对方士兵尸体的数量够多，美军就能宣称获胜似的。

　　由共和党在各州逐次所做的一项调查在年初发布结果，它显示阻止约翰逊连任的唯一希望是纽约州州长纳尔逊·洛克菲勒（Nelson Rockefeller）。尽管理查德·尼克松也跃跃欲试，但共和党预测他会以微弱劣势失败。当密歇根州州长乔治·罗姆尼（George Romney）改变了对越战的支持态度后，他成了许多人的笑柄，因为他声称自己"被洗脑了"。明尼苏达州参议员尤金·麦卡锡（Eugene McCarthy）冷嘲道："我会认为他被柔顺剂洗脑了。"加州州长罗纳德·里根（Ronald Reagan）希望能补罗姆尼的缺，但他当选州长才不到一年。此外，里根被视为极度保守并很可能如同罗姆尼那样惨败。共和党知道惨败的滋味，那是一个敏感的话题。在上次选举中，共和党候选人巴里·戈德华特（Barry Goldwater）与约翰逊竞争，却遭受了美国历史上的最大溃败。巴里·戈德华特也是极度保守的共和党人。

像洛克菲勒这样的自由派共和党人也许还有机会。

1967 年民主党人谈论过来年让约翰逊下台，但是在美国政党中当权者很难被替换，对于像"替代候选人工作组"（ACT）这种试图"抛弃约翰逊"[1]的运动的效果，预期也很有限。唯一被寄予希望替代约翰逊的民主党人是前总统肯尼迪的弟弟罗伯特。但是，作为来自纽约的年轻参议员，罗伯特并不愿意参加竞选。1 月 4 日，他再次重申立场：尽管就越战和约翰逊有意见分歧，他仍将支持现任总统连任。几年后，尤金·麦卡锡猜测这是因为肯尼迪不认为自己能够击败约翰逊。于是在 1967 年 11 月，麦卡锡决定自己将作为约翰逊的反战竞选对手，随后在华盛顿的一个新闻发布会上宣布了参选决定。据说这是美国总统政治历史上最低调和最乏味的一个竞选开局。"我不知道此举是否是政治自杀，"记者安德鲁·科普坎德报道了麦卡锡在发布会上的说法，"可能它更像一次死刑执行。"

现在，在新年的第一天，麦卡锡表示公众对于他的参选缺乏回应并未使他沮丧。他坚称不会以越战议题"煽动视听"来赢得支持者，在其平淡的演讲中，他宣称越战"使我们的物质和人力资源枯竭，我认为它同时在许多美国人的心中造成了极大焦虑，削弱了我们处理国内问题和其他潜在的国际问题的道义力量"。

1967 年 11 月，麦卡锡曾表示，他希望自己的参选能够促使持异见者回到政治进程中，而非在"不满和挫折"的驱使下进行"非法的"

1　"抛弃约翰逊运动"（"Dump Johnson Movement"），民主党内部反对约翰逊获得 1968 年总统竞选提名的政治斗争，具有鲜明的反对越战的立场。它发生在民主党内的反战自由派、老牌冷战主义者和温和派之间，其主要倡议者为阿拉德·洛温斯坦（Allard K.Lowenstein）与柯蒂斯·甘斯（Curtis Gans）。此前这一运动已接触了若干可能的民主党候选人，但均遭到拒绝，直到麦卡锡表示"总得有人扛起旗帜"并决定参选。

抗议。但是一个月后，"学生争取民主社会"的领导人汤姆·海登[1]、伦尼·戴维斯[2]和其他反战人士已着手计划1968年的行动，他们首先考虑的是在1968年夏天民主党大会召开时，在芝加哥进行一系列的街头抗议示威。

按照正式的但并非完全确凿的说法，"异皮士！"（Yippies）运动——一直到1968年年末"青年国际党"[3]这个名称被生造出来，"异皮士"才从一个惊叹词成为一个首字母缩略词——是在新年前夕格林尼治村的一个聚会上创立的，它是创始人阿比·霍夫曼和杰里·鲁宾想出的点子，而其灵感则来源于整晚吸食大麻。霍夫曼后来向政府的调查官员解释说："我们就在那儿，全都飘飘欲仙，在地板上打滚。"就连"异皮士"这个词——同时具有欢呼和反主流文化的"嬉皮士"的意义——显示的也是一种怪异的才情，只有年轻的抗议者们能欣赏它，而其他任何人都不知所云。

新年的第一天，联合国宣布1968年为"国际人权年"。联合国大会呼吁世界和平并开始了全年的观察。但教皇在1月1日祈愿和平的致辞中也承认："实现越南和平有新的严重障碍。"

越南战争并非对和平的唯一威胁。在西非，石油资源丰富、在新

---

1 汤姆·海登（Tom Hayden，1939— ），美国反越战运动、民权运动及知识界激进反主流文化运动的著名活动家，因组织和参与1968年芝加哥民主党大会期间的游行而受审的"芝加哥七君子"之一。1962年，他起草的《休伦港宣言》标志着美国新左派的崛起。他在20世纪60年代诸多重大社会和政治事件中扮演了重要角色。1982年至1992年间，汤姆·海登曾担任加州州众议员。
2 伦尼·戴维斯（Rennie Davis，1941— ），"学生争取民主社会"组织的主要领导人之一，美国20世纪60年代反对越战运动的重要领袖，因组织和参与1968年芝加哥民主党大会期间的游行而受审的"芝加哥七君子"之一。
3 青年国际党（Youth International Party，YIP），创立于1967年12月31日，是20世纪60年代美国的"自由言论运动"和发展运动的分支，具有鲜明的激进青年导向以及反主流文化立场，尤以策划和上演具有政治意味的戏剧性事件而著称，被称为反独裁主义的、无政府主义的、具有"象征性政治"色彩的青年运动。阿比·霍夫曼是这一运动的突出代表。

近独立国家中前景最好的尼日利亚，在过去的 6 个月中陷入了内战，交战双方是执政的族群和伊博族（Ibo），后者代表了东部被称为"比夫拉"（Biafra）的一小块地区 1200 万人口中的 800 万，但比夫拉却盛产使尼日利亚大有希望的石油。

尼日利亚政府首脑、少将雅库布·戈翁（Yakubu Gowon）在圣诞致辞中宣称："我们很快就将迎来转机，前途一片光明。"关于内战，他则表示："让我们全力以赴，在 3 月 31 日之前结束它。"但是戈翁在促进国家团结上无所作为，他从不离开首都拉各斯，即使在拉各斯也很少抛头露面。如同美国官方从越南所传回的信息，尼日利亚东部的官员们也开始宣传比夫拉军队的兵变这类好消息。年初，政府召开新闻发布会，推出了 81 个从比夫拉叛逃至拉各斯的变节警察。但记者们注意到其中没有一个人来自伊博族部落。然后政府只好展示小号的比夫拉军服，以此作为证据，谴责敌人用童军作战的行径。

比夫拉人干得很棒，守住了他们的大部分领土，并且使数量占优势的政府军遭遇重大伤亡。

1960 年获得独立后，尼日利亚经常被视为非洲民主的成功范例，但是各个地区之间、250 个语言不同的族群之间，冲突愈演愈烈。1966 年 1 月，伊博族推翻了政府并杀死了民选领导人。6 月，戈翁在发动第二次政变后上台执政，其后，数以千计适应现代技术的伊博族人遭到仇恨和屠杀。民主的夭折进一步激化了地区冲突，1967 年 5 月 30 日，由伊博族主导的东部地区脱离尼日利亚，成立了"比夫拉共和国"。

六个月后，战争陷入僵局。拉各斯只遭受过一次袭击，但执行轰炸任务的飞机却在城市上空爆炸了。记者们发现医院里到处是伤兵。军队设下路障，征用重型和制造精良的汽车用于前线作战。战争爆发之初，国际观察家们以为戈翁有能力控制他的军队，这样的话，平民的伤亡会相对小一些。但是，到了1968年1月，据称有超过5000名伊博族平民被狂怒的暴民屠杀，而政府军则冷眼旁观。政府军占领了比夫拉的港口城市卡拉巴尔（Calabar），枪杀了至少1000名伊博族平民，还有一些报道则称有2000名平民被杀。内战通常是这样，如果战争持续的话，必将成为异常邪恶和血腥的冲突。

在西班牙，从内战时期开始执政的弗朗西斯科·佛朗哥（Francisco Franco）元帅，迎来了他的第29个"和平之年"。尽管仍是受独裁统治的压迫，比起独裁者安东尼奥·奥列维拉·萨拉查（Antonio de Oliveira Salazar）所统治的邻国葡萄牙，西班牙被认为情况稍好。近年来，对佛朗哥政权的反抗被血腥整肃和镇压，数以千计的西班牙人被枪杀或监禁。在反抗被摧毁后，压制也有所缓解，一些内战时期的难民甚至返回了西班牙。但是到了1967年，新的一代人——年轻的学生们——开始向这个政权抗议示威。他们投掷石块，大声呐喊"自由！"和"佛朗哥去死！"。12月4日，在佛朗哥的75岁生日那天，学生们张贴了一张海报，上面写着："凶手佛朗哥，生日快乐。"

1968年的初始，西班牙并不平静。在马德里大学，技术科学学院因学生的反政府抗议而被警察关闭，引发数百名医学院的学生在第二天进行示威游行，他们愤怒地向警察投掷石块。到1月中旬，因为反佛朗哥的游行示威，政府已经关闭了文哲学院、经济学院与政治科学学院。由于在1967年获得了学生结社的自由，学生们在1968年要求释放因去年的游行示威而被囚禁的学生领袖，同时要求政府永远禁止警察侵入神圣的大学校园——这是绝大多数欧洲国家一直以来均认同的一项原则。但学生们也开始对大学以外的议题有更多的介入，尤其是关于工会和劳工权益的议题。

新年前夕，以色列外交部长阿巴·埃班（Abba Eban）催促中东阿拉伯国家"确认他们的意愿"，并要求其领导人与以色列进行和平谈判。1967 年 6 月，以色列和它的阿拉伯邻国再次交战。作为以色列的亲密盟友和武器供应方，戴高乐大发雷霆，因为他要求以色列除非首先受到攻击，否则不得开战。但是以色列自建国以来已经屡次遭到阿拉伯国家的攻击，因此一旦埃及封锁了亚喀巴湾，以色列就确信阿拉伯人即将发动又一场协同进攻，所以以色列决定先发制人。戴高乐就此将法国的政策从亲以色列转为亲阿拉伯。在 11 月的一次新闻发布会上解释这个新政策时，戴高乐称犹太人为"一个精英民族，充满自信并有控制欲"。到了 1968 年，戴高乐仍试图解释上述声明，并向许多犹太领导人保证那不是反犹性质的言论。他坚持说那其实是恭维，也许他真觉得是恭维，因为那些形容词都能确切地形容他本人。

苏联直到 1956 年前都是以色列的盟友，此刻却为阿拉伯国家的战败心烦意乱。它为阿拉伯国家提供了武器装备和战斗计划，因此当以色列仅用六天就击溃了苏联支持的埃及、叙利亚和约旦时，苏联尴尬无比。

以色列采用了新的策略，在这次中东战争中他们占领了叙利亚的绿色戈兰高地，埃及的岩石密布的西奈，约旦河的西岸，包括约旦曾由阿拉伯人控制的耶路撒冷区域。然后以色列与阿拉伯国家协商，表示愿意归还这些土地以换取和平。但是令以色列极度沮丧的是，阿拉伯国家对此毫无兴趣。于是在新年前夕，阿巴·埃班用阿拉伯语向他们发了一条无线电电报："你们的领导人在过去 20 年中采用的政策已经破产，它给本地区的所有人民带来了持续的浩劫。" 阿巴·埃班坚称，1968 年应该是阿拉伯政策进行革新的一年。

与此同时，以色列政府从原先约旦控制的耶路撒冷区域拨出了 339 公顷土地，用于在老城区设立犹太定居点。以色列为此规划了 1400 所房屋，其中包括为从老城区迁移而来的阿拉伯人准备的 400 所房屋。

与"黑人"和"异皮士"这样的单词类似，"巴勒斯坦人"这个单词也是在 1968 年才进入大众语汇的。此前这些人并未被视为一个不同的民族，也没有独立的文化认同，居住在以色列的阿拉伯人通常被称为"以色列的阿拉伯人"。由于约旦河西岸曾被视为约旦的地区，居住在那里的阿拉伯人的身份更模糊，但因为他们与东岸的居住者在文化上是一致的，因此被认为是约旦人。当美国报纸从约旦河西岸进行报道时，其电头是"以色列占领的约旦"。

在 1968 年之初，"巴勒斯坦人"这个单词通常指的是阿拉伯游击队组织的成员，西方媒体频繁地将它们称为"恐怖组织"。这些组织都使用"巴勒斯坦人"这个标签，如"巴勒斯坦解放阵线""巴勒斯坦革命""巴勒斯坦革命青年运动""巴勒斯坦解放先锋""巴勒斯坦革命阵线"，以及"巴勒斯坦大众解放阵线"等，至少有 26 个这类组织在 1967 年中东战争前就开始运作。在左翼的反主流文化中，这些组织被称为"民族主义者"并获得了声援，虽然它们在西方国家的主流中很少获得支持。"学生非暴力协调委员会"对这些组织的支持，使得它自身曾作为民权运动领导组织的地位被进一步孤立。

1968 年前的最后一周，艾哈迈德·阿尔舒凯里（Ahmed al-Shuqayri）辞去了巴勒斯坦解放组织（PLO）的领导人职位，这是重要的阿拉伯组织之一，成立于 1964 年。他发出的"把犹太人赶下大海"的威胁虽未兑现，但他却因此暴得大名。巴勒斯坦伙伴们谴责他未能实现诺言、欺骗和公然撒谎；作为竞争对手的阿拉伯组织"法塔赫"因此拒绝阿尔舒凯里领导下的巴勒斯坦解放组织的指挥。"法塔赫"的意思是"征服"，由阿布·阿马尔（Abu Amar）领导。1964年，法塔赫试图炸掉一个抽水机站但未能引爆炸药，回到黎巴嫩之后，所有行动参与者被捕。法塔赫的首次袭击行动虽然以失败告终，但阿布·阿马尔从此在阿拉伯人心目中成为一个传奇的游击队战士。阿布·阿马尔是这个时年 38 岁的巴勒斯坦人的假名，他的真名是亚西尔·阿拉法特（Yasir Arafat）。

在 1968 年年初，8 个巴勒斯坦组织宣布它们已成立联合指挥部以领导针对以色列的游击行动，声称袭击将升级但不会针对以色列平民。发言人伊萨姆·萨塔威（Isam Sartawi）是一位心脏外科医生，他声称巴勒斯坦组织寻求"清算犹太复国主义者的国度"，并将拒绝任何针对中东问题的和平解决方案。"我们只相信我们的枪，从枪杆子里我们将建立独立的巴勒斯坦国家。"

更多的坏消息出现在《原子科学家公报》1 月号的封面上：时钟的指针显示距午夜只有 7 分钟，这只钟象征着世界如何一步步逼近核毁灭，而从 1963 年以来，它一直显示的是距午夜还有 12 分钟。《原子科学家公报》的编辑尤金·拉比诺维奇（Eugene Rabinowitch）博士表示，为了反映暴力和民族主义的滋长，他们重新调校了这只时钟。

另一方面，在 1968 年的第一天，埃利奥特·弗里蒙特 - 史密斯（Eliot Fremont - Smith）在《纽约时报》上评论詹姆斯·乔伊斯复活的作品《贾科莫·乔伊斯》[1]，书评的第一句是"如果起点有任何意义的话，1968年将是一个美妙的文学之年"。

在经过1967年的大量争论之后，英国在1968年的第一天宣布：推理小说作家、剑桥大学诗学教授塞西尔·戴－刘易斯（Cecil Day－Lewis）将取代约翰·曼斯菲尔德（John Masefield）成为桂冠诗人。桂冠诗人是皇室的官方成员，其地位略高于管理员，但低于鉴定师。同年5月，当了37年桂冠诗人的曼斯菲尔德过世，许多人都表示，到20世纪60年代末，官方诗人这样一个概念已经过时了。

1968年的第一个星期，鲍勃·迪伦回来了，他在一次摩托事故中折断脖子后消失了一年半。鲍勃·迪伦曾尝试"民谣摇滚"，这指的是以电吉他进行歌曲伴奏，而在1968年年初，他重新回归传统民谣。在受到乐评家和歌迷欢迎的新专辑《约翰·韦斯利·哈丁》中，他使用原声吉他和口琴唱奏，其他乐手则用钢琴、贝斯和鼓为他伴奏。《时代》杂志评论道："他的新歌朴素、轻柔，有些是关于漂泊者和流浪汉，迪伦为之赋予道德的意味和宗教的弦外之音，包括《我梦见自己看见了圣奥古斯丁》，以及那首关于犹大神父寓言的歌曲。最吸引人的是最后那首摇摆曲风格的求爱之歌——《今晚我将成为你的恋人》。"但是纽约时报社的丹·沙利文则指出，得克萨斯州的逃犯约翰·韦斯利·哈丁的姓氏"Harding"中没有最后那个字母"g"，沙利文暗示说，也许是因为迪伦曾经将太多单词最后的尾音字母"g"拿掉了，"显然迪伦觉得该补一个'g'回来。"

美式橄榄球开始威胁到棒球作为美国第一运动的地位。1968年1月1日，玫瑰碗球场迎来了102946位观众——刷新了体育场的纪

---

1 《贾科莫·乔伊斯》（*Giacomo Joyce*）是詹姆斯·乔伊斯（1882—1941）具有自传性质的作品，"Giacomo"即"James"的意大利语形态，此书于1957年首次出版，因此作者称其为"复活的作品"。

录，他们目睹了南卡罗来纳大学的奥伦塞·詹姆斯·辛普森（Orenthal James Simpson）的非凡表现：持球推进距离共 128 码，两次达阵，以 14：3 击败印第安纳大学队。

"1968 年的一大悬念在于，"伯南丁·莫里斯（Bernadine Morris）在《纽约时报》上写道，"裙摆在过去的几季都是正式地保持在膝盖以上，现在是否准备好降低 1 英寸（1 英寸约为 2.54 厘米）左右到小腿肚？"1 月份流传的一个消息是，联邦住宅委员会向雇员们发布了一个详尽的指示，声称在寒冷季节穿迷你裙会导致脂肪在腿部堆积。该消息被证明是一个恶作剧。

但是，英国政府确实免除了在迷你裙上的税收。对裙子所征收的 12.5% 的销售税，因为要对童装免税，专门规定只对从腰部到底部长于 24 英寸的裙子征税。在 1968 年的冬季，英国时髦女性的裙子长度在 13 英寸至 20 英寸之间。

1968 年最重要的时尚概念是没有限制、没有禁忌。正统装扮已经过时，作家们纷纷预测穿衣方式会趋向多样化。

1968 年对于女性是重要的一年，不仅是因为裙子的长度，还因为发生了一些事件，例如缪丽尔·西伯特（Muriel Siebert）在 1 月 1 日宣布，她成为了纽约证交所 175 年历史上第一个拥有席位的女性。来自克利夫兰的西伯特是一位 38 岁的金发女士，她的朋友们叫她"米老鼠"。金融行业无数男性建议她还是由一个男性购买席位更为明智，但她置之不理。"那是上周四，"她回忆道，"董事会同意了我的会员资格。我去了交易所，递给他们一张支票，支付了 44.5 万美元的席位购买费，外加 7515 美元入会费。然后我走出交易所，为办公室的同事买了三瓶法国香槟。我还是不敢相信自己做到了。我实在是高兴得飘飘欲仙。"

看来在 1968 年许多事难免会有争议。好消息也许来自南非开普敦格鲁特舒尔医院的克里斯蒂安·巴纳德（Christian Barnard）医生，他成功地将一位 24 岁年轻人的心脏移植给了 58 岁的牙医菲利普·布莱伯格（Philip Blaiberg）。这是全世界第三例心脏移植手术，也是巴纳德医生做的第二例心脏移植手术，却是医学界认可成功的第一例。巴纳德医生在 1968 年初就成为了国际名人，全年的大多数时间他面带和蔼的微笑，四处签名，接受采访时会说一些媒体容易引用的话，这使得他的同行们从 1 月初起就颇有些不以为然。巴纳德医生指出，虽然他的成名不期而至，可是他的年薪仍只有 8500 美元。但他的成就还是受到了质疑。一位德国医生称其犯罪。一位纽约的生物学家显然是把医生和律师弄混了，说，对于巴纳德医生应该"终生取消其律师职业资格"。三位著名的心脏病学家呼吁暂停心脏移植手术，而巴纳德医生立刻回应说他将不予理睬。

在理论上，这个手术牵涉两个病入膏肓的人。其中一个无论如何都会死去但捐献出了他的心脏，另一个则因此获救。但是一些医生和业外人士争论是否应由医生选择谁该死去，难道不是每个人都可以期待奇迹吗？该如何决定谁来接受一颗新的心脏？医生们现在是像上帝一样在作决定吗？巴纳德医生并未有效澄清这些争议，在接受《巴黎竞赛报》的采访时他说："显然，如果我必须在有同等需要的两个病人之间做出选择，如果前者是一个天生的白痴而后者是一个数学天才，我将选择后者。"为这个辩论火上浇油的是，巴纳德医生来自因实行种族隔离而日益臭名昭著的南非，并且他是移植一颗黑人的心脏拯救了一个白人。在 1968 年这样的一年，这种反讽不大可能被忽视。

自从菲德尔·卡斯特罗（Fidel Castro）在 1959 年的新年领导古巴革命取得胜利，每年的 1 月 2 日就成为了古巴的新年开启标志——当天要在哈瓦那开阔的革命广场举行周年庆典。1968 年的九周年革命庆典增加了新元素——一幅 60 英尺（1 英尺约为 0.3 米）高的壁画绘有一个头戴贝雷帽的英俊小伙子。小伙子是 38 岁的阿根廷人欧内斯托·切·格瓦拉（Argentine Ernesto "Che" Guevara），他试图在玻利维亚输出古巴革命，在两个月前遇难。

对古巴革命着迷的法国人里吉斯·德布雷（Regis Debray），在《革命中的革命》（*Revolution in the Revolution*）里描述了格瓦拉试图输出古巴革命的策略。这本书在 1967 年有了英译本，书中的假设无疑投合了年轻人的急迫情绪，于是成为了全世界学生们的大爱。德布雷在书中写道，"应该抛弃老式马克思列宁主义关于循序渐进革命的理论"，相反，按照他的观点，"革命应该通过农民军首先采取行动掌握先机"。卡斯特罗在他的家乡奥连特省（Oriente）的群山中就是以这种策略开展革命的。格瓦拉在玻利维亚也是采取同样的路径，只是并不很奏效。11 月，一张玻利维亚空军上校展示格瓦拉半裸尸体的照片开始流传。德布雷也被玻利维亚政府军俘获，但是并没有被处死，而是被囚禁在卡米里小镇的监狱。1968 年初德布雷还处于囚禁中，但是政府军允许他的委内瑞拉恋人伊丽莎白·伯格丝（Elizabeth Burgos）去探望他并与之成婚。

1968 年，卡斯特罗的亲密朋友与革命战友成为了烈士，成了革命中封圣的圣徒——借用鲍勃·迪伦的歌词就是"永远年轻"。他蓄着胡须，戴着贝雷帽，眼含笑意，从他的穿着到他的事迹都属于纯粹的革命者。在哈瓦那的何塞·马蒂国际机场，一张海报上印有格瓦拉和他的名言：

"年轻人将在机关枪声和厮杀声中吟唱挽歌，直到胜利，永远。"

"直到胜利，永远"，这些字眼被写在古巴的所有地方。6万名身穿灰色制服的高中学生行进通过卡斯特罗的检阅台，每个方阵在经过时都响亮而充满热情地呼喊："我们的责任是造就和切一样的人。""Como Che"——像切那样，造就更多和切一样的人，像切一样工作——这些口号遍布整个古巴岛。人们对格瓦拉的狂热崇拜开始了。

卡斯特罗宣布1968年的庆典将不会展示苏联武器，他解释说，因为这样的检阅耗资过大，也因为坦克会压裂哈瓦那的人行道。

对苏联来说，1968年从年初起就有其他令人不安的迹象，包括动荡的经济以及对四位学者不得人心的审判——安德烈·辛亚夫斯基（Andrei Sinyavsky）和尤里·丹尼尔（Yuli Daniel）因为在西方出版著作已服刑两年，而声援支持他们的四位学者被指控煽动反苏宣传。中东的"六日战争"使苏共总书记列昂尼德·伊里奇·勃列日涅夫（Leonid I. Brezhnev）在外交上十分被动，而此时集体农庄衰败，经济改革的尝试虎头蛇尾，青年人和知识分子焦虑不安，鞑靼人的民族主义运动等也成为棘手难题。苏联集团的人民，尤其是年轻人，日益排斥冷战的立场和语言。长期以来，南斯拉夫的约瑟普·布罗兹·铁托（Josip Broz Tito）的独立倾向使苏联烦恼，但现在罗马尼亚的尼古拉·齐奥塞斯库（Nicolae Ceausescu）也显示出同样的倾向。捷克斯洛伐克即便有对苏联最为忠心和善于应变的领导人安托宁·诺沃提尼（Antonin Novotny），公众也开始不安于现状。1967年4月，斯洛伐克的机关党报《布拉迪斯拉发真理报》（*Bratislava Pravda*）在捷克做了一个民意调查，令人震惊地发现公众普遍拒斥党的路线，只有一半受调查者谴责帝国主义者应该为国际紧张局势负责，认为两个阵营都有责任的占 28%。最惊人的调查结果也许是只有 41.5% 的受调查者谴责美国应该为越战负责，对于这一立场，即使是美国亲密盟友们的国民也无法赞同。到了秋天，捷克的作家们公开要求更多的言论自由，而布拉格查尔斯大学的学生们开始走上街头抗议示威。

1967 年秋天，捷克斯洛伐克中央委员会的一系列会议对诺沃提尼都很不利。他对莫斯科的忠诚使他在 1953 年获得了捷共第一书记的任命，1958 年他又成为捷克斯洛伐克的总统。现在，越来越多中央委员会的成员觉得他应该放弃第一书记或者总统的职位，可能部分是由于诺沃提尼对 450 万斯洛伐克人的无情仇恨——他们构成了这个国家 1/3 的人口。在 1967 年 12 月党的十人主席团会议上，诺沃提尼堪堪挽救了自己的政治生涯，他以"因为已是圣诞节"的说法匆匆休会。中央委员会同意在次年 1 月的第一周重开会议。

与此同时，诺沃提尼开始了密谋。他试图散布谣言以恐吓对手，声称苏联随时准备进行干预以保护他的政治地位，但适得其反，捷克的重要政治人物更加强烈地反对他。然后他策划军队介入和逮捕他所蔑视的对手——斯洛伐克的亚历山大·杜布切克。但是由于一个将军给杜布切克通风报信，诺沃提尼的计划落空了。

于是诺沃提尼总统通过对全国的新年广播开启了 1968 年，试图传达调和的信息。他承诺斯洛伐克将成为所有经济规划的首要考虑，而不是像以往那样通常居于中央决策议程的末端。他同时试图安抚作家和学生们，允诺任何进步性的事物都会得到认可——即使它们来自西方。"我指的不仅仅是在经济、工程和科学这些领域，"他补充道，"同时也包括进步的文化与艺术。"

中央委员会在 1968 年 1 月 3 日再次开会，杜布切克取代诺沃提尼成为了党的第一书记。尽管没有足够统一的意见来罢免诺沃提尼的总统职位，但他已经遭到了重大和惨痛的失败。直到周五（1月5日）布拉格电台宣布诺沃提尼"辞去"第一书记职务以及杜布切克当选，捷克人民才知道他们的世界将会发生剧变。捷克人民尚未意识到诺沃提尼有了麻烦，而他们中大多数人也不知道杜布切克是何许人也。在一个封闭的社会中，最成功的政治家是在公众视野之外运作的。

但奇怪的是，当这一切发生的时候，一向强硬的苏联领导人却并没有什么表示。勃列日涅夫曾在12月访问布拉格，当时大量报道说此举是为了确保四面楚歌的诺沃提尼的地位。但事实上，尽管诺沃提尼一直表示他的忠诚，勃列日涅夫却从来都不喜欢他。当诺沃提尼被解职时，勃列日涅夫对他说："Eto vashe delo."——"那是你的问题。"

在华盛顿，在准备给国会的年度报告中，国防部长罗伯特·S.麦克纳马拉（Robert S. McNamara）写道："在60年代，我们所熟知的后'二战'时代早期所形成的简单的两极格局开始解体，划分坚定不移的盟友和势不两立的敌人再也不是易事。随着各个集团内部和彼此之间的利益争斗，以及在过去认为不可能相互渗透的阵营中共同利益纽带的缓慢形成，以往曾经有用的标签，比如'自由世界'或者'铁幕'，现在看来，已越发失效了。"

1968年第一个星期的星期五，这一周的伤亡统计显示共有185名美国人、227名南越人和37名盟军士兵阵亡。据报道，美军和盟军共杀死1438名敌军。

这就是第一周，1968年就这样开始了。

第二章

与蚊帐争辩的人

人民不满党的领导。我们无法改变人民，于是我们改变领导人。

——亚历山大·杜布切克，1968年

1968年1月5日，杜布切克接任捷克共产党领导人的那一天，尽管捷克人和斯洛伐克人都在欢呼，他的妻子和两个儿子却因为这降临在他身上的悲惨命运情不自禁地哭泣。

这是苏联主导下的中欧历史上最戏剧性的时刻之一，在其中站立的是一个轮廓模糊、难以捉摸的男人。尽管身高1.93米，杜布切克一生都被描述成不起眼的人物。但是他并不像他的外表那样缺乏激情。在他取代绰号为"冰脸"的诺沃提尼之前，两人之间的宿怨已有23年之久。

当杜布切克在46岁的年纪就任时，他看起来并不年轻。这是个高个子男人，神秘莫测，他的言辞枯燥，却能激励鼓舞捷克数百万的年轻人。在某些方面，他与美国参议员尤金·麦卡锡相似。事实上，他差点就出生在美国中西部。

杜布切克曾写道："一对斯洛伐克的社会主义梦想家养育了我，

他们恰巧移民到了芝加哥。"1910 年，厌倦了奥匈帝国压迫下无所希望的斯洛伐克，未接受过教育的木匠斯蒂芬·杜布切克（Stefan Dubcek）沿着弯曲的多瑙河岸走出了他的山区家乡，来到了四处都是穹顶建筑、绿树成行的布达佩斯，这是他的压迫者的首都。他在一个家具厂的地窖成立了社会主义者组织，梦想着推翻奥匈帝国的君主统治。家具厂老板很快得知了他的作为并解雇了他。因为有人告诉他美国是崇尚民主与社会正义的国家，不久后他就移民到了美国，定居在芝加哥北部一个斯洛伐克社区里。

美国的资本主义看来是一个严酷的体制，并不像斯蒂芬被告知的那样自由和公正，但至少他可以坦言自己的政治信念而不会因此被捕，在第一次世界大战时也不会被征募去为他仇恨的君主国作战。美国参与第一次世界大战是对国内社会主义者的打击，因为他们总体上是反战的，并且相信威尔逊总统关于美国将置身第一次世界大战之外的承诺。斯蒂芬是一个和平主义者——这个信念在历史中的某个关键时刻将在他的儿子身上再现，他去得克萨斯州的拉雷多（Laredo）和教友派信徒及其他和平主义者会面，这些人可以帮助他越过边界，在墨西哥等到战争结束。但斯蒂芬被逮住了，他被罚款并入狱一年半。出狱后，他回到芝加哥，遇上了斯洛伐克姑娘帕夫林娜（Pavlina）并娶她为妻。帕夫林娜不像斯蒂芬，她是一个坚定的共产主义者。在她的敦促下，斯蒂芬开始研究马克思。当斯蒂芬的妹妹从斯洛伐克来信说即将成婚时，斯蒂芬寄给她一份冗长的政治问卷以检验未来的新郎。斯蒂芬对俄国革命异常兴奋，在 1919 年寄回斯洛伐克的一封信中他写道："在美国你可以拥有大多数东西，但一定不会拥有自由。世界上唯一的自由国家是苏联。"

经过近十年争取社会主义的斗争，斯蒂芬对美国深深失望，而帕夫林娜也怀念她的祖国。于是，1921年斯蒂芬和怀孕的妻子带着婴儿回到了斯洛伐克，当时它属于新成立的捷克斯洛伐克共和国。于是，几个月后出生的亚历山大·杜布切克成为了捷克斯洛伐克人。他的双亲在美国都有许多亲戚，但是他从未与他们联系，直到他的晚年，亲戚们才开始给他写信。

新的国度起初使斯蒂芬非常兴奋，他立誓要在此建设社会主义。捷克斯洛伐克这个名字是布拉格的教授托马斯·加里格·马萨里克（Tomas Garrigue Masaryk）的构想。最初这个国家似乎将成为波希米亚人、摩拉维亚人（Moravians）和斯洛伐克人一个平等的联盟，而这对于斯洛伐克人将是一次翻天覆地的历史巨变，因为从10世纪以来，他们就一直是被强国践踏和欺凌的采邑。19世纪末在捷克的波希米亚和摩拉维亚发生的工业革命造就了有知识的中产阶级，其中的官僚和技术人员成为了新政府的成员。但在经过匈牙利马札儿人（Magyars）1000年的统治之后，斯洛伐克仍是一个贫瘠的农业地区，这和接壤部分的波兰非常相似。只有很少的斯洛伐克人可以用母语读写，大多数斯洛伐克人都是居于穷乡僻壤的农民。1848年，斯洛伐克人首次表达了他们的民族独立主张，这次反抗和1968年有类似之处，但是仅限于欧洲。他们揭竿而起反抗匈牙利的统治并要求平等权利，相关的文件史称"斯洛伐克民族的要求"。这成为斯洛伐克民族独立运动的榜样，而文件的作者路德维托·史都尔[1]，在马萨里克前后很长时间都是斯洛伐克的民族英雄。一个奇怪的巧合是，斯蒂芬和帕夫

---

1 路德维托·史都尔（Ludovit Stur, 1815—1856）是19世纪捷克斯洛伐克民族复兴的领导者，是奠定斯洛伐克当代文学语言的《斯洛伐克语言标准》的制定人。他不仅是1848年在匈牙利王国革命的组织者和志愿者、匈牙利王国议会成员，同时也是一个政治家、诗人、记者、出版商、教师、哲学家和语言学家。

林娜回到斯洛伐克后所定居的村舍，就是史都尔在 1815 年的出生地，而亚历山大·杜布切克同样在此出生。

匈牙利统治者和邻居捷克人，一向对斯洛伐克趾高气扬。如果斯洛伐克人仔细地分辨马萨里克的话，他们会意识到其实马萨里克对他们同样轻蔑。他描述斯洛伐克人落后、缺乏政治成熟度以及"被教士支配"——所有这些都是众所周知的捷克对斯洛伐克的贬抑和成见。

但马萨里克对自己不仅在捷克人中而且在斯洛伐克人中的声望非常陶醉。在第一次世界大战的末期，他出访美国并获得了伍德罗·威尔逊总统的支持，然后他来到巴黎，在 1918 年 10 月成立了捷克斯洛伐克联合政府并努力获得了各同盟国的承认。两个月后，他返回了新成立的国家，被视为民族英雄。

从一开始就出现了"斯洛伐克问题"。斯洛伐克人要求新国家的名称应该为"捷克—斯洛伐克"（Czecho - Slovak），但是捷克人却拒绝接受那个连字符的分割。这是斯洛伐克人所输掉的众多争执中的第一个。

小亚历山大对他在斯洛伐克的童年几乎没有任何印象，除了教堂后面的那只驯鹿，还有他痛苦放弃的一只圣伯纳犬。亚历山大再次见到斯洛伐克的时候已是 17 岁了。斯洛伐克即使再落后，也不像苏联的吉尔吉斯（Kirghizia）那样贫瘠，而杜布切克一家却在 1925 年自愿去了吉尔吉斯的一个农业合作社养育孩子。

苏联的吉尔吉斯，现在的名称是"吉尔吉斯斯坦"，它距离斯洛伐克 6500 公里，与中国相邻。吉尔吉斯当时还没有完全进入铁器时代，锻造犁铧所需的金属都不够，并且几乎所有人都是文盲，因为吉尔吉斯语不是一种书写语言。杜布切克一家从来没能抵达最初计划的目的地，旅行 27 天后铁道在荒瘠的皮什彼克（Pishpek）中断了，全家就住进废弃的破旧军队营房里。他们帮助当地建立了农业合作社并引进了拖拉机。当地人因为从来没见过拖拉机，跟在他们后面叫嚷"魔鬼！"。杜布切克记得，由于食物极度匮乏，他吃过带壳的生麻雀蛋。后来他们从皮什彼克去了苏联的工业中心哥基（Gorkiy）。直到 1938 年，斯蒂芬才将亚历山大带回斯洛伐克，因为斯大林下令所有在苏联的外国人要么入籍要么离开。

亚历山大 17 岁了，令人激动的捷克斯洛伐克共和国已成立 20 年，但充满混乱和幻灭。亚历山大继承了父母的意识形态，但是在很长时间里，他看起来似乎并没有继承他们的叛逆性格，他是一个正统的由苏联教育出来的共产主义者。第二次世界大战期间他是一个叫作"杨·齐什卡小分队"（Jan Ziska Brigade）的游击队队员，这个游击队以 15 世纪一名勇士的名字命名。游击队员们在后方与德寇作战，这段经历多年后成为杜布切克官方履历上浓墨重彩的一笔。杜布切克的腿部两次受伤，他的哥哥被杀害。1945 年，他的父亲斯蒂芬被德国人当作共产主义分子驱逐并押解至毛特豪森集中营。在那里他遇上了同样被驱逐的著名捷克共产党人安托宁·诺沃提尼，后者叫嚷着发誓说，如果能幸存下来就绝不再染指政治。

1940 年，在父亲藏身的一所房子里，亚历山大遇见了他说的使他"一见钟情"的安娜·安德烈索娃。两人于 1945 年成婚，他们的爱情一直持续到安娜在 1991 年过世。罕见的是，作为这样一个正统的共产党人，杜布切克是在教堂里举行婚礼的。1968 年，当杜布切克成为捷克斯洛伐克领导人的时候，他是欧洲社会主义国家中唯一在教堂举行过婚礼的国家元首。

捷克斯洛伐克是唯一一个通过民主投票而实行共产主义制度的国家。不幸的是，如同在民主体制中常常发生的那样，政客们会撒谎。1946年，由苏联红军解放了的捷克斯洛伐克，投票选举出了共产主义政府，它承诺不实行集体制、小企业不会国有化。到了1948年，共产党人全面控制了国家，1949年政府开始接管经济，对所有企业实行国有化，并将农场转制为国家的集体农庄。

亚历山大·杜布切克是一个勤勉严肃的斯洛伐克共产党干部，他谨慎地回避斯洛伐克独立运动这样的议题。他足够的"斯洛伐克化"可以使家乡人民接受他，但又不至于引起党中央领导层的忧虑。1953年，他成为斯洛伐克中部一个地区的党委书记，同年，斯大林逝世，继任者赫鲁晓夫开始去斯大林化——只有捷克斯洛伐克除外。同年，"冰脸"诺沃提尼被任命为共产党中央第一书记。诺沃提尼是个政治生涯未被看好的大老粗，直到他在斯大林主义的清洗运动中展现出罗织罪名的才华，比如对政府中的二号人物、共产党总书记鲁道夫·斯兰斯基（Rudolph Slansky）的政治打击。斯兰斯基是残暴的独裁统治的一员，可能犯有多项罪行，但他却是以"犹太复国主义"的罪名被审判和处决的。斯兰斯基远非犹太复国主义者，他对苏联早期支持以色列的政策的异议也不是重点；"犹太复国主义者"这个词不是用于特指以色列的支持者，而是指有犹太血统的人，而斯兰斯基是犹太人。

在审判斯兰斯基之前，诺沃提尼夫妇应邀到外交部长弗拉德米尔·克莱门蒂斯（Vladimir Clementis）家中做客。诺沃提尼的妻子对克莱门蒂斯家里的瓷茶具艳羡不已。后来克莱门蒂斯在对斯兰斯基的清洗中受牵连而被处死，其中诺沃提尼精心罗织的罪名和证据起到了很大作用，然后诺沃提尼为夫人买下了那些瓷茶具。

据称，充满危险的西方思想观念的几百万本图书馆藏书成为建筑用纸浆的来源。秘密警察和为革命履行爱国职责的街坊邻里告密者，构成了严密窃听和监视捷克斯洛伐克人民的牢固网络。公民们与西方几乎隔绝，与苏联集团其他国家的联系也很有限。

杜布切克的工作是发展落后的斯洛伐克经济。他耐心地进行准备，可即使是最简单的提议也会被拒绝。他和班斯卡·比斯特里察镇（Banska Bystrica，斯洛伐克中部的主要城市）的其他干部向党的领导人谦卑地建议，应该将一座新的水泥厂搬迁到一处新址，这样不仅能避免污染，新址也有丰富的石灰石贮藏可用于生产水泥。杜布切克做了详尽的规划说明，班斯卡·比斯特里察镇甚至愿意支付相关的并不高昂的费用。这个建议被否决了，还被当作"比斯特里察心胸狭窄的资产阶级"的多管闲事。官僚们的心态是，工业化是如此重要的项目，绝对不能由一群落后的斯洛伐克人主导。水泥厂仍按照原有计划建设，其结果如同许多上马工业化项目的斯洛伐克城镇一样，班斯卡镇遍布尘土，它的入口处则是运送石灰石的高架缆车铁道。

杜布切克不置一词。他很少批评党或者政府。1955 年，他获得奖励去莫斯科的高等党校学习，对获得这个荣誉他显得极为兴奋，同时觉得这是有助于提高自己文化程度的机会。他觉得自己缺乏"意识形态的训练"，但是在莫斯科的 3 年他学习的先进意识形态其实是一门暧昧不清的学科，由于赫鲁晓夫对斯大林主义的抨击，党校对于到底该教授什么内容心里没底。杜布切克从改革中的苏联回到了仍然奉行斯大林主义的捷克斯洛伐克，此时诺沃提尼已是总统。由于诺沃提尼同时是党的第一书记，这个国家第一次处于一个领导之下。

学生们和年轻人并不害怕表达他们的不满。在布拉格和布拉迪斯拉发（Bratislava）的文化节上，他们公开要求更多的政党结社权利、能够阅读西方书籍与杂志的渠道，以及结束对自由欧洲电台和英国广播公司国际广播（BBC World Service）令人讨厌的干扰。

从莫斯科学成归来后，杜布切克得到的奖励是成为布拉迪斯拉发地区的党委书记。现在，他是一个重要的斯洛伐克领导人了。他仍然保持着对党的高度忠诚，但是该对谁忠诚呢？从莫斯科回来后，他非常清楚诺沃提尼和赫鲁晓夫的立场不一样。他小心翼翼地避免流露对诺沃提尼的不满，而后者则丝毫不掩饰他对斯洛伐克的敌意。按照杜布切克的看法，诺沃提尼"对于有关斯洛伐克以及捷克与斯洛伐克关系的几乎所有事务都特别无知，这当然使我非常沮丧"。1959年宪法的修改废除了斯洛伐克自治政府仅存的一些痕迹。尽管斯洛伐克人民义愤填膺，其领导人则只是急于讨好诺沃提尼和服从中央政府。

诺沃提尼为党的高级干部欢度周末设立了特别娱乐区，杜布切克对此鄙夷不屑。"那地方很不错，位于伏尔塔瓦河河湾迷人的一角，"他回忆道，"但我对这想法感到憎恶——领导在警察保护下独享奢华。"他对诺沃提尼印象深刻的是后者热衷于玩一种叫作"结婚"的扑克游戏。想升官的官僚们迫切希望受到诺沃提尼的邀请去玩"结婚"，而为了彰显主人风范，诺沃提尼专门在他的住所前建造了一个巨大的啤酒桶，他就在啤酒桶里发牌。杜布切克不玩这个游戏，在那些必须定期出席的周末，他会和娱乐区里的儿童们嬉戏，或者在森林中长时间地散步。

偶尔，他也会和诺沃提尼发生公开冲突。"当我敢于提出不同的意见时，"他后来写道，"最初是关于在斯洛伐克的投资重点，后来是关于对50年代'肃反'的平反，这些对抗就产生了。"但是作为第二级别的领导人，杜布切克很难改变政府，而他也谨言慎行，他仍希望在党内的地位能够有所提升。

20 世纪 60 年代早期，杜布切克在科尔德委员会（Kolder Commission）任职，这个委员会的职责是调查政府在 20 世纪 50 年代的滥权并予以纠正。这个工作给他留下了长远而深刻的印象。"这些材料所揭露的 50 年代早期捷克斯洛伐克共产党中央圈子内的所作所为，"他后来写道，"简直使我目瞪口呆。"尚不清楚杜布切克此前是否真的不知道这些情况，但是他确实因科尔德委员会揭露的情况而深受震动，许多其他的官员也是如此。诺沃提尼受到了重组政府的巨大压力。1963 年，因为科尔德委员会所掌握的这些材料，斯洛伐克中央委员会的总书记被免职——他被认定是诺沃提尼的内奸，而沉默寡言的亚历山大·杜布切克成为了接替他的人选。诺沃提尼对此暴跳如雷，从选举会议中气冲冲地离开，从此再没参加过斯洛伐克中央委员会的任何会议。

到了 20 世纪 60 年代中期，诺沃提尼的日子越发难过。1964 年，他的朋友赫鲁晓夫被门生勃列日涅夫取代，与此同时，捷克斯洛伐克的经济转向恶化。虽然经济已衰败经年，但由于捷克的农业比苏联集团其他国家的起始水平要高得多，所以其管理失误的毁灭性后果要到几年后才显现出来。斯洛伐克则没有捷克的先发优势，它经受经济灾难的时间更为长久。但现在，即使是捷克也面临着食物短缺，政府无奈地下令"周四不吃肉"。因为无法确定苏联是否将给予援助，而国内人民日益怨声载道，这两个因素的叠加使得诺沃提尼被迫放松对国家的管制。新闻审查稍有宽松，艺术家、作家和电影制作人获得了更多自由，一些到西方的旅行访问也被批准了。

但这仍然是一个管控严格的国度。文学杂志《面颊》（*Tvar*）被关闭了。关于文字、言论和行为仍有各种限制。但是在这最终获得的狭窄的自由空间中，捷克斯洛伐克人活跃了起来。西方不再被完全隔绝，捷克的青年们立即浸淫在充满活力的西方青年文化中，他们穿上了蓝色牛仔裤，到俱乐部听被叫作"大节拍"的摇滚乐。布拉格城里留着长发、蓄着胡须、穿着沙滩鞋的年轻人比中欧其他任何地方都更多。是的，在诺沃提尼领导下的捷克斯洛伐克的中心，有着一批蓄着胡须的 60 年代反叛青年——嬉皮士——或者他们是 50 年代的反叛青年，"垮掉的一代"？ 1965 年 5 月 1 日，即国际劳动节，当共产主义世界的其他地方在庆祝革命的时候，布拉格的青年为来访的诗人艾伦·金斯堡[1]加冕，这个长发蓄须、"垮掉的一代"的诗人，被布拉格青年称为"Kraj Majales"，即"五月之王"。金斯堡吟诵着"唵"（Ommm）[2]，他是犹太人却成了佛教徒，但即使他拥抱了东方宗教，对于布拉格的许多年轻人而言，他仍然是西方那个令人兴奋的新世界的化身。在加冕演讲中，金斯堡敲着叮当作响的铜钹，吟诵了一首佛教的赞美诗。秘密警察几天中跟随着他穿过中心城区那些装饰精美的黑暗后街，最后将他驱逐出境。或者，如同金斯堡在一首诗中写到的：

> 我被身着捷克斯洛伐克西装的密探塞进飞机，逐出布拉格
>
> 我是五月之王，性爱青年的动力，
>
> 我是五月之王，勤于雄辩，纵情声色，

1 艾伦·金斯堡（Allen Ginsberg, 1926—1997），美国垮掉派与反主流文化运动著名诗人，代表作为《嚎叫》（1955），终其一生反对军国主义、物质主义与性压制，是 20 世纪 60 年代反对越战的非暴力抗议运动的著名人物，曾师从秋阳创巴仁波切，是虔诚的佛教徒。
2 "唵"（Ommm）这个字最早在印度教经典《吠陀经》出现。在印度教教义中，它是梵的最初体现，是宇宙中出现的第一个音，也是婴儿出生后发出的第一个音，宇宙间万物皆是从"唵"的振动中产生的。

> 我是五月之王，是古老的人类诗情，十万信众选择了我的名字，
>
> 我是五月之王，几分钟后我将降落在伦敦机场……

但如同斯蒂芬·杜布切克已然指出的，在美国也不是全然自由的。金斯堡回到美国之后，联邦调查局就把他的名字放进了危险人物名单。

尽管仍是严格管控，仍有留着胡子、穿着捷克西装的秘密警察，布拉格开始变得大受欢迎。1966 年，有 350 万人访问捷克斯洛伐克，其中 1/5 是西方游客。捷克的电影如《被严密监视的列车》[1] 和《主街上的商店》[2] 在全世界上映。米洛什·福曼（Milos Forman）成为全世界倍受瞩目的几个捷克导演之一，捷克的剧作家，包括瓦茨拉夫·哈维尔（Vaclav Havel），开始获得世界性声誉。在所有布拉格的剧作家中，哈维尔可能不是最具戏剧性的，但他是在政治上最令当局头痛的一个，他创作的反极权主义的荒诞剧在苏联是永远不可能看到的。在《备忘录》中，官僚体制为了压制创造性思维，强行要求使用一种凭空编造的叫作"Ptydepe"[3] 的语言。哈维尔经常嘲笑当局的语言模式。在另一个剧作中，一个角色嘲讽了赫鲁晓夫生造无意义的俗语的习惯。哈维尔笔下的角色断言："与蚊帐争辩的人永远不会和波多莫

---

1 《被严密监视的列车》（*Closely Watched Trains*）是 1966 年由捷克斯洛伐克导演伊里·曼佐（Jiri Menzel）根据捷克斯洛伐克著名作家博胡米尔·赫拉巴尔（Bohumil Hrabal，1914—1997）的小说改编的电影，是捷克新浪潮电影的杰出代表，获得 1968 年第 40 届奥斯卡金像奖最佳外语片奖。

2 《主街上的商店》（*The Shop on Main Street*）是由扬·卡达尔（Ján Kadár）与艾尔玛·克洛斯（Elmar Klos）于 1965 年导演的捷克斯洛伐克电影，描述了一个斯洛伐克小镇在第二次世界大战被德国占领期间排挤和驱逐犹太人的"雅利安化"过程，该片获得 1966 年第 38 届奥斯卡金像奖最佳外语片奖。

3 Ptydepe 是哈维尔《备忘录》（*The Memorandum*）中的一种人工语言的名称，推行这种语言的目的是为了消除单词之间的相似性及其情感联系。关于这个单词的词源，一种比较有代表性的阐释认为它是官僚机构中常见的缩略语的形态。

基（Podmokly）附近的一只山羊共舞。"

1967 年 11 月，一小群布拉格的学生决定尝试传闻中的西方学生的作为。他们举行了一次示威游行，起因是宿舍中暖气和光亮不足——这似乎是个无甚新意的问题，学生运动由此缘起却不是第一次，也不会是最后一次。和西方的许多学生一样，他们开始发现游行示威是件有趣的事。夜幕初降的时候他们开始游行，手持蜡烛象征他们就是被迫在暗淡灯光下学习的。他们穿过狭窄的石街，朝着政府所在地赫拉恰尼城堡进发，看起来就像是庆祝圣诞节的快乐游行队伍。突然间，他们发现警察拦住了去路。双方在鹅卵石人行道上发生冲突，一些示威者被警察拖走。大约有 50 名受伤的抗议者需要住院接受治疗。媒体仅仅报道说是"小流氓"袭击了警察。但是公众这时已经能读出新闻报道的弦外之音，警察对学生动手的消息也迅速传播，引发了更大规模的抗议运动。到 1967 年年底，学生们已经在街头分发传单并且和任意一个反对者进行辩论，与柏林、罗马或者伯克利的学生很相似。确实，他们被秘密警察监视着，美国和西欧的学生示威者也是如此。

在 20 世纪 60 年代，斯洛伐克的民族主义和诺沃提尼对斯洛伐克人民的敌意都在滋长。1967 年，斯洛伐克人欢呼以色列在"六日战争"中的胜利，显示出对政府和苏联人的蔑视。到 1968 年，"中东"已经成为苏联集团国家中最受青睐的政治隐喻。在波兰它预示着一个大麻烦，因为波兰人没有服从苏联的利益，反而因为犹太人打败了苏联训练的阿拉伯军队的奇迹而兴奋不已。1968 年 3 月，当罗马尼亚试图宣布独立时，它加强了与以色列的联系。

1 月 5 日后，杜布切克取代诺沃提尼成为党的总书记，这使捷克斯洛伐克充满了希望、激动和流言蜚语。至于为何勃列日涅夫没有支持诺沃提尼，坊间最喜欢的一个传说是：当赫鲁晓夫被勃列日涅夫取代时，诺沃提尼因苏联朋友的下台而异常沮丧——他们甚至一起度过假——于是拨通了克里姆林宫的电话。无论勃列日涅夫如何解释，诺沃提尼都无法释怀，最终愤怒地扔下了电话，把新当选的苏共领导人晾在一旁。勃列日涅夫因此而记仇。

1968 年，苏联和捷克斯洛伐克人民都将他们的希望和信任置于这个高个子男人身上，他有着愁苦的脸和模糊的微笑，从未显示过大智慧或者想象力——这些也不是苏联人鼓励他具备的素质。杜布切克没有任何国外的经历，除了苏联，他只在 1960 年出过两次国，一次是在赫尔辛基待过两天，另一次是在河内出席党的会议。

但是杜布切克和新政府中的许多同事都属于独特的一代人，他们在纳粹占领时期成长，他们所见到的世界善恶对立，而苏联代表善的力量和未来的希望。杜布切克新政府中的泽涅克·姆林纳日[1]写道："在那个意义上，对于在战后渴望和过去彻底决裂的人，当然还有那些对于苏联的真实情况一无所知的人，苏联都是一片希望之地。"

当时真正的问题不是为什么苏联接受了杜布切克，而在于为什么捷克斯洛伐克人民接受了他。经过了 20 年的斯大林主义，捷克斯洛伐克举国思变，而人民认为杜布切克有可能拯救这个国家。如同姆林纳日所指出的，在 1968 年之前，捷克斯洛伐克人民从未能充分了解他们领导人的性格，所以如果新领导人看起来难以捉摸，他们也能习惯。但是他恰巧很适合 1968 年捷克斯洛伐克的年轻人。他并不独裁，

---

1 泽涅克·姆林纳日（Zdeněk Mlynář，1930—1997）在 20 世纪 50 年代留学苏联期间是戈尔巴乔夫的亲密朋友。1968 年至 1970 年之间担任捷克斯洛伐克共产党中央书记，在"布拉格之春"的五月高潮期间曾发表影响巨大的政治宣言《致力于建立社会中的民主政治组织》，1977 年被开除党籍后流亡维也纳。

他在公共场合的不自在和沉闷的演讲风格似乎都证明了这一点。捷克斯洛伐克的年轻人喜欢他的笨拙。但最终它将转化为优柔寡断这种致命的倾向——这一向是反独裁主义者的弱点。但是，在小群体中杜布切克却极富说服力。最令人激动的是，作为领导人，他具有倾听他人意见的习惯。路德维托·史都尔是已被官方摈弃的斯洛伐克民族主义者，而杜布切克就是在他出生的房子里降生的。三年前，他在一次非正统的致辞中这样捍卫史都尔："他了解他的时代中所有主要的社会、经济问题与各种趋势，他也明白必须改变一切。"也许这用在杜布切克自己身上也是对的。

杜布切克哭泣的家人能看到他所处位置的危险性。他必须使活跃的民众确信他是一个改革者，向党和政府里守旧的老干部和诺沃提尼的党羽显示他是值得信任的，同时使苏联满意他掌控了事实上无法掌控的局面。

杜布切克从未掌控局面。他只是试图引导局势，用他作为党员所习得的技巧来平衡各派力量。他从未试图清洗诺沃提尼的支持者，几年后他可能会反思这是他最大的失误。后来被苏联人叫作"政治局"的主席团产生了5：5的分裂，于是提案只能提交到中央委员会进行表决。而这些通常应由总书记的亲信控制的政治权力机构，却充斥着支持诺沃提尼的老式共产党人，他们并不真的喜欢杜布切克，甚至连杜布切克的司机和办公室秘书都是诺沃提尼的人。

斯洛伐克人的身份使得杜布切克的处境更加复杂，因为斯洛伐克人期待他为斯洛伐克独立运动出手，而捷克人则抱怨所谓"斯洛伐克的独裁"。

与此同时，整个国家遍布拥有不同要求和期待的派系。新闻记者们期待新政府在新闻审查上的改变，但杜布切克针对它和许多急迫的议题都没有指导方针。后来，历史学家们将此称为"1月的缄默"。杜布切克看起来是在全无准备的情况下上台执政的，他只提出了一些含糊的概念：他将帮助斯洛伐克人，改善经济，回应拥有更多自由的呼声。但是他没有具体的规划，而诺沃提尼的支持者们和苏联还在背后盯着他。

　　看起来杜布切克在宏伟壮观的首都布拉格也不舒服，他习惯了布拉迪斯拉发的生活，在那里只有沿着多瑙河的几条街道，间或有一栋古帝国曾经华美但现已荒芜的建筑，其间是老百姓住的街区，都是天花板很低的斯大林式住房，在杂草丛生的山丘上还有一座孤独的城堡。寥寥无几的古迹已经破败不堪，新式建筑也是如此。但是在46岁的时候，杜布切克却突然开始在宫殿里上班，诺沃提尼的手下开着车，带他穿过这座庄严的欧洲城市。

　　杜布切克的缄默造就了一个可供许多事物发展的真空地带。1月27日，在布拉格的历史中心出现了一个书报亭，销售来自全世界，包括社会主义国家和资本主义国家的报纸。书报亭设有一间供应咖啡的阅览室，到了晚上，人们挤满了狭小的阅览室，阅读苏联、西德、法国和英国的报纸。新闻审查取消后，国内的新闻业开始繁荣，尽管各家报社都全力增加印数，但报纸仍然在大清早就销售一空。在苏联集团的任何国家，从没有出现过这样自由的新闻界。报纸上充斥着关于政府腐败的新闻，它们同时攻击、揭露和嘲弄苏联政府。为了争夺发行量，报社彼此竞争刊发更惊人和更优质的揭丑报道，包括苏联的"大清洗"以及捷克官员的唯利是图。新闻界以前从未审视过诺沃提尼，现在他却无法幸免。媒体的报道披露，诺沃提尼和他的儿子使用政府的进口许可证买下像奔驰、阿尔法·罗密欧、捷豹和其他西方的豪车以取悦女人。当他们把某辆豪车玩腻了，就卖给朋友们以获取厚利。诺沃提尼无法从这个丑闻中脱身，所以即使杜布切克还没有施压，诺沃提尼就在 3 月 22 日被迫辞去总统职位。

第二天，杜布切克和其他领导人被召集到东德的德累斯顿（Dresden）出席一个华沙条约国会议，当时这个城市的中心仍是轰炸和大火过后满目疮痍的模样。意味深长的是，罗马尼亚未被邀请与会。在 1968 年的冬季，与捷克斯洛伐克相比，罗马尼亚给莫斯科带来的麻烦更大。杜布切克试图成为一个优秀的、恪守纪律的共产党人，而罗马尼亚的尼古拉·齐奥塞斯库自从"六日战争"之后日益显示出独立的趋势，罗马尼亚是中东战争后唯一没有断绝与以色列外交关系的苏东国家。捷克斯洛伐克则是继苏联之后第一个与以色列断交的国家，在许多捷克人看来，此举使诺沃提尼看起来极度曲意逢迎。在 2 月底于布达佩斯举行的共产党国际会议上，罗马尼亚人中途离会。更糟的是，两个星期后，在保加利亚的索菲亚举行的苏联军事联盟华沙条约国会议上，罗马尼亚拒绝签署批准苏联和美国削减核武器的公报。罗马尼亚宣称，此举是为了抗议两个超级大国主宰了对话而未与小国进行商讨。

所以，如果说苏联对某个苏东国家领导人头疼，杜布切克没想过会是他。就在几周前他还在苏联《真理报》（Pravda）上发表过一篇文章，他写道："与苏联的友谊是我们外交政策的基础。"

杜布切克本以为德累斯顿会议是一次经济会议，突然间他感觉自己像是在受审。波兰和东德的领导人一个接一个地谴责他无法掌控国内的局势。杜布切克把求助的目光投向他的同盟：匈牙利的亚诺什·卡达尔（Janos Kadar）。一个斯洛伐克人向以往的压迫者求助，这对布拉迪斯拉发的民族主义者来说可是一个好笑的奇观，但即使是卡达尔，也攻击了杜布切克。让各个领导人尤其是勃列日涅夫最为困扰的是，捷克斯洛伐克的新闻界像脱缰野马，随心所欲地报道他们想报道的一切，完全脱离了政府的控制。苏联对苏联集团国家的首要要求是掌控局面。新闻界实际上在诺沃提尼辞去总统一事上扮演了重要角色，并且仍然要求中央委员会甚至共产党都开除他。

这些领导人是对的。即使在德累斯顿会议之后，当杜布切克第一次意识到他使苏联集团国家心烦意乱的程度时，他仍然无法驾驭新闻界。国内新闻界的自由，以及获取西方媒介内容的渠道，这两者对于捷克斯洛伐克人民有至高无上的重要性，在这个主题上可以妥协的余地比其他的都要小。

但是已经没有回头路了，捷克斯洛伐克不可能继续生活在孤立中。突然之间，布拉格被关注和谈论，甚至出现在许多国家的电视节目中。而捷克人和斯洛伐克人在1968之初的所作所为向整个共产主义世界发射了冲击波，并吸引了整个西方的年轻人的关注。一个蓄着胡子、穿着过硬过蓝牛仔裤的布拉格学生，即使他从来没有见识过世界的其他地方，突然之间却能觉得自己是解放世界的青年运动的一分子。

第三章
令人生畏的浓眉一展

社会永远更多地是由人们交流中仰仗的媒介性质所塑造，而非由交流的内容所塑造。

——马歇尔·麦克卢汉，昆廷·菲奥里，

《媒介即按摩》，1967年

就像一棵并不引人注目的树在森林中倒下，如果有一次游行或者静坐，但没有得到媒体的报道，那么它发生过吗？从马丁·路德·金、约翰·刘易斯到斯托克利·卡迈克尔和休伯特·拉普·布朗，他们关于民权运动应该采取什么策略有广泛的争执，但是他们都同意这些活动需要争取新闻媒介的关注。无论是倡导非暴力的人士还是倡导暴力的人士，对他们而言，显而易见的是，暴力与关于暴力的言辞是得到媒介报道的最有效途径。

莫罕达斯·K.甘地（Mohandas K. Gandhi）本人是倡导非暴力策略的大师，并且激发了民权运动，他对此有深刻的了解。为了获得印度、英国和美国对他所组织的每个活动的报道，他都不遗余力，并且经常谈及英国在印度的暴力统治对于吸引媒体的价值。这是非暴力运动的悖论：抗议者们可以是非暴力的，但是抗议的对象必须以暴力的方式回应——如果双方都是非暴力的，那就没有媒介需要的故事。马丁·路德·金曾经对此抱怨，但是在遇到劳里·普利切特（Laurie Pritchett）后，他理解了这确实是一个现实。

1962 年，金博士的"南方基督教领导协会"[1]挑选了佐治亚州奥尔巴尼城进行一场非暴力抵抗活动，而普利切特就是该城的警察局长。佐治亚州西南部的农村地区因实行种族隔离制度而臭名昭著，1957 年民权法案通过后，它成为首批因违反选举条例而被联邦政府起诉的对象。奥尔巴尼城有 75000 名居民，其中 1/3 是黑人，是这个地区人口最多的城市。"学生非暴力协调委员会"在当地黑人的鼓舞下，决定发起一个选民登记运动，后来它拓展为在公共场所，包括公交车站内的反种族隔离活动，金博士也被吸引参加了这个运动。

在几个月中，抗议者与执法者无数次地对抗，包括金博士在内的大量人士被捕，但是这位彬彬有礼、巧舌如簧的警察局长在任何情况下都没有诉诸暴力。普利切特对抗议者的所有动向都了如指掌，因为他在奥尔巴尼城的黑人社区里有线人。因为没有暴力，金博士和其他领导人就无法使罗伯特·肯尼迪和司法部像在其他州那样介入和干预——联邦政府的介入会成为媒介喜欢的更重要的新闻。更糟的是，记者们喜欢朴素随和的普利切特，他告诉记者们自己研究了金博士的非暴力策略，而现在他采用了非暴力执法。一些民权运动人士批评金博士总是能从行动中全身而退，金博士对此的回应是在奥尔巴尼城自投罗网。但这迫使他取消了一次颇有价值的在《会见新闻界》电视节

---

1 南方基督教领导协会（Southern Christian Leadership Conference, SCLC），非裔美国人组成的民权组织，1957 年 2 月于美国新奥尔良成立后存在至今，首届主席为马丁·路德·金。它倡导以静坐、示威游行等非暴力的方式抗议社会不公并促进变革，是美国民权运动中的重要组织。该组织由一个选举出的委员会进行管理，其附属成员多为单独的教堂或者社区组织，与其他民权组织招募个人成员的方式有显著不同。

目中的露面机会，结果却是普利切特本人将金博士释放了，声称"一位身份不明的黑人男子"为金博士取保和支付了罚金。许多人猜测是金博士的父亲——一位在亚特兰大有时被叫作"金老爹"的知名人士——把儿子保释了，也有人猜测金博士之所以愿意入狱是因为他父亲肯定能将他保释。事实上，就是狡猾的普利切特直接释放了他。

在奥尔巴尼的整个民权活动成了一个灾难。此后，民权运动的领导人学会了避开普利切特这样的老手，而把目标定在由头脑发热的警察局长和暴躁易怒的市长执掌的那些城镇。北卡罗来纳州本地人吉恩·罗伯茨[1]为《纽约时报》报道民权运动，他观察到，"关于什么行动能够成为新闻以及如何使媒介保持关注，民权运动人士已经有了本能的认识"。1965年在阿拉巴马州塞尔马（Selma）的一次游行中，金博士注意到《生活》杂志的摄影记者弗列普·舒尔克（Flip Schulke）放下相机去帮助一个被警察毒打的示威者，后来金博士找到舒尔克，告诉他大家需要的不是他去帮助示威者，而是需要他去拍摄示威者。金博士说道："你的角色就是拍下我们的遭遇。"

1965年在塞尔马的游行示威中，粗壮的中年妇女安妮·李·库珀（Annie Lee Cooper）用尽全力打了一个警官一拳。这引起了摄影记者们的注意，当三个警官扭住库珀时，记者们纷纷按下快门。然后库珀故意激怒警官，而警官操起警棍狠击她的脑袋，如此用力以至于记者们都听见了击打声。他们也拍下了照片——警官克拉克抡着警棍痛打一个无助的妇女，这张照片出现在全国各家报纸的头版。"学生非暴力协调委员会"的玛丽·金（Mary King）说："为教育公众而娴

1 吉恩·罗伯茨（Gene Roberts, 1932—），美国著名新闻记者与新闻学教授，被同行广泛认为是20世纪晚期美国大城市的日报中最有影响力的编辑。他在1969年至1972年担任纽约时报社报道美国民权运动的主力记者；1972年至1990年担任《费城问询者报》总编期间，该报共获得17个普利策新闻奖奖项；1994年至1997年他回到纽约时报社担任执行总编。

熟地利用新闻媒介，就相当于使用现代意义上的'笔'，而笔仍然比剑更有威力。"

随着民权运动越来越注重媒介效应，金博士成为了它的明星。他是第一个成为媒介明星的民权运动领袖，结果也比其他民权先驱和同侪更为有名、更具影响力。拉尔夫·阿伯内西[1]说："我们知道自己已经发展为象征符号了。"民权运动中的其他人经常谴责金博士独揽了运动的光芒，将所有人的赞扬和致敬照单全收，但事实上，这就是民权运动对金博士的运用方式。他很少创新，但他是一个雄辩的演讲者，他与生俱来充满魅力的现场表现能够使电视台趋之若鹜地进行报道。他是一个不情愿的明星，在教堂里会比在游行队伍和新闻发布会上更自在。他曾经表示："我知道两个马丁·路德·金。我对我自己是个奇迹……我被自身从事的事业所神话。人们所谈论的马丁·路德·金对我来说似乎是一个陌生人。"

在奥尔巴尼之后，电视成为每一次民权行动策略的关键环节。在金博士组织的"南方基督教领导协会"中，安德鲁·扬（Andrew Young）是首席媒介顾问，至少是针对那些白人所主导的媒体。他理解为了使电视每天都能报道民权运动，他们必须每天提供简短而又戏剧性的讯息，现在这叫作"金句"，而且这些讯息还必须伴随着电视术语里所谓的"好的视觉影像"。在扬强调了这些要点后，金博士迅速领会了每日的"马丁·路德·金声明"不应该超过 60 秒。许多"学生非暴力协调委员会"的活动分子认为金博士走得太远了，认为他和他的组织过度地利用了媒介。他们认为他是在制造短期的新闻事件，而他们则希望更多地在南部社区运作以促成根本性的变化——而这将

1 拉尔夫·阿伯内西（Ralph Abernathy, 1926—1990），美国民权运动的领袖、马丁·路德·金在"南方基督教领导协会"的亲密战友。在金博士遇刺后，他担任了"南方基督教领导协会"的主席，并领导了 1968 年 5 月的华盛顿大游行。

是一个缓慢的、媒介难以报道的过程。

但现实情况是，到了 1968 年，无论是民权运动、黑人权力运动，还是反战运动，甚至连国会与传统政治都已经深陷这个问题中：如何得到电视的关注与报道？按照当时的哥伦比亚广播公司记者丹尼尔·肖尔[1]的话，就是如何才能使电视记者"受到撩拨"。

录像带和卫星直播，这两项电视技术上的革新完全改变了新闻播报。它们都是在 20 世纪 60 年代开发出来的，虽然在 70 年代前它们都未得到全面运用，但是到了 1968 年，它们已经开始改变电视记者的思维方式。录像带并不昂贵，可以反复使用，并且在播放之前无需处理。1968 年时，大多数的电视新闻仍然使用 16 毫米的黑白胶片，通常都是用三脚架上或者手持的摄像机拍摄。因为胶卷昂贵并且处理费时，所以无法任意拍摄，摄像师会架起相机然后等待记者的信号。当记者判断一个场景开始引人入胜——有时摄像师也会自己作判断，他就发出信号，摄像师则按下按钮开始拍摄。"你可以为一分钟的播出拍十分钟的素材，"肖尔说，"但是你不能为之拍上两小时。"

对肖尔来说，显而易见的是，节目的制作其实就是"关于分贝……每当一个人扯起嗓门说'但是你怎么就能坐在那里扯什么什么'，我就会按下按钮，因为电视喜欢戏剧性、喜欢冲突，而任何预示冲突的都可能成为转播的内容，被搬上那天晚上的《克朗凯特秀》。那就是我们试图做到的。"

摄像机的在场开始对辩论中的礼仪产生显著的影响。肖尔回忆起

---

1 丹尼尔·肖尔（Daniel Schorr, 1916—2010），美国著名电视记者，具有超过 60 年的国际新闻报道经验。1953 年由爱德华·莫罗招募加入哥伦比亚广播公司，1955 年开设哥伦比亚广播公司莫斯科分站；1957 年他对苏共总书记赫鲁晓夫的独家采访，以及 1962 年描述东德人民生活境况的纪录片使其名声大噪。曾三次获得艾美奖，并于 2002 年获得"爱德华·莫罗广播电视终身成就奖"。

当时对参议院的采访："参议员们无缘无故频繁地提高嗓门，就是因为他们知道这样做能引起我们的注意。"但并非只有会议厅里的政客会为吸引媒体注意而发出尖利嗓音。阿比·霍夫曼理解这是如何奏效的，斯托克利·卡迈克尔也理解，马丁·路德·金亦是如此。1968年时，金博士已经和新闻媒体打了10年的交道，他意识到自己在输掉这场电视比赛。他对肖尔抱怨说电视在鼓励黑人领导人使用最为暴力和煽动性的言辞，而对他的非暴力主张没什么兴趣。"如果黑人被煽动后使用了暴力手段，你会想到自己在其中推波助澜的责任吗？"金博士这样质问肖尔。

"我是否一直在寻觅那些令人耸动的金句，以此作为上晚间新闻的通行证？"肖尔曾如此自省，"恐怕我确实是这样的。"

另一个改变电视的发明是卫星直播。第一次卫星转播是德怀特·艾森豪威尔（Dwight Eisenhower）总统在1958年12月18日录制的圣诞贺词。早期的人造卫星，如"晨鸟"卫星，它们不是与地球同步旋转的——相对于地球的位置并不固定，因此在一天中只有几个特定时段能够接收到来自地球上任何位置的信号。对一个重大新闻的卫星转播需要如此之多的巧合条件，所以直播在最初的几年很少实现。那时候，来自欧洲的新闻通常是先将胶片运抵美国，然后在第二天播出。第一条来自欧洲并且在美国同日播出的新闻并不是卫星转播的结果：1961年当柏林墙动工的时候，因为开工的时间非常早，于是哥伦比亚广播公司能够利用时差的便利，将胶片用飞机运抵纽约并在晚间新闻中播出。肯尼迪总统曾抱怨说，这条新闻费了整整半天的时间才在电视上播出，以至于可供他斟酌回应的时间都不够。

哥伦比亚广播公司的新闻总监弗雷德·弗兰德利（Fred Friendly）能够理解，最终地球上的绝大多数地方，在一天中的任何时间都能使用具有实时传输功能的卫星，而这一棘手的发明在将来不仅会改变电视新闻的本质，也会改变新闻的本质。1965年，他试图在克朗凯特的晚间新闻中加入来自世界某地的实况卫星直播。因为克朗凯特的节目在纽约时间晚上7点播出，他按图索骥地寻找能在那时向"晨鸟"卫星进行传输的地点，然后他找到了柏林，这个在过去几年中屡屡成为重大新闻话题的城市。肖尔被安排站在柏林墙边出镜，这里总是具有很好的影像效果——并且这将会是直播！无论肖尔如何苦苦说明夜半的柏林墙边不会有什么故事发生，但计划照旧进行。肖尔没有领会此举的实质。它的实质就是：这将是一次卫星实况直播。

"于是，直播时我真的就站在那里，"肖尔回忆道，"这是柏林墙，墙后就是东德，仅此而已。然后因为我们开着摄影灯，你可以听见狗叫声。狗开始吠叫，于是我说'有的时候，当警犬追逐那些试图逃跑的可怜的东德人时，你会听见它们的吠叫'——这全是废话。但它是电视实况直播。"

哥伦比亚广播公司甚至与德国一个正在审判纳粹分子的法院商谈，成功地说服它将一次庭审推迟到午夜后进行，这样的话就能在美国进行电视直播，而非将通常在白天进行的庭审录制后在晚上延播。电视新闻实况直播的时代已经来临。

按照美国军方发言人公布的数据，1968年的第二个星期，即总统发表国情咨文的那个星期，战时每周被击毙的交战对方士兵的数量创纪录地达到了2968人。此前的周纪录是在1967年3月25日结束的那周，有 2783 人。1968 年的第二个星期结束时，在旧金山的一个晚餐会上，国务卿迪安·腊斯克面向 1500 名友好的宾客为其外交政策辩护，而警察则用警棍在场外对付 400 名反战示威者。1 月 12 日，周五，又有三名美国军人向瑞典请求政治避难。此前的周二，四名水手逃离"无畏号"航空母舰并获得瑞典居留签证。

种族议题也变得更为棘手。那种被归类为"白人的反弹"的心境改变，部分地缘于越来越多的犯罪、青年人及其反主流文化明星公然服用毒品的反应，但它主要是对北方城市中的黑人暴乱的反应。在诺曼·梅勒怪异而标志性的自我发现的某个时刻——在他 1968 年出版的三部著作之一《迈阿密与围困芝加哥》（*Miami and the Siege of Chicago*）一书中，他描述自己在等着民权运动领导人拉尔夫·阿伯内西的新闻发布会，而后者却迟到了 40 分钟。"记者开始意识到他自己身上一种奇怪的情绪，因为他此前从未对此有意识"——梅勒只比戴高乐稍微谦虚一点，他经常以单数第三人称指称自己——"对于他，那种情绪很简单却相当令人不快——他开始厌倦黑人及其权利。"紧跟其后的是更重要的一个揭示："如果连他都会感觉到这种迹象，那么在全国不是有无数愤怒的浪潮在激荡吗？"

起初，正如大多数南方人所预感的那样，民权运动很容易吻合大多数其他国人对于南方的偏见。当民权运动剑指南方，和有着公牛·康纳[1]这种说话慢吞吞的野蛮人交锋时，它看起来像是英雄壮举。但是在

---

1 公牛·康纳（Bull Connor，1897—1973），指的是在美国民权运动时期主管阿拉巴马州伯明翰城公共安全的官员布尔·康纳，他一贯实施种族隔离制度和拒绝黑人民权，当他指挥镇压 1963 年"南方基督教领导协会"在伯明翰城的民权运动时，使用了消防水龙和警犬攻击包括许多儿童在内的示威者，经美国电视台的报道，他成为了种族主义的国内和国际象征。

1965 年，当金博士开始支持在北方城市实行"开放式住宅区"[1]时，对于大多数美国白人来说，情况就不一样了。他们会想，黑人不仅要在阿拉巴马州上学和乘坐公共汽车，他们还想进入我们的社区。

金博士和其他领导人也开始投入更多时间反对越战。1967 年，当金博士成为越战直言不讳的批评者时，他已经是民权运动的主要人士中最晚表态的。"种族平等代表大会"[2]以及"学生非暴力协调委员会"的大多数成员，分别在 1965 年和 1966 年宣示了反战立场，而在金博士的"南方基督教领导协会"中，许多顾问不愿在战争时期抨击政府。1967 年，"结束越战全国动员委员会"及其领导人戴维·德林杰（David Dellinger）——德林杰本人曾在第二次世界大战中抵制征兵——竭尽全力想将金博士带入反战运动。也曾有顾问告诉德林杰，反战运动已经过多地牵涉黑人领袖，这将疏离反战运动的潜在支持者。许多白人认为黑人领袖对反战运动的介入，越过了民权运动领导人的合法领域，但他们却无视这一事实：美国人口中的黑人比例仅为 11%，但是在越南的美军中黑人比例却为 23%。黑人现在开始试图影响外交政策。重量级拳王默罕默德·阿里（Muhammad Ali）也许是比金博士更擅长利用新闻传媒的黑人，他拒绝被征兵，声称"我和越共没什么过不去的"。他被判逃避兵役，在约翰逊总统发表国情咨文一周后，阿里的上诉被驳回。

在 1963 年加入激进的"黑人穆斯林"时，阿里认为他的原名卡

---

1 开放式住宅区（open housing），亦被称为"芝加哥开放住宅区运动"（Chicago Open Housing Movement），这是由马丁·路德·金等人从 1965 年中期到 1967 年早期组织的运动。它包括以大型集会和示威游行的方式，要求芝加哥市为黑人解决诸如开放式住宅、提高教育质量、提供交通和工作机会、雇佣与薪酬、抑制犯罪和改革司法体制等一系列问题，对于 1968 年通过的《公平住宅法案》有极大的推进作用。
2 种族平等代表大会（Congress of Racial Equality），1942 年 3 月由詹姆斯·L.法默（James L. Farmer）和乔治·豪泽（George Houser）等人在芝加哥发起成立的民权组织，在美国 20 世纪 60 年代和 70 年代的民权运动中扮演了核心角色，号称当时的四大民权组织之一。受到甘地的非暴力不合作运动的启示，该组织坚信美国黑人可以用非暴力的公民抗议方式挑战种族隔离制度，曾参与组织"自由旅程"、华盛顿大游行以及"密西西比自由之夏"等运动。

修斯·克莱（Cassius Clay）是个"奴隶的名字"，因此改了名字。"黑人穆斯林""黑人权力"，尤其是日渐活跃的黑豹党，都倡导暴力、抢劫，以及与警察的枪战，美国白人对这些激进组织很恐惧。1967年夏天，在黑人贫民区的暴动烽火对许多人是决定性的一击。金博士称，"黑人权力"的倡导者斯托克利·卡迈克尔等人提供了白人所需的借口。"斯托克利不是问题，"金博士表示，"问题是白人和他们的态度。"

对执政的民主党人而言，应对都市暴力日渐成为一种威胁。副总统休伯特·汉弗莱（Hubert Humphrey）的一个助手告诉《时代》杂志："如果这个夏天再发生暴乱，明年秋天民主党就有灭顶之灾。"金博士反对约翰逊总统，对于民主党人没有任何忠诚，但是他对这种所谓的"白人的反弹"具有更深刻的忧惧。"如果接下来的两个夏季发生像1967年夏季的暴乱，我们将无法承受，它必然导致右翼的接管和一个法西斯国家的出现。"

1月12日，约翰逊总统发表了国情咨文，史无前例地被各电视网广泛报道。三大电视网和美国公共电视网的前身——新成立的"国家教育电视台"——不仅播出了致辞，而且都在致辞结束后安排时段请来嘉宾进行讨论。哥伦比亚广播公司为此取消了《绿色土地》《他和她》及《乔纳森·温特斯综艺节目》，史无前例地用了两个半小时进行报道；美国国家广播公司牺牲了当期主打的艾伦·金的《卡夫音乐厅》和《为你的生命奔跑》，同样以两个小时进行报道；专为杰奎琳·肯尼迪的姐姐李·布维尔·拉齐维尔造星而做、由杜鲁门·卡波特改编的电视剧《劳拉》，也被美国广播公司推迟播出。哥伦比亚广播公司取消埃迪·艾伯特和伊娃·加博尔主演的《绿色土地》后，代之以参议院少数派领袖埃弗里特·德克森（Everett Dirksen）对国情咨文的分析。

但是对国情咨文做出最全面分析的是国家教育电视台，它在 1967 年就花了三个小时报道当年的国情咨文致辞，从此引领了新潮流。对于 1968 年的国情咨文报道，国家教育电视台根本没有时间限制，这在商业电视台中是从未有过的，并且它打造了强大的明星阵容进行分析，包括丹尼尔·派崔克·莫伊尼汉（Daniel Patrick Moynihan），克利夫兰的黑人市长卡尔·斯托克斯（Carl Stokes），以及经济学家米尔顿·弗里德曼（Milton Friedman）。

如果国情咨文是这个国家未来方向的晴雨表，那么对于自由主义者来说这不是一个好消息。约翰逊总统试图通过一长串的社会项目来定义他任期内的表现，"伟大社会计划"就是那些项目的口号，但是在国情咨文中它只被提到一次。国会、内阁成员和高级将领们以恰如其分的适时掌声作回应——这类活动总是这样。按照《时代》杂志的报道，总统的演讲被 53 次掌声打断，虽然据报道这些掌声大多数并非出于真诚的热情。当约翰逊总统说"美国人民对于这个国家越来越多的犯罪和无法无天已经无法忍受"时，听众报以长时间的起立鼓掌。

关于新的社会项目，约翰逊宣布了《街道安全法》，这项打击毒品的新法规的目的是以更重的刑罚打击贩卖风靡校园的迷幻剂。他同时呼吁对枪械管理进行立法以阻止"邮购枪支谋杀"，这是他 50 分钟演讲中唯一获得参议员罗伯特·肯尼迪鼓掌的话语。

约翰逊回应了河内的谈判提议——其条件是美国停止轰炸和其他敌对行为，他表示："如果谈判能立即开启并且有望产生建设性后果，那么轰炸将立刻停止。"然后他愤怒地回忆了交战对方对于新年停战协议的撕毁，补充道："决不许对方像以往那样利用我们的克制。"这是一个关键，因为已经有呼吁在 2 月的越南新年实行另一次停火。

两天后发布的盖洛普民意测验显示，与尼克松和里根相比，更多的人将约翰逊视为鹰派。当时划分政客的常用标准是：是鸽派还是鹰派，是倾向和平还是倾向战争，而不是以民主党人还是共和党人来划分，因此这种民意是有显著意义的。尼克松和里根之所以被认为不可能当选，原因之一就是他们的鹰派立场。

　　在《纽约时报》一篇题为《为何约翰逊与美国人之间存在分歧》的文章中，马克斯·弗兰克尔（Max Frankel）认为约翰逊的问题并不在于他应对媒体有多么糟糕，而是在于他全无说服力：

> 　　但是给约翰逊先生造成麻烦的原因不仅是越南——可能甚至不是越南。他的失败在于无法说服许多国人接受他自己持有的深切信念——他的战争政策是正确的。如果他做到了，即使是敌对阵营里的评论者都会尊敬他的真诚初衷。事实上，许多人士似乎已得出结论，他们认为约翰逊无法进行理性的讨论，原因仅仅是他害怕承认"错误"，或者是过于怯懦，不敢冒险从越南撤军……在公共场合的很多露面他都事先彩排过，其中的一些在事后还被研究过。他已经尝试过戏剧表演学中所有的电视灯光组合，以及政治演讲的所有流派。

　　弗兰克尔引用了约翰逊总统将自己与波士顿红袜队传奇强击手特德·威廉姆斯（Ted Williams）的类比。尽管威廉姆斯成绩骄人并且创下了美国职业棒球大联盟的许多纪录，但当他上场时总是遭到球迷的嘘声。"他们会这么说我，"约翰逊解释道，"即使击出了本垒打也无济于事，他们就是不喜欢他站在垒上的样子。"《时代》杂志随后刊出了康奈尔大学历史系的五个成员写给编辑部的一封署名信件：

> 另一方面，两人之间还有总统故意忽略不提的一些相似之处：①红袜队的球迷之所以嘘威廉姆斯，不是因为他的站姿，而是因为他很少传出关键球；②对公众和媒体态度粗鲁、不成熟以及缺乏运动员风度，才是威廉姆斯的问题根源；③威廉姆斯从来不会在左外野击球；④当威廉姆斯面临困难时从来不会尝试动脑筋战胜它，比如布尔德罗布阵[1]，而是继续坚持留在右外野。

国情咨文发表的第二天，民权运动领袖中最不愿意谴责越战的马丁·路德·金号召在2月初于华盛顿举行大规模游行，以抗议"历史上最残酷和无意义的战争之一"。

"在今年这个大选年，我们必须向国会两派的议员和美国总统表明我们的态度，我们再也不会容忍。对于继续将杀戮越南人和美国人视为推进东南亚自由和民族自决最好手段的人，我们再也不会投票给他们。"

在传统上，国会的第一个工作日总是敷衍了事，但1月中旬第十九届国会第二次会议的开启却极不寻常：5000名大多身着黑衣的妇女，在历史上第一位女国会议员——87岁的珍妮特·兰金（Jeanette Rankin）——的带领下，以游行和唱歌的形式抗议越南战争。

1月21日，一台名为"百老汇支持和平的1968"的音乐会在纽

---

1 布尔德罗布阵（Boudreau shift），以发明这一战术的著名棒球运动员卢·布尔德罗（Lou Boudreau，1917—2001）的名字命名。布尔德罗曾在自传中表示，它更多地是针对威廉姆斯的心理战术。布尔德罗曾率领克利夫兰印第安人队获得1948年美职棒联赛冠军，并于1970年入选美国棒球名人堂。

约交响乐厅上演，海报上宣传这是"史上最强明星阵容"，参演的大牌包括哈里·贝拉方特（Harry Belafonte）、莱昂纳德·伯恩斯坦（Leonard Bernstein）、保罗·纽曼（Paul Newman）、乔安妮·伍德沃德（Joanne Woodward）、伊莱·沃勒克（Eli Wallach）、卡尔·赖纳（Carl Reiner）、罗伯特·瑞安（Robert Ryan）、芭芭拉·史翠珊（Barbra Streisand），以及1968年最大牌的电视明星之一汤米·斯马瑟斯（Tommy Smothers）。演出所得则用于持反战立场的参众两院候选人的选战，他们中的许多人都到场并在演出后与支持者们见面。

甚至，华尔街也反对越战。佩因·韦伯、杰克逊和柯蒂斯等经纪公司都刊载整版广告解释说和平符合投资者的利益，以及和平"对股市来说是最大的利好"。

国情咨文发表后的第四天，罗伯特·肯尼迪参加了商会在纽约的罗切斯特举行的年度晚宴，与会者都身着正装。罗伯特让大家举手示意是支持还是反对继续进行越战，结果是大约700人反对，只有30～40人支持。

但约翰逊仍被视为11月总统大选的领跑者。1月的盖洛普民意测验显示，48%的人支持他的作为，延续了1967年10月38%的低支持率后的上升趋势。在约翰逊发表国情咨文后，距离新罕布什尔州的初选只剩8个星期。支持和反对约翰逊的民主党权威与共和党取得了共识，即约翰逊可能以5：1的巨大优势击败尤金·麦卡锡。

约翰逊发表国情咨文的当天，像是接到他命令似的，北越和越共游击队在经过了10天最为激烈的战事后停止了所有地面战斗。美国军方猜测对方是在集结新的部队与军需供给。征兵局宣布1968年将征募30.2万名新兵，比1967年增加了7.2万人。

美国民主对其公民的夸大妄想并未施加任何限制，因此总会有这样一个问题出现：如果你被邀请到白宫，你是罔顾礼仪向总统袒露心迹，还是遵守礼仪从而浪费这个机会？

　　1968 年 1 月，当厄莎·凯特（Eartha Kitt）应总统夫人伯德·约翰逊之邀出席白宫的"女士午餐"时，她就面临着这样的抉择。凯特是个酒吧驻唱黑人歌手，身材娇小、举止优雅，20 世纪 50 年代后期在巴黎左岸俱乐部的演唱成就了她的声名。与约翰逊总统最近的忧虑相关联，午餐的话题是"公民能够为确保街道上的治安做些什么"。大约 50 位女士端坐在黄色墙面的家庭餐室中，每桌十人，用的是配套的镶金边的盘碟和刀叉，享用蟹汤、第一夫人最喜欢的薄荷甜点等佳肴。这些大都来自白人特权阶层的女士们，开始挨个发表对街头犯罪成因的看法。但是，当凯特靠着讲台开始用她特有的清脆嗓音发表意见时，所有人都目瞪口呆，陷入沉默。凯特说道："这个国家最优秀的人被你们派去战场送死和致残，所以才会有街头的反叛。他们只好吸毒[1]找乐。他们不想上学，是因为他们将会被从母亲身边夺走，然后战死在越南。"

　　关于这次碰撞，不同的记者获得了各种略有不同的版本。在《时代》杂志的版本里，凯特说的是："孩子们的造反和吸毒一点都不奇怪——如果你们不懂那个词，我可以告诉你们它指的是大麻。"

　　一阵沉默之后，新泽西州民主党州长的夫人理查德·J. 休斯（Richard J. Hughes）说道："我觉得对此负有道德义务。我是否可以为越战辩护？"她称她的前夫死于第二次世界大战，她有八个儿子，其中一个是空军老兵。"没人想去越南，但是我的儿子和他们的朋友，

---

[1] 原文为"take pot"，在美国俚语中是吸毒的意思，由于白人特权阶层的女士未必理解这个短语，凯特因此特地进行说明。

所有人都会去的。"她补充说她的孩子中没人吸食大麻。其他女宾在休斯的发言后略有释怀并鼓掌支持，而凯特则交叉着双臂瞪着休斯夫人。

宾客们注意到约翰逊夫人脸色发白，有些人还说她几乎要哭了。她站了起来走向讲台，有点像是鸡尾酒会上周到的女主人赶去"灭火"。她礼貌地建议："我们不能因为战争仍在继续——我祈祷会有公正和真正的和平——就免除自己打击街头犯罪、为人民提供更好的教育和健康服务等责任。街头犯罪是我们可以解决的一件事。关于贫民窟的状况，很抱歉我无法像你那样娓娓道来或慷慨陈词，因为我没有在那里生活过。"

凯特是南卡罗来纳州一个佃农的女儿，从十几岁起就在哈莱姆区的血汗工厂工作以贴补家用。她解释道："我必须说出心里话。我曾经在贫民窟生活过。"

约翰逊夫人则以她的坦率和优雅大度回答："我很抱歉。我不理解你做的那些事。我没有你那种生活经历。"

这就是美国的缩影——好意的白人自由派人士无法理解黑人的愤怒。在媒体广泛报道了这一事件后，每个人都想评头论足，很多人为凯特的勇气喝彩，也有很多人被她的无礼震骇。金博士认为，虽然凯特是第一夫人的客人，但她的表现是"一个非常恰当的姿态"，因为她"道出了许多人的心声"，而约翰逊夫妇的"耳朵"则"有点脱离了人们表达的真实感受"。

1968年年初，基恩·罗伯茨（Gene Roberts）中止了他钟爱的民权运动工作，被纽约时报社派到了西贡。与民权运动相比，越南的新闻看起来很寡淡。"我觉得自己已经远离了新闻热点。"在华盛顿，他参加了美国政府的一轮吹风会。在中央情报局的一次吹风会上，他询问最近的一次战斗是否取得了胜利。中央情报局官员回答"有六个充分的理由可以认为这是一次胜利"，然后他将这六个理由娓娓道来。罗伯茨接着追问："有任何理由可以认为它是一场失败吗？"

中央情报局官员回答说："有八个充分的理由可以认为它是一次失败。"然后他一一列举。

在白宫，当罗伯茨承诺身份保密后，一位高级政府官员向他透露，"忘记战争吧，战争结束了"。"我们现在必须赢得和平。你应该关注的是——"这个官员像透露一个秘密代码似的告诉他，"IR8稻子。"

"什么东西？"

"IR8稻子！"美国政府已进行了大规模试验，发现IR8稻子每年能有两次高产收获。这个官员向罗伯茨保证，这才是越南现在的大新闻。

罗伯茨在西方新年后不久就到了西贡，他开始打听IR8稻子的有关情况，但没人听说过它。最后他得悉在南越最安全的一个省份将举行稻谷节。事实上，那就是一个IR8稻谷节。小山村里搭建了简陋的露天座位，几个农民盘腿坐在角落里，嘴里嚼着草片。全世界的农民都会凑在一起嚼草片，在农耕区长大的罗伯茨很熟悉这个场景，他判断和这些农民聊聊天可能有价值，于是和翻译走了过去，也盘腿坐在这几个农民旁边。

"你们觉得IR8稻子咋样？"

农民的嘴里愤怒地爆出一串不连贯的音节。翻译说道："他对IR8稻子持保留态度。"然后，罗伯茨坚持要翻译用第一人称逐字地翻译给他听，又问了一遍这个问题。农民的嘴里再次吐出一些音节，像是自动武器的发射。

"基本上，"翻译解释说，"他说的是'去他妈的IR8稻谷！'"当那个农民继续说话时其他农民都点头赞同。翻译接着说道："'我爹种的是湄公河三角洲水稻，以前他的爹爹和爷爷种的也是。如果这种稻子世世代代传下来都管用，为什么还要不一样的玩意儿？'"

其他农民仍然热烈地点头表示赞同。

"哦，"罗伯茨想知道，"如果你们这么觉得，为什么还来稻谷节？"

那农民的嘴里吐出了更多音节。"因为你们的总统，"他用手指对着罗伯茨戳戳点点，其实指的是南越总统阮文绍，"你们的总统派了拿着来复枪的一票人，逼着我们上了公共汽车来到这里。"

罗伯茨判断，尽管有难度，IR8稻子还是有料可挖的（他承诺不披露信源的身份），这个项目——或者说它的失败——是确实存在的。在继续为IR8稻子的报道苦干时，他的工作转向报道每日的突发新闻。因为在南越北部海岸靠近旧省府顺化（Hue）的岘港（Da Nang），战斗已经打响，这里靠近越南的南北交界处，传闻大量的北越军队将越境行动。罗伯茨登上了飞往岘港的飞机，当它向北部起飞时，他透过舷窗看到飞机下方的西贡已是一片火海。他再也没有写关于IR8稻子的报道。

在1月30日越南新年的清晨，由6.7万人组成的拥护北越的部队向36个省会和包括西贡在内的5个主要城市发动了进攻，其中包括岘港的空军基地。

前一天的夜半，阮文六（Nguyen Van Sau）和他手下的15个人在西贡的一个汽车修理厂集结。阮文六是来自西贡郊区的一个目不识丁的农民，他在四年前被派遣到西贡的一个破坏小组，因工作出色刚被授予加入人民革命党的奖励。他和他的小组成员将军火弹药藏在放西红柿的篮子里，偷偷运进了汽车修理厂周围的街区。这个小组只有十多个成员，但这次被世人称为"新年攻势"（Tet Offensive）的行动，却比 67000 人的大部队的作为更有代表性。阮文六行动组的特殊性就在于，它的攻击获得了最好的新闻报道。

阮文六的任务是袭击美国大使馆，它为驻扎在西贡的记者团提供方便，很多记者就住在附近。此前绝大多数的战斗都是在打响之后才报道的，最好的情况是战斗很漫长，记者们可以从中段开始报道。但如果战争在美国大使馆进行，报道就可以在附近通过畅通的通讯线路发出，胶片也可以迅速运送回美国，此外还有时差这个优势。攻击发生在 1 月 30 日，但美国仍是 1 月 29 日。到了 1 月 30 日和 31 日，美国和全世界其他国家都可以看到新闻图片和电视报道。人们看到美国大兵在使馆院子里寻找可隐蔽之处，有些美国人的尸体就在地上，还有些被拖拽到汽车后部。越共游击队员的尸体堆积了起来。连续几天，美国人看到的美军士兵的形象，不是被打死就是躲在墙后。

阮文六和他的行动组挤在一辆出租车和一辆标致小货车里，加速开向大使馆并向警卫开火。15 分钟后，美联社的纽约站就收到了关于袭击的第一篇报道，当时袭击者在使馆的墙上刚炸开第一个缺口。他们冲进使馆开枪杀死了头两名警卫，但这两名警卫似乎也射杀了阮文六。行动组成员进而用火箭弹击穿了使馆。这时的报道已经将袭击者称为"敢死队"。那天早晨 7 点 30 分，战斗还在进行，在纽约是晚上 6 点半，国家广播公司的《亨特利－布林克利报道》[1]已经拿到了报

---

1 《亨特利－布林克利报道》（Huntley-Brinkley Report），美国国家广播公司 1956 年至 1970 年间晚间新闻的王牌节目，由在纽约的切特·亨特利（Chet Huntley）和在华盛顿的戴维·布林克利（David Brinkley）主持。14 年中共获得 2 次皮博迪奖（Peabody Award）与 8 次艾米奖。

道——虽然没有画面。报道称有 20 名敢死队员占领了使馆，虽然没说清谁从使馆里开火以及谁在使馆院子里，但是美国观众多少已经明白了情形。袭击刚开始时，警卫们把使馆的前门锁上了，随后宪兵们用一辆吉普车撞开了它。尾随宪兵的就是扛着摄像机的记者，他们拍摄下尸体、弹孔以及掉到地上的大使馆徽章。9 点 15 分，越南战争中最著名的战斗之一结束了。共有八名美国人被杀。

阮文六小组的所有成员都丧生了，这确实是一次自杀性攻击任务，他们根本没有逃生计划。在新年攻势中，6.7 万名越共游击队战士与南越的将近 120 万名士兵作战，其中 49.2 万人是美军士兵。威廉·C.威斯特摩兰（William C. Westmoreland）将军经常以清点对方尸体的数据来支撑自己的论点，他立刻宣称对方的这次攻击已失败，且伤亡惨重。威斯特摩兰将军还表示过他看见了越战中"隧道尽头的光亮"，再不会有人对他深信不疑了。事实上，一周之后，越共游击队就没再能守住一座城池，还损失了将近一半战斗力。此后 7 年的战斗由越南人民军的正规部队进行，美国人称其为"北越军队"。因为在新年攻势中元气大伤，越共游击队再也没有成为主角。现在有人认为越共的四星上将阮志清（Nguyen Chi Thanh）曾反对新年攻势计划，他认为在常规战中与占明显优势的敌军作战是不明智的，但是在新年攻势计划敲定之前，他丧生于美军的一次轰炸。

这次攻击可能比北越意识到的成功，因为它虽然是一次军事上的失败，却是媒体上的一次胜利。美国情报官员当时在解释这类自杀性战斗时茫然无措，总结说它唯一的成功之处在于其设定的目标，即北越发动新年攻势是为了赢取一场公关胜利。它的结果确实是惊人的成功。今天我们已经熟悉了电视上即时出现的战争场面，但在 1968 年，它却是全新的。有关战争的报道从未如此快速地进入起居室。今天军方在操控媒体方面更有经验和更加圆熟，但在当时的新年攻势期间，起居室的电视机上出现的画面是美军的混乱、惊恐和死亡。

到 1968 年 2 月时，哥伦比亚广播公司的克朗凯特 [1] 和国家广播公司的切特·亨特利和戴维·布林克利，他们的节目都获得了前所未有的收视率。当时全美共有 5600 万个家庭拥有电视机，其中 1100 万个家庭收看克朗凯特的节目，1000 多个万家庭收看亨特利—布林克利的节目。昂贵的卫星传输能即刻将相关镜头从日本传到纽约，到 2 月时，美国三大电视网已经开始常规性地使用这种技术。政府再也无法控制战争的公开形象。纽约时报社的电视评论家杰克·古尔德（Jack Gould）写道："对巨量的电视受众而言，上周所看到的可怕画面确定无疑地形成了这种印象：越战的伤痛是惨烈的，而昨天国务卿迪恩·腊斯克和国防部长罗伯特·S. 麦克纳马拉在《会见新闻界》节目中所发表的看似中立的分析，则是不完整的。"

印刷媒体也开始以前所未有地的热情关注越战。《哈泼斯》杂志与《大西洋月刊》都出版了关于越战的特刊。《哈泼斯》的 3 月号在 2 月已经上架，它只刊载了诺曼·梅勒一篇关于反战运动的文章，强有力地批评了美国的政策。《大西洋月刊》的 3 月号整期也用于发表丹·韦克菲尔德（Dan Wakefield）关于反战情绪的一篇文章。虽然这两份杂志都是百年老字号，但此前它们从未用整期发表单篇文章；两份杂志都表示，虽然它们同时就同一主题发行单篇文章的特刊，但这只是巧合。

---

1 沃尔特·克朗凯特（Walter Cronkite, 1916—2009）是 1962 年至 1981 年美国哥伦比亚广播公司晚间新闻节目的著名节目主持人，在万 20 世纪 60 年代和 70 年代，他曾在民意测验中被列为 "美国最值得信任的人"，广泛参与报道第二次世界大战中的空袭、纽伦堡审判、越南战争、水门事件、伊朗人质危机、对肯尼迪总统和马丁·路德·金的暗杀、美苏太空竞赛等诸多重大事件，获得大量荣誉和奖项。

在 2 月份的媒体大爆发中，照片的使用也达到以往罕见的程度。通常使用黑白照片的《时代》杂志开始使用彩照。"新年攻势"恰巧与纽约时报社内部的一次争论同时发生，当时摄影部希望报纸能刊出比以往尺寸大一些、裁切少一些的照片。经过许多争论，纽约时报社同意如果摄影部能够提供够分量的照片，就会增加刊载照片的版面。

摄影师埃迪·亚当斯（Eddie Adams）和国家广播公司的一个节目组，在西贡早晨的曙光中闲逛时遇到了几个越南水兵，他们拖着一个双手反捆惨遭毒打的男人。突然间，亚当斯看见南越的国家警察总监阮玉鸾（Nguyen Ngoc Loan）将军掏出腰上别着的手枪。当阮玉鸾伸直右臂对着囚犯的脑袋射出一发子弹时，囚犯露出悲哀的眼神。所有这些，亚当斯都抓拍了下来。他洗出照片，通过电子扫描发往纽约和世界各地。纽约时报社觉得这些是非同寻常的照片，因此同意给予特殊的版面处理。2 月 2 日，一幅照片出现在《纽约时报》头版的顶部——一个双手被反捆的小个子男人，他的脸因被阮将军手枪里射出的子弹击中而扭曲。下面的另一张照片是一个南越士兵抱着他在战争中死去的孩子，他的脸上布满悲恸。在第 12 版还有更多的图片——三张亚当斯抓拍的关于屠杀的系列照片，分别题为"囚徒""处决"与"死亡"。这些照片获得了十多个新闻摄影奖，迄今仍是越战中最令人难忘的画面。

世人对这场战争详情的了解，超过了历史上的所有战争。当年年末，约翰·韦恩（John Wayne）发行了关于越战的一部影片《绿色贝雷帽》，他身兼联合导演与男主角。雷纳塔·阿德勒（Renata Adler）为《纽约时报》写的影评称其为"愚蠢的""虚假的"和"乏善可陈"。《生活》杂志的理查德·希克尔（Richard Schickel）同意以上所有评价，他还进一步表示："这部电影中的战争与越南战争的现实没有任何相似之处，无论是鸽派还是鹰派，我们所有人都已经从大众传媒的出色工作中了解到了越南战争的实情。"无论是约翰·韦恩还是其他美国制片人，以前从来都无需与这种批评对峙。因为此前绝大多数战争电影看起来都不像真材实料，但此刻，即使越战是在遥远的异国进行，公众也已通过电视了解到了它的实情。

1968 年成为好莱坞制片人被准许不受限制地表现暴力的元年。电影审查的法规被分级制取代，于是好莱坞可以把银幕上的战争拍摄得与电视报道中播出的一样可怕。但是第一批采用这种新的暴力表现手法的电影，如 1968 年的警匪惊悚片《警网铁金刚》（*Bullitt*）以及西部片《日落黄沙》（*The Wild Bunch*），其实都不是战争片。

战争片的另一个问题是，每天人们都能在新闻报道中找到比好莱坞的陈词滥调更好的故事。来自布鲁克林的话痨这种人物、安静的"战争结束后你有什么打算"这种场景，都无法和真实的故事抗衡——比如海军陆战队列兵乔纳森·斯派塞（Jonathan Spicer）的故事。斯派塞是迈阿密卫理公会牧师的儿子，他是个有趣而不守常规的家伙，因为拒绝作战被指派做卫生员。但战斗开始后，战友们对他的轻蔑不屑都烟消云散了——他无所畏惧，把受伤的战友从火线上拖下来，用自己的身体保护伤员。3 月的一天，在溪生（Khe Sanh），当越共开始炮击时，斯派塞正试图疏散伤员，指挥官命令他进入掩蔽壕。海军陆战队当时在溪生陷入困境，每次试图转移伤员时越共就进行炮击。斯派塞看到战友们很难将伤员送下火线，于是冲过去帮助，却被炮火击中。就在几米之外的战地医院，斯派塞被宣布阵亡。这种战地医院没法做大手术，通常就是将伤兵包扎后再转送去综合医院。但是有个医生认为他可以挽救斯派塞的生命。他打开斯派塞的胸腔，按摩停止跳动的心脏，用手指堵住伤洞然后进行缝合，就这样，斯派塞起死回生了。但这不是一个好莱坞的故事。三天后，19岁的列兵斯派塞被船只送往日本，但终因伤势过重而死去。

　　尽管人们可以观看到战争，但许多人并不喜欢他们所看到的。在全世界，规模达到数十万人的反越战示威游行已经司空见惯。从2月11日到15日，来自哈佛大学、拉德克利夫大学和波士顿大学的学生为抗议越战进行了连续四天的绝食。2月14日，按照法国警察的说法，有1万名示威者——按照组织者的说法是10万名示威者——在巴黎的滂沱大雨中游行，他们挥动着北越的旗帜，高呼"越南是越南人民的"、"美国佬滚回家"，以及"约翰逊是凶手"等口号。四天后，西柏林的学生们虽是模仿美国的反战集会，但做得更好。据估计，1万名西德人和来自西欧国家的学生高呼着"胡，胡，胡志明！"（"Ho, Ho, Ho Chi Minh"），令人联想起美国示威者呼喊的"胡，胡，胡志明！民族解放阵线必胜！"。胡志明将他所领导的运动称为"民族解放阵线"。西德学生领袖鲁迪·达兹克[1]称："告诉美国人，除非你们自己抛弃帝国主义，否则被我们赶出去是指日可待的事情。"示威者敦促美军士兵脱离部队——其实他们已经这样做了——并向瑞典、法国和加拿大申请避难。2月，"多伦多反征兵计划"组织向美国邮寄了5000册132页的平装本《适龄服役人士加拿大移民手册》，这本书是在加拿大一个有八个房间的住宅地下室印刷的，住客就是逃避兵役的美国青年。这本书除了介绍法律信息，还提供了关于加拿大的背景信息，其中一章的标题是"是的，约翰，确有加拿大此地"。到

---

1 鲁迪·达兹克（Rudi Dutschke, 1940—1979），1965年加入德国"学生争取民主社会"组织并成为主要领导人之一，其政治观念深受葛兰西与法兰克福批判学派的影响，是20世纪60年代德国学生运动最卓越的代言人。

了 3 月，连相对温和的墨西哥城的学生运动也举行了反对越战的游行。

征兵局最初的计划是每月征召 4 万名新兵，但这个数字很快激增至每月 4.8 万名。约翰逊政府废除了研究生可推迟服役的做法，宣布将在从 7 月起的财政年度中征召 15 万名研究生服役。这对于计划进行研究生学习的年轻人是沉重的一击，其中包括了比尔·克林顿，当时他是乔治城大学政府学院的三年级学生，已经获得罗氏奖学金并将赴牛津大学攻读硕士；美国各大学的研究生院同样饱受打击，他们声称因此将流失的即将入学的一年级研究生总数为 20 万名。有名大学校长显然缺乏对当时政治正确的敏感，他抱怨说研究生院的生源因此只能局限于"残障人士和妇女"。

阿兰·德肖维茨（Alan Dershowitz）开始在哈佛法学院开设一门关于以法律手段抵制战争的课程。500 位法学教授联合签署一份请愿书，敦促法律界积极反对约翰逊政府的战争政策。溪生之战中，5000 名美国海军陆战队士兵被 2 万名越共士兵包围，越共还可以轻易地从北部边界获得轮换和给养补充。战斗持续了 7 天，于 2 月 18 日结束，543 名美军阵亡，这一数字创下了每周伤亡的新高。其中包括已订婚的隶属 101 空降师的理查德·W. 珀欣（Richard W. Pershing）中尉，他是第一次世界大战期间美国远征军司令官的孙子，2 月 17 日在搜寻战友残骸时被越共的炮火击中而阵亡。

约翰逊总统在民意调查中的支持率急剧下滑，甚至连共和党屡败屡战的理查德·尼克松都赶上了他的支持率。尼克松最畏惧的民主党竞争对手是纽约参议员罗伯特·肯尼迪，虽然后者仍坚称支持约翰逊的连任，但在 1 月 8 日于芝加哥进行的演讲中，他断言美国无法赢得越战。"首先我们必须去除自己的幻想，即所谓过去两周的事态代表了某种胜利，"肯尼迪表示，"事实并非如此。据说越共无法守住城市，这也许是实情。尽管我们一直在报道战争的成就，报道美国政府的力量和越共的虚弱，但是他们已经证明，由巨大资源支持和最现代化的武器武装的、具备完全制空制海权的、由50万美军和70万南越军组成的盟军，无法在越共的袭击中保全哪怕一个城市，而越共的总兵力不过区区25万人。"

随着"新年攻势"的继续，一个无法回避的问题是：为什么美军对越共的偷袭毫无防备？在越南新年前的25天，美国大使馆偷偷截获了包括西贡在内的南部城市将被袭的信息，却没有采取应对措施。在越南新年进行偷袭甚至不是什么新招数。在法国大革命爆发和乔治·华盛顿宣誓就任总统的1789年，越南的光中（Quang Trung）皇帝就是利用新年的掩护向河内进发，给清朝军队来了个出其不意。当时光中皇帝的兵力不像越共这样少，他用10万人和数百头大象发动进攻，迫使清朝军队暂时撤退。威斯特摩兰将军难道不熟悉"光中的新年攻势"这个家喻户晓的故事吗？一个越南朋友曾将光中皇帝的一个小塑像作为礼物送给他，而这个塑像就放在将军的办公室里。同样，在1960年，越共也是在新年前夕发动突袭并获得了令人称奇的胜利。在节日发动进攻几乎就是越南的一个传统。北越的武元甲（Vo Nguyen Giap）将军的成名之战，就是在1944年圣诞节前夕对法军发动的突袭。

现在，同一个武元甲将军出现在《时代》杂志的封面上，当期的报道中连续几页有彩色照片呈现战死的美军士兵，这在20世纪60年代的《时代》杂志是罕见的。

"到底出了什么事？"哥伦比亚广播公司的沃尔特·克朗凯特在节目之余读着来自西贡的报道不禁发问，"我以为我们正赢得战争呢。"

　　在无法持有中间立场的1968年，沃尔特·克朗凯特却安然保持中立。克朗凯特是来自美国中西部的中产阶级，他是堪萨斯城一个牙医的儿子，保持着自信却绝不傲慢的中立态度。当时，在客厅里猜测克朗凯特的政治取向是很流行的游戏。克朗凯特对大多数美国人来说并非一个无所不知的人物，他只是恰巧了解真实情况的人。他如此决绝的中立立场，使得观众们不禁要研究他的面部动作，希望就此能够探究他的意见倾向。许多民主党人——包括约翰·肯尼迪——都怀疑他是共和党人，而共和党人却将他视为民主党人。民调专家的研究显示，美国人对克朗凯特的信任程度超过了任何其他政客、新闻记者和电视明星。民主党全国委员会主席约翰·贝利（John Bailey）在看到这样的民调结果后说："我担心这会意味着：仅仅是他深沉的男中音变了一个调，或者是他著名的浓眉一挑，克朗凯特就完全可能改变全国数千人的投票选择。"

　　克朗凯特是最后几个拒绝让自己成为热点的电视新闻记者之一。克朗凯特只是想成为公众了解新闻的中介。他珍惜对他本人的信任并相信这来自于报道的真实性。他一向坚持认为是哥伦比亚广播公司，而不仅是他本人赢得了美国公众的信赖。哥伦比亚广播公司的《沃尔特·克朗凯特晚间新闻》节目，从1963年推出后就成为最受欢迎的电视新闻节目。

　　被归类为"代沟"的代际差别不仅使社会分裂，在新闻业中的影响也很明显。作家戴维·哈伯斯塔姆（David Halberstam）曾经是纽约时报社驻越南记者，他回忆说经历过第二次世界大战的老一辈记者和编辑倾向于支持军方。"他们认为我们不爱国，他们不相信将军们会说谎。"年轻一些的记者，像哈伯斯塔姆和基恩·罗伯茨轰动一时，因为他们在公共舆论和新闻中都报道了将军们在撒谎。"然后又来了另一代记者，"哈伯斯塔姆说道，"他们吸食大麻，懂得所有的音乐。我们把他们叫作'瘾君子'。"瘾君子从不相信美军将领们说的任何一个字。

沃尔特·克朗凯特属于经历过第二次世界大战、相信将军们的老一代新闻记者，而哈伯斯塔姆刚开始在越南进行报道时觉得这些老家伙们是绊脚石。但是，克朗凯特日渐怀疑美国政府和军方确实在掩盖真相，尽管他30分钟的晚间新闻尚未反映这些。他没有看见威斯特摩兰将军一直承诺的"黑暗尽头的曙光"。

看起来为了了解越战的真相，他必须亲自去那里观察。克朗凯特的这个决定让美国政府忧心忡忡。像驻越南的大使馆暂时失守这种事情，政府还能缓过劲来，可是万一在越南失去了克朗凯特，美国公众绝不会原谅他们。哥伦比亚广播公司的新闻部总监理查德·萨伦特（Richard Salant）也有类似的恐惧。普通记者可以投入战地报道，但是克朗凯特这样的镇台之宝可不行。

"我说道，"克朗凯特回忆道，"好吧，我必须去越南，因为我觉得需要关于'新年攻势'的纪录片。我们能够获得每天的报道，但是不知道战争的走向；我们可能输掉战争，但如果那样的话我应该在现场对之报道，这是一个原因。如果'新年攻势'最后胜利了，那意味着我们得逃跑，我们后来也的确那么做了，但是我希望能在那里报道交战。"

沃尔特·克朗凯特从不将自己视为广播电视历史的一部分或者是所谓的"国宝"，这些只是别人对他的看法。终其一生，他将自己视为一个从不愿意错过大场面的新闻记者。他曾经为合众国际社报道第二次世界大战，盟军在北非的登陆、首次对德国执行飞行轰炸任务、诺曼底登陆、伞兵进入荷兰、阿登战役的爆发，所有这些重大事件他都在场报道。他就是想在现场进行报道。

萨伦特的第一反应是很自然的。克朗凯特记得他说过："如果你必须去越南，如果你要求去越南，我不会阻止你，但是我认为在这种情况下冒着你的生命危险、冒着我们的主持人的生命危险是愚蠢的，对此我要再三考虑。"随后，他的想法却使克朗凯特吃惊。"但如果你真要去越南，"萨伦特说道，"我认为你应该就此行做一个纪录片，说明你为什么要去，也许那时关于战争的走向，你也必须发表一些意见。"

哥伦比亚广播公司的记者都知道萨伦特禁止在新闻报道中发表任何类型的评论意见。克朗凯特曾这样说萨伦特："如果在一个记者的报道中发现其使用了任何单词表明意见或者个人的看法，他一定会拼死反对——根本没有商量的余地。不仅对我的报道如此，我说的是他禁止任何人以任何方式在报道中发表评论意见。"

所以当萨伦特出主意说可以做一个越战的特别报道时，克朗凯特的回答是："那不就成了评论嘛。"

"哦，"萨伦特回答道，"我想这也许是水到渠成的事。你已经建立了你的声誉，归功于你和同仁们的努力，哥伦比亚广播公司也获得了诚实、如实报道和客观中立的声誉。你自己曾谈及我们两面受敌的事实，你自己说过，在我们收到的信件中，说我们是可恶的保守派的和说我们是可恶的自由派的一样多。有些人说我们支持战争，有些人则认为我们反对战争。你自己说过，如果我们称称两种信件的重量，它们差不多等重。我们认为自己是客观中立的，如果我们已经获得这个声誉，如果人们对哥伦比亚广播公司和你都如此信任，也许说出你自己的意见会是有益的。从你踏上越南土地的那一刻起，就告诉人们那里是什么样子，告诉他们你的意见是什么。"

"你变得很严肃。"克朗凯特这样告诉萨伦特。

克朗凯特猜想他赢得的所有信任将会受损，因为他将越过此前在从业生涯从未越过的雷池。哥伦比亚广播公司也担心，如果克朗凯特从深藏不露的"斯芬克斯"转变为发表评论的"专家"，这一王牌节目的收视率也会下滑。但深思熟虑之后，克朗凯特和萨伦特越发觉得在现有的混乱情形下，关于实际情形如何以及发展走向如何，公众都渴望听到清晰的解释和意见。

当克朗凯特到达越南时，他的喜悦溢于言表。他再次以一身战地记者的装束示人，头戴钢盔，不过他翘起大拇指的动作在当时的情境下似乎毫无意义。从一开始，他和他的团队就遇到了困难——很难找到可供降落的友军机场。2月11日，终于到达西贡时，他们发现自己置身于战区。威斯特摩兰将军简要地向他介绍了情况，声称他这个名记运气很好，因为美军处于大胜的前夕，说"新年攻势"完全就是他们所希望报道的新闻。事实上，那是"新年攻势"后的第12天，尽管美军在夺回失地，但又有973名美军在越共的攻击中阵亡。每个星期都在打破美军伤亡数量的纪录。仅在2月9日这一天，956名美军陆战队士兵在溪生战死。

美军在南北越交界处的溪生苦苦支撑，但战事却在恶化，河内与法国新闻界开始将其比作奠边府（Dien Bien Phu），亦即1954年越军所占领的受困法军基地。法国新闻界从这个类比中获得的快感似乎和北越差不多。

在华盛顿，普遍的猜测是，为了保住溪生和5000名美国士兵，美国有可能动用核武器，于是一位记者问参谋长联席会议主席厄尔·G.惠勒（Earle G.Wheeler）将军，是否会考虑对越南使用核武器。将军的回答没能使任何人宽心，他说："我认为守住溪生不需要核武器。"其实记者问的是一个宽泛的问题，并未提及溪生。

军方有一张等候批准到溪生采访一天的记者名单，但克朗凯特不会出现在名单上。军方认为这太危险了，他们决不能失去克朗凯特。克朗凯特获准去的是顺化，炮火将这座殖民地古都曾经华丽的建筑炸成了瓦砾。克朗凯特被告知美军再一次守住了顺化，但是当他到达时发现美军还在为此战斗。2月16日，美国海军陆战队第五团第一营在顺化推进了200米，代价是11人阵亡、45人受伤。正是在顺化，美军第一次开始熟悉苏联人设计的AK47突击步枪，它粗短轻盈，单发狙击和每秒十连发一样有效。这一武器后来成为了在中东、中美洲和非洲的战事的形象代言。

最使老战地记者克朗凯特感到困扰的，是前线战士和下级军官所说的战事情况与西贡的指挥官们告知他的版本完全不一样。许多采访过越战的记者都有这种经历。"关于战争，有如此之多的明显不实，"基恩·罗伯茨说，"它比今日所称的'操纵'更甚。我们被告知的都是虚假的，西贡的军官与前线士兵的说法大相径庭。这在新闻记者和政府之间形成了彻底的隔绝。"

《沃尔特·克朗凯特越南报道》在2月27日美国东部时间晚上10点播出。他的粉丝涵括了几乎所有人，看到克朗凯特在越南出现，他们都激动万分，而那也是克朗凯特内心觉得自己应归属的地方。在电视台最后一次节目间歇之后，他也回到了哥伦比亚广播公司非他莫属的位置，穿着西装坐在一张书桌后面，他直视摄像机的目光非常个人化和坦率，毫无虚饰，于是他的 900 万观众几乎可以相信他是直接向他们一对一地说话。克朗凯特坚持自己写播报稿，这也使得人们更相信他的真诚：

> 如果要说我们今天更接近胜利，那就是要无视事实并仍然相信乐观主义者，而他们在过去是错误的。如果要暗示我们正处在失败的边缘，那是屈从于过度的悲观主义。如果说我们目前陷于僵局，这看起来是唯一符合现实但并不令人满意的结论。即便侥天之幸，军方和政治分析家们是正确的，如果这确实是对方在谈判之前的最后一次大喘息，在今后的几个月里我们必须测试对方的真实意图。但是，对记者而言，有一点已经逐渐清晰：走出困境的唯一理性方式是进行谈判，不是以胜利者的姿态进行谈判，而是以一个为履行捍卫民主的誓言而竭尽所能的伟大民族的身份。我是沃尔特·克朗凯特。晚安。

很难判定克朗凯特这个立场是激进的，他的假设也很少能被大多数反战领导人所接受，但是在美国社会高度分裂、人们非此即彼地或者拥护或者反对越战的时候，克朗凯特的声明是反战的。他不属于 20 世纪60 年代，而是属于第二次世界大战的时代，他的记者生涯建立在报道第二次世界大战的基础上。克朗凯特认为"支持民主、反对共产主义是天经地义的"，以至于他从来没想到对冷战的公开支持违背了他自己的中立立场。现在他说"我们应该从越南脱身"。当然，到了这个时候，他并不是孤立的，甚至连保守的《华尔街日报》社论版也宣称："整个越南战争的努力可能是注定失败的。"

尽管约翰逊总统各种麻烦缠身，但对克朗凯特的特别节目，他的反应好像是第一次遇到了真正的麻烦。关于他的反应有两种说法，其中一个版本是，他说"如果我已经失去了克朗凯特，那我就已经失去了美国中产阶级的支持"；在另一个版本中，他说"如果我已经失去了克朗凯特，那我就已经输掉了战争"。

据说，这一节目对总统产生了很大影响。克朗凯特则坚持认为他的作用被过于夸大了。"对此，我从未问过约翰逊总统，虽然我们相处友好。毫无疑问，这是压倒骆驼的又一根稻草，也许仅此而已；但是那骆驼和那骆驼的背都早已不堪重负，它的崩溃不可避免。"

对于广播电视业的历史同样重要的是，在克朗凯特发表意见后，节目的收视率不降反升，从此很少有电视从业者会再对他和萨伦特的疑虑纠结——少量的意见表露是允许的。事实上，从1968年起，演艺界人士、流行音乐节目主持人和电台脱口秀主持人都明显地更多地表达政治观点。突然之间，在电视和电台节目中的参与者，无论是否具有相应的资质，都会被要求就越战或者内陆城市的困境等议题表明立场。另一个新趋势是，政客们开始出现在电视娱乐节目中，尤其是约翰尼·卡森（Johnny Carson）的《今晚》节目，但也有像《罗恩与马丁大笑场》《斯莫瑟斯兄弟喜剧秀》这样的节目。有些人士认为这种新闻和娱乐的日渐结合令人不安。杰克·古尔德在《纽约时报》上写道："这一幕迟早会发生：切特·亨特利和戴维·布林克利每晚穿上花哨的紧身衣跳起双人舞，而克莱夫·巴恩斯（《纽约时报》当时的戏剧评论家）将评点新罕布什尔州的初选。"

在播出"新年攻势"特别节目的几十年后，克朗凯特表示："我那样做，是因为我觉得当时那是在新闻操作上负责任的做法。其实我们那么做是挺自我本位的……我的做法以及哥伦比亚广播公司允许我的做法，都是自我本位的。"何时能再有电视明星将自己置于克朗凯特招牌式的自我批评之下？

第四章

吹进波兰人的耳朵

我希望像你那样进行统治——总是秘密地进行。

——亚当·密茨凯维奇，《先人祭》，1832 年

对立方之间的沟通是商业和政治文体的特点，这是话语和传播能免于被抗议和拒绝的许多方式之一。

——赫伯特·马尔库塞，《单向度的人》，1964 年

居然能在"苏联阵营中最快活的营房"发现学生运动的爆发，没有人会比学生们自己更惊讶。"最快活的营房"是波兰式的倔强作对的幽默，这并非说波兰人是快乐的，而是他们努力从苏联人那里保全了一些权利，比如其他东欧国家都没有的旅行自由。他们当然比诺沃提尼管理下的捷克斯洛伐克人民快乐。波兰政府甚至向希望出国旅行的公民出售 5 美元的硬通货币。

截至 1968 年，关于"东欧社会主义阵营行将崩溃"的观念在西方学者圈里已广泛流传了好些年头。在 1964 年的夏天，一群经济和商业专家在莫斯科、波兰、捷克斯洛伐克和南斯拉夫开了一系列的研

讨会，主题是关于东欧社会主义阵营的解体。克拉克·克尔（Clark Kerr）是加州伯克利大学的校长，他参加了这些会议并感知到东欧的麻烦，但他却丝毫没有想到，秋季回到校园后，他将面临西方世界第一次重大的学生反抗。

现在许多人觉得东欧社会主义阵营的机会来了。当杜布切克在捷克斯洛伐克上台而勃列日涅夫匆忙赶到布拉格，老练的对苏观察家们迅速回忆起 1956 年 10 月的类似情形，当时尼基塔·赫鲁晓夫赶到华沙面对瓦迪斯瓦夫·哥穆尔卡（Wladyslaw Gomulka），后者曾经蒙羞但试图东山再起，并且在当时极受拥戴。尽管赫鲁晓夫出手干预，但哥穆尔卡仍然成功上台掌权，波兰对苏联的这种顶撞，正是匈牙利人民挺身反抗莫斯科所需要的激励。勃列日涅夫的布拉格之旅并不成功，这是否会成为苏联集团动荡的前奏？

这是莫斯科的心腹大患。最近不服管教的罗马尼亚和铁托的南斯拉夫已经使苏联忧心忡忡，就连菲德尔·卡斯特罗的古巴也在惹麻烦。在苏联与罗马尼亚关系紧张的时候，古巴正在政府内部进行"反苏大清洗"，从而抵制了 2 月份在布达佩斯举行的世界共产党大会。古巴共产党在 1 月份在的内部清察中查到一个亲苏的"小集团"，以"革命的叛徒"的罪名起诉和宣判了 9 名亲苏的官员。一名古巴官员被判处 15 年徒刑，8 名被判处 12 年徒刑，其他 26 名被判处两年到 10 年不等的刑期。

虽然波兰在东欧是出了名地叛逆，但在 1968 年，它并不是苏联越来越多的麻烦中的首要问题。时年 63 岁的哥穆尔卡执政时间虽然超过了赫鲁晓夫，但他的威望有所下降。哥穆尔卡深知必须在波兰的民族主义和波苏关系之间取得平衡，以避免重蹈 1956 年匈牙利所经受的灾难。但 1956 年苏联对匈牙利的入侵和其后全世界的谴责也使苏联觉得棘手。他理解苏联有弱点，因而波兰有机会使其让步。苏联经济的表现一直很糟糕，它再也无法承受 1956 年镇压匈牙利后西方给予的敌意。在苏联犹豫不决的时候，正是测试它的底线的好时机。虽然那些底线并不为人所知，但是包括杜布切克在内的所有东欧社会主义国家领导人都明白，至少有两件事是苏联不会接受的：脱离华沙条约军事联盟，以及挑战苏联一国独大的权力垄断。

哥穆尔卡是个谜一般的人物，无论是中央情报局还是克格勃都有特工专门对他进行分析研究。他是一个有着波兰民族主义倾向的反民族主义者，一个曾经反叛苏联却又渴望与其保持良好关系的领导人。据传他是反犹主义者，却娶了犹太女子。波兰的犹太人常会开玩笑说，如果娶了那样一个犹太女人，任何男人都会成为反犹主义者。常年为《政治》（ *Polityka* ）周刊报道哥穆尔卡的马里安·特斯基（Marian Turski）曾表示："某种程度上，哥穆尔卡和戴高乐的共同之处在于……他们都是非常自私、极度自我膨胀的人。"

哥穆尔卡必须同时处理至少三个不同方向上的问题：国内的不满，它部分地但又不全然和经济上的失败相关；苏联对波兰的偏执妄想；与一个野心勃勃、多年来试图取代自己的波兰将军的内部权力斗争。按照当时自由欧洲电台波兰语节目的主管简·诺瓦克（Jan Novak）的说法，内务部长米基斯瓦夫·莫查尔（Mieczyslaw Moczar）自1959 年起就开始图谋推翻哥穆尔卡。

莫查尔没读过马克思或者列宁的著作，其实他就没读过多少书。虽然粗俗无知，但莫查尔了解权力游戏，并且想把波兰这个"快活的营房"变成由他统治的警察国家。他曾是在波兰本土抵抗纳粹的极端民族主义者组织"游击队员"（Partisans）的一员，支持哥穆尔卡的所谓"莫斯科派"则是逃亡至苏联并抗击纳粹的那些人，"游击队员"派是莫斯科派的死敌。那些被迫逃离波兰的犹太人成为了莫斯科派而非"游击队员"派。为了能够使自己和"游击队员"派掌权，莫查尔使出了波兰历史上屡见不鲜的一招：打犹太人这张牌。

从1492年西班牙的排犹运动到18世纪，波兰是欧洲犹太人最大的聚居地，但是波兰人日益反犹。在第二次世界大战中，虽然许多波兰人抵抗德国侵略，但是他们也配合了对波兰犹太人的大屠杀，当时330万的犹太人中只有27.5万人幸免于难。第二次世界大战结束后，犹太幸存者仍面临着波兰人进一步的迫害。新政府并没有按照其承诺的那样终结反犹主义，于是面对定期发生的排犹浪潮，一批又一批的犹太人只能离开波兰。波兰政府向犹太人提供护照和交通工具到维也纳，鼓励他们移民到以色列。当时在波兰流传的一个犹太笑话是：一个聪明的犹太人如何和一个愚笨的犹太人交谈？答案是：从维也纳打电话。

到了20世纪60年代中期，仅有大约3万犹太人留在波兰，其中的大部分人更认同共产党而非犹太教。尽管波兰的排外会定期发生，奇怪的是，那些犹太人却泰然处之，他们相信共产主义是建设正义社会和终结反犹主义的唯一希望。事实上，他们认为共产主义将把犹太教和反犹主义都扫进历史的垃圾堆。反犹主义和犹太教一样，是波兰过去的一部分。

1967年，莫查尔发现哥穆尔卡政府已经被犹太人渗透。许多支持哥穆尔卡的亲莫斯科派人士都是犹太人，其中不少人又在政府里位高权重。

波兰的反犹主义没有任何依据，其实也不需要任何证据就可以成立：“犹太人是外国人，犹太人对波兰不忠诚，并且他们是外国政府的特工。”在波兰，一个波兰裔的犹太人总是被称为“犹太人”，而一个“波兰人”据其定义则一定是基督徒。“犹太人”经常被指控支持苏联人而反对波兰，或者是支持以色列人而反对苏联。现在莫查尔声称“犹太人”两罪俱全。

1967年，当阿拉伯人在“六日战争”中被以色列击败后，这一切就发生了。波兰人向以色列祝贺，据称，一些有犹太背景的波兰高官给以色列大使馆打了祝贺电话，然后哥穆尔卡收到了关于这些电话的笔录。当然，这些电话纯属子虚乌有，笔录也都是莫查尔集团捏造的，但是哥穆尔卡难以对这个指控置之不理。

以色列大使馆收到了来自波兰各地的鲜花和贺信，虽然并非来自哥穆尔卡政府的官员，但这些祝贺也并非完全来自犹太人。波兰人问道，以色列的战士们难道不是波兰人吗——那些离开波兰经由维也纳去了以色列的同一批波兰人？于是突然之间，来自波兰的犹太人被视为波兰人了。以色列国防军“哈格纳”[1]难道不是由波兰人创建的吗？实际上，“哈格纳”是由来自敖德萨的一个犹太人弗拉迪米尔·亚博廷斯基（Vladimir Jabotinsky）所创立，但许多以色列战士又确实是波兰裔。“犹太胆小鬼”——反犹主义者对他们的蔑称是“jojne”——不是走上沙场了吗？“Jojne poszedl na wojne”——“犹太胆小鬼”上了战场——在波兰语中甚至还押韵，并且“犹太胆小鬼”还取得了胜利，在6天里就打败了苏联训练的军队。这真是一个绝妙的笑话，每个人——不是犹太人，而是波兰人——都笑得有点过头。

---

1 “哈格纳”（Haganah）是1920年至1948年间在巴勒斯坦进行活动的犹太地下军事组织的名称，在希伯来语中是“防御”的意思，这一组织在1948年以色列建国后成为其国防军的基础。

哥穆尔卡对苏联人并不感冒，但他明白这不是耻笑苏联人的时候。在苏联解体后，人们才得知"六日战争"期间勃列日涅夫曾将核潜艇派往地中海，然后他给约翰逊总统打热线电话，两人都尽力劝阻以色列向大马士革进军。与此同时，勃列日涅夫与哥穆尔卡和其他东欧领导人会面。哥穆尔卡秘书的记录显示，在会议中，勃列日涅夫收到了阿拉伯人如何一步步被击溃的消息。苏联人不仅有挫败感，更有一种耻辱感。哥穆尔卡回到华沙，深受困扰的他断言世界正在逼近战争。然后他收到了来自内务部长莫查尔和秘密警察首脑的报告，他们声称波兰的犹太人同情以色列。事实上非犹太裔的波兰人也同情以色列，但他们的报告却对此只字不提。

1967年6月18日，哥穆尔卡在对工会代表大会发表的演讲中提到了"第五纵队分子"（Fifth Columnist）的活动，这一演讲被视为清洗犹太人或者所谓"反犹太复国主义运动"开始的信号。"第五纵队分子"这个术语指的是隐藏的叛徒，它现在和"犹太复国主义者"的意思很接近。身居要职的犹太复国主义者将被开除和消灭，总是为政府所用的工人、民兵忠实地进行了反犹太复国主义者的游行。但是由于犹太复国主义者，即"syjoninci"这个词并不为人熟知，所以一些奉命游行的工人打出的标语牌上写着"Syjonincido Syjamu"——"犹太复国主义者滚回暹罗去"。

哥穆尔卡要分别应对莫查尔和苏联，而这时异议运动却在学生中发展起来。大学生本不该成为不满的源头，因为他们是出自良好的共产主义者家庭、享有特权的孩子。他们的父母亲从梦魇似的旧社会的废墟上，以共产主义理想建设了一个更公正的社会；并且对犹太裔的共产主义者而言，这还是一个对种族主义绝不宽容的新社会。

第二次世界大战快结束时，苏联红军迅速地将德军驱赶到西面，波兰自卫军在华沙与德军作战，同时期待苏军的到来。但是苏联红军没有及时到来，而波兰自卫军和华沙城都被毁灭了。苏联人说他们是被德军的抵抗耽搁了，而波兰人说德国人就是希望波兰在哀号中被毁灭。按照苏联人的说法，80%的华沙城被摧毁了，但波兰历史学家则认为95%的华沙已成为废墟。

当苏联红军进入华沙时，华沙只剩下原人口1/10的13万人，他们杂居在维斯瓦河的远端，或者在摇摇欲坠的废墟中宿营。波兰共产党人的首要任务就是重建华沙的历史中心：首都的文化陈列窗，包括有着精美如蜡笔画的老式建筑，有罗马风格的高大柱廊和浅浮雕装饰的壮观的国家大剧院，以及带花园和大门的大学校区。就在黑色铁门后林荫茂密的校园里，在这个曾被摧毁的城市重建的历史中心，那些建设了新波兰的共产党人的子女们在安静地学习。

当时的波兰确切地说还不是民主体制，也没有真正的言论自由。它有点像德国剧作家彼得·韦斯（Peter Weiss）1964年的话剧——《由萨德侯爵导演、沙朗通精神病院病人演出的让－保罗·马拉被迫害和刺杀的故事》，该剧由导演彼得·布鲁克（Peter Brook）搬上英国舞台，并在1966年改编为电影《马拉／萨德》（*Marat/Sade*）后开始为人熟知。它不仅开创了话剧名称冗长的风气，而且是20世纪60年代中期人们最津津乐道的国际戏剧界作品。《马拉／萨德》的故事发生在1808年的攻克巴士底狱纪念日前夕，世界各地的年轻人通过它来表达对自由的渴望。虽然已经是在法国大革命之后，但人民仍不是很自由。影片末尾，在一首歌曲《光荣的15年》之后，精神病院的病人们唱道：

如果大多数人一贫如洗

而少数人却富可敌国

你就可以看到

我们的目标已近在咫尺

无须赐予 毫不恐惧

我们将畅所欲言

那些我们不能说的

我们会把它吹进你的耳朵

　　波兰的共产主义青年并不总是与他们的父辈一致，如同 20 世纪 60 年代中期另一个极受欢迎的德国哲学家赫伯特·马尔库塞所描述的，他们感受到了这种"非自由"状态。波兰和苏联集团许多国家的情形例证了马尔库塞的理论，即对立双方之间的传播阻碍了讨论。在波兰，要批评政府或者"体制"，需要一种反向叙述对立方的能力。《政治》这本被认为是开明的和自由派倾向的周刊会报道杜布切克和捷克斯洛伐克，但通常是以批评的方式。它经常从反面进行报道。如果一个学生进行了抗议，《政治》不会对此进行报道，而会报道学生撤回了抗议信，甚至会历数他当时写在信中而现在收回的谎言。这样波兰的读者就可以从中了解到抗议信，甚至它的部分内容。米奇斯瓦夫·拉科夫斯基（Mieczysiaw Rakowski）是《政治》杂志的编辑，在几十年后成为了执政的波兰共产党的最后一任第一书记。那时他如果要批评政府，会先写一篇赞扬政府的文章，在一周后再写一篇反驳他自己的文章。他会将拂逆之词吹入当政者的耳朵。

随着波兰青年人更老练地表达他们的异议，他们也掌握了扩散信息的另一个技巧。无论希望波兰人民知道些什么消息，他们都会先透露给外国媒体，而《纽约时报》和《世界报》是他们最喜欢爆料的媒体。其实对他们来说，任何外国媒体都可以奏效，只要简·诺瓦克和他的同事次日早晨能在维也纳读到它们的相关报道——自由欧洲电台的波兰语广播频道就设在维也纳。波兰语节目和捷克语节目共同协作，于是波兰人能得知在捷克斯洛伐克发生的事情，反之亦然。到 1968 年，两国人民彼此都知道对方的学生运动，他们也都知道了美国的学生运动。即使是通过波兰的媒体，他们也毫不费力地了解到马丁·路德·金、美国南方发生的静坐示威，以及以游行示威抗议越战的美国学生运动。最重要的波兰官方报纸《人民论坛报》（*Trybuna Ludu*）在 1968 年报道的波兰本土新闻很少，却有大量对于越战和中东的报道，主要是关于以色列攻占了大片领土并无意归还，此外，还有广泛的关于美国民权运动和反战运动的报道。共产党的官方媒体也报道了美国大学校园的各种学生抗议活动。但是，当 1968 年开启的时候，很少有波兰学生想象过这在波兰也会出现。

反讽的是，外国报纸并未在"快活的营房"里被禁止。波兰人可以去图书馆阅读《世界报》或者英国的《卫报》。但这些报纸只有那些能阅读法语或者英语的人才能读到，包括许多大学生。其他的波兰人只能等待收听自由欧洲电台的广播。

学生、旅游者，甚至商人在国外旅行时，都会在维也纳的自由欧洲电台停留并且提供消息。但是很多人拒绝为自由欧洲电台工作，因为伴随着冷战成长的一代人，头脑中有"资本主义者即敌人"这种概念，他们曾在数量很少且人满为患的学校进行预防美国核攻击的演习——

学校的数量少，是因为每个学校必须装设造价昂贵的防核尘埃隐蔽所。

异议者领袖亚采克·库龙[1]说："我知道自由欧洲电台是中央情报局操纵的。我不确认，只是我这么认为。但这是我仅有的消息渠道。我会青睐使用更中立的媒介，但是没有其他的选择。"尽管他对自由欧洲电台持负面的看法，电台员工仍对他非常钦佩和信任。诺瓦克曾这样评价库龙："他是我一生所遇到的最高贵的人之一。"

除了自由欧洲电台，由聚居巴黎的一群波兰人主办的波兰语报纸《文化》（*Kultura*）是另一个消息渠道。它每期在波兰发行 5000 份，数量太少而且周期太长。

库龙说："我最关注的是如何将信息传播给波兰人民。比如谁被毒打了，谁被逮捕了。我是一个信息中心，必须扩散这些信息。"他指着自己在华沙昏暗的小公寓中的一台白色电话机："通过它，我每天给自由欧洲电台打几个电话提供消息，因为电台立刻会把这些消息对波兰广播。有一次，我正告诉他们有 7 个波兰人被捕入狱，这时两名警察走进我的公寓让我跟他们走。我问他们：'你们要逮捕的是谁？'"

"'我们要逮捕的就是你，亚采克·库龙。'"

库龙手持电话，通话对方欧洲自由电台还在线上，于是关于他被捕的这通电话就被录下来并立刻广播了。

自由欧洲电台对波兰的广播为每周七天，每天从凌晨 5 点至午夜进行，播音员都是母语为波兰语的波兰人。内容有音乐、体育和整点新闻节目。自由欧洲电台声称其严格遵循客观性原则，没有任何主观评论，虽然很少有人相信这一点，但其实也没多少人在乎。人们收听它，是因为期待听到西方的观点。但它大量传播的是来自波兰本土且与波兰有关

---

1 亚采克·库龙（Jacek Kuroń，1934—2004），被誉为"波兰反对派的教父"，是波兰从 20 世纪 60 年代至 80 年代民主运动的重要领导人。在 1964 年曾发表《致党的公开信》敦促改革，在 1989 年至 1990 年间曾担任波兰劳工与社会政策部部长。

的信息。

波兰政府干扰自由欧洲电台，但干扰反倒起到了导引作用。如果一个波兰人打开收音机听到了背景中熟悉的马达轰鸣声，那就意味着是重要的节目。即使受到干扰，还是分辨得清话语的。"干扰是我们的盟军，"诺瓦克说，"它让波兰人好奇当局到底在掩盖什么。"

1964年的一天，一个中等个头、金发、典型波兰人长相的小伙子在从巴黎回波兰的途中造访了维也纳的自由欧洲电台。他只有18岁，是两个年长的著名异议人士库龙和卡罗尔·莫泽莱夫斯基（Karol Modzelewski）的年轻门徒。这个年轻人热情洋溢地谈论着一种民主而人道的社会主义愿景。四年后的1968年，亚历山大·杜布切克把这种社会主义称为"有着一张人性面孔的共产主义"。

诺瓦克回忆起这个名叫亚当·米奇尼克（Adam Michnik）的年轻人时说："他的长相虽然稚气，但以年龄而言，他的智识成熟度是惊人的。"米奇尼克生于1946年，属于在大屠杀年代后成长的那代犹太人，他的家乡利沃（Lwov）现归属乌克兰，但在他出生时仍属于波兰。在第二次世界大战前的岁月，他的父亲出身于典型的小镇上贫困的犹太人家庭，母亲则来自一个已被同化的克拉科夫（Cracow）家族。亚当的父母亲都是共产党人，父亲在战前曾因参加党的活动被捕。亚当成长在一个共产党人的世界里，他说罗莎·卢森堡（Rosa Luxemburg）和列昂·托洛茨基（Leon Trotsky）是他心目中的英雄，而这两人恰巧都是犹太人。

"只有当那些反犹主义者叫我'犹太人'的时候，我才意识到我是个犹太人。"米奇尼克说。也就是说，直到1968年之前，关于他自己的犹太人身份，他从没想过太多。

1965 年时，米奇尼克是华沙大学历史系的学生，和其他大约 50 个学生一起簇拥在库龙和卡罗尔·莫泽莱夫斯基身边，后者是历史系 27 岁的研究员，也是一个共产党员。他们都是共产党员。米奇尼克谈到库龙和卡罗尔·莫泽莱夫斯基时说道："他们都是英雄，是领袖。"

　　亚采克·库龙和米奇尼克一样来自利沃，只是他在第二次世界大战前出生，1965 年时已经 31 岁。他的母亲有法学学位，在怀上亚采克后奉子成婚。她经常苦涩地抱怨说自己"命比纸薄"。库龙的父亲是个机械工程师和波兰社会主义党的领袖，但是他不喜欢苏联人，与苏联人的接触使他日益倾向"反共"。1949 年，当 15 岁的库龙决定加入共产党时，他的父亲坚决反对。

　　最初，政府支持库龙和莫泽莱夫斯基的讨论小组，共产主义青年有机会和党的官员们会面，和关系亲近的朋友们组成小组向官员们提问。但是到了 20 世纪 60 年代，这些提问有时非常尖锐，于是官员们干脆拒绝作答。在莫泽莱夫斯基向青年学生们做了一次演讲后，官方的回应是停止他在华沙大学的讨论小组"社会主义青年联盟"（ZMS）的活动。大学既无容身之地，"社会主义青年联盟"就转而在私人公寓中开会，规模约为 50 名学生。

　　经过许多次详尽的讨论，库龙和莫泽莱夫斯基的结论是："波兰的现行体制并非与马克思的著述一致，并非马克思主义，但是盗用了马克思主义的名号，还使用了许多标签来混淆和欺骗人民。"1965 年，他们决定撰写一封匿名公开信，散发复印件，信中将现行体制称为"没有正义和自由的欺诈"。两个年轻人之所以不签名是因为不想锒铛入狱。但警察还是得知了他们的活动，两人正在公寓复印公开信时，警察破门而入。警察只是收缴了公开信的原件，并且警告他们如果散发复印件就会面临牢狱之灾。

如果没有警察进一步的报复，库龙和莫泽莱夫斯基也许就听进了警告。可是库龙的妻子失去了助理教授的工作，库龙和莫泽莱夫斯基也不断受到骚扰。几个月后，他们认定自己别无选择了，只能将他们的抗议公开化、引发公开辩论，即便因此入狱也在所不惜。

库龙和莫泽莱夫斯基在公开信上签署了姓名，在签名旁他们还写下声明，准备为这个举动获刑三年。"我们说得很准。"库龙回忆说。

他们只分发了 20 份复印件，但是也给《文化》的发行人耶日·盖德罗耶奇（Jerzy Giedroyc）发了一份，该报纸有 5000 多份的发行量。公开信被翻译成捷克语和绝大多数欧洲语言。在古巴，人们读到了它的西班牙语版本，巴黎、伦敦和柏林的学生们也读到了公开信。

在 19 岁的时候，亚当·米奇尼克第一次入狱，伴随着他两个并非情愿的英雄库龙和莫泽莱夫斯基。

到了 1968 年 1 月，异议运动已经成为华沙大学学生运动的主要力量。但是在大门紧锁的美丽校园之外，它的影响力很小，甚至不为人知。莫泽莱夫斯基曾说过，他们被警戒线围了起来，为此必须突围。他也一直警告说，当他们突围时，政府就一定会有所行为。

突围的机会随着 19 世纪初诗人亚当·密茨凯维奇的一部剧作《先人祭》出现了。密茨凯维奇无疑是波兰文学界最受崇敬的作家。虽然并不多产，但他关于立陶宛农村生活的史诗《塔杜斯先生》（Pan Tadeusz）以及诗剧《先人祭》为他赢得了无与伦比的声誉。在第二次世界大战后，重建华沙旧城中心的首要任务就是重新修缮 1898 年纪念诗人百年诞辰的花园广场。广场的中心是一座玫瑰花园，依依垂柳中伫立着重塑的诗人铜像。在华沙上演《先人祭》，就如同在伦敦上演《哈姆雷特》和在巴黎上演莫里哀的喜剧一样无可争议。

与之前一样，在当时的波兰，学习这部话剧也是儿童教育的必修课。《先人祭》有时被译为《祖父祭典的前夜》，全剧以召唤亡故祖先的仪式开始。主角古斯塔夫在监狱中死去后，化身为一个名叫"康拉德"的革命者回到尘世。贯穿全剧始终的反独裁主义的信息是明确无误的，它同时也传达了波兰的民族主义者的信息，因为其中很多剧情都是关于波兰的政治犯反抗俄国压迫者的斗争。但是剧中也有恶魔、教士和天使。这是一部极其复杂的剧作，排演难度超常，因而对波兰的导演们形成了很大挑战。

1968 年对于戏剧导演们而言是一个伟大的年代，一方面传统已受到了挑战，但同时舞台依然是社会舆论的重要源头之一。在纽约，朱利安·贝克（Julian Beck）和他的妻子朱迪丝·马利娜（Judith Malina）试图用他们的"生活剧场"（Living Theater）打破传统喜剧最后的屏障。在曼哈顿上西区的起居室，他们开始执导一些难度很大的现代戏剧，其中包括加西亚·洛尔卡（Garcia Lorca）、贝尔托·布莱希特（Bertolt Brecht）、格特鲁德·斯泰因（Gertrude Stein），以及纽约的荒诞派作家和社会批评家保罗·古德曼（Paul Goodman）的作品。他们住进剧场和阁楼，不出售门票，但是接受观众捐赠，最后成功地旅行到巴黎、柏林和威尼斯演出。他们的生活像一个形态自由的公社，声名日隆却两袖清风。朱利安用碎料搭出令人叫绝的创意布景，他偶尔也执导话剧，但更多的是由他的妻子朱迪丝——她的父亲是德国哈西德教派的拉比，母亲是一个有抱负的女演员并经常会献读德国古典诗歌——来执导戏剧，尤其是执导诗剧。夫妻两人的政治性越来越强，夸耀说他们已经打破了政治与艺术之间的屏障。1968年，他们的戏剧成为了重要的反战力量，演出结束时除了掌声还有诸如"停止战争！""清空监狱！"和"改变世界！"这样的呐喊声，话剧表演与观众的互动越来越多。有时演员们还给观众端送食物，在一部戏剧的演出过程中，一幅抽象派画作当场完成并当即向观众拍卖。"随机戏剧"（Theater of Chance）则通过掷骰子决定台词。肯尼思·布朗（Kenneth Brown）的《禁闭室》（The Brig）是关于海军陆战队监狱中暴行的话剧，它允许演员们即兴表演对犯人的虐待。

彼得·布鲁克在《马拉／萨德》中富有创造性的导演技巧，也影响了世界范围内的戏剧。汤姆·斯托帕德（Tom Stoppard）的《罗森克兰茨和吉尔登斯特恩已死》（Rosencrantz and Guildenstern Are Dead）1月在纽约上演，它从莎士比亚的《哈姆雷特》中两个最不起眼的角色的视角审视这部作品。与此同时，约瑟夫·帕普（Joseph Papp）推出了现代情境中的《哈姆雷特》，由马丁·西恩（Martin Sheen）出演。克莱夫·巴恩斯（Clive Barnes）在《纽约时报》上评论称："这是为市侩们创造的一个漫无目的的哈姆雷特形象，因为他们认为莎士比亚戏剧是无趣的并且希望证实这个意见。"小理查德·沃茨（Richard Watts, Jr.）在《纽约邮报》上则称其是"狂乱的戏谑，有时它的讽刺很有趣，其他时候似乎不知所云"。所有这些评论可能都对，但帕普仍然因其大胆的风格而受到颂扬，因为在那时"大胆"就是被推崇的风格。在4月份，帕普的新作《头发：美国部落之爱——摇滚音乐剧》（Hair: The American Tribal Love‐Rock Musical）被搬上了百老汇舞台，并由汤姆·欧霍根（Tom O'Horgan）导演。这是一部没什么情节、主要讲述嬉皮士生活的摇滚音乐剧，欧霍根让演员们在演出中向观众乞讨并分发鲜花。巴恩斯在一篇热情洋溢的正面评论中提醒公众："有一场戏——就是其后被热议的'裸体场景'中——可以看到很多的男人女人（我应该算算人数）完全赤裸地朝向你。"关于《头发：美国部落之爱——摇滚音乐剧》中的裸体主义，《巴黎竞赛报》指出，也有人抗议在布鲁克的《马拉／萨德》中，观众可以看到马拉在浴缸里裸露的背部。

在杜布切克时期的捷克斯洛伐克，曾经的地下剧作家如瓦茨拉夫·哈维尔和帕维尔·科霍特（Pavel Kohout）都成为了国际明星，他们的作品结合了捷克传统的卡夫卡式荒诞才智，以及朱利安·贝克式有风险地糅合艺术与政治的风格。官僚主义是他们最喜欢嘲弄的对象。帕普的"公共剧场"曾上演哈维尔的《备忘录》，由奥林匹娅·杜卡基斯（Olympia Dukakis）主演，主题是办公室工作人员与一种人工语言的斗争。

所以这并不奇怪，当先锋戏剧在世界各地，尤其是在邻国捷克斯洛伐克欣欣向荣的时候，波兰国家大剧院的经典剧作必须独辟蹊径。《先人祭》有其政治维度，亦有其植根于斯拉夫民族基督教神秘主义的宗教维度，因此在共产主义时代之前的波兰，它通常被当作一部宗教和神秘主义的话剧上演；在共产主义制度下，它则通常被视为一出政治剧。导演卡其米兹·德米克（Kazimierz Dejmek）并没有在政治剧与宗教剧之间进行选择，而是将两者结合起来创作出了一部寓意深刻的作品，它同时深植于早期基督教的仪式与争取波兰自由的斗争中。古斯塔夫（康拉德）由波兰最受尊敬的演员之一古斯塔沃·霍洛贝克（Gustaw Holoubek）饰演，他生动地表现出了角色的内心挣扎和命运多舛。

每个人都对众所周知、经久不衰的情节，剧中好人与坏人的台词耳熟能详。与此类似，《先人祭》也总是有波兰人熟悉的、肯定能激发掌声的时刻。绝大多数台词在口吻上是民族主义的，比如"我们波兰人为了换取几个银卢布就出卖了自己的灵魂"，还有俄国官员的台词——"难怪他们这么憎恨我们：过去整整100年里，他们见到的从莫斯科流入波兰的这条河都污浊不堪"。这些片段都是波兰人观看《先人祭》的感受。这部诗剧反对沙皇，是完全可以接受的苏联式思维。它并不反共，也根本不涉及共产党人或者苏联人，因为剧情的时代背景更早远。而事实上，在当时的波兰，对它的学习以及它的上演，都是为了强调它的政治性。这出戏不仅不是反苏的象征，相反，它作为苏联"十月革命"胜利、共产党执政50周年庆祝的一个部分，曾在1967年的秋天上演。

共产党员不能信仰宗教，虽然这部剧关注基督教宗教信仰，但是没有人认为它严重地离经叛道。《人民论坛报》给予了负面但并不激烈的批评，只是说该剧将神秘主义与政治的作用视作同等重要是错误的。这篇评论认为，如果这部诗剧要成功，必须将密茨凯维奇首先视为一个政治作家。但是这个作品依然大获成功，剧院里挤满了热情的观众并且加演数月。米奇尼克也观看了《先人祭》，他说："我觉得这是部难以置信的作品，非常令人激动。"

然后政府做了件怪异且不明智的事：在国家大剧院禁演这部备受尊崇的国剧。更糟的是，它还提前两个星期向公众透露禁演的日期为1月30日，于是大家都知道根据警察的命令，届时将是最后的演出。波兰人对审查制度已习以为常，但是还从来没有过这种事先宣布的审查。看起来，政府似乎就是在招惹一场示威。这是在为镇压找一个借口吗？或者是莫查尔将军的又一次策划？历史学家们对此仍争论不休。但是在各种阴谋论或者反阴谋论中，经常提及的一种可能性是：政府就是那样决策的。米奇尼克回忆道："禁演的决定证明了政府的失策以及与波兰人民之间的隔膜。密茨凯维奇是波兰人的惠特曼，是波兰人的维克多·雨果……这是当局对密茨凯维奇突发的野蛮攻击。"

1月30日的晚上，在《先人祭》演出落幕后，来自华沙大学和国立戏剧学院的300名学生在国家大剧院前示威。游行了几百米后，他们来到密茨凯维奇的铜像前。他们并未将此视为特别的对抗行为。他们只是共产主义青年，试图就共产主义的理想提醒他们的父辈。米奇尼克说："我们决定为诗人的铜像献花。"他本人虽被当局视为"麻烦制造者"，却没有参加示威游行。

"我们以为捷克式的渐进是可能的。"米奇尼克表示。学生们并不担心当局会有强硬回应。"从1949年以来，在波兰从来不曾用警察对付学生。"米奇尼克的论证可能过于仰仗逻辑了。在柳枝掩映的玫瑰花园广场前，冰封的雕像是诗人右手抚胸的吟咏形象，这时几卡车的"工人"到达抗议现场，假装搭话后，他们就以棍棒相加，殴打这300名学生。有35名学生被捕。

没有任何媒体报道这次事件，虽然这并不令人吃惊。米奇尼克和他的学生异议者同伴昂里克·施拉斐尔（Henryk Szlajfer）将这个消息告诉了《世界报》的一个记者，虽然米奇尼克认为这个记者是"一个极其危险的人物，非常反动，并且他最关心的是推销自己。"但如果这两个年轻的共产党人想让波兰人民知道真相，他们就别无选择。在《世界报》进行报道后，维也纳的自由欧洲电台会跟进对波兰的报道。但是警察看到他们两人与记者交谈，于是，当《世界报》刊出相关报道后，米奇尼克和施拉斐尔就被华沙大学开除了。

所有这些很容易和"反犹太复国主义者运动"联系起来。米奇尼克、施拉斐尔以及许多参加游行示威的学生都是犹太人。考虑到大学中的许多异议者都来自背景良好的共产党人家庭，这并不令人惊讶，因为他们接受的家庭教育是有义务为争取一个更公正的社会而斗争。

但这并非官方对犹太人参加学生运动的解释。此前政府将政府机构中的犹太人革职，控告他们图谋犹太复国主义，而现在，政府的说辞是，所谓的学生运动已被犹太复国主义者渗透。被捕的学生们接受了审讯，如果他们不是犹太人，警察就会问："你是一个波兰人，你为什么总是和犹太人厮混在一起？"警察还会命令他们说出犹太学生领袖的名字。

在审问犹太人时警察会这么开始："你是犹太人吗？"

被捕学生经常会回答："不，我是一个波兰人。"

"不，你是一个犹太人。"

这是波兰大地上历史久远的对话。

第二部
布拉格之春

任何革命党的首要任务都是夺取传播机构。现在控制了传播的人也就掌控了国家。这种情形比历史上的任何时候都更确凿。

——威廉·巴勒斯，1968 年

第五章

在令人憎恶的机器齿轮上

雇主们[1]会喜欢这一代人……他们很容易对付，不会有任何骚乱。

——加州大学伯克利分校校长克拉克·克尔，1963 年

我们的年轻人，其数量之多令人不安，他们似乎拒斥任何来源和任何形式的权威，他们藏身于狂暴和幼稚的虚无主义，而他们唯一的目的就是破坏。现在的代际鸿沟，比我所知道的历史上任何时期都更为惊人，或者更具有潜在的危险性。

——哥伦比亚大学校长格雷森·柯克，1968 年

到了 1968 年的春天，美国大学中的游行示威已是司空见惯，一个月中大约会有 30 所大学爆发这种事件，甚至连高中和初中学生也参与其中。2 月时在布鲁克林，贝德福德－斯泰沃森特区的 258 初中的几百名八年级学生聚在大厅里，他们占领了教室，还故意触发火警，向校方要求更好的伙食和更多的舞会。

示威者们意识到仅仅举着块标语牌去游行是不够的，为了能够得

---

1 原文为 Employees，根据上下文理解应为 Employers，系作者笔误。

到媒体的报道，他们还得在持续的示威中增加新的元素。为此，有时得占领一座大楼，或者造成某处的停工。哥伦比亚大学当时计划为修建新体育馆而动迁哈莱姆区的贫困黑人居民，一个学生就跳进重型推土机的铁铲进行阻止，以示抗议。3月中旬，哥伦比亚大学的学生反战运动号召进行一整天的罢课，总共有3500名学生和1000名教师予以响应。在麦迪逊的威斯康星大学，反战示威者在靠近学校管理大楼的巴斯科姆山坡（Bascom Hill）的草地上插下了400个白色十字架，其间大约有3000名学生在一旁观看。一个标语牌上写着"巴斯科姆纪念墓地，1968级学生"。约瑟夫·钱德勒（Joseph Chandler）曾是个学生，当时在位于麦迪逊的"威斯康星抵制征兵联盟"工作，他表示："我们觉得就是要让大学校园看起来像个坟地，因为大多数高年级学生都得上战场送死。"春季的第一周，500～1000名学生控制了霍华德大学——美国顶尖的黑人大学的管理大楼，并拒绝撤离，此举是为了抗议大学课程中缺乏有关黑人历史的内容。然后，黑人学生们占据了康奈尔大学的一座大楼，还封锁了科尔盖特大学的一座大楼。

不仅学生们广泛参与反战运动，《纽约时报》在3月24日报道，嬉皮士们占据了纽约的中央火车站，并且"将一次春季的聚会演变成剑拔弩张的反战示威"，于是随后又有一篇详尽的报道探讨一种可能性：这些被当局定义为"动力不足类型"的嬉皮士，是否在转变为政治活动分子？但是，这些特定类型的嬉皮士其实是属于阿比·霍夫曼创建的"青年国际党"的异皮士，他们总是有政治动机的。

在意大利，罗马大学因暴力蔓延关闭12天后在3月中旬重新开放，但学生们仍抗议校方设备不足，他们手擎红旗在各座大楼间游行。仅在第一天就有200名学生被警察打伤，于是抗议警察暴行的教师们也于第二天加入了示威人群。有些教师呼吁校长辞职，因为正是他首先将警察召集进校园。学生们表明立场将继续示威。意大利共产党试图取得学生运动的领导权，但未能成功。

到 1968 年的早春，一个德国学生联合会已在 108 所德国大学拥有分部并代表了 30 万德国学生。他们围绕反对越战的主题进行抗议，但是开始逐渐转向与德国有关的议题，例如对东德的承认，要求曾与纳粹有染的高官辞职，以及要求学生们在自身的教育上有更多的权力。

与此同时，在沉寂了整整一代人后，西班牙的学生们开始抗议国内公然的法西斯政权，起因是政府在 4 月份居然批准了马德里为阿道夫·希特勒举行的一次弥撒。因为学生的抗议示威，马德里大学在初春再次被关闭，直到 38 天后进入 5 月时才重新开学。

在巴西，1968 年初的武装暴力导致三名抗议者死亡，但这并未能阻止学生们继续抗议已长达四年之久的军事独裁。

日本学生强烈抗议美国参与越战的军事力量进入日本领土。这一代人的父辈曾以军国主义使本国生灵涂炭——这是历史上唯一一个在核打击中幸存的国家——所以他们坚决反对美军进入日本。学生组织"全日本学生自治会总联合"（Zengakuren，也译为"全学联"）成功地集结了上千名示威者，阻止一艘在越南服役的美国航空母舰进入日本港口。"全学联"有时也暴力性地抗议一些国内的议题，例如抗议为修建东京以西 68 公里处的成田国际机场而征收农田。日本政府曾考虑通过镇压性的安全法案来控制"全学联"。

"全学联"这个学生组织也使得克朗凯特意识到在 60 年代应该如何运用电视这个媒介。1960 年，当艾森豪威尔总统访问日本时，克朗凯特和哥伦比亚广播公司的一个摄制组在那儿等候报道。不过由于有太多的"全学联"成员在现场抗议这次访问，于是艾森豪威尔决定不着陆了。但是因为很高兴见到摄制组在那里报道他们的抗议，"全学联"的成员们决定留在现场。一整天里，上万名"全学联"成员陆续到达并示威抗议，这个摄制组就是他们唯一的观众。因为总统没有着陆，克朗凯特试图离开，但是他回到采访车的路线却被大量的示威者阻断了，摄制组成员镜头所对恰是抗议人群最为密集之处。"突然间我意识到，"克朗凯特回忆道，"我到达山顶最容易的方式就是加入全学联的人群。于是我拍好照片，把胶卷塞进兜里，然后从卡车上下来，并且一把抓住一只手臂——示威者全部都是手挽着手，我就这样牵住了其中一个日本人的手臂。他微笑地看着我，一边挥动着手臂，一边喊着'万岁！万岁！万岁！'（Banzai！）。我也开始大喊'万岁！万岁！万岁！'。我就这样和示威者们蜿蜒地向山顶行进。这些示威者和我在一起很开心，然后我到达了停着采访车的山顶，我说：'好，再见啦。'他们也回应说：'再见。'于是我坐进车里，然后到达机场。"

在英国，学生们由抗议美国的越战开始，逐渐转向一些国内的议题，如政府教育拨款的规模及对大学的控制程度。到了春季，在剑桥大学、牛津大学以及无数英国大学都发生了重大的抗议行动。比反战运动更让英国政府担忧的是，抗议者逐渐显示出攻击性的趋势，目标是任何看上去像代表政府的人士。3月份，当英国国防部长丹尼斯·希利（Denis Healey）在剑桥发表演讲时，学生们突破了警察的警戒线，试图掀翻他的轿车。此后不久，牛津大学的学生们激烈质问内政部长詹姆斯·卡拉汉（James Callaghan），并试图把他扔进鱼池。因为在曼彻斯特大学的演讲被学生们阻挠，科教部部长戈登·沃克（Gordon Walker）试图离开，但他必经的通道躺满了学生。美国的官员们也未能幸免。当美国的外交官、来自大使馆的一位新闻官员不慎出现在苏塞克斯大学的学生们面前，他受到了被泼湿油漆的礼遇。英国的抗议者们对于如何争取媒介的关注颇有心得，4月份学生们曾经将特拉法加广场（Trafalgar Square）喷泉的水染成红色。

暴力不需要多少想法，而非暴力的抵抗则要求想象力，这就是很少有造反者愿意接受非暴力理念的原因之一。美国的民权运动在发展过程中逐渐摸索，其间也犯了许多错误。但是到20世纪60年代中期，美国的民权运动，尤其是"学生非暴力协调委员会"这些组织，已经以其想象力与勇敢的信念使全世界激动不已，激励了远至波兰的学生们采取静坐行动。到了1968年，全世界的仁人志士们都开始复制民权运动。民权运动的圣歌是皮特·西格的《我们将战胜》——1960年，当静坐运动开始时，西格将这首由民歌改编的劳工歌曲再次改编成民权歌曲——从日本到南非再到墨西哥，这首英文歌曲在四处传唱。

民权运动从1960年2月1日开始引起了全世界的关注。那天，四个来自格林斯伯勒（Greensboro）北卡罗来纳农业与技术大学的黑人新生，在伍尔沃斯百货商店买了些东西，然后坐在标有"白人专座"的午餐台边，其中一个年轻人小埃泽尔·布莱尔要了杯咖啡，但没有人为他们服务，于是他们就一直坐在那儿直到商店打烊。在此之前，民权活动人士已经屡屡使用这个方法来探测反应，但是这四个没有任何组织支持的年轻人走得更远。第二天，他们和20个学生又回来了，从早上10点半起坐了一整天。一个拒绝为他们服务的女侍者向媒体解释道："这是店里的规矩——是个惯例。"学生们发誓将每天坐在餐台边，直到店方提供服务——他们确实和越来越多的学生挤在店里的午餐台边。很快，他们的静坐扩展到格林斯伯勒的其他餐厅，甚至其他城市。在他们初次静坐后的两周内，国内和国际媒体就报道了这一行动及其广泛影响。"抗议最初被当作'抢内裤'[1]那种大学生的胡闹而被一笑置之，"《纽约时报》的报道称，"但是随着静坐运动从北卡罗来纳蔓延，直到弗吉尼亚、佛罗里达、南卡罗来纳和田纳西等15个州参与其中，这种看法就没有市场了。"

"学生非暴力协调委员会"的白人志愿者玛丽·金称："静坐运动使得已有的民权组织惊讶不已。"静坐运动使马丁·路德·金新成立的"南方基督教领导协会"感到惊异，也震惊了"种族平等代表大会"这样的老牌民权组织。媒体为之吸引，公众也印象深刻。"学生非暴力协调委员会"这个组织的诞生，主要就是基于为民权运动创造新颖手段的愿望。

1959年，密歇根大学安阿伯分校枝繁叶茂，宽阔的校园里有2万名学生。当时还没有关于民权运动或者任何激进政治的征兆。但是在1960年2月，由于受到格林斯伯勒静坐运动的鼓舞，一个名叫罗伯特·艾伦·哈伯（Robert Alan Haber）的本科生宣布成立新组织"学生争取民主社会"。为此，他吸收了与传统左派颇有渊源的两个人：二年级学生莎伦·杰弗里，他的母亲是美国汽车工人联合会的重要人物；另一个是来自南布朗克斯的鲍勃·罗斯，他的祖父母属于俄国革命党人的圈子，而他本人则热爱爵士乐与垮掉派诗歌。他们还接触了《密歇根日报》勤勉努力的编辑汤姆·海登，海登来自距离安阿伯不远的一个小镇。《密歇根日报》当时被视为全美最好和最为专业的大学报纸之一，汤姆在工作上全情投入。汤姆同时对在密歇根大学创立的另一个组织更感兴趣，而这个组织致力于为"和平队"（Peace

---

1　"抢内裤"（panty-raid），20世纪50年代美国大学里流行的恶作剧活动，即男生进入女生生活区偷走女生内裤，并以此作为侵入行动的战利品。这是第二次世界大战后首次风靡美国大学的狂热活动，而此前在20世纪30年代的美国大学中也有类似"吞金鱼"等风潮。

Corps）的创立而进行游说。

　　"学生争取民主社会"组织试图在全国范围内吸收学生领袖并建立他们的网络。这是一个绝佳的时机，因为 2 月份在格林斯伯勒的静坐示威运动激发了美国青年，使得他们也渴望有所作为。海登后来写道："当数千名南方的学生被逮捕、许多学生被毒打的时候，我对于他们的勇气和信念越来越尊敬和认同。"为了声援格林斯伯勒的静坐示威运动，哈伯、杰弗里和罗斯加入了安阿伯分校的抗议队伍。海登在《密歇根日报》上进行了相关报道并撰写社论表示同情。在春天，"学生争取民主社会"邀请了南方的黑人民权活动者来到安阿伯与北方的白人学生会谈。海登同样对此进行了报道，只是这时他实现了努力工作所追求的梦想，成为了《密歇根日报》的主编。

　　海登那年 20 岁，他在加州度过了一个改变人生的夏天。他去了伯克利大学，有人塞给他一张传单，他询问可以居留的地方，然后就发现自己和学运分子们住到了一起。伯克利大学校园井然有序，然后他为《密歇根日报》撰写了一系列关于"新学运"的长篇报道。在美国研发核武器的利弗摩尔实验室（Livermore laboratories）里，他采访了核科学家爱德华·特勒（Edward Teller），特勒狂热地向他解释如何在核战争中存活，以及为何"死去也比被赤化好"[1]。在 1960 年于洛杉矶举行的民主党大会上，海登遇到了时年 39 岁的罗伯特·肯尼迪，海登觉得作为一个政治家罗伯特真是年轻。海登目睹了他的哥哥约翰·肯尼迪获得提名，并且被他的演讲深深地打动，即使那时海登的激进分子朋友已不屑地将肯尼迪称为"伪自由主义者"。海登

<hr>

1 原文为 "better dead than Red"，意即宁愿在核战争中死去也不愿意生活在共产党的领导下，与 "better Red than dead" 截然相反。这是 20 世纪 50 年代末期于英国和美国爆发的关于"反共产主义"与"核裁军"的争论中两个针锋相对的口号，英国哲学家及和平主义者罗素被认为是首次使用 "better Red than dead" 的人士。

那时还没有意识到对自由主义者是不能信任的。他还采访了马丁·路德·金，金博士告诉他："最终，你必须在你的生活中明确立场。"

海登将关于新左派崛起的报道发给《密歇根日报》。在回到密歇根大学后，校方指责他杜撰新闻而非如实报道。海登知道新左派确实存在，但是他也意识到密歇根大学的教师和美国的大多数民众对此都一无所知。

到了高年级，海登梦想着到南方去参与民权运动。他曾经给那些因为登记选举而被驱离家园的田纳西州黑人送食物，但是他希望能做更多的事。"我很气恼地急于毕业，南方在召唤我。"后来他这样写道。毕业后，他真的作为"学生争取民主社会"组织与"学生非暴力协调委员会"的协调人去了南方。但是很快他得知"学生非暴力协调委员会"已经满员，并不需要他。在南方执行那些非常艰辛、常常是危险的任务时，海登感到了孤寂。"我不想再经受一次又一次的拷打，从一座监狱换到另一座监狱。"海登写道。1961 年 12 月，在佐治亚州奥尔巴尼的一个狱室中，海登写信给密歇根的"学生争取民主社会"的组织者同仁，建议召开一次会议以拓展"学生争取民主社会"，使它成为像"学生非暴力协调委员会"那样更大型、更重要的组织。"学生争取民主社会"当时在全美有 800 个成员，每人每年缴纳 1 美元会费。为了进一步的发展，"学生争取民主社会"需要清晰的自我定义。

1962 年 6 月，那个自称为"学生争取民主社会"活动分子的小圈子，大约有 60 人聚集在密歇根的休伦港（Port Huron），这里是童年的汤姆·海登与父亲一起钓鱼的地方。在会议中，哈伯扮演类似亚当斯的角色，而海登则相当于扮演杰斐逊，他被要求起草一份将作为"一代人的议程"的文件。回首往事的时候，海登都惊讶于当时自己所使用的宏大词汇。"我到现在都不知道,"几十年后他写道,"当时这种救世主式的意识、这种坚信自己正确的信念,还有这种能够为一代人代言的自信,到底是从哪里冒出来的。"但是作为其结果的这份文件,即现在为人们所熟知的《休伦港宣言》,确实非凡地捕捉到了这一代人的想法、感情与愿景。到了 1968 年,老一辈人清楚地意识到一代新人与自己思维迥异,于是《休伦港宣言》被高度关注,它成为了洞察这种新思维的重要文献。这个文献在 1962 年写就的时候,1968 年的大学生还在初中学习,但现在它却成为了社会学和政治学课程中的必读文献。

这不是为整整一代人写就的宣言,显然,它是代表中产阶级上层的白人们的发言——这些享受特权的人士知道他们享受着特权,同时对这种不公正感到愤怒。宣言是这样开头的:

> 我们是这一代人的成员,我们在至少是适度的舒适中成长,寄宿在大学中,却并不坦然地看着我们所继承的世界。

谈及无论是南方的黑人还是大学生们都无权投票选举时,宣言号召实行参与式民主,认为"社会与人类的目标应该是人的独立"。宣言斥责了美国的武力使用,认为此举更多地"遏制了民主而非共产主义"。宣言小心地在共产主义和反共产主义之间逡巡,拒绝支持任何一方。后来被人们熟知的"新左派"得到了定义,这是不喜欢其他政治派别的"左派",因为在他们看来,"自由主义者不堪信任,共产主义者是独裁主义的,资本主义者剥夺人民自由,而反共产主义者则恃强凌弱"。而如果"新左派"是美国人的概念,它听起来很像 1968

年的波兰、法国和墨西哥学生的话语。艾伦·金斯堡的话语方式总是比他周围的人更有分量一些，他写道：

> 共产主义者什么也不能提供，除了肥胖的脸颊、眼镜和撒谎的警察；
>
> 资本主义者把凝固汽油弹和绿色手提箱里的钞票塞给衣不蔽体的人……

民权运动继续用富有创意的新方式使人们眼花缭乱。1961年，"学生非暴力协调委员会"创造了"自由旅程"——有吸引力的名称对于推广一个概念总是非常重要的。"自由骑士"——"自由旅程"的参与者——中的白人乘坐公共汽车时坐在黑人座区，而黑人则坐在白人座区，在每个站点，他们以同样的方式交换使用对方的洗手间，这激起了南部各州白人种族主义者的不满。"自由骑士"成为了传奇。詹姆斯·法默（James Farmer）是这个策略的创造者之一，他表示："我们觉得可以利用南部的种族主义者制造一个危机，这样的话，联邦政府就将被迫实施联邦法律。"[1] 南部的白人种族主义者对"自由骑士"还以暴力，而这吸引了媒体的报道，并使得民权工作者们成为全世界的英雄。阿拉巴马州蒙哥马利的一份报纸报道了最初的"自由旅程"之一：

> 两个坚定的"自由骑士"——虽然被一群白人暴徒打得

---

1 美国最高法院在1946年已判定在公共汽车上实行种族隔离为违宪，但南部各州拒绝执行这个判决，依旧在候车室、洗手间、餐厅、公共汽车座位和火车座位等区域实行种族隔离。所以这些"自由骑士"的策略是乘坐穿越南部各州的公共交通工具，以此激起白人种族主义者的反弹，并迫使联邦政府在南部各州真正实施反种族隔离的联邦法律。

遍体鳞伤——在星期六下午发誓，为了废除南部的种族隔离，如果必要的话，愿意牺牲他们的生命。星期六早晨，他们下车后就被这些暴徒打得不省人事，遇袭的共有22名同车抵达的反种族隔离主义者。

愤怒的暴徒对黑人、白人混坐公共汽车的暴力回应愈演愈烈，于是肯尼迪政府要求实行一个"冷静期"，而"种族平等代表大会"认为"自由旅程"运动过于危险，于是放弃了这种形式。但这反而促使"学生非暴力协调委员会"增加运动的参与人数，结果其中的许多人都被关进密西西比州的帕奇曼监狱（Parchman Penitentiary），在古堡的地牢被囚禁了49天。

在1963年，据估计南部的11个州共计进行了930次民权示威游行，其中2万人被逮捕。在他们的成长过程中，全世界的年青一代都关注着这场大卫与歌利亚之战的策略并为之激动不已。对于他们而言，民权运动是一个令人着迷的奇观，它培育了他们的理想主义和行动主义。与此同时，民权运动对他们还有一种阳刚之气的吸引力，因为民权活动人士总是面临特殊的危险。种族主义者们越是抵制，就越衬托这些民权活动人士的英雄气概。在照片和电视镜头中，种族主义暴徒袭击追求和平的青年抗议者，还有什么比挺身而出反抗他们更令人钦佩呢？

然后在1964年产生了最具影响的民权运动策略，被称为"密西西比自由之夏"。那些已成年并能够参与民权运动、最终能采取行动的人将接受训练——有时是不知不觉地耳濡目染——来领导他们的同龄人。

1964年的开端，举国仍在哀悼肯尼迪总统遇刺（这位年轻的总统曾被赋予如此之多的乐观希望），但逐渐出现了一种令人激动的氛围，它被"玛莎·里夫斯与文德拉斯"（Martha Reeves and the Vandellas）这个组合在《在街头跳舞》这首热门歌曲中捕捉到了。1964 年是充满新鲜开端的一年。这是美国人第一次见识到披头士的一年，这个摇滚乐队的成员们留着沙拉碗发型，穿着怪异的无领装，如此中性的风格令人觉得这种时尚无法持久。这是自由主义在约翰逊对戈德华特的竞选中战胜了保守主义的一年。这是 1964 年的《民权法案》被决然通过的一年，尽管遭遇了来自国会中阿拉巴马州、阿肯色州、佐治亚州、北卡罗来纳州、南卡罗来纳州和弗吉尼亚州代表的强烈反对——这并非偶然，因为这些南方州是戈德华特唯一有效地对抗了约翰逊的领地。但这一年中最令人激动的事件还是"密西西比自由之夏"。

"密西西比自由之夏"是鲍勃·摩西（Bob Moses）和阿拉德·洛温斯坦（Allard Lowenstein）的创意，前者是"学生非暴力协调委员会"的领袖和哲学家，他在哈莱姆出生，毕业于哈佛大学；后者是民权活动人士，后来成为了美国国会议员。当时民权运动关注的是一项非常重要然而并非耸动视听的工作——为南方的黑人选民进行登记，但他们同时意识到，如果能动员北方的白人南下密西西比州，在那个夏天为黑人选民进行登记，那么必将吸引广泛的媒体关注。

如果参与其中的近 1000 名志愿者对于这个工作的危险性有任何怀疑的话，初夏时三名"学生非暴力协调委员会"工作者的失踪就是一个警醒：詹姆斯·钱尼（James Chaney）、安德鲁·古德曼（Andrew Goodman）和迈克尔·施文纳尔（Michael Schwerner）消失在密西西比一个偏僻的沼泽地。施文纳尔是一个有经验的民权活动分子，但古德曼是来自北方的新志愿者，钱尼则是当地的黑人志愿者。随着

"学生非暴力协调委员会"尽力取得联邦调查局的合作，失踪的内情在那个夏天逐渐明朗，而每一个新线索的出现——比如发现了他们的汽车——都预示着他们更阴郁的命运。在失踪 44 天之后的 8 月 4 日，联邦调查局根据线报，在密西西比州费拉德尔菲亚市南部的一个土坝下 6 米的地方发现了三人的尸体。三人都是被枪杀的，黑人志愿者钱尼在枪杀前还被残酷毒打。

然而没有一个志愿者退缩，虽然有一个未成年的志愿者迫于家长的压力而离开。事实上，摩西已经不再让志愿者们继续前来，因为"学生非暴力协调委员会"的成员已经无力训练所有招募的新人。

马里奥·萨维奥就是那个夏天奔赴南方的一员。他是纽约皇后区的一个意大利机械师的儿子，在伯克利大学学习哲学。萨维奥出生于 1942 年，身高 1.88 米，瘦削，举止优雅。他曾有严重的口吃，以致高中毕业时作为学生代表致告别辞的时候很是挣扎。和许多天主教教徒一样，他接受了天主教的道德观，但与教会却多有龃龉。年轻时他曾梦想成为一个神父。

1964 年的一天，21 岁的萨维奥正走在伯克利大学的校园里，当他来到电报大道和班克洛夫特街之间专为政治活动划出的狭窄地带时，有人塞给他一张传单，内容是当地民权运动反对旧金山不公正雇佣行为的一次示威。萨维奥后来回忆道："我说，'哦，是示威啊，好啊！'这些示威在大学校园具有很大的道德感召力。它们绝对已经盖过了足球比赛的风头，对此我毫不怀疑。"

于是没进行什么内部讨论，萨维奥就去参加了游行。一位老年妇女朝他叫道："你干吗不去苏联！"于是，萨维奥试图向她解释他的家庭来自意大利。

他有生以来第一次被捕了。在监狱里，一个叫约翰·金（John King）的人无意中问他："你打算去密西西比吗？"当萨维奥得知了"密西西比自由之夏"，他就知道自己"必须去那里"。大多数志愿者们都有这种感觉——他们必须去那里。萨维奥启程了。在密西西比，他敲开一个贫困的黑人佃农家的纱门。户主有点受到惊吓，但礼貌地回答说就是不想去投票。然后萨维奥问他的父亲是否投过票。

"没有，先生。"

"那你的爷爷投过票吗？"

"没有，先生。"

"你希望自己的孩子去投票吗？"

他说服了他们，带他们进城，避开半数市民充满仇恨的怒视，冒着生命危险登记投票。"我不知道自己哪来的勇气，可以说服这些人去登记投票。"萨维奥多年后说道。但是他一直记得那些被他说服了的、愿意冒着生命危险去登记投票的人。

这种经历塑造了萨维奥和那一代的北方白人。到达密西西比时，他们看起来清新而年轻。当地的工人向他们问候，他们胳膊交叉，手紧握在一起，形成了一串紧密的链条。他们高唱着《我们将战胜》，当唱到"白人和黑人在一起"的时候，他们轻轻摇动身体。在那个时刻，他们确实在一起。在这个夏天，他们年轻而勇敢，他们甘冒生命危险，他们遭受了毒打和监禁。那时人人在读阿尔贝·加缪的小说《鼠疫》，如同小说中的医生一样，他们试图有所作为，他们在抗击这个社会的瘟疫。他们在9月离去时，已然成为富有经验的民权活动人士。与"学生争取民主社会"的其他所有努力相比，"密西西比自由之夏"在发展激进的校园领导力上居功至伟。志愿者们在秋天回到北方时精力充沛、深受触动，并致力于政治变革。这场美国历史上的公民抗命运动，就像一所最优秀的学校使得他们训练有素。

萨维奥回到了伯克利大学，成为当地的"学生非暴力协调委员会之友"新任主席，尽管充满了献身政治的热情，他却发现校方甚至取消了师生在电报大道和班克洛夫特街之间的狭长地带进行政治鼓动的权利，而他就是在那里第一次听说游行示威的。他曾经说服密西西比的黑人冒着生命危险捍卫自己的权利，那他又如何能够对捍卫自己的权利保持缄默呢？他记得那些沉默而保持着尊严的人们，他们用西西比柔和的乡音要求"登志"[1]投票。

"我是个犹大吗？"萨维奥自问，他仍沉浸在教会的意象中。"因为我现在回家了，我就可以背叛那些因我而涉险的人们吗？把这些都忘记吧。那到底是现实还是仅仅是幻想？那是一个孩子气的游戏吗？在密西西比，我玩着孩子气的小游戏，而现在我应该回到能让我成才的正经事上了（其实无论怎样，我也不知道什么叫作'成才'）。"

在密西西比，民权活动者即使是上门拜访黑人也是两人成行，伯克利大学倡导言论自由的活动分子吸取了这个经验，他们所有的行动都是集体行动而非个人行为。1964 年 10 月 1 日，杰克·温伯格（Jack Weinberg），一位曾经参与"密西西比自由之夏"的民权活动人士在伯克利校园被捕，原因是他蔑视关于在校园中禁止进行政治鼓动的禁令，坐了一张铺满民权运动文献的桌子上。他被押进警车，而周围满是抗议的人群。虽然没有事先的计划，那些已经在民权运动中经受锻炼的学生们立即静坐。越来越多的学生前来加入，使得警车 32 小

---

1 原文为 reddish，而登记则是 registration，指的是密西西比州的黑人对"登记"这个词的发音含糊不清。

时内动弹不得。

当马里奥·萨维奥跳上警车顶准备演讲时，他首先脱下了鞋子以免损坏警车。后来，他甚至都记不起何时决定跳上警车的，反正他跳上去了。他不再结巴，他慷慨激昂的演讲使他立刻成为后来被称为"伯克利自由言论运动"的代言人。

苏珊娜·戈德堡（Suzanne Goldberg）当时是哲学专业的研究生，后来嫁给了萨维奥。她回忆道："萨维奥的超凡魅力来自于他的真诚。"她曾记得："我见到他在校园附近手持标语牌示威，但是当我听他演讲时仍被他的真诚深深打动。马里奥的特殊禀赋在于，他不用华丽的辞藻就能将事物解释得通俗易懂。他相信，如果人们了解所有的事实，那么他们必定会做正确的事情——虽然我们中的大多数人都认为并非如此。他对于人们有一种天真的信心，他会和人们长篇大论地谈话，确信自己能够说服他们。"

尽管马里奥·萨维奥没有马丁·路德·金的雄辩，也没有汤姆·海登律师式的精确表达，但他热爱语言并且能用它将事情简化。在伯克利大学时，他只是偶尔会口吃，但他的皇后区口音还保留着。他的演讲没有华丽辞藻的汹涌泛滥，像是在说"一切都很清楚"。只有在他的眼里，才能看到闪烁着真正的火焰。在演讲时，从他挥动的手臂和不变的手势还能看出他的西西里出身。这个瘦高的年轻人弯下身子的姿态体现了他的谦卑，让人想起甘地的教诲，即政治活动家应该非常温和，这样对手一旦被击败也不会觉得屈辱。萨维奥最喜欢的一个短语是"我请求你考虑"。传说某次在狱中，他和一个大块头的狱犯凭空打赌，如果自己把一杯水倒在他的头上，后者将不会报复瘦弱的自己。大块头接受了这个赌注，然后萨维奥装了两杯水，同时将一杯倒在大块头的头上，另一杯倒在了自己的头上。萨维奥赢了这个赌局。

在警车旁静坐两个月之后，萨维奥带领着学生们接管了伯克利大学的斯普劳尔厅，这导致了美国历史上最大规模的学生被捕。在占据斯普劳尔厅之前，萨维奥发表了也许是 20 世纪 60 年代唯一被铭记的学生演讲。他说道：

> 会有一个时候，当这机器的运转变得如此可憎，令你们从心底作呕不愿再参与，你们甚至都无法心照不宣地参与，你们必须将你们的血肉之躯扑在齿轮上，扑在方向盘上，扑在杠杆上，扑在整台机器上，你们必须使它停转。你们还必须使操纵和拥有这台机器的人明白，除非你们获得自由，否则将彻底阻止这台机器的运作。

"自由言论运动"的大多数领袖都参与过"密西西比自由之夏"运动，他们将鲍勃·迪伦激动人心的民权歌曲《时代在改变》改编成了学生们自己的歌曲。琼·贝兹（Joan Baez）在一次关键的示威中为学生们演唱了这首歌曲，于是，在一夜之间迪伦的民权运动之歌成为了 20 世纪 60 年代学生运动的圣歌。

但是"自由言论运动"如同 20 世纪 60 年代的大多数运动一样，因其过于民主的性质而声称没有领袖。萨维奥一直拒绝成为唯一的运动领袖。但正是因为他比其他人起到了更重要的作用，所以在 60 年代中期进入大学的学生们认为示威游行是一种非常自然的行动。萨维奥将民权运动与学生运动联系了起来。从华沙到柏林、巴黎、纽约、芝加哥和墨西哥城，学生们被马里奥·萨维奥的策略和演说以及"自由言论运动"所感染和激发。那些名字、静坐、逮捕和头条新闻,以及学生们最终重获在校园中进行政治活动的权利——所有这些对于在60年代中期进入大学的学生们来说,都成为了传奇。不幸的是,被遗忘的是那个"反叛者"的优雅和谦恭——为了避免刮擦警车,萨维奥只穿着袜子踏上车顶。

马里奥·萨维奥和汤姆·海登对那时的时尚并不特别感兴趣。1968年,当海登在芝加哥民主党大会组织游行示威时,他还是一副《密歇根日报》记者的打扮。如果说海登赋予了1968年原则性的宣言,那么萨维奥赋予1968年的则是其精神——而1968年的风格,则是由一个来自马萨诸塞州名叫伍斯特的30多岁的男人进行了最佳诠释。在阿比·霍夫曼的一生中,也许是在所有的历史年代中,没有比1968年这个年份更适合他了。1968年,整个世界似乎都随着他的行事方式而改变,这对他一定非同寻常。在1960年,他曾说自己与60年代共生,也许60年代对于他就是这个感觉。

阿比·霍夫曼是最早能完全理解媒介对时代的可能性和重要性的美国人之一。他是新左派的小丑,并非因为他像小丑,而是因为他精确地理解新左派需要一个小丑,这个小丑能够宣扬他们的议题,而且这个小丑是不会被忽视的。最重要的是,阿比·霍夫曼不想被忽视,并且如同所有优秀的小丑,他确实很滑稽。他是玩噱头的大师,当他承诺将抬升和旋转五角大楼时,许多理解这种花招的人都会大笑,可另外的许多人则信以为真地加入了电视台的等待和围观,并且毫不理解当霍夫曼失败时为何毫不尴尬和失望。

在霍夫曼说自己"出生"的1960年,实际于1936年出生的他已经 24 岁了。他和黑豹党的主席博比·西尔同年。在汤姆·海登第一次旅行至 80 公里外的密歇根大学时，霍夫曼还只是个布兰代斯大学的低年级学生。霍夫曼比马里奥·萨维奥年长 6 岁，比 1968 年时的大学本科生都要大个十多岁。霍夫曼有种时不我待的感觉。他从未参加过任何政治示威，直到 1960 年作为伯克利大学的研究生，他才加入了由马龙·白兰度等名流领导的一次大规模的抗议死刑活动，起因是当时卡里尔·切斯曼（Caryl Chessman）绑架了两名妇女并强迫她们口交，为此被判处死刑。但是在 5 月 2 日，加州还是对切斯曼施行了死刑处决，霍夫曼初次尝试的政治活动失败了。

在同一年，霍夫曼成婚并且有了两个小孩，其后几年他试图掌握为父之道并过上传统的生活，但是没有成功。1964 年，他非常沮丧地在电视上看到了"密西西比自由之夏"的有关报道。1965 年夏天，霍夫曼加入了有大量白人志愿者参与的最后一次南下。其后两年，虽已没有多少人加入，但他又回到南方为"学生非暴力协调委员会"工作。霍夫曼不仅错过了"密西西比自由之夏"，他还错过了 1964 年民权运动中另一个分水岭式的重大事件：于大西洋城举行的民主党大会。这次大会属于肯尼迪政权的继承人约翰逊。约翰逊的竞选搭档休伯特·汉弗莱、他的门生沃尔特·蒙代尔（Walter Mondale）以及其他自由党领导人，因为担心会在南部输给戈德华特，因此拒绝让"密西西比自由党"[1] 的代表们入席。这就使得民权运动大致按照代际界线一分为二。老一辈的民权运动领袖如马丁·路德·金已经习惯于认为民主党是靠不住的朋友，需要做工作。但是"学生非暴力协调委员会"则丧失了与白人体制的任

---

1 全称应为"密西西比自由民主党"（The Mississippi Freedom Democratic Party, MFDP），这是由密西西比州的黑人在"学生非暴力协调委员会"帮助下，于 1964 年成立的黑人政党。在 1964 年的民主党全国大会上，约翰逊等民主党党魁同意给予其两个代表全州的席位以示让步，但这两个席位只能在大会上进行观察而无法参与，于是"密西西比自由民主党"拒绝接受并离开了民主党大会。

何人共事的信心。鲍勃·摩西很愤怒，而像斯托克利·卡迈克尔这样的年轻领导人则失去了耐心。他们开始讨论"黑人权力"运动，讨论黑人应该走自己的路。

就在民主党大会之前几周，据称北越的炮艇向东京湾的美军驱逐舰开火。为此约翰逊进行报复并攻击了北越，并且让国会通过了《东京湾决议》，以授权总统采取"任何必要手段"保护南越。但是包括一封来自美军驱逐舰的电报在内的许多证据，都表明可能从未发生过来自北越的攻击。1968年，参议院为此召开听证会，但从未获得定论。一直有怀疑认为无论东京湾事件是否发生过，它都被约翰逊拿来作为进行战争的借口。汤姆·海登说："民主党在拒绝让密西西比自由党入席的同时，又同意了《东京湾决议》，那对于我是个转折点。"

第二年，斯托克利·卡迈克尔前往密西西比，打算在其中的一个县成立当地的黑人政党。最终他选择了黑人人口占80%的朗兹县。密西西比州民主党的成员全部是白人，其标志是一只白色的公鸡。于是，卡迈克尔把他的政党称为"黑豹党"，因为黑豹是能够吞噬公鸡的食肉动物。一年多后，加州人休伊·牛顿和鲍勃·西尔与卡迈克尔讨论成立他们的加州政党，并借用了"黑豹党"的名称。1964年的民主党大会未允许密西西比自由党入席，这一事件激化了民权运动，并深刻改变了60年代的美国历史。

在"密西西比自由之夏"后的一年，南方的民权斗争不再是舞台中心。"黑人权力"将注意力转向了北方的城市。斯托克利·卡迈克尔、鲍勃·摩西，以及民权运动的所有不同分支，都认同了停止越战的重要性，但是在其他议题上没取得多少共识。

看来霍夫曼没有注意到这种变化。1965年春季，他在家乡伍斯特开了家雕刻店，出售南方贫苦黑人制作的工艺品。他在"学生非暴力协调委员会"的伙伴们H.拉普·布朗、斯托克利·卡迈克尔和朱利叶斯·莱斯特（Julius Lester）等则在销售关于"黑人权力"的书籍和小册子。斯托克利·卡迈克尔钦佩霍夫曼的血气之勇，但那不只是血气之勇——是来自漩涡的无法抗拒的牵引。当游行示威者受到袭击，霍夫曼就跑到队伍的最前列，使尽浑身解数使自己成为最出风头的人物。但是当"学生争取民主社会"在华盛顿组织第一次反战集会时，霍夫曼压根没参加。那时，他流传最广的反战言论是："每个人都应该在某个夏日仅仅身着泳装前往长岛的琼斯海滩，这才是反战抗议的方式。"

朱利叶斯·莱斯特在1968年出版了影响深远的作品《留心，白人！"黑人权力"就要夺走你的妈妈！》。莱斯特写道，当白人与黑人共同抗击南方的种族主义时，"学生非暴力协调委员会"将皮特·西格的歌曲加入了"白人与黑人在一起"的歌词，这是令人欣慰的；但是，一旦白人回到北方，很显然是白人而非南方人成为了问题。"那个面具，"莱斯特说道，"开始从北方的脸上滑落。"他也注意到了"黑人权力"对于媒体的新闻价值——"黑人权力"具有挑衅性。

对黑人权力的呼唤比其他任何运动都更强烈地催生了黑人意识。"黑人权力"不是一个新词汇，理查德·赖特（Richard Wright）和詹姆斯·博格斯（James Boggs）等黑人，以及查尔斯·西尔贝曼（Charles Silberman）等白人都用过这个词。但是直到1966年的"梅雷迪思游行"，这个词才获得了国际关注：当时在通往密西西比的公路上，"学生非暴力协调委员会"的组织者威利·里克斯（Willie Ricks）浓缩了每个人都在呼喊的口号"权力归于黑人！"，他喊道："黑人权力！"（里克斯可是个直言不讳的人。）

于是，一场沉闷的游行变成了一个重大的新闻事件。每个人都想知道什么是"黑人权力"。如果"学生非暴力协调委员会"喊的是"黑鬼权力"（Negro Power）或者"有色人种权力"（Colored Power），白人们每天晚上或许还可以继续安睡，但现在是"黑人权力"！"黑人"，这个词是关键。黑人！似乎出现了这样的景象：森森古树拱卫的沼泽地中鳄鱼出没，苔藓从树干上滑落；在沼泽的深处，泥沼从他的皮肤渗出——黑色怪兽出现了，于是父亲将女儿们回家的时间从9点半提早到9点……黑人权力！上帝啊，黑鬼开始报复白人了……整个国家陷入了歇斯底里。休伯特·汉弗莱尖叫道："……美国没有针对任何肤色的种族主义的空间。"但他一定是在撒谎，因为黑人们知道至少48个州有纵容种族主义的广阔空间，以致其他的空间基本上都不存在了。

"学生非暴力协调委员会"中的白人比例从来没有超过20%，但是在1966年12月，即卡迈克尔成为主席的7个月后，委员会以19∶18，20人弃权的微弱优势，通过了禁止吸收白人会员的新措施。鲍勃·摩西在两年前的夏天曾带领1000名白人志愿者南下，但现在正是他下令驱逐白人会员。暴怒的霍夫曼在当月的《乡村之声》（*Village Voice*）上发表了一篇文章予以回击。在文章中，他首次使用了后来变得很时髦的第一人称口语体——纽约的报刊迄今仍在模仿这种文体。霍夫曼攻击的是"学生非暴力协调委员会"的死穴：这是20世纪60年代许多学生运动中的事实，"学生非暴力协调委员会"的组织者们大搞同床共枕。这些年轻人一起亲密地工作，也常常处于高度的危险中。如同"学生非暴力协调委员会"的成员凯西·海登所言，"如果你运气够好，能弄到张床，但如果没有和别人共享这张床，你会觉得很沮丧。""学生非暴力协调委员会"试图将这个消息局限在组织内部，因为那不仅是性关系，而且是黑人男性与白人女性的性关系，绝对没有什么能比它更能激怒白人种族主义者。阿比·霍夫曼写道，白人女性被诱惑加入组织，被勾引，现在又被抛弃。"我同情'学生非暴力协调委员会'中的其他白人，尤其是白人女性。所有那些被深肤色的骗子骗财骗色的布朗克斯小姐，我对她们深表同情。"

1967年7月，当美国的多个城市发生暴乱时，约翰逊总统任命了由伊利诺伊州州长奥拓·克纳（Otto Kerner）领衔的十一人总统委员会，以研究和推荐应对"内乱"的解决方案。1968年3月，克纳委员会发布了虽有争议但广受称赞的研究报告，其中指出种族主义是核心问题。报告谴责新闻媒体夸大了暴力，而对内陆城市的贫困报道不足；报告写道："在黑人尤其是年轻黑人中，有一种新的情绪在滋长，其增强的种族自豪感和自尊正在取代冷漠和对'体制'的屈从。"

这份报告销量甚好，以至于到了1968年4月它成为《纽约时报》非虚构类畅销书榜的第二名。它呼吁大幅度增加联邦政府的支出："国家的重大需求必须予以满足；艰难的选择必须做出；如果必要的话，必须制定新的税收制度。"不幸的是，在当天，阿肯色州的民主党人威尔伯·米尔斯（Wilbur Mills）作为众议院筹款委员会主席，同时也作为决定税收政策的核心人物，宣布越南战争的支出增长可能将迫使政府提高税负。这就是克纳委员会所谓的"艰难的选择"的意思。纽约市市长约翰·林赛是克纳委员会的成员,他和包括罗伯特·肯尼迪在内的越来越多的人都在抱怨越南战争的开销使得国家无法担当社会责任。

但是报告中被引用最多、令人们记忆最深的则是这句话:"我们的国家正朝向两个社会分化,一个是白人社会,一个是黑人社会——这是两个分离且不平等的社会。"这确实也正是左派的激进运动中正在发生的情形,黑人民权活动人士和白人民权活动人士日益分离,这是对社会现实的反映。

到了1967年,阿比·霍夫曼已成为特权白人阶层中的激进分子。他焚烧纸币以抗议资本主义和商业主义,并且鼓励其他人追随自己。无论对于南方农村还是北方城市的黑人,焚烧纸币都不是能引起共鸣的点子,但霍夫曼在乎的是此举能够吸引电视报道,因为它具有可观性。1967年,当他终于将注意力转向反战运动,他的关注点仍然是如何吸引电视进行反战报道。1967年5月,他组织了"花之队"(Flower Brigade),它由年轻的反战活动分子组成,他们的装束后来成了嬉皮士的标准配置——长发、印花衣服、喇叭筒蓝色牛仔裤、头巾和挂珠——这是一种看起来能吸引电视报道的装束。霍夫曼则挥舞着一面美国国旗,穿着一件印有"自由"字样的披肩。

霍夫曼从民权运动中认识到,除非参与者受到攻击,否则即使是有创意的非暴力抗议活动也会湮没无闻。创立"花之队"的用意就是让它受到攻击。霍夫曼训练队员们在遭受攻击时采取保护性的蜷缩动作,而这是他在以前的民权运动中习得的。"花之队"的成员们果真受到了攻击，女性成员也被殴打，他们手中的美国国旗被夺下。这成就了具有冲击力的照片，而"花之队"顷刻成为和平运动的热门话题。霍夫曼告诉媒体，他们寒酸的装束是从"上城区花店"弄来的，但是已经计划"发展我们自己的制服"。他还夸耀说"招募中心被串串蒲公英环绕"，而应征者就在那儿排着队准备加入。

霍夫曼已成为纽约东区嬉皮士的领军人物之一，接着他加入了一个叫作"垦殖者"（Diggers）的组织，它由旧金山默剧团的一群演员创立。他写了一篇题为《恶作剧行为》（*Diggery Is Niggery*）[1]的散文发表在《获胜》杂志上，解释了"垦殖者"与嬉皮士的区别。他表示，所谓垦殖者就是能够操纵媒介而不是被媒介操纵的嬉皮士。"在某种意义上，两者都是巨大的噱头。"

"垦殖者"这一名称来自17世纪英国的自由土地运动，它宣扬取消金钱与财产，鼓励将毁坏钱币、无偿舍弃财产视为革命行为的看法。霍夫曼在东村的第三街上演了"大扫除"[2]，而这条街通常是曼哈顿最肮脏的几条街道之一。当霍夫曼和"垦殖者"们手持扫帚和拖把走上街头，警察根本不知如何应对。有一个"垦殖者"甚至走向一个纽约警察，开始擦拭他的警徽。这个警察笑了起来，所有人都笑了起来。而《乡村之声》则报道说"大扫除"是个"一个怪异之举"。1967年年末，霍夫曼又上演了"神仙大会"，大队人马来到汤普金斯广场公园（Tompkins Square Park）吸食大麻，其实当时每个人差不多都是这样的。

---

1 原文为 Diggery Niggery，在美国俚语中意为淘气的、恶作剧的行为，这正是霍夫曼所创立的"异皮士"吸引大众媒体关注的行动方式，霍夫曼将这个词拆解作为其文章标题，也是为了取得押韵以及更引人瞩目的效果。此外，17世纪的垦殖者倡导捐弃财产、建立以农耕生活形态为基础的平等主义的小型农村社区，这种观念和实践与嬉皮士亦有相同之处。

2 "大扫除"(sweep - in)、"神仙大会"(smoke - in)，以及下文中出现的霍夫曼婚礼的"wed - in"，在其中"in"都是表示时尚的、有趣的意思，在美国20世纪50年代和60年代嬉皮士的语境里，它通常意味着许多人参加的聚会或者活动，在其中可以听音乐、跳舞、酗酒、吸毒和做爱。

"一个现代的革命组织，"霍夫曼解释说，"应该是冲着电视台去的，而不是冲着工厂。"

霍夫曼的搭档兼竞争对手是杰里·鲁宾，他于 1938 年出生在辛辛那提的一个蓝领工人家庭。传说在 1968 年的 1 月，鲁宾和霍夫曼因过量吸食大麻在地板上打滚，这时他们灵光乍现创立了"异皮士"运动，而事实恰恰是这个传说的反面：它不是由不忠诚的内部成员向媒体泄露的令人尴尬的事实，它其实是一个有意透露的虚假消息。在现实中，鲁宾和霍夫曼对于创立这个运动是深思熟虑的。霍夫曼在他"自由"的阶段曾经想将这个组织命名为"自由人"（Freemen）。确实，他的第一部著作《为了捣乱的革命》（*Revolution for the Hell of It*）出版于 1968 年，使用的笔名就是"自由"。但是经过详尽的讨论，"自由人"这个名称输给了"异皮士"。直到 1967 年年末，他们才意识到，他们也可以说这个词是"国际青年党"的缩写。

没有人能确认到底该在多大程度上把阿比·霍夫曼当真，而这就是他的巨大力量所在。关于 60 年代这个难以捉摸的滑稽人物有一个传神的故事。1967 年，霍夫曼再婚的时候，《乡村之声》报道了他的婚礼定在 6 月 8 日，他希望宾客们"带上花儿、朋友、食物、乐趣、剧装和彩妆花脸"。这对新人将头顶花环，一身素装，"在神圣的迷幻药中结合"。在霍夫曼的婚礼仪式上宣读了《周易》——3000 年前在中国用于预测未来的这本古籍，在 1968 年成为了时髦的神秘主义读物。新郎显然吸了大麻，无法自控地咯咯傻笑。《时代》杂志在 1967 年 7 月号的嬉皮士专题中报道了这场婚礼，但并未对其中"头顶花环的夫妇"指名道姓。阿比·霍夫曼直到 1968 年才名声大噪，但是在婚礼后这对夫妇就毫不声张地拜访了繁华的上曼哈顿东区的以马内利会堂——那绝对是中产富人区的教堂，内森·A. 帕日曼（Nathan A. Perilman）拉比悄悄为他们主持了一场传统的犹太教新教婚礼。

积极参与1968年学生运动的犹太人比例极高，不仅在波兰，在美国和法国也是如此。在"学生争取民主社会"的两个重镇哥伦比亚大学和密歇根大学，超过半数的会员都是犹太人。汤姆·海登第一次去密歇根大学时，他注意到所有的政治积极分子都是来自左翼家庭的犹太学生。2/3的白人"自由骑士"是犹太人。伯克利大学的"自由言论运动"的绝大多数领袖也是犹太人。马里奥·萨维奥作为其中重要的例外曾表示：

> 我不是犹太人，但是我看到了那些照片。那些照片令人震撼。无数的尸体，堆积如山。没什么能比这些照片更能冲击我的意识。这些照片对我产生了如下影响，而他人可能是以另外一种方式意识到的：这些照片对我意味着必须质疑一切。质疑现实本身。因为这就像你打开了父亲的抽屉，却发现了成人在性虐儿童的色情图片。这就像此前不久一个阴暗和扭曲的秘密——人们的尸体堆积如山，被焚化……这些照片确实会对人们的生活产生影响。我知道它们对我的生活产生了影响，虽然不是那么的强烈，但是近似于"再也不能重演"的那种感觉，犹太人必然有过这种感觉。但是非犹太人也有那种感觉。

在第二次世界大战期间和刚结束就出生的人们，成长在一个被恐怖改变的世界，这使得他们有一种完全不同的世界观。对于战后的一代人而言，纳粹的种族灭绝的深刻教训在于，每个人在面对恶行时都有义务大声疾呼，任何保持沉默的借口都是可鄙的和有罪的，如同德国战犯在战后审判中辩护说他们只是遵命行事。这代人早在孩提时代就知晓了奥斯维辛集中营和贝尔根贝尔森集中营，知道了广岛和长崎。在童年，他们就一直被谆谆告诫，成人随时可能发动的战争将毁灭地球上的生命。

虽然老一辈认为对日本的核弹投掷是正当的，因为它缩短了战争进程，但是作为曾在孩提时代目睹这些照片的新一代人，他们再次对此持极大的异议。新一代人也曾经在电视上看到核爆炸的蘑菇云，因为美国仍然在进行地面上的核试验。美国人、东欧人和西欧人，在成长过程中都意识到，仍然在持续制造更大和更有威力的原子弹的美国，竟然是唯一使用过原子弹的国家。美国还一直谈论着再一次使用原子弹——在韩国，在古巴，在越南。20世纪40年代在以美、苏为首的两大对抗阵营出生的孩子们，都曾练习过如何在核袭击时进行隐蔽和自我保护。萨维奥回忆起自己在练习中曾被命令躲在学校的桌子下面："我最终拿到了物理学学位，但即使到那时，我还是会问自己这样的问题：'这真会有用吗？'"

在冷战时期成长，这对于全世界的孩童有同样的影响。这使得他们对两个阵营都感到恐惧。这就是为什么欧洲、拉丁美洲、非洲和亚洲的年轻人如此迅速和坚决地谴责美国在越南的军事行动。在总体上，这些年轻人并非出于政治倾向，而是厌恶美苏强施武力。对美国青年人来说，处决卢森堡夫妇，以及参议员约瑟夫·麦卡锡（Joseph McCarthy）的听证会所摧毁的那些生命，都教会了他们不能信任美国政府。

全球的年轻人目睹美苏两股同等量级和咄咄逼人的力量压榨全世界。美国的年轻人意识到"必须同时反抗共产主义者和反共产主义者"。《休伦港宣言》认为："苏联作为一种体制，是基于对那样一种未来的愿景：对有组织的反抗的全面镇压——许多生命已为之牺牲，以及对无数大大小小否定人类尊严行径的合理化。"但是按照该宣言的陈述，在美国的反共势力更加有害而非有益，宣言警告称"一种非理性的反共主义已经成为一个主要的社会问题"。

在20世纪50年代，通过詹姆斯·迪恩（James Dean）、马龙·白兰度和埃尔维斯·普雷斯利（Elvis Presley）等人所刻画的银幕角色，通过金斯堡和杰克·凯鲁亚克（Jack Kerouac）等"垮掉的一代"的作品，这种认识得到了最早的表达。但是这种情绪在60年代又有所滋长。年轻人寄希望于约翰·肯尼迪，主要是因为他也相对年轻——他是美国历史上第二年轻的总统，他所取代的艾森豪威尔则是当时美国历史上最年迈的总统。1961年肯尼迪的就职代表了白宫历史上最大年龄跨度的交接，离职总统和就职总统年龄相差将近30岁。但即使在肯尼迪治下，美国的年轻人也经受了古巴导弹危机这样的恐怖经历，从中所得出的教训是，即使当权者是年轻人且有着不错的幽默感，他们也会将人民的生命玩弄于股掌之间。

绝大多数在20世纪60年代中期进入大学校园的人，他们对于任何权威都有深深的愤恨和不信任。在政治光谱的任何位置上执掌权力的人都得不到信任。这就是为什么在学生运动中没有绝对的领导者。无论是萨维奥或者海登，一旦他们自称领袖就将会失去其公信力。

这一代人还有一个与众不同之处。他们是最早随着电视成长的一代人，并且他们不需要学习如何使用电视，这是自然而然发生的，就如同在 20 世纪 90 年代，那些儿童对伴随其成长的电脑有一种操作本能，而老一辈即使通过教育也无法与其比肩。在 1960 年艾森豪威尔总统举行最后一次新闻发布会那天，专栏作家罗伯特·斯皮瓦克（Robert Spivack）问他，是否觉得新闻界在其入主白宫的八年间对他公正以待。艾森豪威尔回答道："呃，既然你提及这点，我不觉得一个记者能把一个总统怎么样，你说是吗？"这种情感流露在白宫里再也听不到了。据说生于 1917 年的肯尼迪是了解电视的，但其实是比他小八岁的弟弟罗伯特成为了肯尼迪"总统电视秀"的设计师。

到了 1968 年，沃尔特·克朗凯特得出了颇为困扰自己的一个结论，即电视的重要功能不仅在于报道事件，同时在于塑造这些事件。公开的示威日渐在全世界范围内上演，而在克朗凯特看来，这些示威明显都是为电视上演的。街头示威是精彩的电视内容。它们甚至不需要是大型示威，只要人数足够填满摄像机的取景框就行了。

"你不能说那是人们走上街头抗议示威的唯一原因，早在电视机出现之前就有示威游行，但是能够上电视确实给示威增加了动因，"克朗凯特在数十年之后反省道。"尤其是因为在全世界范围内，电视向人们显示出这在不同社会都是成功的，所以他们显然会觉得，哦，这就是有效的方式。于是为电视上演的示威在全世界扩散并流行开来。"

这一代人不信任权威却能够理解电视，他们同时又在倡导政治激进主义的最好的环境——在美国的民权运动中接受了洗礼，这一代人是如此独特地适于惊扰全世界。这一代人面对着一场他们不想参与并且也觉得不应该进行的战争。这一代人中，在 1968 年上大学的年轻人恰巧是征兵对象。像海登、萨维奥和阿比·霍夫曼这些人并不是征兵对象，因为当朝鲜战争爆发时他们太年轻了，而越战来临时他们却太老了。这些 20 世纪 60 年代的年轻人，1968 年的人们，内心有一种前所未有的愤怒。

第六章

英雄

让我们决定不再效仿欧洲，让我们朝着一个新的目标整合我们的力量和智慧，让我们努力造就欧洲无法成功催生的完整的人。

——弗朗兹·法农（Frantz Fanon），

《大地哀鸿》（*Wretched of the Earth*），1961 年

1968 年本应是约翰逊大出风头的一年。冰雪消融，冬残春近之时，所有那些梦想入主白宫的人都在评估自己击败现任总统的机会。而在所有虚拟的竞选测试中，约翰逊都是获胜的热门。但即便是那些不竞选总统的人也都反对约翰逊。马丁·路德·金和他的"南方基督教领导协会"宣布，计划在春季的华盛顿聚集成千上万的穷人（包括黑人和白人）进行游行。贫困将不再被掩盖，而是将被公开展现，并且搬上电视。这一运动的二号领袖拉尔夫·阿伯内西牧师宣称："我们将游行到那儿和林登·约翰逊对话，如果他拒绝就我们的诉求采取行动，我们将把他赶下台，让能够采取相关行动的人取而代之。"

但是到了 3 月 12 日，1968 年已经不再必然是约翰逊之年。那一天，约翰逊在新罕布什尔赢得了他的第一个初选，这是一次没有难度的竞

争，因为现任总统的对手只是无望获胜的尤金·麦卡锡参议员。一个月之前的《时代》杂志曾将麦卡锡称为"一道谜题"。但令人震惊的是，约翰逊总统在新罕布什尔的那个下雪天仅以区区 230 票的优势击败了这道谜题。这一消息立刻在全世界得以报道，好像这个籍籍无名的参议员刚刚当选总统，或者至少是他击败了约翰逊总统。当华沙的学生们在街头和警察发生冲突，而捷克日益偏离苏联的轨道时，苏共机关报《真理报》表示，初选的结果表明越战"已然成为 1968 年美国总统竞选主要的和决定性的因素"。在西班牙，马德里大学已被关闭，但当地的天主教报纸《当下》（*Ya*）则预测 11 月的大选结果将会"掀翻约翰逊"。在罗马，学生们已经关闭了大学，左翼新闻界则宣称此举为反战运动的一次胜利。

纽约州州长纳尔逊·洛克菲勒当时并未被列入新罕布什尔州共和党的候选者之列，他发起的增补候选人活动令人失望，只为自己赢得了 10% 的选票。在初选结束后，他宣布将退选，这就使得共和党阵营面临一个许多人都觉得难以想象的局面：尼克松将再次获得提名。但尼克松没时间沾沾自喜，因为罗伯特·肯尼迪也宣布参选，这使得尼克松惴惴不安，似乎那几近摧毁他政治生涯的一幕将会重演——尼克松和肯尼迪又一次的辩论对决。但是肯尼迪首先必须让现任的约翰逊总统撤出竞选。3 月 31 日发生了这令人震惊的一幕：约翰逊总统在电视上宣布："我将不会寻求，也将不会接受来自我党的总统提名。"

突然之间，局面领先的民主党现任总统退出了竞选，没人知道其后会发生什么。"美国正在路上，而我们只是站着不动，"阿比·霍夫曼称，"我们怎么还能拉下自己的底裤？美国已经是赤条条的了。我们还能破坏什么？美国正在解体、完蛋。"

从那时起，历史学家们都在争论约翰逊退出竞选的原因。麦卡锡的支持者和反战分子都声称获得了胜利——认为是他们让总统确信自己将无法获胜。随后几年中曾有披露，约翰逊的鹰派内阁已经建议他不要升级越战，因为这在政治上是不可行的，另外在军事上也是打不赢的。约翰逊确实在离职时表达了有限地中止轰炸越南以及与北越寻求和平谈判的意向。但这并非人们所熟知的林登·约翰逊的作为。有很多理由让人相信他也许会赢得连任。可能是新罕布什尔州那天的大雪使得他那些过于自信的支持者们被迫待在家里，所以他的险胜可能只是个偶然结果。即使新罕布什尔州真是意味着未来的麻烦，约翰逊通常并不回避艰苦的政治斗争。在新罕布什尔州的初选结束后，伦敦的《泰晤士报》预测这一结果将"激怒"约翰逊并"激活他内心的政治家本能"。还有一些人士称约翰逊的妻子力劝他退选。《纽约时报》则猜测，越战进展不利是他初选溃败的诱因。

由于美国对越南的干涉，从 3 月 8 日至 14 日全球经历了另一次国际性大崩溃。越战使得美国每年支出大约 300 亿美元。而 36 亿美元的国际收支赤字是如此巨大，以至于像抑制旅行这样的措施也被视为毫无意义的权宜之计。美国动用黄金储备为越战买单，而此时其黄金储备只有第二次世界大战后最高点 246 亿美元的一半。由于美元的价值与黄金挂钩，看着这些数字的投机者们断定美国将无法维持每盎司 35 美元的固定黄金价格。按照这种理论，美国的黄金储备不足，无法向所有购买者出售每盎司 35 美元的黄金，因此将迫使黄金价格上涨，于是那些持有黄金者将获得巨额利润。1967 年 11 月，当英国将英镑贬值时，同样的一幕发生在纯银上。投机者们大肆购买黄金，所引起的恐慌被新闻界称为"史上最大的淘金潮"。在伦敦的黄金市场上，超过 200 吨、总价 2.2 亿美元的黄金过手，刷新了单日交易纪录。如此大量的黄金流入瑞士，以至于银行必须加强它的地下室承重。全球的经济学家们都在预测灾难的来临。"我们正处于一次世界性大萧条的第一幕。"英国经济学家约翰·韦西（John Vaizey）表示。

全世界愤怒地目睹着美国的越战开支扰乱了全球经济，而越战则在更加丑陋地进行着。3 月 14 日的美军司令部报告称，此前的一个星期，有 509 名美国军人战死，2766 人受伤，这就将 1961 年 1 月 1 日之后美军的越战总伤亡数字提升到了 139801 人，其中有 19670 人战死。虽然这一数字并未接近三年朝鲜战争中 3.3 万人的死亡总量，但是就包括受伤者在内的美军伤亡总数而言，越南战争则超过了朝鲜战争。

3 月 16 日，美军第 23 步兵师，即所谓的"美军新师"[1]正在越南中部靠近黑褐色的中国南海的美森谷地作战，在那一天，他们屠杀了近 500 名手无寸铁的越南平民。其中大多数人是在一个叫作美莱（My Lai）的小村被杀的，整个地区都遭到了杀戮。妇孺老幼被集体枪杀，但是一些军人拒绝参与。一个士兵用 45 口径的手枪试了三次才击中地上的一个婴儿，而他的战友们则耻笑他枪法太烂。妇女则遭到枪托击打，其中有些被强奸，有些则被迫进行口交。为了污染水源，美军杀死牲畜并把尸体投进水井。美军把炸药投进村民藏身的房屋下的炸弹掩体，接着又枪杀了为躲避炸药而逃生的人们。所有的房屋都被烧毁。第 11 分队的士兵汤姆·格伦（Tom Glen）向师部写信报告这些罪行，并等待回音。

---

1 1941 年珍珠港事件爆发后，美国因担心日军对新喀里多尼亚岛发动攻击，于 1942 年 5 月在岛上组建了"美军新喀里多尼亚师"（American New Caledonian Division），这是第二次世界大战期间美国在本土以外组建的唯一一个师级建制部队，后应其司令官请求将番号缩略为"美军新师"（Americal Division）。1971 年美国从越南撤军后，"美军新师"亦被解散。

无论是什么原因使得约翰逊退出总统竞选，它都造就了一个怪异的政治现实。民主党的候选人是来自明尼苏达州的尤金·麦卡锡参议员，他虽然反对越战，但除了这个议题之外，几乎不屑于阐明其他任何政见；而来自纽约州的参议员罗伯特·肯尼迪，按照2月号的《财富》杂志的报道，是20世纪30年代以来最不受商业领袖们待见的候选人。1968年的年轻人虽然以疏远和游离于传统政治之外而著称，却突然间有了两个他们钦佩的候选人在争夺执政党的总统提名。虽然这些年轻人以往都嘲笑"民主党人"和"自由主义的"这些标签，来自传统政治体制的这两位政客却成功获得了他们的信心和尊敬，这一事实是令人吃惊的。但没人相信尤金·麦卡锡和罗伯特·肯尼迪能长久维持这样的局面。毫无疑问，当局很快将推出它自己的候选人，即副总统休伯特·汉弗莱，但现在的局面还是令人鼓舞的。在一个支持麦卡锡的竞选广告中，年轻人们环绕着他，标题为"我们的孩子回家了"：

　　　　突然间，我们的选民燃起了希望。
　　　　突然间，他们回到美国生活的主流，而这已是一个不同的国度。
　　　　突然间，孩子们投入了政治，才智焕发，活力四射。这是一场新的选举。

　　当1969年亨利·基辛格成为尼克松的国家安全顾问后，他在接受《展望》（Look）杂志的一个专访时展示了似乎是一言九鼎实则大谬不然的不凡功力：

　　　　我能理解年轻一代的苦闷。他们缺乏榜样也没有英雄，他们看不到这个世界中的远大目标，但是出于良心的反对是有害社会的。个人的义务总是与社会的组织相矛盾。出于良心的反对必须只能为最重大的道德议题保留，而越战不具备这种重要性。

基辛格显然未能理解"年轻一代的苦闷"。首先，这是英雄辈出的一代人，虽然无论是基辛格或者是他仰慕的那些人都不会在英雄榜上。在极大程度上，这个英雄榜不会包括政客、将军或者国家领导人。全世界年轻人心目中都有共同的英雄，在全世界都能发现志同道合的人们，这也令人兴奋。对美国人而言，这是一种不同寻常的国际视野。可以认为，由于卫星通讯和电视的产生，这是"全球化"的第一代。但是其后的世代则并未如此的国际化。

对美国人而言不同寻常的一点，还在于这些备受崇敬的人物中有许多是作家和知识分子，或许是因为美国的民权运动在很大程度上是发端于大学。在 20 世纪 60 年代的年轻人中影响最大的作家，也许是出生于阿尔及利亚的法国作家、诺贝尔奖得主阿尔贝·加缪。他于 1960 年在一场汽车相撞的事故中丧生，享年 47 岁。天不假年，60年代正应是他一显身手的时代。在 1942 年所写的散文《西西弗斯神话》（ *The Myth of Sisyphus* ）中，他认为人类的处境在本质上是荒谬的，因此人们通常把他和存在主义运动联系起来。但是他拒绝承认自己是其中的一员。他并未参与，这是他比存在主义者让－保罗·萨特更受尊崇的原因之一——尽管萨特经历和亲自参与了 60 年代的学生运动。在参与反对纳粹侵略者的抵抗运动时，加缪曾主持编辑一份地下报纸《战斗报》（ *Le Combat* ），并经常撰文从道德义务的角度倡导抵抗运动。他著于 1948 年的小说《鼠疫》，主题是一位医生在发现社区里的一种疫病后，冒着自己和家人的生命危险消灭了疫病。在 20 世纪 60 年代，全世界的学生们都阅读《鼠疫》，并将其解读为对行动主义的号召。马里奥·萨维奥在其 1964 年的著名演讲中说道："会有一个时候，当这机器的运转变得如此可憎，令你们从心底作呕并不愿再参与……你们必须将你们的血肉之躯扑在齿轮上……你们必须使它停转。"这很像加缪在《鼠疫》中写下的一句话："有些时候，我唯一的感觉就是要疯狂地反抗。"美国的民权运动者们都阅读加缪的著作。他的书不断从"学生非暴力协调委员会"的一个志愿者手中传到下一个志愿者。汤姆·海登曾写道，他之所以决定放弃新闻业而成为学运活动家，主要就是因为受到加缪的影响。阿比·霍夫曼也曾用加缪来解释异皮士运动，他引用的是加缪的《笔记与日记》（Notebooks）中的这句话："作为神话的革命是决定性的革命。"

到了 1968 年，还有一个似乎所有人都试图引述的知识分子：曾试图对马克思主义作一种黑格尔主义解释的革命者赫伯特·马尔库塞。他最吸引人的观念被他称为"大拒绝"（the great refusal），即恰如其时地说"不，这是不可接受的"——萨维奥关于"可憎的机器"的演讲也表达了这一概念。马尔库塞在逃离纳粹统治后成为美国公民，当阿比·霍夫曼是布兰代斯大学的一名学生时，他则是那里的教师。霍夫曼受到马尔库塞的巨大影响，尤其是马尔库塞的《爱欲与文明》（Eros and Civilization）一书，该书讨论了无负罪感的生理愉悦，并且警告了"虚伪的父亲、教师和英雄"。在 20 世纪 60 年代晚期，讨论最多的马尔库塞的著作是 1964 年出版的《单向度的人》。该书谴责了技术社会浅薄和服从的本质，在精心建构的德国哲学体系中注入了 20 世纪 50 年代詹姆斯·迪兰式的反叛和 20 世纪 60 年代的学生革命者的激情。《纽约时报》将马尔库塞称为"在世的最重要的哲学家"。

1968 年，70 岁的马尔库塞在圣地亚哥州立大学任教，人们可以看到他宠溺自己的铁灰色小猫，自得其乐地观赏动物园里的河马。这个头发花白的老人颇有长者之风，而他的影响遍及全球。

虽然传统的思想家们坚持认为技术将创造更多的闲暇时间，马尔库塞则警告说，技术其实会将人们禁锢在全无创新思维的庸常生活中。他告诫说技术看起来似乎帮助了异议者，但实际上技术会被用于压制抗议。人们将被麻醉后的自满误认为是幸福。商品和服务使得人类庸庸碌碌，并且无法进行真正的思考。媒体的数量虽然在增长，但它支持的却是差异性越来越小的思想。今天的人们可以在 80 个或者更多的电视台中"冲浪"选取节目，却发现他们的选择比当初只有 4 个电视台时更少，这时人们也许开始理解马尔库塞对技术时代的洞察：人们认为他们有了更多的选择，但是这些选择缺乏根本性的差异。在富足的年代，技术使得个人极具效率，但为什么人们却把更多的时间用于工作，并且为什么这么多的工作是无须动脑的而非令人感到新鲜和兴奋？作为最早对苏联体制丧失信心的马克思主义代表人物之一，马尔库塞认为西方同样处于"不自由"的状态，并且经常暗示通往真正自由的唯一路径也许就是革命。

年迈的马尔库塞教授，似乎对充当激进学生的导师角色有了兴趣。他开始频繁地讨论学生运动。关于"花朵力量"[1]，他告诫阿比·霍夫曼，

---

1 "花朵力量"（Flower Power），亦有"权力归花儿"等多种译法，是 20 世纪 60 年代和 70 年代反对越战运动与民权运动中流行的口号，象征这些运动的非暴力与和平性质。诗人金斯堡在 1965 年的一篇散文《如何进行游行并造成奇观》（How to Make a March/Spectacle）中第一次涉及这个概念，他倡导示威者们在行动中向警察、媒体、政客和旁观者们送花，以此不但形成街头的戏剧性以达到媒体关注的效果，同时降低示威行动中固有的恐惧、愤怒和威胁等负面因素。这一词语后来也广泛用于指称嬉皮士运动、反主流文化运动、迷幻音乐与迷幻艺术等。

其实"花朵并无力量",力量在于培育花朵的人——这次霍夫曼很罕见地没有回应马尔库塞。但是马尔库塞也直率地承认,许多谈论他思想的年轻造反者其实从未阅读过他的著作。马尔库塞的作品是以德国的传统辩证法写就,他还未发展出晓畅的写作风格时就已声名远播。

露易丝·冈萨雷斯·奥尔巴(Luis Gonzalez de Alba)是墨西哥的学生领袖之一,她描述道,只是因为总统古斯塔沃·迪亚斯·奥尔达斯(Gustav Diaz Ordaz)谴责墨西哥的学生运动受到了马尔库塞的影响,她才开始专心致志地读一些他的著作:

> 我翻开《单向度的人》,最多只读了五页。《爱欲与文明》简直无聊之极。我现在得再读一本马尔库塞的书,这都是因为迪亚斯·奥尔达斯总统凑巧提到了这些"具有破坏性的哲学家们"。

在 1961 年完成《饥寒交迫的人们》[1] 一书后,出生于马提尼克岛的精神病学家弗朗兹·法农成为了全球瞩目的人物。这本书被翻译成 25 种语言,美国的大学生们所读的英译版名为《大地哀鸿》。法农于 1953 年在阿尔及利亚获得了法国医学学位,他加入了阿尔及利亚民族阵线并在争取阿尔及利亚独立的斗争中成为领导人。在 20 世纪 50 年代末期,当反对法国在阿尔及利亚制定的政策的法国青年运动爆发后,法农仅凭此资历即可成为运动的导师。独立的阿尔及利亚,就像独立的古巴一样,成为抵制全球既有秩序的象征。《大地哀鸿》并非像预期的那样是反殖民主义者的长篇抨击,它不仅考察了殖民主义的心理,

---

[1] 《饥寒交迫的人们》,法语书名为 "Les damnes de la terre",取自《国际歌》歌词。

而且检视了推翻殖民主义、建立后殖民主义社会所需要的新人的心理。

通过解读与殖民主义决裂的内在斗争的复杂性，《大地哀鸿》对美国的民权运动产生了重要影响，在受压迫的、试图反抗白人统治的美国黑人和受压迫的、试图从欧洲殖民者那里获得自由的非洲穆斯林之间，它帮助其建立起了联系。尤其在马尔科姆·艾克斯（Malcolm X）的领导下，这就是美国黑人穆斯林运动的主题。马尔科姆·艾克斯和法农一样，都出生于 1925 年，但是他在 1965 年似乎是被某个黑人穆斯林组织暗杀了——虽然这从未得到证实。黑人穆斯林、拳击手穆罕穆德·阿里因为对白人体制的反抗，经常被视为那些正在崛起的贫困国家的旗手。埃尔德里奇·克利弗（Eldridge Cleaver）将阿里称为"拳击场上黑色的菲尔·卡斯特罗"。

即使是马丁·路德·金，也将民权运动与不发达国家的斗争视为一体。1955 年，他在谈及蒙哥马利的抵制运动时表示："这是世界运动的一个组成部分。放眼看看世界上任何一个地方，被剥削的人民都在反抗剥削者。这看起来是我们这一代的突出特征。"

埃尔德里奇主要是因其文学才能而成为 20 世纪 60 年代的偶像。在 18 岁时，他因为吸食大麻首次入狱，后来因强奸罪再次入狱。1966 年获释后，他加入了反主流文化杂志《壁垒》（*Ramparts*）的编辑部——1968 年，该杂志曾将焚烧征兵证作为封面故事进行报道，在因此遭到起诉后声名鹊起。埃尔德里奇在狱中曾写下一些文章，包括对他本人和造就他的社会的严厉批评，同事们鼓励他结集出版。在1968 年之前，埃尔德里奇籍籍无名，但在出版了《冰上之魂》（*Soul on Ice*）后，包括《纽约时报书评》在内的多家媒体的评论家们都肯定他发出了虽然鲁莽但非常清晰的声音。这本书的出版可谓恰逢其时：

在 1968 年，"美国怎么了"是美国的首要问题。6 月的盖洛普民意调查显示，每 5 个白人中有 3 个不认为美国"病态"，但是每 15 个黑人中则有 8 个认为美国"病态"。《冰上之魂》几乎与调查种族暴力的克纳报告（*Kerner Report*）同时发表，如同《纽约时报书评》所指出的，《冰上之魂》证实了克纳报告的主要发现。"照照镜子吧，"克利弗写道，"原因就在于你们，你们这些抱残守缺的男人和女人们，你们都撒谎了。"

在他的书出版之前，克利弗作为中间人促成了加州一个重要的黑人—白人联盟。当时那里的新左派成立了新党"和平与自由党"，征集了 10 万个签名，从而能推举其加州的总统候选人。通过克利弗，"和平与自由党"同意了黑豹党阵营的政策主张——包括免除黑人的兵役、释放所有黑人狱犯，以及要求未来所有对黑人的审判都通过黑人陪审团进行——从而得以与其形成联盟。克利弗将被提名为"和平与自由党"的总统候选人，而杰里·鲁宾将作为他的竞选伙伴。克利弗的新任妻子凯瑟琳是"学生非暴力协调委员会"的成员，她将和黑豹党的博比·西尔成为加州众议院的候选人。在选战中，克利弗在一个他称为"前雄起日"（Pre - erection Day）的活动中呼吁"性力量"（Pussy Power），呼吁与"机关枪凯利小子"[1]的联盟——即与所有拥有并且愿意使用枪支的人结盟。10 月，斯坦福大学的一个剧场被挤得水泄不通，克利弗在发表的讲演中谈及加州州长，获得了雷鸣般的掌声："罗纳德·里根是一个烂人、娘娘腔和胆小鬼，除非他叫我埃尔德里奇大叔，否则我将和他进行一场生死决斗。我可以让他在这些武器中任选一样：一支枪，一把刀，一根球棒，或者棉花糖。"

---

1 机关枪凯利小子（Machine Gun Kellys），美国禁酒时期的著名爱尔兰裔匪徒小乔治·弗朗西斯·巴恩斯（George Francis Barnes, Jr., 1900—1954），他的绰号"机关枪凯利小子"则得名于他最喜欢的武器汤姆森冲锋枪。

1968 年是埃尔德里奇·克利弗最出风头的年份。第二年，因为被指控涉及黑豹党在奥克兰的一次枪战，克利弗先后逃到了古巴和阿尔及利亚。1975 年，当他最终返回美国时，他已经没什么追随者了。

如果要说实话——当然这种情况很少见，除非是在私下场合——大多数的白人新左派还是觉得黑豹党有点吓人。虽然大多数的白人新左翼分子来自优渥的中产阶级，大多数的黑人民权分子像鲍勃·摩西和马丁·路德·金都受过良好教育，但是黑豹党成员大都是来自弱肉强食的社区的街头混混，通常都有过入狱的记录。他们一身黑衣，头戴黑色贝雷帽，手持武器摆姿势拍照，确实是有意显得吓人。黑豹党人宣讲暴力，怂恿黑人为即将来临的暴力革命武装自己。如果不是因为两件事，黑豹党人可能不会获得多少同情者和支持者。1968 年，美国当局和一些辖地已经摆明了要用武力对付徒手的示威抗议者，尤其是以理查德·戴利为市长的芝加哥和以罗纳德·里根为州长的加利福尼亚州。4 月时，戴利宣布，他已经向警察发布命令，他们可以"射杀"任何纵火者或者任何携有莫洛托夫鸡尾酒燃烧瓶[1]的人，同时可以"射伤"任何抢劫者，这就是对于任何内乱都有权开火的执照。在 1967 年成为加州州长后，里根一方面削减医保和教育的州政府预算，另一方面又推行了残酷对待示威者的政策。1967 年 10 月 16 日，因为警察对于奥克兰反战示威者的野蛮镇压而被称为"血腥星期二"，但其后里根却称赞奥克兰警察局"杰出的能力和高度专业的技巧"。对于一度享有特权的年轻白人，警察也开始用长期对待黑人的同一手法残酷镇压。

1968 年 1 月，700 名反战分子抗议国务卿迪恩·腊斯克在旧金山

---

1 原文为 "Molotov cocktail"，即莫洛托夫鸡尾酒燃烧瓶。莫洛托夫作为苏联外交部长，在 1939 年与纳粹德国秘密签署了《莫洛托夫-里宾特洛甫条约》，两国进行了对于东欧势力范围的划分并表明了苏联入侵芬兰的意向。在 1939 至 1940 年抵御苏联入侵的战争中，芬兰士兵手持瓶装燃烧弹攻击苏军的坦克，并讽刺性地称其为"莫洛托夫鸡尾酒"。后来它泛指一系列制作简易的瓶装燃烧性武器，被广泛用于抗议活动或者城市游击战中。

的演讲，警察对他们进行了镇压，因此入狱的一名伯克利大学学生谈到那些警察时称："他们想大开杀戒，如果事后能不被追究的话，他们真会这么干的。我现在知道他们是为了做掉休伊，可是休伊能够很好地自我辩护。"

这个学生指的是休伊·牛顿，他于1966年在加州创立了黑豹党，并在1968年成为伯克利－奥克兰选区"和平与自由党"竞选众议员的候选人，其时他正在监狱中等待一次与1966年的枪战有关的审判，这场枪战导致两名警察一死一伤。1968年夏天进行的第一次审判以无效审判而告终，其后的两次审判是同样的结果。当时几乎所有与黑豹党有关的主要审判都是以无效审判、无罪开释、上诉后推翻原判而告终，这进一步助长了公众的怀疑，即黑豹党人是被警察有意迫害。在这些审判过程中出现了一些有关警察暴行的有力证据，其中一个案子，据称警察谋杀了两名酣睡中的嫌犯。黑豹党日益被视为暴力的牺牲品和勇敢对抗警察的勇士。

从前被称为"黑鬼"的黑人在努力定义新的黑人，这个过程中，黑人族群中产生了严重的内讧。1968年，许多黑人文化中的伟大人物都被黑人频繁地抨击。在《冰上之魂》一书中，埃尔德里奇·克利弗野蛮地攻击了詹姆斯·鲍德温（James Baldwin），后者可以说是20世纪60年代前期最受尊敬的黑人作家。在宣布自己是如何激动地发现了鲍德温作为一个黑人作家的写作技巧后，克利弗总结道："在我们时代任何著名的美国黑人作家的写作中，我们可以发现，鲍德温具有对黑人，尤其是他自己最沉重、最痛苦和最彻底的仇恨，以及对白人最可耻的、最狂热的、最卑躬屈膝的和最谄媚的爱。"克利弗谴责那些仇恨黑人的黑人，但是他在这一本小书中的攻击对象除了鲍德温，还包括弗洛伊德·帕特森(Floyd Patterson)、路易斯·阿姆斯特朗(Louis Armstrong)、乔·路易斯(Joe Louis)、哈里·贝拉方特、莉娜·霍恩(Lena Horne)和马丁·路德·金。按照克利弗的说法,爵士乐明星路易斯·阿姆斯特朗就是个"汤姆叔叔",一个用他的大眼睛和大牙竭力讨好白人种族主义者的黑人。

克利弗将取得成功的黑人都视为背叛者。被暗杀的马尔科姆·艾克斯、被剥夺冠军头衔的穆罕穆德·阿里、被迫流亡的保罗·罗伯逊(Paul Robeson)——这些人都是真正的黑人英雄,而马丁·路德·金则因获得诺贝尔奖而受到他的奚落。克利弗写道:"马丁·路德·金被授予诺贝尔奖,以及他的形象就此提升成为一个国际性的英雄,这都是对一个历史事实的见证:所有被准许获得全国性和国际性声誉的美国黑人,都是既有权力结构的傀儡和仆从。"这个结论确立以后,我们就很容易得出以下的检验方式:一个黑人获得承认,是否就可以证实他或她是一个走狗?

1968年,在哥伦比亚广播公司一档特别节目《黑人的历史——失落、遭窃与迷途》中,因为被黑人喜剧演员比尔·科斯比(Bill Cosby)描绘成早期种族主义的典型,76岁的林肯·西奥多·门罗·安德鲁·佩里(Lincoln Theodore Monroe Andrew Perry)——他更被人熟知的名字是斯特品·费切特(Stepin Fetchit)——愤怒地予以了回击。斯特品·费切特是拳王穆罕默德·阿里的朋友,他声称,"解放现代黑人的不是马丁·路德·金,而是斯特品·费切特。"他争辩说骨碌碌地转动眼珠和脚底舞并非他的独创表演,而是他的效仿者们的表演。"我是在南方第一个入住旅馆的黑人,"他愤怒地说道,"我是第一个坐飞机往返东、西海岸的黑人。我将人们对黑人的强奸犯印象一扫而光，使自己家喻户晓，使人们知道我们是可以正常打交道的族群。"然后他抨击了一些新电影，例如《猜猜谁来赴晚餐》(*Guess Who's Coming to Dinner*)，在其中斯潘塞·屈塞 (Spencer Tracy) 和凯瑟琳·赫伯恩 (Katharine Hepburn) 的女儿将未婚夫带回家吃晚餐，而西德尼·波伊特 (Sidney Poitier) 所扮演的未婚夫是一个英俊、口齿伶俐、前途无量的年轻黑人医生。屈塞所扮演的白人父亲虽然有激烈的思想斗争，但是他没有表露任何种族主义的想法，而最终他的屈服显然证明了，如果一个男性黑人是美国的上等公民，那么跨种族的通婚是可能的。斯特品·费切特评论说，这部电影"更多地是阻碍而非促进跨种族的通婚"，他断言，电影中的波伊特压根没碰扮演未婚妻的白人女演员一下。费切特认为波伊特和其他当代黑人影星"都是工具。这就像在一家银行里有了一个黑人职员，但你绝对找不出第二个"。

每天都在造就新的黑人英雄，而老式的黑人英雄每天也都在凋零。1968 年，穆罕默德·阿里是左派竭力维护的少数几个黑人英雄之一。1967 年阿里因为拒服兵役被剥夺拳击执照，此举获得了年轻人和黑人的景仰。《伟大的白人希望》(*The Great White Hope*) 这部电影将詹姆斯·厄尔·琼斯 (James Earl Jones) 所饰演的杰克·约翰逊作为新发现的黑人英雄，约翰逊是第一个重量级黑人拳击冠军。约翰逊一直拒绝道歉，或者按 1968 年的说法，他是一个"黑人冠军"，而非"黑鬼冠军"。他被逐出拳坛的方式和阿里的故事看起来很相似。

在黑人英雄们的艰难时期，马丁·路德·金频繁地遭到批评也就不足为怪了。许多民权活动分子，尤其是"学生非暴力协调委员会"的成员，开玩笑地将他称为"主"(de Lawd)。从 1966 年起，"学生非暴力协调委员会"的成员有时会对马丁·路德·金的演讲发出嘘声，或者用"黑人权力"的喊声压倒他的声音。金博士有一次回应说："任何时候只要暴君试图维持奴隶制，他就会让奴隶们一直内讧。"

金博士经常被指责窃取了不相称的媒体关注。这可能是对的。他是媒体的天然宠儿，这也是他成为领袖的原因。有时他想过，如果没有介入民权运动的话，他将过着怎样的好日子。他是亚特兰大一个备受尊敬的牧师的儿子，出身尊贵，他并未出生于他试图终结的贫穷和受歧视的环境。直到六年级时，因为他的白人朋友们转学到其他学校，失去玩伴的他才意识到种族主义的存在。

当马丁·路德·金在波士顿大学攻读博士时，年轻女孩们对他的印象是，对一个博士生而言，他的保养和衣着都显得有些过分。后来成为他妻子的科雷塔·斯科特（Coretta Scott）回忆道："他真的是口才惊人。"斯科特将此称为"智识上的摇摆舞"。他是一个外貌并不起眼的小个子男人，但当他开口说话时就完全不一样了。从一开始，他就因为演讲才能而被挑选扮演领袖角色，还有一个原因是，对媒体来说，他比真实年龄要老成许多。年仅26岁并且刚来亚拉巴马州，他就成为了蒙哥马利公交车抵制运动的领袖。

他经常谈及对自己的生活无从选择。"当我开始介入民权运动，当人们从自身的参与中获得鼓舞，我就意识到自己不再握有选择。人民期待着你去领导他们。"

马丁·路德·金生于1929年，虽然比像20世纪60年代汤姆·海登这样的领导人还大十岁，但他的思维是20世纪60年代民权活动家的思维——他的梦想并不局限于美国南部，他的议题比反种族隔离更为宏大。他觉得自己是争取自由的全球运动的一分子。

J. 埃德加·胡佛（J. Edgar Hoover）执掌的联邦调查局被埃尔德里奇·克利弗称为"美国最大的警察机构"[1]，它冷酷地紧盯着金博士。联邦调查局监视着他，拍摄照片，安插线报并偷录对话。表面上，胡佛是在寻找金博士与共产主义人士的联系，并且他说服了司法部长罗伯特·肯尼迪确信有足够理由对金博士实施窃听，而罗伯特恰恰是在冷战任职期间做出了大部分最不明智的决策。金博士清楚地看到了资本主义的失败，但他很少表达对马克思的景仰，小心翼翼地避免过多的类似言辞。就正式的与共产主义人士的联系而言，所有证据只显示他认识一两个早期与共产主义人士有联系的人，仅此而已。

联邦调查局所找到的，只是马丁·路德·金牧师与许多女人持续保持性关系的确凿证据。他的亲密朋友们间或会提醒他，如果风声走漏，民权运动将受到伤害。金博士有次回答称："做爱是一种减压的方式。"民权运动中很少有人能够批评金博士，因为他们中的大多数人也乐此不疲。"每个人都出去寻欢作乐。"政治活动人士迈克尔·哈林顿（Michael Harrington）说。但是金博士更为频繁——不是他去追求女人，而是每到一地女人们都追求他。

联邦调查局将照片和其他证据提供给一些经挑选过的记者。但是没有人想要报道这则新闻。在 20 世纪 60 年代，这样的新闻被认为是越过了记者的尊严和伦理的底线。1965 年，联邦调查局甚至将这些性事的录音证据送给了金博士和他的妻子，同时附上一张便条建议金博士以自杀作为唯一的解决方案。

金博士意识到自己的时代已经完结，但这些攻击远不能构成困扰。他意识到再也没有人真正信仰非暴力主张。1967 年，他说道："我仍

---

1 原文为 "America's flattest foot"，因为 "flatfoot" 在美国俚语中是警官的意思，鉴于联邦调查局的规模和势力，克利弗将这个单词拆解后使用最高级予以讥讽。

将不遗余力地宣扬非暴力,但是我担心人们对此将置若罔闻。"到了1968年他显然很压抑,频繁地谈及死亡,也因为强迫饮食症而发胖。获得诺贝尔奖并未让他振奋多少。他告诉拉尔夫·阿伯内西:"也许我们必须承认暴力之日已经来临,也许我们只能放弃,让暴力自行其是。这个国家不愿听到我们的声音,也许它会听取暴力的声音。"

他说自己生活在一个"病态国家"。他的演讲开始病态地聚焦于死亡。他将自己比作摩西,在带领子民逃离奴役后却死于约旦的一个山巅,而眼前就是应许之地。

在春天,金博士开始定期滞留在孟菲斯以支持环卫工人们的罢工。这些专门分配给黑人的工作,其薪酬仅仅略高于最低工资标准,并且没有假期和养老金——这是黑人在美国的繁荣中没有一席之地的明证。试图在3月28日进行的一场示威对金博士是个灾难,游行人群趋向暴力,他们与警察对抗,还毁坏了临街店面。金博士于4月3日回到孟菲斯,试图再次努力,迎接他的则是对此冷嘲热讽的媒体。4月4日的晚上,他在旅馆中休息,为下星期他在亚特兰大教堂的布道作准备。在那里金博士的父亲曾在他的面前布道,金博士准备的布道题为"美国可能走向地狱"——这时他的右脸中弹,几分钟后他就死去了。

正如金博士所预测的,暴力之日确实来临了。当消息传出,金博士是被逃跑的白人囚犯詹姆斯·厄尔·雷(James Earl Ray)所刺杀,暴力开始在120座美国城市的黑人社区蔓延。据报道,其中40个城市发生了暴乱。国民警卫队进入了许多被焚烧和劫掠的城市。就是在那时,芝加哥市长戴利颁布了臭名昭著的"射杀"命令。在黑人社区,数百万美元的财产被毁,而黑人也被杀害——仅在华盛顿特区就有12

名黑人被杀。金博士不再是一个可疑的、获得诺贝尔奖的"汤姆叔叔"，不到 40 岁即被一个白人刺杀，他终于成为了一个真正的黑人烈士。斯托克利·卡迈克尔说道："现在他们做掉了金博士，非暴力这种狗屁扯淡也就该结束了。"

第七章

一个波兰人的绝对律令

克劳斯：哦，上帝！难道你没把自己弄病吗？

巴拉斯：我们把自己弄病了吗，P先生？

（皮勒摇摇头）

我们当然没有。当人类的福祉危在旦夕，没有什么能让我们生病。

——瓦茨拉夫·哈维尔，《备忘录》，1968年于美国首演

3月8日，数百名华沙大学的学生们向校长办公室进发，高呼"反对没有自由的学习！"，要求与校长进行交涉，然后他们行进在已被关闭的校园中，虽然从规模上看示威人数仅能填充一个报告厅。对于1968年动辄就会有数千名学生游行、占领校区和迫使学校关门的美国大学校园来说，这似乎是微不足道的事件，但是在波兰，此前从未发生这种事情。大约500名为阻止任何"反革命"企图而久经训练的工人民兵坐着卡车到达，他们虽然身着便衣，但是都戴有红白相间的波兰国旗的臂章。他们声称要和学生们交谈，但交谈一会儿之后即亮出棍棒，当着200名警察的面，在校园里驱赶学生，而警察则逮捕了那些试图逃跑的学生。

这起冲突和违背传统地对大学的无端侵入，使学生们感到震惊。过去的几年中，亚采克·库龙和卡罗尔·莫泽莱夫斯基所领导的周期性的反对行动只吸引了少数异议分子，但现在政府的冷漠无情却促成了一场真正的运动。第二天就有 2 万名学生在华沙市中心游行示威，并且再次被工人民兵用棍棒驱赶。被捕的人士中包括库龙、莫泽莱夫斯基，以及他们年轻的门生亚当·米奇尼克。

参与这一新型和史无前例的运动的，是年轻的波兰共产党人——这个国家的精英们的子女。其中有三个人是政府部长的子女，许多参与者的父母都是党内的显赫人物。此前他们是充满理想的波兰年轻人，虽然不完全认同家长们，但仍然加入共产党以期改变它，促使它进步。

直到 1968 年前，第二次世界大战前的一代波兰共产党人，都怀疑成长于安逸环境的战后的一代新人不善于学习。年仅 15 岁的康斯坦丁·格伯特（Konstanty Gebert）就参与了 1968 年的抗议运动。第二次世界大战前，他的父亲在美国组织共运，战后回国建设新的共产主义国家并成为外交官。他是一个强硬的老派共产党人，了解示威游行，也曾经被捕。年轻的康斯坦丁像一个优秀共产党员那样走上街头游行，他想象着父亲将为自己感到自豪。但是他的父亲并不这样理解。

"我成了一个兴奋莫名地参与政治的孩子，父亲对此并不赞成，这使我失望至极……我成长在共产党人的精神和心智环境中，而现在有这么一场高呼社会主义、自由和独立的示威游行。我觉得这真棒，于是参加了。无论如何，我们和警察干了一架。那天我回家晚了三个小时，嚷着'爸爸，我们和警察干架了！是为了独立！'我还指望他会开一瓶伏特加，然后我们父子畅饮。可是爹妈却把我禁闭在家三天，以示惩罚。如果我的小孩上街游行，我也会完全照此处理。15 岁，确实不是上街示威的合适年纪。但这确实令人深受打击。我以为我将成为那些年轻人的一员，就像父亲以前做过的那样。"

年轻的波兰人确实很快意识到街头示威的危险和暴力。但他们非但没有害怕，反而更加斗志昂扬。第二天，学生们再次聚集，以抗议示威学生的被捕、校园被侵占以及《先人祭》的停演。理工专科学院的学生们走上街头，他们为捷克斯洛伐克欢呼，谴责内务部长莫查尔，同时向警察投掷石块，而警察则以催泪瓦斯还击。交通警察封锁了这一街区，卡车运来了大批的工人民兵。在华沙大学校园附近、埋葬作曲家弗雷德里克·肖邦心脏的教堂前，抗议示威的少数学生也与工人民兵发生冲突。

3月11日，数千名学生游行进入华沙市中心，向灰色的、厚重的、外表有艺术装饰的波兰共产党总部进发。在那里，官员们从六层楼的一个阳台上俯瞰，而警察再次出现。冲突持续了两个小时。与那些聚集在柏林、罗马和其他西方国家城市抗议越战的学生相比，几千名示威者仅仅是个小数目，但对一个东欧社会主义国家而言，这是一个爆炸性的事件，并成为了世界各地的头条新闻。

在大学校园外面，满载工人民兵的卡车抵达。这些工人民兵被告知这些闹事学生是享有特权的年轻人，他们住着最好的公寓，假期去巴黎旅行，而这些说法大体上也都属实——有相当多的报道称工人们拒绝上卡车、拒绝参与镇压示威的行动。3月11日这一天结束前，学生们和工人民兵已经在华沙街头对峙了近8个小时。政府提早关闭了工厂，以便让工人们进行反示威游行，谴责学生们是"第五纵队分子"。

3月11日当天，学生们在格但斯克、克拉科夫、波兹南、弗罗茨瓦夫和罗兹同时发起示威游行，也都受到了警察的棍棒威胁，有时还面对高压水枪和催泪瓦斯。学生们借鉴了读到过的美国民权运动的一些技巧，开始进行抵制和静坐示威。起初有许多学生不明白静坐示威时真的要坐下来。

政府的推断认为，华沙和中产阶级聚集的克拉科夫发生示威游行，是因为它们有庞大的精英学生数量。可是罗兹和格但斯克却有着牢固的工人阶级的共产党根基，这就越发难以解释这些城市为何会发生示威游行。格但斯克的学生示威者请求工人加入他们。众所周知，美国的反战示威者会向人们呼喊"加入我们！"，但是格但斯克的学生们对工人们的请求，如同华盛顿的学生们对国民警卫队的请求，都没什么结果。波兹南的学生们呼喊着"波兹南工人万岁"，但是波兹南的工人们也没有加入他们的队伍。

亚采克·库龙回忆道："在游行示威前，我们这些学生试图去接近工人，但我们的方式很害羞和胆怯。没有人期待这样一场爆发，而当它来临时，政府则解释说学生们是被宠坏的、出身优越的犹太人，是精英们的子女。"

"1968年的学生们有一句箴言'没有自由就没有面包'，"学运分子尤金尼厄斯·斯莫拉（Eugeniusz Smolar）回忆道——他是一位颇具影响的共产党员的儿子，"工人们则认为这个口号非常荒谬，应该是'没有面包就没有自由'，必须是先有面包。我们中的大多数人从未挨过饿。我们和工人并不理解彼此。"多年以来政府都能够控制示威，因为工人们并不支持学生，而知识分子群体或者学生也不支持工人。

示威者们手持标语，呼喊口号，谴责波兰的官方媒体将学生运动描绘成流氓行为、同时拒绝如实地报道示威或其所涉及的议题。"撤谎的媒体"成为了学生们最大的不满之一。在 2 月举行的一次作家会议上，首次试图平和地提出关于新闻审查、《先人祭》的停演等议题，但只是在持续数周的公开抗议、静坐和街头冲突之后，官方的《人民论坛报》才在 3 月底首次提及这个会议。然而这些冲突在全世界都得到了广泛报道。在维也纳，简·诺瓦克只能在甄别筛选《世界报》《纽约时报》和其他报纸的每日报道之后，再用波兰语播出有关波兰事态的报道。

在罗兹，乔安娜·什切申娜（Joanna Szczesna）是一个 17 岁的大一新生。她出身于底层家庭并且是个书呆子，她对于资本主义的罪恶的认识都来源于 19 世纪的法国小说。对于自己生活在一个社会主义国家，她感到庆幸。"我不认为自己不自由。在大学里我可以畅说欲言。3 月份时，华沙大学一个来自罗兹的学生返乡，他谈到华沙学生进行示威，抗议审查制度和一个剧目的停演，还说警察殴打他们。"

"也许我一直都生活在书本的世界里，我感到震惊，"什切申娜说，"以前我只阅读报纸的电影版，现在我关注了报纸的报道，发现大不一样。报纸报道的是流氓行为、投机者、富人的子女还有犹太复国主义者。这是无法让人接受的。显然我应该投身这个运动。这种氛围里有点令人激动的东西。"

什切申娜签署了一份请愿书，加入了抗议学生被捕和要求媒体如实报道的示威游行。她的母亲亚德维嘉是一位职员，一直梦想着能够成为社工，因为担心示威中的暴力，她坚持要和女儿同去以便保护她。她还带了把雨伞防身。在她们突然遭遇工人民兵之前，大约有 1000 人参加了游行，民兵中有人认出了亚德维嘉。

"你在这里干吗？"其中的一个工人质问她。

亚德维嘉握着雨伞做好准备，回答道："你在这里干吗？"

学生们宣布进行为期三天的静坐。校园中的电话线被切断，校园中各处的学生们无法相互联系。乔安娜所在的学生群听到一个传闻，说是学校其他的学生已经放弃了。但是她的母亲亚德维嘉刚去学校的另一处给乔安娜的男朋友送过三明治，现在她再到乔安娜这里送三明治，女儿和同学们于是知道了示威仍然在学校各处进行。24 小时过后，当一些学生开始谈论放弃静坐时，乔安娜发表了她人生中的第一次演说，坚持认为学生们应该言出必行地将静坐进行到底，并且建议在静坐结束后进行绝食抗议。

"我是一个成年人，但我也是一个孩子，"乔安娜说道，"我希望让我们的父母亲加入我们。我知道如果我进行绝食抗议，我的母亲绝不会善罢甘休。"有地下异议分子听说了她的演讲，邀请她加盟，这就是 17 岁的乔安娜成为一个政治异议者的过程，此后她开始与库龙、莫泽莱夫斯基和米奇尼克共事。

波兰共产党认是为老派斯大林主义分子操纵了这些示威者。政府并不承认这些示威是自发的。按照《人民论坛报》的说法，"3 月 8 日这些事件的发生并非鬼使神差。它们是经过长期准备后进行的，其中许多行动虽然在规模和范围上较小，却为其领导人和参与者做好了大型运动的准备。"当局所点名的领导人包括莫泽莱夫斯基和米奇尼克。但当他们和其他领导者被关押的时候，波兰全国范围内的游行示威却成为了每日常态。事实上，没有任何人协调这些行动。"听到这些消息，我大吃一惊，"当时也在监禁中的亚采克·库龙说道，"我们和弗罗茨瓦夫有一点联系，但现在是所有的大学都在示威。"一系列的领导人被推选组织 3 月 8 日的游行示威，但他们都被捕了，大多数其后被选出的领导人也未能幸免。

此后是波兰全国持续两周的游行示威。许多示威者手持写着"与华沙学生一起战斗"的标语，同时焚烧那些对学生运动不予报道的官方报纸。

政府被弄得措手不及，其实学生们自己更惊讶。经过了多年的小型讨论组这个阶段，尤金尼厄斯·斯莫拉表示："发现大家都在谈论这些话题，这让我们觉得意外。光是华沙大学有这么多的学生挺身而出进行反抗，就够令人吃惊了，但更让人吃惊的是，波兰几乎所有主要的大学都予以响应。"

看起来，许多年轻的波兰人无须讨论也都对社会有所质疑。斯莫拉说："似乎是一种感觉：波兰当局就是无法提供他们所需要的自由。"斯莫拉的妻子尼娜那时是个研究生，她说："反犹主义完全是个意外，而暴力则是另一个意外。"

随着抗议示威在全国范围蔓延，1967年的反犹太复国主义运动在1968年愈演愈烈。对于许多波兰共产党人，尤其是像斯莫拉父子这样的犹太人，这似乎与他们对共产党的理解完全抵触。所有的共产主义国家都禁止反犹主义的言论。亚当·米奇尼克说："我读到了反犹主义的文章，此前我从未见识过这样的事情。这是法西斯主义，不应该允许这种事情发生。在此之前，反犹主义都只是一个抽象的术语。我原以为在经历过大屠杀的波兰，反犹主义是不可能有立足之地的。"库龙则表示："第二次世界大战前我见过持反犹主义立场的共产党人，但反犹主义以前从来没有成为国策。"但是对于急于解释全国抗议运动的波兰当局，犹太复国主义者的阴谋论却能完美地吻合它的需要。

3月9日，当米奇尼克被捕时，审讯者讯问道："米奇尼克先生，在你被释放后，你会移民到以色列吗？"

"除非你移民到苏联。"这是米奇尼克挑衅式的回复。但是当局向他施压，告诉他如果同意移民到以色列就会被释放。波兰想最终摆脱它的犹太人。如同在前一年"六日战争"中的做法，哥穆尔卡宣布，任何希望去以色列的犹太人都会得到移民护照。

3月15日，《人民论坛报》上的一篇文章"解释"了犹太复国主义：

> 众所周知的事实是，美国犹太人后裔所积累的数千万美元进入了以色列。这些资金使得以色列得以发展它的经济潜力和军队，从而对阿拉伯国家发起侵略战争（最近的一次就是与阿拉伯国家的第三次中东战争），并且能够支付与占领阿拉伯领土有关的开支……犹太复国主义领导人号召对以色列的扩张政策实行经济援助，这些政策受到尤其是美国和西德这些帝国主义列强国家的支持。有了以色列的帮助，帝国主义意欲消灭进步的阿拉伯国家政府，加强它对于阿拉伯的石油控制，并且将中东演变成对抗苏联和其他社会主义国家的跳板。犹太复国主义者的宣传将以色列统治阶层的侵略政策正当化，并迎合帝国主义势力，企图使世界舆论相信以色列在为其生存而斗争，而它却受到了企图"将以色列赶到大海里"的阿拉伯国家的威胁。

但是"犹太复国主义者"这个词却逐渐成为了"学生组织者"的代号。政府坚持认为，问题是由犹太复国主义者的阴谋和斯大林主义者的合谋造成的。正是那些家长和信奉斯大林主义的教授们——他们正巧全都是犹太人——的过分宠溺才造就了库龙、莫泽莱夫斯基和米奇尼克这些离经叛道的年轻人。3月26日,《人民论坛报》挑选出哲学学院、经济学院和法学院——这些与意识形态有关的系科的教授进行攻击。"任何时候,当修正主义集团与国家法律或者大学规章发生冲突,这些学者就会运用他们的权威以及在学科中和大学里的优势地位,为这些集团进行全面的辩护。"政府认为,这些学者被他们所接受过的斯大林主义教育所误导,在他们的呵护下培养出了危险和顽固的破坏分子:

> 由于担心受到处罚,这些破坏分子每次都向他们的教授寻求保护。他们在各种会议和场合都为学生们辩护,其借口是"年轻人必须有点冲劲";事实上,尽管教授们语焉不详,他们都是在鼓励学生们的政治行动。一些教授甚至在法庭上为学生辩护。在对莫泽莱夫斯基的审判中,W.布鲁斯(W. Brus)教授作为辩方证人出现,将莫泽莱夫斯基概括为"……一个诚实的、充满理想的年轻人,致力于建设社会主义事业和唤醒年轻人的政治兴趣"。很难想象还会有比这更明显的——对这些破坏分子的同道中人——鼓励了。

W.布鲁斯,即瓦罗兹米尔·布鲁斯(Wlodzimierz Brus)教授,是在3月份就被当局从大学革除教职的许多犹太裔教授中的一位。现在政府开始从教职人员中解雇更多的教授和讲师,其中大部分是犹太裔。从3月12日开始,政府就单单挑出犹太学生,指控他们是运动的领袖。三位有犹太背景的政府高官被革职,同时被告知他们的子女是学生领袖。波兰的大学系统中犹太裔出身的诗人、哲学家和教授都被指控串通共谋，许多人被解雇。3月18日，前政治局委员罗曼·扎布罗斯基（Roman Zambrowski）被认定为学生运动的幕后黑手，并被开除党籍。扎布罗斯基其实并未与学生运动有特别的联系，但他是犹太人，并且是莫查尔的政敌。他的儿子安东尼是个学生，继而也被指控为学运领袖，而他与学运其实没有任何关系。随着越来越多的犹太人被革职、越来越多的学生被捕，学生们已经很清楚，政府针对这次事件已经选择了立场。

另外一个对这些自发的学生运动的促进因素，是在捷克斯洛伐克所发生的事件。波兰的学生们手持的标语上写着："Polska Czeka na Dubczeka！"——"波兰期待着自己的杜布切克！"有些历史学家认为，这些标语在华沙出现的那一刻，杜布切克的命运就被注定了。从杜布切克在1月份上台开始，莫斯科的大麻烦就是捷克斯洛伐克的改革将点燃一场席卷中欧的改革运动。

波兰人珍视自己的英雄形象，而这是外部世界未能分享和所知甚少的。其中一个引以为豪的形象就是"桀骜不驯的波兰人"。按照波兰的历史版本，捷克人接受了德国的占领，而波兰人则进行了抵抗。捷克人在1948年接受了苏联的领导，而波兰人仍在抵制。波兰人在1956年进行了反抗，并且支持布达佩斯的起义，而捷克人则不置一词，并继续对莫斯科忠心耿耿。波兰人回忆他们曾向匈牙利起义者运送粮食，但是运粮卡车必须经过捷克斯洛伐克，就是在那里卡车被拦截了。在中欧错综复杂的国家形象榜单上，波兰人的说法是，1956年时，"匈牙利人像波兰人一样行动，而波兰人像捷克人一样行动，而捷克人像猪一样行事"。

而波兰人曾经嘲笑的、在实行诺沃提尼－斯大林主义的情况下逆势而行的捷克斯洛伐克，成为了共产主义国家的改革先锋。尤金尼厄斯·斯莫拉表示："看到捷克人居然领先我们，这真让人吃惊。原以为他们是一群机会主义者和懦夫呢。"

无论是政府抑或学生们，都无法完全理解这个没有组织的运动。运动的参与者和领导人之间被隔绝，不知道应该如何应对。"无论是对于政府的回应，还是人民的热情支持，我们都毫无准备。"尤金尼厄斯·斯莫拉说，"我们确实是毫无准备。"

3 月 22 日，西方媒体大量报道了在克拉科夫、华沙和其他波兰城市中的学生静坐示威，而波兰的媒体则只提及犹太复国主义者、流氓、斯大林主义者和麻烦制造者。苏联的公众第一次了解了波兰的动荡。同一天，苏联的塔斯社报道了诺沃提尼被解除了第二个职位——捷克斯洛伐克总统，苏共中央机关报《真理报》和官方的《消息报》（*Izvestia*），都长篇累牍地报道了波兰的"反苏煽动者"。

同样在 3 月 22 日，在美国，包括阿比·霍夫曼、杰里·鲁宾，以及保罗·克拉斯纳（Paul Krassner）在内的异皮士们，都参与了伊利诺伊湖滨别墅（Lake Villa）的一个会议——后来这个集会被称为"1968 年'新左派'青年运动的集会"。"结束越战全国动员委员会"召集了这个会议，"学生争取民主社会"的汤姆·海登和伦尼·戴维斯也都与会。会议主题是如何抗议 8 月将于芝加哥举行的民主党大会。因为约翰逊获得民主党提名，其中的一个建议是用送葬仪式阻塞芝加哥的交通，另一个建议是攻击民主党大会。阿比·霍夫曼——这个叛逆者、搞怪高手和吸引媒体关注的天才——和往常一样荒诞不经。整个会议中他都抽着大麻不断抛出点子，其中一个是号召终止使用付费厕所，另一个是建议"结束越战全国动员委员会"表态支持波兰的学生抗议者。这两个建议都没有被大会采纳。

3月24日，当静坐示威蔓延到波兰的每一所大学、越来越多的"犹太复国主义阴谋者"被解除公职时，波兰天主教的主教们发表了一封公开信，声称学生运动是"争取真理和自由，而这是每个人的自然权利……"主教们继而声称"野蛮使用暴力是对于人类尊严的侮辱"。这封信标志着波兰的一个新的联盟的开始。此前天主教会和左翼知识分子从未并肩作战过。按照米奇尼克的说法，这封信促成了思想观念方面的一次剧烈变化。"在传统上，波兰的左派是反对教会的，"米奇尼克说道，"直到1968年，我才改变这个立场。当教会发表公开信支持学生们，我第一次想到也许教会并不是一个敌人，也许它可以成为一个对话的伙伴。"

3月28日，华沙的3000名学生游行示威，要求结束审查制度、自由成立工会，以及独立于共产党的青年运动。这将是最后一次游行示威。8所大学的院系被关闭，华沙大学7000名学生中的1000名无课可上，并且被告知必须重新申请入学，另有34名华沙大学学生被开除。"我们都受够了大型集会了。对于那些唯恐天下不乱和居心险恶的人，不会再有，也不能再有宽容。"《人民论坛报》宣布。

随着近1000名学生入狱，学生运动被打压停止了。政府继续搜察犹太复国主义者头目并开除其公职。

许多顶尖水平的教职人员为躲避反犹主义运动而离境，替代他们的则是平庸的人，波兰的大学难以为继。要离境，波兰人只要表示移民至以色列的意愿并出示其犹太出身的证明即可。因为无法证明自己是犹太人，有个波兰人被截留。他所能出示的唯一证据，就是政府谴责他是犹太复国主义者的一纸文件。除了将近 1000 名犹太人留下，几乎所有犹太人都离开了波兰，这基本上也终结了波兰的犹太教。

但是尤金尼厄斯和尼娜·斯莫拉留了下来。"1968 年 3 月之后，再没有人相信这个体制能够进步，"尤金尼厄斯说，"以往人们入党是为了改变它，为了有所作为，为了参与其中，你必须要在党内。在 1968 年 3 月后入党的那些人更加犬儒主义，只是把入党作为个人升迁的工具。"

米奇尼克是另一个留下来的犹太人，不过他是被囚禁在监狱里。后来他被问及，在他入狱期间大学被摧毁、知识界的活力被扼杀，他是否认为自己犯了一个巨大的错误，这个精力充沛的小个子男人扬起下巴，毫不犹豫地回答："我从来没有这样想。我的父母对于 1935 年的反犹审判保持了沉默，这对我来说是个教训。你必须自始至终地抗议独裁。这就是伊曼纽尔·康德（Immanuel Kant）所说的绝对律令。"

斯莫拉说："1968 年的那一代人是浴火而生。他们积累经验，积极参与了此后的所有运动。"他们确实学到了与教会和工人们联合起来，或者，如同某个作者在《人民论坛报》上用无意识的先知语言写的那样："发生在大学里的这些事件，除了表明学生们普遍的天真和轻信，也显示出一些学生有巨大的潜力，他们在思想上是坚定的，并且愿意致力于这个国家的进步。现在我们将等待这种品质结出硕果。"

乔安娜·什切申娜首次入狱时年仅 19 岁。她背诵《飘》和高尔斯华绥的小说让狱友们开心。1981 年，随着工人和神职人员的加入，运动的规模进一步发展，波兰政府宣布实施戒严令，乔安娜的母亲亚德维嘉成为被拘留者中最年长的妇女。乔安娜说："我想，我对母亲起到了不好的影响。"

第八章
诗歌、政治与艰难的第二幕

我把第一幕留给了纠葛和牵连

第二幕也一样。此时深陷繁杂之中

我无法创作第三幕

　　　——尤金·麦卡锡，《一个老去的政治家的悲叹》，1968 年

　　在美国历史上，诗歌有分量的年代似乎并不多，而 1968 年就是其中一个。这一年纽约推出了"点播诗歌"的电话服务。同年，由政府推出的一个试点项目派出诗人到全国的公立中学朗读和讨论诗歌，这获得了极为热烈的反响。在底特律，激动的学生们在阿米利亚·依哈特初中的过道里将诗人唐纳德·霍尔（Donald Hall）团团围住，他们呼喊着："为我们朗诵一首诗！"盛情难却之下，霍尔吟诵了一首诗，但是更多的学生蜂拥而至，霍尔只好又朗诵了一遍。

　　罗伯特·洛威尔看来是特别适合 20 世纪 60 年代的诗人，他 1917 年出生于波士顿的名门望族，与约翰·肯尼迪同年出生。他和出身背景相似的"结束越战全国动员委员会"的戴维·德林杰一样，是和平主义者，在第二次世界大战中因为拒服兵役曾入狱服刑。在 60 年代，

他是反战集会的固定常客。1968 年，他是曝光度最高的美国诗人，因为他陪同尤金·麦卡锡参议员参加竞选。

艾伦·金斯堡生于 1926 年，在年龄上，他和洛威尔比和 1968 年的学生们更接近。金斯堡蓄着大胡子和一头乱蓬蓬的黑发，已经 40 多岁的他虽然开始谢顶和发福，却具有能够代表 60 年代特征的精神气质和文学风格。他是一个真正的 50 年代的人物，"垮掉的一代"的中心人物。但是到了 1968 年，许多垮掉派的代表人物都已凋零。杰克·凯鲁亚克沉湎于酒精中，并且不赞成反战运动。他谴责老朋友金斯堡不爱国。1968 年初，尼尔·卡萨迪（Neal Cassady）在沿着铁路线进行 24 公里的徒步旅行时死于墨西哥。卡萨迪说他会数着轨枕打发时间。但是在途中被邀请参加的一个婚礼上，几个小时里，他都在酗酒和吞服速可眠。次日，人们发现他躺在铁轨边，他就是这样度过头天的雨夜的。因为寒冷过度，卡萨迪很快死去，他辞世的方式，就是使"垮掉的一代"闻名遐迩的自由而又离经叛道的方式。传说他死前的最后一句话是："84928 根轨枕。"

尽管许多朋友死于酒精和毒品，金斯堡仍然对一些毒品热情高涨，尤其是大麻、裸头草碱（psilocybin）和迷幻剂。事实上，虽然他坚决反对越战以及美国的军事与工业战争机器，在大多数时候，他还会提到其他三个话题。其一是公平对待同性恋者。在他的诗歌中，金斯堡对自己的性偏好总是异常坦诚，有些人说是"异常生动"。在"同性恋者权益"这个词发明之前，他已经是争取同性恋者权益的活动家。此外，他总是为自己的"吸食毒品有益"、"迫害吸毒者不公"的理论而斗争。金斯堡还坚定地信仰唱诵佛经的价值。到 1968 年，东方宗教已经成为了一种时尚，人们很容易忘记许多年前金斯堡就已经对佛教高度重视。印度教也时髦了起来，尤其是"宗师"（guru）这个词，因为过于生僻，媒体在1968年用到这个词时都要提供它的发音"goo-roo"。

自称为"至圣"（maharishi）的玛赫西·约吉（Mahesh Yogi）声称发现了即刻进入冥想的法门，他承诺使用这种方法无需经受禁食和不断祈祷等痛苦，即可达致入定（samadhi）这种超验的意识状态。在成功地使上千名欧洲人改宗"超验冥想"后，他在1968年抵达美国，从此带来了对于印度服饰和音乐的狂热。包括甲壳虫乐队和"沙滩男孩"在内的许多名流都追随他进行修习。但是当甲壳虫乐队去了印度，计划用三个月在玛赫西·约吉的指导下学习时，常有人说，四人组合中最没慧根的林戈·斯塔尔（Ringo Starr），因为对至圣提供的膳宿不满，10天后就和妻子莫琳返回了伦敦郊外的宅邸。"莫琳和我对我们的食物有些意外，并且我们不喜欢辛辣的食物。"林戈解释说。

对于金斯堡这个诗人和资深佛教徒，玛赫西的吸引力是有限的，因为玛赫西反对迷幻剂并且极力主张青年人接受征兵。金斯堡则继续吟诗念佛，反对战争，支持同性恋者权利以及服用迷幻剂。

到60年代时，金斯堡已成为最受尊崇的在世诗人之一，他被邀请到世界各地进行讲演；但是在这些国家中，包括美国、苏联、古巴、捷克斯洛伐克和意大利，他发现自己因为演讲的内容而遭遇法律困境。

在金斯堡住过的纽约东村社区，人们都记得他是一个谈吐温和的绅士，心地善良。从第一部诗集出版，金斯堡形式自由、激情四射的诗歌风格就既饱受争议又被公认为才华横溢。他的父亲路易斯也是诗人，有时他们会一起朗诵诗歌。路易斯是新泽西的一个教师，他的评论总是难以克制地包含太多的双关语，但他同时也创作结构精致、通常是双行押韵的抒情诗。父子俩之间的关系是彼此尊重和相互敬爱，但是路易斯认为儿子应该在诗歌风格上稍加节制。他还认为，儿子不应该使用那些使人们难堪的与排泄物有关的词汇，也希望他不要过于直率地谈论自己是同性恋。但是金斯堡就是这种风格。他会公开地谈论他爱上了谁，他在追求谁以及如何追求。有一次，他比较过分地谈及了父亲的婚外情，于是路易斯迫使他删除那些诗句。在"代沟"显著的年代，这一对父子合作的诗歌朗诵堪称一景——路易斯穿着粗花呢衣服，而金斯堡挂着念珠。

1966年，他们一起回到了位于新泽西的家乡佩特森。路易斯向许多当地的粉丝朗诵诗歌，而更有名气的儿子则朗诵政治诗歌以及关于家乡佩特森的诗歌。他们还谈及了前一天父子俩游览的帕塞伊克瀑布，路易斯称其为父子共享的亲密时刻。然后艾伦这个总是不打自招的家伙说道，在瀑布那儿他吸食了大麻，并且此举为亲密时刻增色不少。第二天，佩特森的市长弗兰克·X. 格雷夫斯（Frank X. Graves）坚称他收到了无数举报金斯堡吸毒的电话，于是向他发了一张拘票。警察找到并拘禁了一个蓄胡子戴眼镜的男人，误以为他就是金斯堡，而那时被通缉的诗人已经安全地回到了东村。

到了1968年，当父子俩一起出现在布鲁克林音乐学院，蓄胡子、抽大麻的嬉皮士形象已经是司空见惯，但是看见他们两个一起出现还是令人好奇。路易斯以双关语开场，而艾伦开场所吟诵的佛经被纽约时报社评论员认为比他的任何一首诗歌都要长。当晚以父子两人的争论而告终，主题是勒罗伊·琼斯最近因非法拥有武器而被定罪。儿子认为这显然是对黑人剧作家勒罗伊的构陷——但父亲不这么认为。他们的听众也分为两派，分别为父子俩喝彩。

勒鲁瓦·琼斯也是 20 世纪 60 年代那代人喜欢的一个诗人。"都起来靠墙站着，混账，这是持枪抢劫！"很快就成了他最著名的诗句。在他发表了《黑人》这首诗歌后，1967 年东村的一个"亲和组"[1] 取名为"混账东西"[2]。这个亲和组参与了激烈的学术讨论，以此为基础开展能够吸引媒体关注的街头行动，而这是阿比·霍夫曼尤为擅长的。在纽约的"垃圾罢工"中，"混账东西"将人行道上堆积如山、臭气熏天的垃圾，通过地铁拖运到新开张的林肯中心。

1968 年作品最畅销的诗人是罗德·麦丘恩（Rod McKuen），他写一些有韵律的珠玑妙语，然后用沙哑的声音朗读，随便你认为那声音是充满情感或是因为支气管炎。麦丘恩是好莱坞的一个歌曲作者，胡子刮得很干净，穿着 V 形领的毛衣，与"垮掉的一代"相去甚远。但是在 1968 年初，他毫无自知之明的滥情诗集已经售出了 25 万本。他的两本书《斯塔尼安街和别的哀愁》（*Stanyan Street and Other Sorrows*）与《倾听温暖》（*Listen to the Warm*），比《纽约时报》畅销小说排行榜上的任何作品都更有市场，虽然诗歌类书籍并不被列入畅销书榜单。在 1968 年接受的一次访谈中，麦丘恩以特有的谦卑和坦率说道："我并不是一个诗人；我只是词语的串联者。"当他得肝炎病倒时，数百名粉丝送给他公仔玩具。在另外的许多人看来，他

---

1 "亲和组"（affinity group），围绕共同兴趣或者目标而形成的非政府的和非商业性的组织，其形式有社交俱乐部、阅读和写作小组、兴趣小组以及从事政治活动的群体，最早从事政治活动的亲和组可以追溯到 19 世纪西班牙的无政府主义者，本段中的"混账东西"是美国第一个使用"亲和组"这一术语的组织。

2 "混账东西"（Motherfuckers），前身是深受达达主义影响的艺术群体"黑色面具"（Black Mask），由画家本·莫里（Ben Morea）和诗人丹·乔卡斯（Dan Georgakas）于 1966 年创立，在 1968 年 5 月改名为"混账东西"之后转入地下，是"学生争取民主社会"组织的唯一非学生分支，除了积极参与民权运动和反战运动，它还在纽约派送免费食物、开设免费商店，并帮助民权运动积极分子与医生和律师建立联系。它是 20 世纪 60 年代反主流文化运动的重要组织。

和他的粉丝都是无法接受的。

　　如果一个歌曲作者可以是诗人的话，在 1968 年，当然有比麦丘恩更优秀的候选人。通过为自己取艺名"迪伦"，鲍勃·迪伦清晰地表明了自己的立场。在他丰沛的抒情以及威尔士诗人迪伦·托马斯（Dylan Thomas）的抒情之间有依稀的联系。"大门"乐队则得名于威廉·布莱克（William Blake）的一句诗："感知之门"。在《生活》杂志上，"大门"乐队的主唱吉姆·莫里森（Jim Morrison）被称为"一个非常优秀的歌手和非常优秀的诗人"，事实上，他是"身穿黑皮裤的加强版的诗人"。至于歌词，有时要借助莫里森尖锐的嘶叫修饰才能达意——这并不要紧。保罗·西蒙（Paul Simon）和阿特·加芬克尔（Art Garfunkel）的歌谣特点是充满了隐喻与意象，在许多粉丝看来，他们也是诗人。但这个组合的歌词作者保罗·西蒙否认了这种看法。"我试过写诗，但是这和我的歌曲没有关系……只是流行歌曲的歌词是如此平庸，只要在其中你稍微有点智力的火花，他们就把你称为'诗人'。如果你说自己不是诗人，人们就认为你是在自我贬低。但那些把你称为'诗人'的其实是从不读诗的人。似乎他们觉得诗歌是被鲍勃·迪伦定义的。这些人从来没读过华莱士·斯蒂文斯（Wallace Stevens）等人的诗歌。那确实是诗歌。"

　　另一方面，很少有人会怀疑金斯堡是诗人，更没有人质疑埃兹拉·庞德的诗人地位，这个八旬老人的诗作是 20 世纪诞生的诗歌的典型产物，他现在正在意大利度过生命的最后时光。尽管庞德持法西斯主义和反犹主义立场，他的门生 T.S. 艾略特在政治上也是保守的，但他们两人都在 20 世纪 60 年代这代人的文化遗产清单上。即使没有学习过诗学，这个谱系也是很清晰的。如果没有庞德，就不会有艾略特，也就不会有迪伦·托马斯、劳伦斯·费林盖蒂（Lawrence Ferlinghetti）和艾伦·金斯堡。或者他们的诗歌写作将大不一样。

金斯堡承认受惠于庞德，于是这个犹太诗人——或者按他自己喜欢的说法是犹太佛教徒诗人——想去拜访庞德。1967 年，在威尼斯实现这个愿望时，金斯堡并没有朗诵自己的诗作。相反，晚饭后，他用烟纸卷了大麻，一声不吭就抽了起来。然后他给年迈的庞德放了歌曲——披头士的《黄色潜水艇》（Yellow Submarine）和《埃莉诺·里格比》（Eleanor Rigby），鲍勃·迪伦的《目光忧伤的低地女士》（Sad - Eyed Lady of the Lowlands）、《甜美至极的玛丽》（Absolutely Sweet Marie）和《伊甸园之门》（Gates of Eden），还有多诺万（Donovan）的《阳光超人》（Sunshine Superman）。听歌的时候，庞德面带微笑，看起来他特别喜欢其中的一些歌词，他用象牙柄的手杖随音乐轻轻打着拍子，但始终不置一词。后来庞德的长期伴侣奥尔佳·拉齐（Olga Rudge）宽慰金斯堡说，如果庞德不喜欢他选的那些歌，他早就走出房间了。

谁是诗人和谁不是诗人成了一个重要问题。

政治与对于诗歌的趣味密切相关。俄罗斯的诗人，尤其是那些在政治问题上直言不讳的诗人，在西方的大学生中获得巨大支持。对叶夫根尼·叶夫图申科来说，无论是因为在苏联引起的政治争议，还是因为国外对其艺术成就的认可，1968 年对于他都是非凡的一年。叶夫图申科生于 1933 年，是新俄罗斯抒情诗派的成员。评论家们经常暗示说这个诗派的其他成员，比如鲍里斯·帕斯捷尔纳克（Boris Pasternak）的门生、生于 1933 年的安德烈·沃兹涅森斯基（Andrey Voznesensky）是更优秀的诗人。但在 20 世纪 60 年代，叶夫图申科确是全世界最著名的俄罗斯诗人。1962 年，他发表了严厉批判苏联的四首诗歌，其中包括《娘子谷》（*Babi Yar*），它描述了苏联试图淡化的纳粹德国对犹太人的一场大屠杀。

1965 年，即在金斯堡先后被逐出古巴和捷克斯洛伐克之间，他在苏联与著名的俄罗斯同行会面。叶夫图申科告诉金斯堡，他曾听说过许多关于他的丑闻，但是都不相信。金斯堡则宽慰他说，这些丑闻可能是真实的。他解释道，他是个同性恋者，这是他生活在其中的现实，所谓的这些丑闻源自于他愿意公开谈论自己的经历。

叶夫图申科显然对此感觉很不舒服，他说道："我对这些事情一无所知。"于是金斯堡迅速转到他最喜欢的另一个话题——吸毒。叶夫图申科表示："这两个主题——同性恋和毒品——我都不了解，我觉得它们是青少年惦记的事。在俄罗斯，它们对我们完全不重要。"

1962 年，当英国作曲家本杰明·布里顿（Benjamin Britten）完成《战争安魂曲》（*War Requiem*）时，他想到的并不是越南战争，而是在纪念第二次世界大战期间遭受轰炸的考文垂大教堂的重新开放。《战争安魂曲》的歌词源自威尔弗雷德·欧文（Wilfred Owen）关于第一次世界大战的诗歌。但是在 1968 年，《战争安魂曲》被认为是"反战"的，而那时所有反战的东西都有市场。于是威尔弗雷德·欧文那些几乎被遗忘的诗歌重新被公众阅读，不仅是因为它们表达了对于战争的憎恨，也是因为欧文悲哀的生平故事。欧文在第一次世界大战期间是个连长，在抱怨战争经历时，他发现了自己的诗歌才华。在文学生涯走向辉煌的时刻，年仅 25 岁的他却不幸战死于战争结束前的一周，他大部分作品都是在辞世后出版的。1968 年，不仅是欧文的诗歌，还有同样死于第一次世界大战的另一个诗人鲁珀特·布鲁克（Rupert Brooke）的诗作，都再次受到青睐。作为战争牺牲品的诗人似乎成为了 1968 年文学中难以抗拒的一个背景。甚至连纪尧姆·阿波利奈尔（Guillaume Apollinaire），这个在第一次世界大战结束前数月头部中弹受伤、死于第一次世界大战结束前一天的法国作家，也在 1968 年获得了崇高的地位。在艺术界，作为评论家的阿波利奈尔更为知名的是对毕加索、布拉克、德朗和他自己的情妇玛丽·洛朗桑（Marie Laurencin）的提携，还有其他许多艺术家也受到他的奖掖。他是"超现实"这个词的创造者，也是一位诗人。1968 年，当新的英文版《被刺杀的诗人》出版时，理查德·弗里德曼（Richard Freedman）在为《生活》杂志所撰写的书评中写道："在阿波利奈尔辞世后的半个世纪，他在大学里的影响从未如此深远。"

看来，那些反对战争，反对任何战争的作家们，他们的文学声望都不断高涨。德国作家赫尔曼·黑塞（Hermann Hesse）是一个和平主义者，在第一次世界大战期间为了逃避兵役而移居瑞士，他此时在年轻人中的受欢迎程度超过了一生中的绝大多数时期。虽然他在 1962 年逝世，但他的小说具有类似马尔库塞似的对现代社会异化性质的体察，以及对于亚洲神秘主义的迷恋，这些都与 20 世纪 60 年代后期的青年人完美匹配。若泉下有知，他可能还会吃惊地发现，在 1967 年 10 月，一个雄心勃勃的电子摇滚乐队以他的小说《荒原狼》（*Steppenwolf*）命名。这个乐队在 1968 年最著名的单曲是《天生狂野》（*Born to Be Wild*），按照 24 岁的加拿大主唱、吉他乐手和口琴乐手约翰·凯（John Kay）的说法，乐队的理念和黑塞小说中的主人公类似。"他拒斥中产阶级的标准，"凯解释道，"但是他又希望能够在其中找到幸福，或者希望两者并行不悖。我们也是这样。"

在 1968 年，似乎每个人都想成为诗人。作为参议员和总统候选人，尤金·麦卡锡在 4 月 12 日这一期的《生活》杂志上发表了他的两首诗歌处女作。他声称自己大约一年前开始写诗。但新闻界没人相信政客们在选举年会偶然行事，《生活》杂志的专栏作家莎娜·亚历山大（Shana Alexander）指出："近来，麦卡锡有些惊讶地发现，那些喜欢他的政治主张的人也倾向于喜欢诗歌。当人们知道罗伯特·洛威尔与麦卡锡参议员一起旅行时，人们蜂拥而至，一睹其风采。"

麦卡锡摇身转向诗歌，这显示出他对于自己的支持者们的理解，而令人吃惊的是，作为总统候选人的他很少刻意讨好选民。大部分时间里，传统的政界人士和进行报道的记者们压根不理解他。麦卡锡会没有预先通知就取消演讲和其他活动。当电视主持人戴维·弗罗斯特（David Frost）问他在自己的讣告上会写点什么，麦卡锡非常认真、一点都不带讥讽地回答："我认为应该是'他死了'。"起初，他之所以在大学校园以及那些不喜欢传统政治的年轻人中产生巨大名望，是因为直到肯尼迪参选之前，他是唯一承诺将立即结束越战的参选人。在选战早期，因为麦卡锡模棱两可的风格和缺乏激情，策划其参选的反战左派人士如阿拉德·洛温斯坦等都非常失望，他们开始忧心忡忡是否选错了人。博比·肯尼迪曾是阿拉德·洛温斯坦的第一选择，有些人认为应该最后一次恳求他参选。但是年轻人不喜欢传统的领导人，他们欣赏那些不装模作样的候选人，而麦卡锡的风格对他们很有吸引力。这些年轻人热烈地谈论着他，好像麦卡锡是成长为参议员的一个诗人，但不那么浪漫的实情是：他的确是在选举的中期将自己重新打造成一个诗人，这是令人更为印象深刻的噱头。

《生活》杂志的莎娜·亚历山大给麦卡锡的定位是"谜题"，她解释道："人们对麦卡锡最初的反应是惊讶。如果有钦佩之情，也是后来才有的事。"他对于大学生们的吸引力也许部分地来自于他看起来和听起来更像一个教授而非候选人。当被问及洛杉矶黑人社区瓦茨的暴动，麦卡锡将其比作1381年的一次农民起义，这个回答使每个人都迷惑不解。

在描述麦卡锡在芝加哥选战中最后几小时里的失误时，诺曼·梅勒也许准确分析了他对于1968年的年轻反战分子们的吸引力：

> 他以往的说话方式是冷静而即兴的，现在则是以缺乏重点、缺乏力量和缺乏令人印象深刻的专注而著称，似乎所有竞选者的首要课题不应是当选总统，而是必须避免放大自己（似乎魔鬼的首要欲望就是使你成为自己意志的工具）。经过这几个月的竞选，他仍坚持必须保持自己的本色，绝不根据不同场合进行调整；外部环境似乎会要求他在演讲中显示力量以达到最好效果，但他绝不为此而相应地改变演讲风格，绝不。麦卡锡是按照圣人的逻辑在行事，未必是说他将自己视为一个圣人（虽然有时他肯定是这么认为！），但他的心理与此类似：是上帝而非人类来裁定事件的重要性；如果舌头这个器官可用于证实这一点，那么上帝会让你的舌头说话。"

考虑到1968年是如此特殊，麦卡锡在选战的中途发表他的诗作还是说得通的，但是其内容选择似乎不太恰当。为什么一个竞选美国总统的人自陈他深陷第二幕并且无法创作第三幕？当被问及为何他的诗歌写不到第三幕，麦卡锡表示："我并不是真要写第三幕。"这确认了许多支持者、记者和政界人士所怀疑的：麦卡锡并非真想成为总统。但是麦卡锡参议员的沉思仍在继续："你知道这些老规则：第一幕陈述问题，第二幕处理这些复杂状况，第三幕解决问题。我是属于第二幕的人物，那就是我的生活的状况：各种纠葛和复杂性。"

麦卡锡进一步思考从拿破仑到富兰克林·德拉诺·罗斯福的每个人，最后谈及他的对手罗伯特·肯尼迪。"博比是第一幕的人物。他指出这里有个问题，这里有另一个问题，还有其他问题。他从来不当真处理第二幕，但我觉得也许他将开始创作第三幕。博比的悲剧在于，为了击败我，他将不得不毁掉他的哥哥。因为今天我占据了约翰·肯尼迪在舞台上的大部分位置。这听起来有点难以理解，是吧？"

无论尤金·麦卡锡和已故的约翰·肯尼迪之间有什么相似之处，除了这位明尼苏达州的参议员自己，其他人都很少观察到这些所谓的相似点。另一方面，许多人则希望博比·肯尼迪能像他的哥哥。但其他人意识到，除了波士顿科德角口音以及家族遗传的眼部轮廓，博比和他的哥哥约翰没有任何相似之处。罗伯特生于 1925 年，比约翰小 8 岁。他并非完全属于第二次世界大战的那代人，因为那时他年纪太小不能服兵役；但是他的青春期都沉浸在对那个时代的思考与经历中，其中包括另一个比他年长 10 岁的哥哥战死在第二次世界大战的沙场上。1950 年时罗伯特已经 25 岁，因此他的童年或者青春期都与 50 年代无关。所以说他出生在一个交叉点上，不全然属于哪一个世代，但因为家族的关系他更多地与老一代关联。在 50 年代，他参与了冷战，甚至曾经成为臭名昭著的反共参议员约瑟夫·麦卡锡的律师。这段关系没能持久，后来博比也将它称为一个错误。他表示虽然自己被误导了，但他对于"共产主义者的渗透"真心感到担忧。但也许更好的解释是，事实上是他的父亲帮他谋到这个工作的。

罗伯特·肯尼迪努力向他的父亲和哥哥们看齐。虽然错过了第二次世界大战，但他总是羡慕战争中的勇士。1960年，在乔治城的一个聚会上，他被问及如果可以从头来过的话他希望成为什么样的人，罗伯特的回答是"当个伞兵"。他缺乏大哥的从容和魅力，但是他理解如何利用电视为一个有魅力的总统造势。他雇用白宫历史上的第一个媒体顾问，这人为约翰·肯尼迪成为第一个"电视总统"做了安排。约翰对电视所知甚少，但他却是电视的天然宠儿，因为他为人随和、放松和机智，并且他微笑时很帅。弟弟博比虽然对电视无比在行，但是在电视上却很糟，看起来笨拙而紧张，因为他就是这样的人。约翰曾经取笑博比的这种严肃性格，称他为"阴郁的罗伯特"。如果观察到这个结果，现在就容易理解由于罗伯特这种清醒和沉重的个性，他看起来总是注定要承受残酷的命运。关于博比，罗伯特·洛威尔这样写道："厄运在你的勇气中编织。"

罗伯特很纤弱，没有他的兄弟们的强健外表；与兄弟们不同，他笃信宗教，是一个虔诚的天主教教徒，也是一个忠实和全心全意的丈夫。他喜欢孩子。当别的政客对着婴儿微笑，或者摆出对儿童循循善诱的姿态时，博比看起来似乎是想跑开去和孩子们一起玩耍。孩子们能够感觉到这点，所以他们在博比身边快乐而无拘束。

这个男人崇拜战争并期望自己成为伞兵，他是一个冷战中的战士，因为担心马丁·路德·金与共产党人有联系，他甚至批准了监听——这个男人如何成为了20世纪60年代那一代人和新左派的英雄？汤姆·海登曾一度考虑，如果博比获得竞选提名就取消在芝加哥的抗议示威计划。

1968年，罗伯特·肯尼迪42岁，但看起来要年轻得多。八年前，汤姆·海登在洛杉矶的民主党大会上曾走向他，唐突地自我介绍，事后他印象最深的就是罗伯特看起来真年轻。也许这就是"博比"这个孩提时的昵称总是如此打动人的原因。在一天艰苦的选战结束后，博比总是在晚上埋头吃一大碗冰激凌，看起来像是个12岁的男孩。

肯尼迪着迷的是自我完善，可能他希望与此同时发现自我。他随身带着书籍进行学习。一段时间，他带着的是伊迪思·汉密尔顿（Edith Hamilton）的《希腊精神》（*The Greek Way*），这本书吸引他又去阅读了希腊经典著作，尤其是埃斯库罗斯的作品；又有一段时间，他阅读爱默生的作品，后来是加缪的著作。他的新闻秘书弗兰克·曼凯维奇（Frank Mankiewicz）曾抱怨说，罗伯特很少有时间和当地的政客们社交，却能和他熟悉的文学界人士比如罗伯特·洛威尔等聊上几个小时。

虽然忙于竞选，罗伯特还是渴望与诗人艾伦·金斯堡会面。头发乱蓬蓬的诗人解释了他的信念——对吸毒的执法是一种迫害，参议员则认真地聆听。诗人问参议员是否抽过大麻，参议员回答说没有。两人讨论着政治话题，关于"花朵力量"和"黑人权力"——即嬉皮士与黑人民兵之间可能形成的联盟。当瘦瘦的参议员陪着矮胖的蓄须诗人走到办公室门口时，金斯堡掏出一个小风琴，吟唱了几分钟颂歌。肯尼迪一直等到金斯堡唱完，然后问道："现在会有什么事情发生？"

金斯堡解释说，他刚刚为印度教的守护神毗瑟挐（Vishnu）献上了一首颂歌，也就是为守护地球献上了一首颂歌。

"那你应该唱给住在那上面的人听。"肯尼迪指着白宫的方向说道。

虽然罗伯特与马丁·路德·金并不来电，两人似乎总是要费尽力气才能对话，但他与加利福尼亚的农场工人西则·查维斯（Cesar Chavez）却发展出了直接和自然的友谊。以"罢工万岁！"（Viva la Huelga!）为口号，查维斯成功地发起了被他称为"我们的事业万岁"（la Causa）的全国运动，试图通过抵制加州的葡萄和其他农产品来为农场工人争取更好的条件。1968年，绝大多数自重的大学生都不会碰一颗葡萄，因为他们担心那可能是查维斯所抵制的葡萄品牌。查维斯组织了1.7万名农场工人进行罢工，使他们的工资时薪从1.1美元提高到至少1.75美元。查维斯是年轻一代的英雄；而肯尼迪与查维斯，一个是名门望族之后，另一个是移民的代言人，他们却能够奇怪地融洽相处。人尽皆知的一个故事是，在一次集会结束时，肯尼迪高呼"罢工万岁！事业万岁！"，然后和他的热情相比，他的西班牙语就不够用了，他又高呼"大家都万岁！"（Viva all of you!）。

博比甚至和新闻界发展出了亲善关系和某种幽默感。他标准的竞选演讲总是以萧伯纳的话作为结语，过了一阵子他发现，记者们已经把萧伯纳的话当作可以收工去乘坐媒体大巴的提示。于是某一天，他是这样结束演讲的："如同萧伯纳曾经说过的——跑去坐大巴吧。"

自从哥哥辞世，罗伯特显然发生了深刻的变化。他似乎找到了自己的价值，发现了他关心的事务而非肯尼迪家族的议题，并且他愿意为此进行斗争，即使这意味着与他的老盟友产生对立——人民仍在哀悼他的哥哥，而正是在哥哥执政的那些令人陶醉和备受尊敬的日子里，他结识了哥哥班底里的这些老盟友。背叛越战这场战争也是一场高度个人化的斗争。罗伯特曾经以马克斯韦尔·泰勒（Maxwell Taylor）将军之名命名他生于 1965 年的儿子，另一个生于 1967 年的儿子则是以埃夫里尔·哈里曼（Averell Harriman）和道格拉斯·狄龙（Douglas Dillon）的名字命名的——这三个人都是进行越战的关键人物。

即便罗伯特不是一个伟大的演说家，他还是有过一些非凡的表达。不像现今的政客，他告诉人民的不是他们希望听到的，而是他觉得人民应该听取的。和马丁·路德·金一样，他总是以类似的宗教热忱和高度相似的措词强调个人责任。他认为支持正义事业是一种义务。尽管他采取了强烈的反战立场，他仍批评那些逃避兵役的学生们；他走进校园会见欢呼的学生们，教育他们不应该拒服兵役而将这个责任推卸给更为弱势的人群。但是他也表示，不同意美国政府在越南的所作所为的人们有义务畅所欲言，因为在一个民主社会中，战争是"以你们的名义"进行的。

麦卡锡也做了类似的事情，他告诉年轻的支持者们应该努力工作，应该为这场选举修饰仪表。于是以"清爽为尤金"（clean for Gene）为口号，支持者们剪短了头发，放低了裙摆，剃须修面。

但肯尼迪则试图定义什么是错误的，以及应该对此采取什么行动。他抨击了美国对于经济增长的痴迷，因为这段演讲与《休伦港宣言》类似，所以海登引用了它：

如果仅仅是经济的持续发展和尘世间商品的不断累积，我们无法在其中实现国家目标和个人满足。我们无法用道琼斯指数衡量国家精神，也不能用国民生产总值度量国家的成就。因为国民生产总值包括空气污染，包括在公路上处理交通事故的救护车。国民生产总值还计入了为我们的房门特制的锁，以及关押入室行窃罪犯的监狱的运营费用。国民生产总值包括对红衫木的毁坏和苏必利尔湖的枯竭。国民生产总值随着凝固汽油弹、导弹和核弹头的生产而增长……它还包括为了向孩子们兜售商品而美化暴力的电视节目。

如果国民生产总值包括以上所有内容，也还有很多它未能涵括的内容。它未能顾及我们家庭的健康、教育的质量以及玩耍的愉悦。它对于我们工厂的整洁和街头的安全都漠不关心。它也未能纳入我们的诗歌的美丽、婚姻的稳固、公共讨论的智性或者公务员们的廉洁……国民生产总值既不能统计我们的机智也未能统计我们的勇气，既不能统计我们的智慧也未能统计我们的学识，既不能统计我们的怜悯之情也未能统计我们对国家的热爱。简而言之，国民生产总值统计了所有指标，但遗漏了让生活有意义的那些指标；国民生产总值能告诉我们关于美国的一切——却未能说明作为美国人我们是否感到自豪。

肯尼迪精力无限地投入竞选，他可能赶上和超过麦卡锡；副总统休伯特·汉弗莱肯定会继承约翰逊的衣钵参加竞选，但肯尼迪甚至可能击败休伯特。即使所谓的"尼克松噩梦"出现——尼克松再次与另一个肯尼迪进行辩论——民意测验者认为博比会赢得辩论。如果在春季能赶上麦卡锡，那他就势不可当了。但是压在肯尼迪以及他的大多数支持者和贬抑者心头的，都是这个念头：肯尼迪可能是无法阻止的——除非有人用子弹阻止他。

第九章
新国土上的儿女们

有一个国家从来不知道立国之道,为此它妄自尊大、铤而走险,在全世界都为祸甚烈;属于这样的一个国家,并在这样一个国家的精神传统中工作会是怎样的情形!作为一个德国作家——那意味着什么?在我们用德语创作的每个句子后面都站着一个支离破碎、在精神上被摧毁的民族……一个永远无法再以其面目示人的民族。

——托马斯·曼(Thomas Mann),《德国的悲剧》,1946 年

其他国家的人民,将永远无法完全理解一个出生于 20 世纪 40 年代晚期的德国人的感觉,那时集中营被关闭了,负罪感在稀释而逝者已逝。格哈德·施罗德(Gerhard Schroder)出生于 1944 年,并在 1998 年当选德国总理,他在 21 世纪的戏剧性经历具有普遍性,是关于他那一代人的故事。他从未见过自己的父亲,因为在他出生前,父亲已在战争中死去。父亲是怎么死的以及父亲是怎样一个人,对施罗德都是一个谜。就职总理后,施罗德发现了父亲一张褪色的照片,照片中的他是一个德军士兵,但除此之外,他对父亲所知甚少。各种可能性都令人恐惧。

第二次世界大战后不是有两个德国，而是有四个德国——美国、英国、法国和苏联占领区——它们都实行美国所谓的"去纳粹化"政策，即清洗各种职能岗位上的大小纳粹官员，并且对各级纳粹分子进行战争罪责审判。

在 1947 年，美国启动了"马歇尔计划"以重振欧洲经济。苏联拒绝参与其中，于是很快就形成了两个德国和两个欧洲的格局，而冷战也就开始了。1949 年，美国建立了它自己的德国——西德，定都于波恩这个尽可能远离东部的城市。苏联则建立东德予以回应，首都是已被分隔开的旧都柏林。到了 1950 年 7 月，当冷战已经发展成为在朝鲜的枪战，西德悄然放弃了去纳粹化政策，因为纳粹毕竟一直是坚定的反共产主义者。但是在东德，对纳粹的清洗仍在继续。

一直以来都存在着北德和南德，北德是新教徒，而南德是天主教徒，他们的食物和口音也都不一样。但是从来没有东德和西德这样的划分。新的长约 1380 公里的边境的建立并非遵循任何文化的或者历史的逻辑。西德人被告知他们是自由的，而东德人则被告知他们属于一个新型的实验性的国家，它将与梦魇般的过去决裂，建立一个全新的德国。他们还被告知西德是一个纳粹国家，在清算它的耻辱历史上无所作为。

确实，在美国及其盟国的同意下，1950 年西德宣布大赦低级别的纳粹官员。在东德，85% 的法官、公诉人和律师则因其纳粹背景而被剥夺从业资格，但因为符合大赦的条件，这些人中的大多数逃往西德，继续从事法律职业。东德的学校、铁路和邮局中的纳粹分子都被清除，但这些德国人也可以在西德继续从事他们的职业。

对于东德和西德的许多人来说，"格罗布克事件"充分表明了新成立的西德的趋势。1953 年，康拉德·阿登纳（Konrad Adenauer）总理选用汉斯·格罗布克（Hans Globke）担任总理府国务秘书。格罗布克可不是一个默默无闻的纳粹分子。他曾经为剥夺德国犹太人权利的纽伦堡法案提供法律依据；为了便于识别犹太人，他还建议强迫所有犹太人采用"萨拉"（Sarah）和"伊斯雷尔"（Israel）这两个名字。东德人抗议格罗布克在西德政府任职，但是阿登纳坚持认为格罗布克并无过错，于是格罗布克继续效力于西德政府，直到 1963 年退休，迁居瑞士。

直到 1968 年，对于纳粹分子的揭露仍在继续。

埃达·戈林（Edda Goring）试图继续保有画家卢卡斯·克拉纳赫（Lucas Cranach）在 15 世纪的名画《圣母玛利亚与圣子》，为此她诉诸法律。她声称这幅画是已辞世的父亲赫尔曼·戈林（Hermann Goring）在她受洗时送的礼物，具有情感价值。戈林从科隆偷走了这幅名画，他是盖世太保的创立者和首脑，在纽伦堡审判那场去纳粹化的示众中他是头号被告。戈林在预定行刑前的几个小时自杀身亡。科隆从那时起就一直试图追回这幅名画。虽然埃达·戈林在 1968 年 1 月再次败诉，但她的律师们预测至少还会发起两轮上诉。

与此同时，73 岁的德国总统海因里希·吕布克（Hein‑rich Liibke）协助建造集中营的证据浮出水面，事实上是再次浮出水面。东德人在两年前就提出了这项指控，但他们提供的文件被认为是虚假的而被驳回。现在西德的《亮点》（Stern）杂志雇用了一个美国的笔迹专家，他断定吕布克作为国家元首的签名和当时在集中营计划上的签名是一致的。

1968 年，质疑高官在第二次世界大战中的作为并不鲜见，不同的是现在它上了电视。法国的《巴黎竞赛报》写道："当你 72 岁且处于政治生涯的顶峰，作为国家最高元首，你出现在 2000 万电视观众面前的角色却是被告，这是最糟糕的结果。"

2 月，两名学生闯入波恩大学校长办公室，在优秀生名单中吕布克的名字旁写下"集中营建造者"，为此这两个学生被开除。此后，波恩大学的 200 位教授中有 20 人签名请愿，要求吕布克总统对此做出公开回应。于是，吕布克与总理库尔特·格奥尔格·基辛格（Kurt Georg Kiesinger）会面，在西德政治体制中，后者是权力更大的政府首脑。基辛格总理与总统评估了各种选择，但排除了退休与辞职这两个选项。几天后，总统在电视节目中否认这些指控，但他的说法是"将近 1/4 个世纪已经过去，很自然，我不可能记得我签署过的每一份文件"。最终，在十个多月后，他被迫辞职。

基辛格总理曾经为第三帝国的政府效劳，所以在 1968 年他也有自己的麻烦。他曾被传为证人，在对弗里茨·格布哈德·冯·哈恩（Fritz Gebhard Von Hahn）的战争罪行审判中作证，后者被指控是在 1942 年和 1943 年杀害 3 万名希腊和保加利亚犹太人的共犯。几乎从出庭作证的那个时刻开始，就好像是总理自己在接受审判。辩方律师传他作为证人，以解释当他任职外交部时，他的电台监测部为何没有传递关于驱逐和杀害犹太人的新闻。但他首先要解释为何在外交部任职。总理解释说那是一个"巧合"，但他的确承认自己曾是纳粹党党员。他解释说，自己在 1933 年入党，"但并非出于信仰或者投机"。他表示，在战争中的大多数时候，他曾以为犹太人是被驱逐到"兵工厂或者类似的地方"。那么电台监测部传递了关于这些被驱逐的犹太人命运的消息吗？"什么消息？"这是基辛格的回答。他否认知悉关于屠杀犹太人的任何情况。

两年前，基辛格政府通过成功组成了一个达成妥协、提供了政治稳定的联盟，得以执掌政权，但正是此时学生运动开始高涨。新一代人对去纳粹化的结束和西德重新军事化的决定感到愤怒和担忧。由于最初联合政府确立了延缓大学生服兵役的政策，大学变得人满为患。但是到了 1967 年，尽管大学的录取率提高了，仍然只有 8% 的德国人能够上大学，大学生还是少量的精英。但大学生们不想过于精英化，于是要求政府进一步加大录取机会。1968 年 3 月，西德贸易与工业协会抱怨说社会面临风险，因为它所造就的毕业生数量已经超过了可以合理预期的就业机会。

3 月 2 日，法庭宣布从狱中释放罗伯特·马尔克（Robert Mulke），因为 71 岁的马尔克的身体状况不佳，已不适于监禁。三年前，马尔克作为奥斯维辛集中营的助理指挥官，因谋杀 3000 名"囚犯"被判有罪。

1968 年，德国学生领袖们预测有 6000 名激进学生可以追随他们，但是在许多议题上，他们有能力动员多达数万名的学生。越南战争、希腊的非法军事独裁以及伊朗国王的暴政压迫，是三个最流行的国外议题，但是德国的国内议题偶尔也会集结更多的抗议者。弗里茨·托伊费尔（Fritz Teufel）的"第一公社"（Commune I），以及一个学生组织的马克思主义学习小组——名字恰巧也叫作"学生争取民主社会"的德国社会主义学生联盟（Sozialistische Deutsche Studentenbund），是两个成熟且组织良好的团体。

学生运动的中心主题之一是：德国是一个专制的社会。其中所暗示的词是"仍然",德国仍然是专制的——意味着它未能从第三帝国的废墟上复兴成为真正的民主社会。纳粹分子在政府中的存在只是其中一个基础部分。许多学生都怀疑他们的父母不是从事过就是支持过第二次世界大战时那些令人发指的行为,这种怀疑所造就的代沟远甚于格雷森·柯克在哥伦比亚大学所观察到的。

许多精神病学家和临床医学家承认,对过去的恐惧,或者说在许多情况下缺乏一个过去,这是战后一代德国人面临的特殊问题。萨米·斯皮尔(Sammy Speier)是在以色列出生的精神分析学家,他在法兰克福开设私人诊所,他这样写道:"从奥斯维辛集中营之后,讲故事的传统就不复存在了;几乎已没有父母或者祖父母可以将孩子们抱在膝盖上,给他们讲述自己以前的生活。儿童需要童话,但是与此同样重要的是,必须要有家长能够告诉他们自己以前的生活,这样孩子们才能与过去建立起联系。"

表面上的问题之一是学术自由以及对于大学的控制。事实上,这个屡被说明的问题并非冲突的源头,柏林作为学生运动第一个清晰表明宗旨、发展最为迅速、爆发最为猛烈的地点,充分说明了这一点。柏林自由大学,如其名字所声称的,是西德最为自由的大学。它是在战后的1948年建立的,所以没有受困于旧德国对于大学的种种荼毒。按照大学宪章,一个民主选举出的学生团体按照议会的程序对校方的决定进行投票。最初的学生团体成员有很大一部分是政治上激进的东德人,他们为了追求学术自由而离开了东德的大学体系。他们是自由大学的核心,所以在自由大学创办13年后的1961年,当东德人开始建造柏林墙,柏林自由大学的学生们就试图捣毁柏林墙。在柏林墙建好之后,来自东德的学生们无法再入读自由大学,于是它很大程度上成为了政治化的西德学生的学校。西柏林的学生们是冷战时期的产物，他们的强硬远甚于美国学生，因为他们"同时拒斥资本主义和共产主义"。

可能是由于位于冷战的中心，柏林成为了所有抗议活动的中心。东德人悄悄溜进西柏林，而西德人则溜进东柏林。谈及这第二个流向的比较少，西德对此也没有任何统计。1968年，东德宣布每年有2万名西德人跨境进入东德。据说这些西德人并非有什么政治倾向，但在1968年3月，当沃尔夫冈·基林（Wolfgang Kieling）也进入东德时，这个神话被打破了。基林是著名的西德演员，因为在1966年阿尔弗雷德·希区柯克导演、保罗·纽曼主演的影片《冲破铁幕》（*Torn Curtain*）中饰演东德恶棍，他在美国声名鹊起。基林曾为第三帝国在苏联前线作战，当瓦茨发生种族暴动时，他正在洛杉矶拍摄《冲破铁幕》，他表示美国使他不寒而栗。基林声称离开西德是因为它对美国的支持，在列举了美国"对黑人和越南人民的罪行"后，他认为美国是"在今日世界中人类所面临的最危险的敌人"。

1966年12月，自由大学的学生们第一次在街头与警察发生冲突。那时美国的越战已经成为学运组织的主要议题之一。西德学生运用美国的游行示威技巧抗议美国政策，很快就成为欧洲最引人瞩目的学生运动。但是学生们也反抗西德的物质主义，同时寻求一种更好的途径以实现东德曾承诺的目标——彻底与德国的过去决裂。当他们致力于此的时候，也开始为有轨电车的票价和学生的生活条件抗议示威。

1967年6月2日，学生们聚集起来抗议柏林市长威利·勃兰特（Willy Brandt）对伊朗国王的接待。当客人们在歌剧院安然就座准备观看莫扎特的《魔笛》时，歌剧院外面的警察开始暴怒地攻击自由大学的学生们。学生们惊恐地逃跑，但是其中有 12 名学生伤情严重，不得不被送往医院；另一名逃跑的学生贝诺·奥内佐格（Benno Ohnesorg）则被枪击身亡。奥内佐格并不是激进分子，而这也是他第一次参加游行示威。枪杀他的警察很快被无罪释放，而经过漫长的审判后，抗议组织"第一公社"的领导人弗里茨·托伊费尔则面临可能长达 5 年的刑期，罪名是"煽动骚乱"。这引发了全国范围内愤怒抗议此次屠杀的学生运动，柏林和全国各地都举行了抗议示威，学生们反对西德的立法机构，并要求改组国会。

1968 年 1 月 23 日，汉堡的一个右翼牧师赫尔穆特·蒂利克发现自己的教堂里挤满了试图谴责他的布道的学生。他召来西德的军队驱赶正在散发传单的学生，传单上则是修改过的一篇主祷文：

> 愿我辈在西方之资本，因你的投资而得以偿还，
> 愿你赐我辈利润滚滚，丰厚倍增
> 如同在华尔街与欧罗巴！
> 请赐我辈此日，赐我辈每日之进项。
>
> 请赐我辈横财，如我辈借贷予借贷者，
> 让我辈永不破产，又使我辈无工会之羁绊，因你
> 乃半个世界之主人，你是权力与财富之神，
> 掌管过去 200 年不坠。
> 贪欲之神[1]。

---

1 原文为"Mammon"，意为贪欲之神，学生们是以此与基督徒祈祷结束时所说的"阿门"（Amen）形成讽刺的对比。

1968 年，神学学生们也进行了示威游行，他们强调再也不能接受仅是单方面聆听的教堂布道，在礼拜仪式中应该质疑和讨论西德的非人道状态以及美国在越战中的暴行。在现实中，教堂应该成为提升人们政治与道德觉悟的讨论场所。这些神学学生反抗者中，最突出的是来自东柏林的一个学生难民鲁迪·达兹克，有时人们叫他"红色鲁迪"。

德国的"学生争取民主社会"在大学中组织有方。2 月 17 日，它选择了一个良好的时机有效展示自身的力量：它接待了来自全球的学生活动分子，主办了一个反对美国发动越战的国际会议。"国际越南会议"（International Vietnam Congress）是 1968 年学生运动的第一个大型国际会议，其举办背景是"新年攻势"正处于高潮，而越战则是当时全世界电视节目的主题。在大多数国家，反对越战不仅是最为风行的行动——在许多情况下也是组织最为良好的运动——同时也是所有抗议群体都认同的唯一主题。参加者中包括一个伊朗的"革命者"，还有来自美国和加拿大的激进分子，其中两个行握拳礼的黑人越战老兵，尽管他们臂挽臂地喊着"该死，不，我不愿去参战！"——但为时已晚，他们都参与了越战。总体上，这是一个集结了德国、法国、意大利、希腊和斯堪的纳维亚国家学生们的欧洲集会。这个 12 小时的会议包括了演讲和讨论，在柏林自由大学一个巨大的会堂里举行，而容纳不下的另外几千名与会者只好去另外的两个大会堂。主会场的装饰是一面巨大的北越民族解放阵线的旗帜，以及印有切·格瓦拉不容辩驳的宣言的横幅："革命者的使命就是发动革命"。演讲者包括达兹克、其他全国性运动的领袖，以及剧作家彼得·韦斯，全世界的学生都在引述他的《马拉／萨德》。

德国人的做法让许多外国学运分子眼花缭乱。演讲者之一阿兰·柯瑞文（Allan Krivine）时年 27 岁，他是来自法国的托洛茨基分子，后来成为了 1968 年巴黎春季造反运动的领袖之一，他说："1968 年的许多学运策略，都是在年初的柏林和布鲁塞尔反越战示威中习得的。反越战运动在整个欧洲都组织得有条不紊。达兹克和德国学生是这种强硬示威策略的先锋。我们到德国时，他们就像执行军事任务一样已经准备好了横幅、标语，还有安保以及一切。对于我和其他法国学生，这一切都很新颖。"

达尼埃尔·科恩-本迪特（Daniel Cohn-Bendit）是一个法籍德裔的学生领袖，由于德国的"学生争取民主社会"在大型示威中吸纳了学生议题，他对于这一点印象深刻。法国学生们邀请了 1968 年德国"学生争取民主社会"的主席卡尔·D. 沃尔夫前去演讲。

出生于 1940 年的鲁迪·达兹克是德国学运领袖中最年长的一位。塔里克·阿里（Tariq Ali）是英国的一个组织"越南团结运动"（Vietnam Solidarity Campaign）的领导人，也是 1968 年一份曾短暂出版的伦敦地下评论刊物《黑侏儒》（Black Dwarf）的创办人之一，他对达兹克的描述是："身材中等，脸庞瘦削，笑容温和，他微笑时眼里总是充满笑意。"甩着黑色长发，留着一茬似乎永远不变的胡须，据说他是一个激情四射的演讲者，但是德国年轻人对于他的演讲才能总是感到别扭和尴尬。看来德国人学会了提防这种激情四射的演说，只是对他报以礼貌性的掌声。其他的学生领袖也建议达兹克节制自己的演讲风格。

达兹克在大会的演讲中，把越南人民进行的斗争和欧洲人推翻阶级歧视体制的斗争相提并论。然后，他以其惯常的做法，把逐个击败敌军并最终改变欧洲社会的战斗，比喻为毛泽东在 1934 年至 1935

年领导的著名的长征，其时毛泽东带领 9 万名红军战士进行了横跨中国的艰苦跋涉，他们采取了"星星之火，可以燎原"的策略，逐步在各地积累人民的支持，使得困难重重的共产主义运动获得了全国影响。

几个小时的演讲后，轮到了埃里克·弗里德（Eric Fried）上台。他是一个受到认可的诗人，属于日益鲜见的德国犹太人。埃里克于 1921 年在奥地利出生，父亲被拷打致死后，他逃离了纳粹德国。虽然属于不同的一代人，但他个人和许多德国学生领袖保持着非常密切的关系，尤其是达兹克。德国的新左派对他也特别重视，因为他直言不讳地反对犹太复国主义，并且支持巴勒斯坦。德国的新左派与欧洲和美国的新左派类似，他们将年轻的亚西尔·阿拉法特所领导的巴勒斯坦新生反侵略武装组织当作又一个浪漫的民族运动力量。但是对这些德国的年轻人来说，支持一个显然是仇视犹太人——包括在欧洲的犹太人的组织，这是令人反感的，所以他们的队伍中如果能有一个真正的犹太幸存者，会是很有力的一个宣传。从支持以色列到转向支持巴勒斯坦，是从"六日战争"以及阿拉法特的崛起开始的，但这也暗合了对非暴力主张的兴趣日益消减。这些巴勒斯坦人仅仅是热衷于武装斗争，简单来说，这意味着可以将其视同游击队战士——如同格瓦拉。

"和平运动"与"反战运动"这些词汇主要是美国人的表达，但即使在美国的一些左派圈子里，它们也很快过时了。欧洲的激进分子更感兴趣的是北越的胜利，而非越战的结束。"新年攻势"对他们不是一次悲惨的生命消亡，而是一次被压迫人民的胜利。英国的激进分子塔里克·阿里谈到"新年攻势"时使用的是和柏林、罗马、巴黎的激进分子们一致的论调："全世界洋溢着喜悦与活力，数百万人突然之间感到振奋，他们不再相信暴君的力量。"

我们都背负着自己的历史。美国的活动分子希望终结侵略，欧洲的激进分子们则希望殖民主义被挫败——期待美国像欧洲的殖民霸权一样被粉碎。这在法国特别明显，他们强调在溪生的美国海军陆战队将遭到耻辱性的失败，如同法国在奠边府的遭遇。法国媒体连篇累牍的文章都问道："溪生会是另一个奠边府吗？"其中的期待之情几乎不加掩饰。欧洲，尤其是德国的左派有一丝自我厌恶的意味，他们把美国所有的罪孽都和本国的相提并论。对法国和英国的左派而言，美国人是殖民主义者；对于德国人而言，美国人则是纳粹。彼得·韦斯1968 年出版的《越南话语》（*Vietnam Discourse*）则认为美国人在越南犯下了和纳粹一样的罪行。

第二天早晨，估计有 8000～20000 人出现在柏林库达姆大街——因为东、西柏林的隔绝使得市场需求简化了，这条布满了时髦商店的宽阔林荫大道，是那些昂贵的新时尚的发源地。令人惊讶的是，学生的队伍中增加了穿越东德的几百名西德人，头天晚上，他们是在柏林的同志们家里过夜的。《纽约时报》估计参与者"超过 1 万人"，将它称为"柏林所举行的迄今最大规模的反美集会"。游行人群穿过西柏林湿冷和灰色的大街，他们的队伍有着奇特的文化构成——他们举着的画像包括切·格瓦拉、胡志明以及罗莎·卢森堡，后者是波兰的左派，于 1919 年在德国遇害。他们呼喊着在美国的反战游行中总能听到的口号——"胡，胡，胡志明！民族解放阵线必胜！"。人们游行到了贝诺·奥内佐格被枪杀的歌剧院，接着到了柏林墙进行更多的演讲。达兹克向群情激奋的人群发表演说："告诉美国人，我们把你们驱逐出去的日子即将来临，除非你们自己抛弃帝国主义。"尽管他显然是反美的，但"红色鲁迪"，这个据说是欧洲最重要的学生革命者，还是娶了一个来自芝加哥的美国神学学生。

主要是为了保护美国的军事与外交驻地，当局事先布置了许多骑警。但是示威者根本没有试图接近这些区域。他们爬上了两台有30层楼高的起重机，系上了巨大的越共旗帜和红旗。当建筑工人取下旗帜焚烧，示威者们报以嘘声。西柏林的工会则进行了同样大型的反示威游行，参与者高呼着"柏林支持美国"以及"把达兹克赶出西柏林"。

参加了柏林的2月反越战游行的学生们回国后都很振奋。3月17日，英国学生发起了他们自己的游行，这是由塔里克·阿里和"越南团结运动"组织的第二次游行示威。如同此前伦敦的大多数示威，第一次示威的规模较小，也没有暴力冲突。但在第二次游行中，数千名抗议者挤满了牛津街，红旗汇流成河，人们高呼"越南民族解放阵线必胜！"。一个德国的"学生争取民主社会"的小分队力劝"越南团结运动"占领美国大使馆，但是塔里克·阿里认为这并不可行。游行人群到达格罗夫纳广场，完全出乎"越南团结运动"组织者的意料，人们冲破警察的封锁线向美国大使馆跑去。手持警棍的英国骑警开始殴打学生，其残暴程度在伦敦是罕见的。滚石乐队的主唱米克·贾格尔（Mick Jagger）也参与了游行，并在《街头斗士》（*Street Fighting Man*）这首歌中写下了当时的场景。

除了越战以及北爱尔兰时局的恶化这两个外部问题，英国在1968年的最大问题是种族主义。由于工党政府提交《英联邦移民法案》的提案，在国会的保守党成员伊诺克·鲍威尔的领导下[1]，英国

---

[1] 英国在1968年的种族紧张局势，缘起于伊诺克·鲍威尔（Enoch Powell）在4月份批评英联邦有关移民和反歧视法案的演讲，他引用了古罗马诗人维吉尔的史诗《埃涅阿斯纪》中"台伯河上漂满鲜血"，由此引起公众和媒体哗然，这篇充满种族歧视观点的演讲因而也被称为"血河演讲"。

出现了和美国民权组织称之为"白人的反弹"类似的种族紧张，它像有毒植株一样开始蔓延。当英国开始实行去殖民化时，英国工人被告知前殖民地的黑人和棕色人种将来到英国，夺走他们的工作。"维持白人的英国"是鲍威尔的口号，而许多的工人组织在示威时也使用这个口号。有趣的一幕是，当一位肯尼亚外交官进入下议院时，他遭到了支持"维持白人的英国"的诘问者们的骚扰，他们朝这位东非外交官喊着："滚回牙买加去！"

　　西德看起来很不稳定，像是在等待一次更大的爆发。4月3日，崇尚暴力的左派分子焚烧了法兰克福的两家百货商场。若是在20世纪70年代，这类行动会使其更受瞩目。4月11日，鲁迪·达兹克在西柏林的一家药店前准备为他襁褓中的儿子何西阿·切（Hosea Che）买药——儿子的名字分别以一个先知和一个革命者命名。这时，23岁的慕尼黑失业房屋油漆工约瑟夫·巴赫曼（Joseph Bachmann）走向他，用手枪连发三弹。第一枪击中了胸部，第二枪击中脸部，第三颗子弹则危险地留在他的头部。这是德国自第三帝国灭亡后的第一次政治暗杀。巴赫曼在与警察进行枪战后被捕，他解释道："我听说了马丁·路德·金之死，我仇恨共产主义者，所以我觉得自己必须杀掉达兹克。"巴赫曼在他的公寓里保存了一张希特勒的相片，并且认同也做过慕尼黑油漆工的希特勒。他是煽动仇恨的右翼报纸《图片报》（Bild Zeitung）的忠实读者，西德最有势力的媒体大亨阿克塞尔·施普林格（Axel Springer）则是这份报纸的老板，而他旗下的报纸一味地支持美国政策，恶毒攻击左派运动，并鼓励和欢呼对左派人士的袭击，其中有条新闻的标题是"别把所有的脏活都留给警察！"

《图片报》创办于 1952 年，它是这个欧洲最大的右翼媒体帝国的核心，发行量为 400 万份，居于欧洲大陆的日报之首。施普林格旗下的 14 份出版物——包括 5 份日报，总发行量为 5000 万份。这些报纸不仅反共，而且宣扬种族主义，许多人认为它们迎合的恰恰是新德国试图埋葬的恶兽。施普林格总是声称，他代言的是普通德国人的想法，而这正是许多人所担心的。施普林格并不否认《图片报》有时实在过分，有一次他说："你们该看到，有时在早上读到自己的报纸后，我会大惊失色掉到床下。"

　　被激怒的不仅仅是学生。早在这次刺杀事件之前，200 名作家就要求他们的出版商抵制施普林格的报纸。尽管巴赫曼声称《图片报》激发了他的行为，而许多人也同意这个看法，但施普林格本人则是一个更为复杂的人物。施普林格是有名的模范雇主，因为员工的待遇极好，所以尽管他玩弄右翼政治，劳工组织却支持他。此外，尽管他的报纸是纳粹式的调调，施普林格却是犹太人事业的坚定支持者，并且从他的个人财产中慷慨捐赠。他不知疲倦地为德国向以色列的补偿赔款开展活动，他的报纸也持强烈的亲以色列立场。但是在 1968 年，德国的新左派确认他的报纸已经对他们宣战，因为它们要求以惩治性的法律限制示威和更严厉地处置示威者——施普林格称其为"恐怖主义者"。他力主义务警员亦可对学生使用暴力。

　　直接产生的反应是：对于枪击事件的愤怒即刻转化为对施普林格的愤怒，不仅是因为多年来他对于左派的非难，也因为长期以来人们根深蒂固的对于一个观念的拒斥：欧洲可以由实力强大的媒体大亨来领导。施普林格是默多克和贝卢斯科尼的先驱者，但是他的媒体帝国在今天看来有些古怪，因为他没有广播电视方面的资产，所以这个问题仍然存在——这个被英国盟军从德国废墟上筛选出来管理一个广播电台的人，是怎么成为欧洲最强大的舆论制造者的？

在达兹克遇刺仅几个小时后，一群愤怒的年轻人就聚集在一座19层的钢铁与玻璃混合的办公大楼前，它位于柏林波希米亚风格的克罗伊茨贝格区。施普林格选择这个地点建造他的办公楼，是因为它挑衅式地正对柏林墙。他在办公大楼上挂了块霓虹灯牌，上面写着"Berlin bleibt frei"——即"柏林依然自由"。学生们向办公大楼投掷石块和火把，警察则用高压水炮驱散他们。第二天，排成方阵的学生们臂挽着臂，如潮水一般向西柏林的施普林格大楼行进。在他们到达之前，大楼前已经是严阵以待的铁丝网和防暴警察。人们高喊着达兹克的名字以及"施普林格是凶手！""施普林格是纳粹！"。警察动用了高压水炮并开始逮捕示威者。在市政厅前，示威者们高喊"法西斯！"和"纳粹！"。学生们同时向美国广播电台行进，打碎了办公楼的窗户。慕尼黑的示威更有成效，示威者在被警察赶走前成功地进入了施普林格公司的大楼。虽然没占领大楼，但学生们焚烧了运送报纸的卡车。在汉堡、埃斯林根、埃森和汉诺威，数千名学生与警察发生了冲突。通常是学生的棍棒和警察的高压水炮对抗，后者在那天占了上风。但是示威者还是阻止或者延迟了施普林格运送报纸。在法兰克福，他们还阻止了德国最重要的财经报纸《法兰克福汇报》（*Frankfurter Allgemeine Zeitung*）的运送，因为它是在施普林格的工厂里印刷的。示威者们同样在施普林格设在纽约、伦敦和巴黎的大楼前出现。在伦敦，在离开特拉法加广场上马丁·路德·金的纪念仪式后，塔里克·阿里带领一群学生试图占领施普林格的办公室。阿兰·柯瑞文回忆道，在巴黎，"当鲁迪遇刺时，巴黎出现了第一次自发的暴力性示威。警察们甚至没有穿上防暴制服，没有配发头盔和盾牌，而拉丁区的学生们冲了进去向他们投掷桌椅"。

在德国，这一事件发生在复活节假期，在刺杀事件后连续5天都发生了街头冲突，其中有两人被杀——一位美联社的摄影师和一个学生，他们都死于学生们投掷的物品——有几百人受伤，更多的人被捕。这是自希特勒上台截至当时最为严重的街头骚乱。因为对德国政局动荡的后果记忆犹新，大多数西德人并不支持街头暴力行为。1968年6月，《明镜》周刊进行了一次民意测验，其中92%的柏林市民反对"示威学生使用暴力"。示威学生们对工人阶级的呼吁未奏效：30岁以下、来自工人阶级家庭的柏林人中有78%表示他们反对学生暴力。甚至，一些学生也直言反对暴力。

达兹克捡回了一条命，在康复后，他甚至给巴赫曼写信阐释自己的社会主义理念。但巴赫曼在监狱中上吊自尽了。

在被捕的230名学生中包括彼得·勃兰特（Peter Brandt），他是威利·勃兰特的儿子，而威利是前任柏林市长，现任的德国外交部长和副总理。威利·勃兰特一向是个正直的德国人，作为社会主义者，他曾经反对法西斯主义，他的历史清白无暇。但是彼得表示他对父亲感到失望，因为自从他进入政府后就丧失了对社会主义的热忱。威利是一个社会民主党人，在德国这相当于自由派人士。"我从未说过我的父亲应该离职，这并不是事实，"彼得声明道，"但是我认为他已经变了，而我对此感到遗憾。他再也不是同一个人。他再也不是那个曾参加西班牙内战的社会主义者。我们之间再无共同语言。"当他的父亲提醒说他在政治上花费了太多时间而在学业上不够投入时，彼得说："如果我认为需要改变某事，我就会认为用行动来促成改变是我的责任。"

彼得的一个教授曾警告当副总理的父亲："再过 6 个月，你的儿子彼得就将变成一个共产主义者。"

威利·勃兰特耸耸肩回答道："任何人如果在 20 岁时不是一个共产主义者，那他就永远无法成为一个优秀的社会民主党人。"

第十章

瓦格纳式的弦外之音：
关于一场时髦和蓄须的革命

埃罗尔·弗林（Errol Flynn）扮演的罗宾汉，还有无数演员塑造的英雄形象，他们反抗不公、领导人民战胜暴政，这些都是我成长的养分。古巴看起来符合一部经典的好莱坞影片的各种桥段。

——勒鲁瓦·琼斯，

《勒鲁瓦·琼斯／阿米里·巴拉卡自传》，1984 年

1968 年 2 月，20 名年轻的美国学生从墨西哥城抵达哈瓦那。这次旅行由美国的"学生争取民主社会"组织，其中有个来自新泽西的哥伦比亚大学大三学生，即 20 岁的马克·拉德（Mark Rudd）。为了这次古巴之旅，他曾在"西部终点"酒吧卖印度大麻以筹资，那是学生们在上曼哈顿经常厮混的一个据点。

这群学生和越南驻古巴的外交使团会面，对于他们的彬彬有礼感到吃惊。越南大使表示，他理解美国政府和美国人民之间存在重要的分歧。尽管学生们欣慰地接受了大使的优雅谈吐，拉德还是抓住机会指出，虽然他希望大使的评论是正确的，但事实上绝大多数美国人确实都支持越战。

越南大使对这个真诚而年轻的金发学生笑了笑。"这将是一场旷日持久的战争,"他说道,"对我们而言,这场战争已经持续了20多年,我们还能坚持很久。最终美国人民将对这场战争感到厌倦,然后他们将反对这场战争。那时,战争就会结束。"

拉德意识到越南大使是对的。一位越南外交官说,他曾在南越作战七年,士兵们住在地道里,在夜间现身攻击美军。在那年冬天,古巴到处都可以收到来自越南的新闻。在哈瓦那的兰帕主街上,有一个巨大的霓虹灯牌,实时显示被击落的美军飞机数量。当美国学生们到了古巴农村,他们发现古巴人站在半导体收音机旁收听关于"新年攻势"的新闻。有人给了拉德一枚戒指,据说它是用被击落的美军飞机的金属制成的。

学生们遇到了许多年纪相仿的古巴年轻人,包括用琼·贝兹的风格演唱歌谣的西尔维奥·罗德里格斯(Sylvio Rodriguez)。他们聚在枝繁叶茂的热带公园里消磨时光,这里有著名的柯贝利亚冰激凌店。拉德后来回忆道:"我们光顾柯贝利亚店去吃番茄冰激凌,我们去参加放着非洲式古巴音乐的很棒的聚会,虽然此前我从未听过,也不十分理解这种音乐。在古巴,我看到了我希望看到的:国有的和社会化的工厂、农场和各种机构。我希望能够目睹不同的社会组织方式,但是我没有见到一些习以为常的东西,比如国家不能实行一党制,比如必须实行选举。"

蓄着络腮胡、身穿迷彩服的菲德尔·卡斯特罗,这个在1959年就令人称奇和稍许离经叛道的轰动人物,在1968年已然成为了新左派的英雄。

卡斯特罗在1955年曾访问美国,目的是为推翻富尔亨西奥·巴蒂斯塔（Fulgencio Batista）的独裁统治而寻求融资，后者在三年前执政并实行一党独裁，那时的卡斯特罗既没有蓄须也不是一个革命者。巴蒂斯塔贪污腐化，不得人心，而卡斯特罗在美国被称为"菲德尔·卡斯特罗博士"，这是出于对其法学学位的尊敬，他还是一个通情达理、态度诚恳、性格鲜明的人，有令人放心的中产阶级背景。

1956 年 12 月，卡斯特罗和 82 名武装人员乘着快艇在奥连特省登陆。古巴政府宣布，包括卡斯特罗在内的几乎所有起义军都已牺牲。但这有些夸大——的确是几乎全军覆没，但包括卡斯特罗博士在内的12 名幸存者成功脱险，并躲进了马埃斯特腊山区。这个消息一直没有得到确认，直到纽约时报社的退休记者赫伯特·L. 马修斯（Herbert L. Matthews）发掘了 20 世纪最为著名且极具争议的独家新闻之一——他发现卡斯特罗还活着，在山区隐匿。他蓄起了胡须，并且很健谈，和他在一起的还有 18 名同样蓄须、谈吐风趣的起义军，其中一位还曾经在美国打过职业棒球。

《纽约时报》将马修斯对卡斯特罗的访谈分成三部分，分别在1957 年的 2 月 24 日、25 日和 26 日刊出。反对卡斯特罗的人经常抨击这篇报道，认为它把卡斯特罗塑造成了和第二次世界大战中的游击队员似的、富有同情心的自由斗士。当然，美国人很轻易地忘记了，许多第二次世界大战中的游击队战士也是共产党人。对马修斯的系列报道的攻击中最令人难忘的，当属保守的《国家评论》（National Review）在 1960 年刊出的一幅漫画："看起来很贪婪"的卡斯特罗蹲坐在一个岛上，岛名被标为"古巴警察国家"，而漫画的说明文字则是"通过《纽约时报》，我获得了这份工作"。

但在那时，《纽约时报》远非对卡斯特罗博士进行正面报道的唯一媒体。安德鲁·乔治（Andrew St. George）是极端反共的匈牙利流亡者，却在《展望》杂志对古巴起义军不吝嘉许；在一贯扣以"赤色分子"帽子并进行政治迫害的右翼报纸《芝加哥论坛报》上，朱尔斯·杜波依斯（Jules Dubois）给予了同情性的报道；摄影记者迪基·夏佩尔（Dickey Chapelle）则和卡斯特罗待了三个星期，为极端保守的《读者文摘》进行摄影报道。另一家偏右翼的《时代》杂志，在古巴起义军走向胜利的两年中发表的相关报道共有 32 篇，其中大部分是肯定性的报道。1956 年 12 月，《时代》杂志称菲德尔为"卡斯特罗律师"，并且说他是一个"出生高贵、家境富裕且勇敢无畏的 29 岁青年"。

美国记者总是强调卡斯特罗的中产阶级出身、性格和所受教育，并一如既往地提及他纯正的西班牙血统。虽然从未如此表述，但是知道这点却是令人心安的：古巴的起义绝不是危险的"黑鬼暴动"。对于美国新闻界，这是一个绝佳的故事，是一个多姿多彩且令人振奋的关于争取自由的童话。但逐渐变得更为重要的，是卡斯特罗特别适合上电视。穿着迷彩服的他看起来英姿勃勃；因为英语不够熟练，这反而使他具备了能打动人心的略带脆弱和不确定的一面，而在现实中，他绝非如此。他只是在说英语时不自在而已。在马修斯发表独家报道后的三个月，哥伦比亚广播公司的一个节目组来到了奥连特省绿意盎然、植被茂盛的热带山区，拍摄了一期将于 5 月的黄金时间播出的电视特别报道——《马埃斯特腊山区的起义者：古巴丛林斗士的故事》。

对墨西哥革命而言，电视来得太迟了。它错过了英俊的、骑术精湛的埃米利亚诺·萨帕塔（Emiliano Zapata）的罗曼史，也错过了北部狂野的潘丘·比利亚（Pancho Villa）马匪。虽然在 20 世纪 50 年代的好莱坞，一些浪漫而桀骜不驯的影星对此有所呈现——其中包括马龙·白兰度饰演的萨帕塔，但是现在，电视靠播放体格魁梧、面容粗犷的卡斯特罗博士，还有他令人着迷的阿根廷密友切·格瓦拉，就能够活灵活现地展示这场革命。这些胡子拉碴的起义者，嘴里叼着雪茄，身穿绿色迷彩服，他们手提巨大的机枪更像是为了突出照片效果而非实际的军事用途——但是这些武器却令人联想起墨西哥革命，它正是传奇的拉丁美洲革命的形象。在下山攻击邪恶独裁政权及其报酬低下、士气不足的党羽之余，菲德尔和哥伦比亚广播公司的记者罗伯特·泰伯（Robert Taber）蹲坐在迈阿密正南的丛林里，对着麦克风完成采访。这一幕虽然远不如 1968 年对越战的生动直播，但它们能立刻被感觉到，而它的非暴力性也令人产生共鸣。

学生们试图前往古巴为菲德尔作战，但是古巴起义者对此并不鼓励。法国人里吉斯·德布雷直到后来才能够与切在拉丁美洲并肩作战。伯纳德·库什内（Bernard Kouchner）在卡斯特罗取得胜利的那年仅仅 20 岁，他试图加入菲德尔的队伍，但是被劝阻了，于是他回到法国就读医学院，并成立了"无国界医生"（Medecins Sans Frontieres, Doctors Without Borders）这一组织，这是从医学的角度对"第三世界主义"理想的回应。根据《纽约时报》的报道，有 25 个美国人与菲德尔并肩作战，也许还有更多，但我们只知道其中几个人的名字。三个在关塔那摩服役的美军水兵的儿子加入了游击队，在起义军的通讯中，有时会听到称呼他们的"外国佬"字眼。1957 年 3 月，伯克利大学的一个本科生汉克·蒂·苏维洛（Hank di Suvero）写信给赫伯特·马修斯，询问在春季学期结束后和一群朋友乘两辆吉普车到奥连特帮助菲德尔的可能性。善良的马修斯没有纠缠于讨论卡斯特罗是否会将革命推迟到春季学期结束后，不过他劝阻了苏维洛，于是在 1957

年，苏维洛仍待在伯克利大学，成为了学生政党"候选人"（SLATE）的发起人之一，这也是伯克利大学校园行动主义的肇始。

看起来每个人都爱上了卡斯特罗。甚至连艾森豪威尔也在1958年与巴蒂斯塔秘密谈判，试图说服他主动下野，由一个包括卡斯特罗在内的联合政府取而代之。美国和全世界的观众激动万分地观看纪录片，其中卡斯特罗和格瓦拉率领的大胡子革命军在1959年的新年胜利中夺取了哈瓦那，卡斯特罗和格瓦拉就像好莱坞指定的演员那么上镜。每个人都希望在电视上看到卡斯特罗，大牌主持人如埃德·沙利文（Ed Sullivan）和杰克·帕尔（Jack Parr）都飞到古巴制作对他的专访节目。电视媒体、新闻记者、左派学生以及执政当局都爱上了卡斯特罗，但这种兴奋的状态未能持久。

夺取政权之后，卡斯特罗就开始镇压反革命，包括数百名巴蒂斯塔的拥护者。突然之间，美国的执政当局，也就是1960年将在切斯曼案中支持死刑的同一批人，都被古巴新政府的镇压行动震惊。左翼人士如阿比·霍夫曼和马龙·白兰度，还有一些活动分子和名流，这些都将在加利福尼亚监狱旁为切斯曼守夜的人士，此时没有为被镇压者进行一句辩护。即使在古巴内部，镇压反革命也被质疑。1959年3月，44名巴蒂斯塔的飞行员因其战争罪责而受审。因为拒绝"轰炸平民"，并且在田野中抛下了军事辎重，法官根据这些证据宣告他们无罪。但是这个法官旋即被取代，这44个飞行员重新接受了审判，并且全部获刑。卫生部部长埃琳娜·梅德罗斯（Elena Mederos）请求辞职，她对卡斯特罗表示："对你和你的朋友而言，我属于另一代人。我们彼此在精神上是格格不入的。我必须辞职。"但是卡斯特罗还是以个人魅力成功地说服她留任。

美国也对死刑和镇压反革命有所讨论和批评，但是最根本的问题是革命。下山夺取革命胜利后，卡斯特罗博士和他的中产阶级白人起义者并没有剃掉胡须！这是 20 世纪 60 年代，多余的毛发就等同于叛逆。马修斯在 1961 年出版了一本书简洁地说明了这个观点：这是"一次真正的革命，不仅仅是撤换警卫、更迭领导层和出局者卷土重来，这是一次完全按照 1789 年法国大革命的路线进行的社会革命"。

一旦理解了这个现实，其他国家的当政者们出于对革命的恐惧和疑虑，就开始激烈地反对卡斯特罗。许多人仍犹豫不决。但是在世界范围内有一个激进少数派，他们渴望革命，相信革命是社会变革的唯一希望，是向更公正的社会前行的唯一路径，所以无论卡斯特罗有什么过错，他们都已准备好向他致敬，因为他不仅夺取了政权，而且身体力行地实践了革命。卡斯特罗和越南、中国的革命领导人，也是他们推崇备至的人物。但越南革命领导人胡志明是一个"古怪"和坚忍克己的人物，不像卡斯特罗那么新潮；而中国的革命尽管令人着迷，广袤和复杂的中国却永远无法被完全理解。对许多梦想革命的激进学生和中产阶级而言，卡斯特罗博士是由中产阶级律师转变而成的革命者，而他的搭档切·格瓦拉医生则是由中产阶级医生转变而成的革命者，这是他们心目中理想的激进分子。

1960 年 11 月，C. 赖特·米尔斯（C. Wright Mills）出版了《美国佬听着》（*Listen, Yankee*）一书，这是在 20 世纪 60 年代攀上畅销书榜单的众多左派作品的第一本。这个系列的其他大多数作品，例如埃尔德里奇·克利弗的《冰上之魂》，都是到了 1968 年才面世。C. 赖特·米尔斯是在学术圈里备受尊敬的社会学家，于 60 年代初在声望达到顶点时去世；自从在 50 年代出版《权力精英》（*The Power*

Elite）一书，他就拥有庞大的读者群。在艾森豪威尔总统 1960 年发表告别演讲，生造"军事工业复合体"这个词之前，《权力精英》就论述了这个主题。米尔斯清晰表述的对于社会权力结构的看法，也为许多新左派青年所认同。按照他的观点，统治阶级是由政客、公司管理者以及军事领袖所组成的一个新型小派系，他们通过极力维持冷战而保持对权力的掌控。在《美国佬听着》一书中，米尔斯打破了所有学术写作的规范，结果此书售出了 40 万册。它以一个虚构的古巴革命者的第一人称写作，这个革命者语速很快，他发表的评论和旁白丰富地交织在一起——这相当接近卡斯特罗说西班牙语时的情形。这个古巴革命者不仅谈论他自己的古巴革命，同时也讨论美国革命的必要性。1960 年可不像 1968 年，当时在美国谈论革命是很罕见的。

尽管古巴使左派人士激动异常，但它也疏远了大多数的美国仰慕者。1959 年初，起义军的领袖卡米洛·西恩富戈斯（Camilo Cienfuegos）造访美国寻求支持，但此行却是灾难性的。这些大胡子不再是生动如画的游击队斗士，他们是"不修边幅的、粗野的激进分子"。但是两个月后，当卡斯特罗于 4 月访问美国时，这个国家一度拜倒在他似乎不可抵抗的魅力下。一个玩具制造商生产了 10 万顶橄榄绿军帽，上面印着"解放者万岁"（El Libertador）和"7 月 26 日"作为卡斯特罗解放运动的标志。每顶军帽都还有一条额带，上面附有一把黑色的胡须。卡斯特罗在纽约中央公园规模巨大的集会上获得了特别的礼遇。纽约市长小罗伯特·F. 瓦格纳（Robert F. Wagner, Jr.）向他赠送了城市之匙。但作为对未来的准确预示，卡斯特罗此行中最为成功的访问是在哥伦比亚大学和其他大学。到了春天，美国的民意调查显示，反对卡斯特罗的人以及支持卡斯特罗或者尚未决定的人，几乎平分秋色。虽然有

1/5 ~ 1/3 的美国人是坚定的支持者，但在 1959 年的上半年中，他却失去了很多支持者。

美国新闻界一度被谴责过于溺爱这些大胡子英雄，而一旦新闻界理解到那其实是一场革命，就转为异常激烈地反对革命。曾经在深山里采访过卡斯特罗的哥伦比亚广播公司记者罗伯特·泰伯，决定成立一个名为"公平对待古巴委员会"（Fair Play for Cuba Committee）的组织。不幸的是，这个短命的组织令人印象最深的是一个怪异和无法解释的迹象——约翰·肯尼迪的刺杀者李·哈维·奥斯瓦尔多（Lee Harvey Oswald）参与了这个组织。关于这个组织还有一些更有趣的东西。根据大多数人的说法，泰伯是一个对政治相当冷淡的人，他只是单纯地认为古巴革命造成了一些有趣的社会与经济变化，而新闻界忽略了这些变化。被这个组织吸引的还有让－保罗·萨特和西蒙尼·德·波伏娃（Simone de Beauvoir）、诺曼·梅勒、詹姆斯·鲍德温、戏剧批评家肯尼思·泰南（Kenneth Tynan），以及杜鲁门·卡波特（Truman Capote）。"公平对待古巴委员会"投放了一些高调的广告来解释古巴革命。这些人中除了萨特和波伏娃与法国共产党有联系，其他人都很少有政治交往，但他们还是成功地吸引了上千人示威和在选票上加填候选人。这是最早的迹象之一，即美国有一个很大的左倾群体，但它又不附属于任何既有的左派建制——这些人后来被称为"新左派"。

在卡斯特罗执政的最初两年，美国与古巴之间的矛盾逐步扩大。1959 年初，当美国已经显示出它的入侵企图，卡斯特罗发表了他的著名评论，即如果美国试图入侵，将会有"20 万美国佬毙命"。1959

年 6 月 3 日，古巴土地改革法案对私人拥有土地的数量做出限制，并且规定土地所有者必须为古巴公民。尽管美国政府愤怒和徒劳地对此表示抗议，华尔街股市上的糖业公司股价还是立即暴跌。10 月，休伯·马托斯（Huber Matos）少校和一群下属军官因反共政治立场而被捕，这个立场其实和卡斯特罗自己一年前的政治立场挺般配的，这些军官因为"立场摇摆、背叛祖国和反革命的行为"而受审。1959 年 11 月，艾森豪威尔政府已经决定强行推翻卡斯特罗，为此开始与佛罗里达的古巴流亡者合作。两个月后，"公平对待古巴委员会"采取了行动。1960 年 2 月，古巴与苏联签署了一份五年协议，以古巴蔗糖换取苏联工业品。就在几个星期后，一艘装载着步枪和手榴弹的法国船只"曲线号"（Le Coubre）在哈瓦那港爆炸，造成 75 名码头工人死亡和 200 名码头工人受伤，爆炸原因迄今不明。卡斯特罗宣布了全国哀悼日，谴责美国的破坏行为，尽管他承认没有任何证据。在一篇更为著名的演讲中，他说道："无论是通过战争或是饥荒，你们都无法遏制我们。"当时正在古巴访问的萨特写道，在这篇演讲中，他发现了"所有的革命隐藏的一面和被遮蔽的一面：在极度痛苦中感受到来自外部的威胁"。

美国召回了驻古巴大使，而国会授权艾森豪威尔总统削减古巴蔗糖的配额，艾森豪威尔总统则强调他不会以此惩罚古巴人民，只会在必须调控美国的食糖供应时才采取行动。

5 月 7 日，古巴和苏联建立了外交关系，而在当年夏天，古巴的美资炼油厂因为拒绝加工苏联石油而被国有化。当苏联保证将捍卫古巴免受外国侵略时，艾森豪威尔总统大幅度地削减了古巴的蔗糖配额。看起来似乎是因为古巴倒向苏联而激发了美国的敌意，但事实上——

现在我们已知道，早在古巴与苏联建立外交关系之前的 3 月中旬，艾森豪威尔总统已经批准了古巴流亡者入侵这一岛国的计划。在整个 1960 年夏天的总统选战中，约翰·肯尼迪不断攻击共和党人在古巴问题上"过于软弱"。

1960 年 10 月 13 日，古巴将所有大型公司国有化。接下来的那个星期，当肯尼迪指责尼克松和艾森豪威尔政府"失去了"古巴，艾森豪威尔对此的回应是实行贸易禁运，而卡斯特罗则以牙还牙，把古巴岛上最后的 166 家美国企业全部国有化。当肯尼迪在 1 月份入主白宫，美国与古巴的关系看起来已经无法挽回。肯尼迪断绝了与古巴的外交关系，禁止美国公民到古巴旅游，要求"公平对待古巴委员会"注册为外国机构，但该委员会拒绝执行。然而，肯尼迪夸耀道："我们可引以为豪的是，美国没有对一个小国动用武力。"肯尼迪确有不同，他是一个心怀"新边疆"的自由派人士。

然后肯尼迪所采取的行动，就完全是他曾"引以为豪"将不会采用的手段，他批准了古巴流亡者入侵古巴。在 4 月 17 日的入侵中，所谓的"2506 旅"成了一个巨大的灾难。古巴流亡者让美国政府确信古巴人民将揭竿而起加入他们，反抗卡斯特罗，但是古巴人民并未如此。相反，他们异常坚决地保卫古巴，挺身而出与外部侵略者作战。古巴流亡者同时以为，如果他们陷入麻烦，美国军队将会介入，但是肯尼迪并不愿意如此行事。仅仅三天，史称"猪湾入侵"的行动就以失败告终。卡斯特罗拯救了古巴。如同迪恩·艾奇逊（Dean Acheson）一针见血指出的，不需要造访普华会计师事务所（Price Waterhouse），人们就可以预知 1500 名古巴流亡者绝无可能对抗 25 万古巴人民。"

"猪湾事件"是战后历史中意义极为重大的时刻。它是美国在第三世界的第一次失败，但是它也标志着从第二次世界大战结束以来已经发生的一个转变。美国的立国之本是反殖民主义，直到富兰克林·罗斯福执政时期都在训斥欧洲的殖民主义政策。但是，一直以来它都在发展自己的帝国主义——为了自身的利益它无视当地人民的痛苦，残酷无情地操纵加勒比海地区、拉丁美洲，甚至亚洲的部分国家——而欧洲人尽管不情愿，却失去了他们的殖民地。美国成为了头号帝国主义者。

　　在"猪湾事件"爆发时，法国输掉了在越南的殖民战争，也深陷阿尔及利亚殖民战争的困境。一年前，英国放弃了镇压"茂茂"抵抗运动，现在正计划让肯尼亚实现独立。比利时的殖民地刚果正为其独立陷入一场血腥的内战。荷兰正与印度尼西亚和新几内亚的独立运动作战。这些都是欧洲面临的问题，而围绕着反殖民主义以及新兴独立国家的斗争这个议题，欧洲的新左派也组织了起来。"猪湾事件"使得美国深切地卷入这场争论，使弗朗兹·法农这样的作家得到美国人的关注，更不用说胡志明了——它影响了美国和全世界的左派青年看待越南问题的方式。对他们而言，猪湾使古巴成为了一个反殖民主义的标志。问题不再是古巴革命的质量，而是古巴革命的事实本身，以及它对于一个帝国主义庞然大国的成功抵抗。

　　美国的自由派与左派曾经为肯尼迪能当选总统而短暂团结，但是"猪湾入侵"事件却在他们之间造成了分歧。诺曼·梅勒是肯尼迪杰出的拥护者和编年史作者，他在一封公开信中写道："关于古巴，身边就没人能给你上一课吗？你没有意识到自己所犯的巨大错误吗——你都还没了解这个国家的音乐就入侵了它。"但意味深长的是，在美国各地所举行的无数对"猪湾入侵"的抗议中,大量抗议者都是此前并不关心政治的大学生。很显然,在入主白宫四个月后,肯尼迪政府的所作所为并非只是与"新边疆""和平队"[1]以及登月竞赛有关。与他的前任如出一辙,肯尼迪仍然试图使用军事武力支持冷战,也不会容忍那些弱小贫瘠而不听话的国家。像汤姆·海登这些曾经热烈拥护肯尼迪的年轻人,很快就重新审视自己对他的支持。甚至连和平队看起来都有些异样,它真的是有志之士可以借此帮助新兴独立国家的一个组织吗?或者它其实只是美国政府政策的一翼,本质上是殖民主义的,而非其一向标榜的反殖民主义?

新一代将自由派人士描述为"犬儒主义","猪湾入侵"事件便是造成这种印象的几个决定性时刻之一。到1968年,"自由派"这个词几乎成为了"背叛者"的同义词;歌手菲尔·奥克斯(Phil Ochs)在游行示威中唱他的《爱我吧,我是个自由派》(*Love Me, I'm a Liberal*)这首歌来娱乐年轻人,歌曲表达的信息就是自由派说的是正确的,但是很难相信他们会去实践。

菲德尔·卡斯特罗是个极具感染力的人。他总是有巨大的能力去让人着迷、信任和效忠。他如此自信和踌躇满志,可以说是一种不可抵挡的力量。他走进一个房间,甚至是一个完全开放的空间,足以让其中的所有人情不自禁地感到激动——感觉到有趣的事情即将发生。他非常清楚该如何运用这种天赋,使这种天赋更能发挥其所长的原因在于,他和其他人都开始把古巴革命视为他个人的延伸。古巴也具有

---

1 和平队(Peace Corps),根据1961年美国国会通过的《和平队法案》成立的志愿服务组织。和平队的主要使命是以志愿者的方式,向第三世界国家提供教师、医生、护士和各种技术人员,通过帮助第三世界国家的社会发展,同时向这些国家传播美国文化及价值观念。从1961年至2013年,共有21.5万名美国公民参加了和平队在139个国家的服务。

感染来访者的悠久历史，包括它的美景和文化的丰富性，庄严宏伟的首都哈瓦那也区别于其他任何一个加勒比海城市。在美国大学校园得到的欢呼，使得卡斯特罗意识到，古巴在美国有大量的青年支持者。

出于所有这些原因，古巴的政策就是让尽可能多的美国同情者们来到古巴，直接向他们展现古巴革命。至于旅行限制和贸易禁运，都可以通过古巴政府赞助的旅行予以规避。大多数来访者都知道古巴人正想方设法地引诱他们。有些人予以抵制，另一些人并不在意，而无论是哪种情形，结果总是一样的。大多数人在离开古巴时都对古巴革命留下了深刻的印象：它消除了文盲，在全国修建新的学校，建立了一个广泛和有效的卫生保健系统。古巴人甚至还进行了女权主义的实验——加强妇女的社会角色，进行了反对大男子主义的运动，以及在婚礼誓言中男人承诺将打扫卫生。这些试图造就"新人"的社会实验确实令人震撼。因为它是一场年轻的革命，所以那种激动和兴奋都很有感染力。

大多数人也看到了"不好的一面——太多的警察，太多的逮捕，没有新闻自由"。但是，他们也看到了如此之多大胆无畏、放手尝试和令人振奋的东西。他们都很清楚古巴的敌人主要是美国政府和古巴流亡者，而他们并非是因为那些不好的东西而反对古巴革命，而是因为那些好的东西，这就使得来访者们聚焦于这些重要的转变，而非古巴的不是。

苏珊·桑塔格（Susan Sontag）1960年在古巴待了3个月，她发现古巴"令人震惊的是不存在压迫现象"。尽管注意到古巴"缺乏新闻自由"，她还是为古巴革命没有背叛自身而喝彩，因为许多革命皆是如此。对于仍在服25年刑期的休伯·马托斯，或者是20世纪60

年代中期在古巴监狱里的 1.5 万名"反革命"——其中许多人以前是革命者——而言，桑塔格的这个评论是大谬不然的。但是左派确信，同一个美国政府既在越南施暴，对待古巴又如此不公平。他们一方面被美国政府激怒，另一方面又对卡斯特罗的真实成就印象深刻，所以对古巴有夸大叙述的倾向。有些人觉得，左派的这种做法是在补偿美国关于古巴的明显谎言和不实陈述。

古巴改变了勒鲁瓦·琼斯。他生于 1934 年，整个 50 年代都是一个垮掉派诗人，种族问题或者革命都不是他关注的对象。事实上，与 1958 年共同创办诗歌杂志的同道艾伦·金斯堡相比，琼斯不那么关心政治。1960 年，他参加了古巴政府为黑人作家赞助的一次旅游。和许多参加卡斯特罗赞助游的作家一样，他担心自己会"上当"，就像一直被人们说成"上当"的赫伯特·马修斯那样。他写道："我立刻能确切感觉到那种'花样'开始了。"作为古巴政府的宾客，有这种感觉是难免的："美洲之家"（Casa de las Americas）是一个政府组织，其工作人员都是认真热情、教育程度良好、能够谈论拉丁美洲艺术和文学的年轻人，他们用大巴把客人们从一个成就展示点送到下一个。负责运作"美洲之家"的是海蒂·桑塔玛利亚（Haydee Santamaria），她从一开始就受到卡斯特罗的高度信任，后来因为迫害不够革命化的古巴作家而臭名昭著，她认为不可能存在不关心政治的作家，因为不关心政治本身就是一种政治立场。琼斯最初因为同行的黑人作家们才华有限而感到失望。琼斯是其中最卓越的作家，但是在和拉丁美洲作家的接触中，他受到了震动，因为其中的一些作家攻击他缺乏政治信仰。旅行的最后一天是 7 月 26 日，它是卡斯特罗在

1953 年对敌人军事要塞发动堂吉诃德式攻击——虽然失败但引发了古巴革命——的周年纪念日。琼斯和一群举行庆祝的古巴人游览了马埃斯特腊山区，回国后，他在一篇散文《自由古巴》（*Cuba Libre*）里描述了当时的场景：

> 他的演讲被群众的呼声打断了大概 20 分钟，他们不断呼喊着："胜利，胜利，胜利，胜利，胜利，胜利，胜利，胜利！"大概有 6 万~7 万人一直这样齐声呼喊。菲德尔从讲台边走开，他咧嘴笑着和助手们交谈。然后他挥舞双臂让群众安静了下来，再次开始演讲。最初他的语气轻柔，音节清晰，然后他的音量渐增，对他的演说进行了音乐剧般的重新编排。他用一个难以置信的长句逐一谴责了艾森豪威尔、尼克松、美国南方、普拉特修正案以及富尔亨西奥·巴蒂斯塔。群众再次打断了他的演讲，不断高呼："菲德尔，菲德尔，菲德尔，菲德尔，菲德尔，菲德尔，菲德尔，菲德尔，菲德尔，菲德尔，菲德尔，菲德尔！"这时，卡斯特罗从讲台边探过身子朝陆军总司令笑了笑。他的演讲持续了近乎两个半小时，中间不断被欢腾的人群打断，还有一次是被 5 分钟的阵雨打断。下雨时，阿尔梅达拿了件风雨衣披在他肩上，然后卡斯特罗重新点起他的雪茄。当演讲结束时，群众已经兴奋至极，连续呼喊了大约 45 分钟。

《自由古巴》这篇文章是对于琼斯自己以及垮掉派的波希米亚生活方式的批评，同时它将古巴革命尊为典范。琼斯写道："我们中间的造反者仅仅是成为了像我这样的人，留胡子而不参与政治的人。"
新一代的美国黑人、黑人革命者，从《自由古巴》一书开始了思想上
的变化。

古巴之旅如同麦加朝圣的仪式，成了所有左派一生中至少要进行
一次的义务旅行。作家们去那里讨论文化，活动分子去瞻仰革命，年
轻人则去砍甘蔗和"尽自己的一份力"。

艾伦·金斯堡的古巴之旅则是其中不大成功的一次旅行，尽管他
仍然留下了正面的印象。关于自己在1965年初抵达古巴的情形，他
这样写道："历史上的马克思主义革命者/没有瓦格纳式的弦外之音/
我心欢欣。"和那时所有的美国客人一样，他被安排住在拥有50年
代最新潮建筑外观的哈瓦那里维埃拉旅馆。穿过池塘上的一座小人行
桥就可以进入这座不算很高的旅馆，蜿蜒的海岸线上浪花飞溅，惊涛
拍打着马雷贡大道的路堤和人行道，哈瓦那港的美景尽收眼底。和许
多此前住在这豪华客房里的人一样，金斯堡心想，"这种待客之道是
一种精微的洗脑方式"。入住的第一夜，他就和三个年轻的同性恋诗
人会面，后者诉说了警察对于同性恋、颓废派和长发蓄须者的迫害——
当然，除非他们是大胡子的"菲德尔主义者"。他们请求金斯堡向政
府反映这种情况。金斯堡真的照做了，但是官员们宽慰他说，那只是
过去的偶然事件。金斯堡曾经被无数的秘密警察（包括联邦调查局）
迫害，所以仍对此持怀疑态度。

金斯堡很快就在古巴的年轻诗人中有了拥趸，其中一些人想参加
他的诗歌朗诵会却被禁入，由于金斯堡的坚持才得以放行。在接受一
位古巴记者的采访时，他被问到如果能和卡斯特罗会面，他将说些什
么。金斯堡回答说他将提出三个要点：他将询问卡斯特罗关于警察对

同性恋者的迫害；然后将询问为什么大麻在古巴不是合法化的；最后他将建议当局与其处决反革命者，还不如给他们服食迷幻性蘑菇，然后让他们在里维埃拉旅馆开电梯。

"我就口无遮拦了，"诗人后来说道，"在那里我继续谈论和在美国一样的反独裁主义的调调。但在是古巴，我从根本上是同情革命的。"

古巴很快就厌倦了金斯堡的大嘴巴。海蒂·桑塔玛利亚告诉他，可以与高层官员讨论毒品和同性恋，但不允许他将这些思想散布给普罗大众。"我们有很多工作要做，这些破坏感官的额外奢侈品我们可买不起。"她说的是金斯堡把毒品合法化的想法。和其他到访者一样，金斯堡对于古巴建立新社会的实验印象颇深，但是古巴人对于金斯堡却没什么好感。终于有一天，金斯堡在彻夜的狂欢聚会后回到旅馆，早上8点钟时响起了敲门声，一位政府官员和三个穿制服的警卫让他收拾行李，然后把他塞进了下一个出境航班——恰巧是飞往捷克斯洛伐克的航班，那是又一个将很快把他驱逐出境的国家。

1968年最初的几个月是古巴的革命高潮期。年初对于亲苏官员的审判似乎表明它试图与苏联保持距离，尽管这不会持续很久。卡斯特罗看起来对中国比对苏联更感兴趣，而这从新左派的观点看是一个正确的选择。

中国也有它自己的1968年一代人，也就是在革命中出生和成长的第一批中国人，和世界上其他地方的人一样，他们也倾向于左派。在"文化大革命"中，他们是毛泽东的捍卫者，学校停课后，他们成为了先锋的"红卫兵"——它来源于1966年5月清华大学激进学生的自命。毛泽东所阐明的"文化大革命"宗旨是打击正在蔓延的资产阶级思想。8月，他发布了关于"斗争和推翻走资本主义道路的当权派"的十六条方针，同时以社会主义原则管理教育、艺术与文学。对于全世界的左派理论家，"文化大革命"试图整肃、重新发动和净化革命，这是令人着迷的一种努力。中国人看来下定决心，不让他们的革命沦为苏联式的唯利是图和虚伪。

但是在实践中，"文化大革命"是残酷和灾难性的。青少年径直向某些成年人走去并命令他们脱下香港制造的鞋子。女学生们强行剃掉妇女们的长发。军队保卫着图书馆和博物馆，防止红卫兵毁坏一切他们认为在意识形态上不纯洁的东西。因为掌握了外语技能，学者们受到攻击和公开的羞辱。考虑到中国人对于长辈的极度尊敬，这种行为比在西方社会更令人震惊。逐渐地，全社会几乎陷入瘫痪。即便在红卫兵内部也产生了分裂，出身于工人、农民、解放军、干部和革命烈士家庭的红卫兵——所谓"红五类"——被单挑出来享受特殊待遇，而来自资产阶级家庭背景的则受到歧视。

世界各国政府更关注的是中国的政治和经济稳定，而非中国的革命纯洁性。到了1968年，数年中第一次出现了因"文化大革命"导致粮食短缺的迹象。西方政府更看重"文化大革命"对于中国的核武器项目的影响。中国在1964年成为了核武国家，在其发动"文化大革命"的同一年，即1966年，中国也证明了向800公里外的目标发射携弹头导弹的能力。此后这个项目从没有显示多少进展，这也可能是五角大楼并未对此感到特别恐慌的原因之一，但是其他人则担心五角大楼过于乐观了。物理学家拉尔夫·E.莱普（Ralph E. Lapp）在1968年曾警告，即使"文化大革命"带来了动荡，到1973年中国也将有能力打击洛杉矶和西雅图，并且中国看上去即将成功制造氢弹——事实上，就在 1968 年底，中国引爆了氢弹。

中国试图纯洁其革命的努力激起了古巴领导人的兴趣。革命纯洁性是后来成为烈士的格瓦拉最热衷的话题，他激烈地反对所有形式的金钱激励，因为他担心这会使革命腐化变质。卡斯特罗则比较务实，由于这个分歧以及事实上古巴革命已经完成，格瓦拉决定从古巴政府辞职，以转入另一场革命。

卡斯特罗宣布 1968 年将成为"英雄的游击队年"。那将是对格瓦拉历时一年的致敬。仿佛是响应它自己的宣传——号召每个人向格瓦拉学习的标语无处不在——实际上古巴政府本身更像格瓦拉了。切和新左派一样，对苏联很是嘲讽和不屑，因为他觉得苏联损害了所有的革命原则。卡斯特罗以一种反苏精神开启了 1968 年。他表示期待出口能够增长，这样在两年内他就将摆脱对苏联的依附。然后在 3 月 14 日，他宣布将发动"革命攻势"。这一攻势取缔了所有残存的私营企业，关闭了 5.5 万个小企业而未进行补偿，包括水果摊、洗衣店、汽车修理厂、俱乐部和饭店。哈瓦那许多著名的餐馆都被关闭。在他四个半小时的演讲中——对卡斯特罗来说这不算特别长——他宣布仅在哈瓦那就将关闭 950 家酒吧。他声称一些人在酒吧每天能够挣到 50 美元，而其他人只能收割甘蔗且报酬甚微，这是不公平的。和格瓦拉一样，他也阐明反对在工作中采取金钱激励。

古巴试图造就为社会福祉工作的人。卡斯特罗解释说，私营企业主和他们要造就的"新人"背道而驰。"我们是要建设社会主义，还是要建设小贩的摊点？"卡斯特罗问道，而群众报以笑声和欢呼。"我们在这里发动革命不是为了要确立商品贸易的权利！那样的革命发生在 1789 年——那是资产阶级革命的时代，那是一个商人和资产阶级的革命。什么时候他们才能明白这是一个社会主义者的革命、共产主义者的革命……什么时候他们才能明白，人民在这里洒下热血，与独裁者、雇佣兵和土匪作战，目的不是为了让人们有权利卖朗姆酒赚上200比索，或者卖煎蛋和煎蛋饼赚50比索……我们必须清晰和决绝地说明，我们计划扫除一切的私营贸易形态！"群众用欢呼和鼓掌向卡斯特罗表示支持。

卡斯特罗在3月16日的演讲中宣布关闭国家彩票中心。他表示这种机构的存在使得"金钱的魔力"牢不可破，而这正是他试图终结的。他在寻求建设一种更为纯洁的共产主义，并且他声称希望最终能废除货币。1968年就是关于"新人"概念的一个年份。格瓦拉试图培养新人，也就是为集体利益工作、对革命全心奉献、毫不自私与贪婪的社会主义者。现在，这个"新人"的概念有时指的就是"像切那样的人"。卡斯特罗在1967年5月的一次演讲中第一次提及"新人"，但是在发动了"革命攻势"的1968年，才是真正的"新人"之年。

在关于新革命攻势的演讲中段，卡斯特罗谈及另一个新的现象。"似乎存在着一条为劫机者准备的空中航线。"就在他发表演讲的那周，美国国家航空公司（Tampa）的28次航班从坦帕飞往迈阿密。在起飞5分钟后，两个古巴流亡者掏出手枪，强迫乘务员打开驾驶舱，叫嚷着："哈瓦那！哈瓦那！"那是最近的第七起劫机飞往古巴事件，也是那个月的第三起。这次的劫机者是乘着小船偷渡出国的古巴流亡者，但他们后来陷入了思乡之情。但大多数的劫机者都是美国执法部门在追捕的美国人。逐渐地，劫机成为了被追捕的黑人好战分子的逃亡之道。美国黑人劫机者以政治难民身份滞留下来，而古巴很快就要为他们安置整栋住房。其中有些人现在还住在古巴。

在1968年，以与古巴革命对待大多数访客同样的好客之道，古巴政府善待了大量突然涌入的不速之客。古巴人给所有乘客拍照留影，然后护送他们光顾机场商店。和其他游客一样，乘客们被鼓励购买绝佳的古巴朗姆酒和无与伦比的雪茄。然后他们会享用一顿大餐，其中总有像烤牛肉这种对于古巴人来说很稀罕的奢侈食物。飞机将重新加油，但是航空公司要为加油和降落付费——28次航班总共是1000美元的昂贵账单。航班在许多小时后返回美国，海关遵照禁运令，通常会没收古巴朗姆酒和雪茄。这种颇为惬意的遭遇导致在遭遇劫机者时，飞行员、乘务人员和旅客的策略常常是顺从合作。甚至连美国的联邦航空管理局也建议采取这个对策。

在3月的演讲中，卡斯特罗警告说也许不会继续他的好客之道，他指出虽然允许被劫持的飞机返航美国，但是用于逃往美国的被偷飞机和船只却从来没有还给古巴。

古巴政权在美国的敌人们变得日益强硬。1968年，作为独立候选人竞选总统时，阿拉巴马州的州长乔治·华莱士（George Wallace）再次攻击赫伯特·马修斯对卡斯特罗的专访。虽然"猪湾入侵"的失败已经无可辩驳地显示，古巴的民众支持而非反对古巴革命，但这并未能平息更极端的反卡斯特罗流亡者派系，这些经历过独裁统治的古巴人对主流观点并不特别在意。在"猪湾入侵"失败后的那几年，他们变得更为暴力。1968年春天，一群古巴流亡者开始攻击那些与古巴保持外交关系的国家，事实上这包括了世界上的大多数国家。曼哈顿的法国旅游处、纽瓦克的墨西哥领馆、洛杉矶的旅行社、迈阿密的一艘波兰船只，以及新奥尔良的一艘英国船只，都成为了他们简易的自制炸弹的袭击目标。纽约市拆弹分队的一位官员表示："幸运的是，我们周围没有更多的这种疯子，因为阻止这些人的任务实在是太艰巨了。"但事实上，许多破坏分子还是因为一些明显的疏忽而被捕，比如留下了指纹。12 月，美国的地区法官威廉·O.梅尔腾森（William O. Mehrtensin）判决了九个古巴流亡者——其中包括被处以十年刑期的奥兰多·博施（Orlando Bosch），他是一个小儿科医师和五个孩子的父亲。梅尔滕森表示："这些是愚蠢的恐怖主义行径。我看不出以这种方式抗击共产主义的任何合理性。"

卡斯特罗的倾慕者爱他之深，如同他的敌人恨他之切。对于 1968 年的新左派年轻人——包括美国人、西欧人和拉丁美洲人——而言，古巴是全世界最激动人心的国家。卡斯特罗看起来和新左派一样，对苏联人持保留态度。当苏联和东欧国家通过发展自由企业的实验来应对经济危机，古巴则以当时中国的净化革命的传统，走向了相反的方向。"学生争取民主社会"的托德·吉特林（Todd Gitlin）写道："美国这里显然是由学生来领导革命的模式，而非由一个共产党来领导——确实，在很多方面这两种模式都是对立的。"全世界的年轻人都想亲眼目睹古巴，而古巴人则希望向他们展示古巴的社会主义。在距离美国如此之近的地方进行如此大胆的一个实验，尽管有各种失误，甚至包括它的牛奶短缺和死刑执行，但它还是令人赞叹的。尽管被古巴驱逐出境，金斯堡仍对古巴印象深刻。来自美国的激烈反对，似乎总是衬托了这个盛产甘蔗的小岛国的英雄气概。

美国的"学生争取民主社会"对古巴和第三世界革命的立场被称为"批评性的支持"。1968 年，当托德·吉特林加入"学生争取民主社会"赴古巴的旅行时，如同此前的勒鲁瓦·琼斯和艾伦·金斯堡，他下定决心不让激动和兴奋诱惑自己。他写道："我知道所有那些——包括林肯·斯蒂芬斯（Lincoln Steffens）、萧伯纳、H.G. 威尔斯，以及西德尼·韦布与比阿特丽斯·韦布夫妇（Sidney and Beatrice Webb）——到东方朝圣的西方人的糟糕和可笑历史，他们最后都因错误的评判而身陷道歉的泥潭。我可不能这样。"为了告诫自己预防古巴革命的诱惑，他准备了包括公民自由、民主和异议的权利这样一个问题清单。

和很多的这类旅行一样，此行取道墨西哥城以避开美国的旅行限制。墨西哥政府在古巴问题上与美国有公开的分歧，它拒绝和这个在历史渊源上亲近的西班牙 – 加勒比海邻国断绝关系。但取道墨西哥城访问古巴的美国年轻人并不知道，墨西哥总统古斯塔沃·迪亚斯·奥尔达斯对古巴革命有妄想狂式的恐惧，他的手下仔细记录了飞往哈瓦那的乘客名单中的墨西哥人。如果航班上有美国人，奥尔达斯则把名单提交给美国情报部门。

"学生争取民主社会"的古巴之旅恰巧碰上了为期一周的国际文化大会。英国历史学家埃里克·霍布斯鲍姆（Eric Hobsbawm）在那个星期为《泰晤士报文学增刊》做的报道写道："当然，古巴是举行这么一个大会的理想场所。虽然按照卡斯特罗本人的观察，古巴要成为仅次于越南的英雄国度还有很长的路要走，但古巴不仅是一个陷于敌围的英雄国家，还是一个极具吸引力的国家，即便仅仅是因为它的人民确实热爱和信任其政府，这在全世界的国家中显然已是罕见的。"与会的名流包括小说家胡利奥·科塔萨尔（Julio Cortazar）和壁画家大卫·西盖罗斯[1]。当时有个谣传说西盖罗斯被认出是刺杀托洛茨基的策划者之一，于是一个参会的愤怒的托洛茨基分子踹了他的胫骨一脚。

"学生争取民主社会"的访问团住在"自由哈瓦那"酒店，它的前身是"哈瓦那希尔顿"酒店，在革命前刚刚建成。这个一尘不染、现代、时尚的旅馆是哈瓦那最初和最后的几座高层建筑之一。年轻的激进分子们十分舒适惬意，大快朵颐地吃着螃蟹和鸡尾酒虾，喝着自由古巴鸡尾酒。他们参观了工厂——不可否认的是，在美国他们很少这么做——参观了一些培训项目，还有一个农场，农场工人在出工的路上还唱着歌。吉特林试图保持怀疑态度，但是他承认："大多数时候，我看到的是活力，以及令人吃惊的献身。普通古巴人看起来既被调动起来了，但又很放松。"他们目睹的是一种非同寻常的融合：人民被一场年轻的革命赋予了活力，被一个有超凡魅力的领袖激发和鼓舞，与此同时，他们还有沉静的心态、美妙的音乐、热情感性、良好的幽默感，以及触手可及的加勒比文化。吉特林、汤姆·海登、"学生争取民主社会"的其他领导人如戴维·德林杰，一面分析着古巴革命，一面讨论着在夏天将举行的芝加哥民主党大会上的行动计划。

回到美国的吉特林尽管仍颇有保留，但是他对在古巴的见闻印象足够深刻，于是他开始为"学生争取民主社会"的其他成员们安排到古巴的旅行。"学生争取民主社会"在大学校园里迅速发展，到 1968 年时已经有 10 万名成员。

马克·拉德加入了吉特林的"学生争取民主社会"组织的第一个赴古巴访问团。他们被安排住在里维埃拉旅馆，那个在海湾旁走过人行桥就可到达的不太高的旅馆。但是学生们反对这种奢侈，转而住到

---

1 大卫·西盖罗斯（David Siqueiros, 1896—1974），墨西哥社会现实主义流派的著名壁画家、"墨西哥壁画派"的创立者之一，他是一个斯大林主义者及墨西哥共产党党员。1940 年 5 月，他策划的对在墨西哥进行政治避难的托洛茨基的刺杀未遂。

了周边废弃公寓里的学生宿舍。在这"英雄的游击队之年",所到之处,他们都见到格瓦拉的画像——在墙上,在商店里和在家里。在乡间坐着大巴旅行时,他们望向一个山谷的谷底,也看到了格瓦拉的画像,它有一两公顷那么巨大,用白色的岩石和红色的泥土制成。拉德很熟悉格瓦拉的教诲:"革命者的使命就是发动革命。"他渴望成为一个革命者,渴望成为"一个像切一样的人"。很快,他就会回到他的常青藤校园。他已经迫不及待。

第十一章

4月里的混蛋

　　永远不要解释你的所作所为。这浪费了大量时间，并且很少能奏效。用你的行动向他们展示，如果他们不理解，那就去他妈的，也许你可以用下一个行动重击他们。

——阿比·霍夫曼，《为了捣乱的革命》，1968 年

　　"我在马克身上感受到一种刚萌芽的狂热，有他在场我会感到自己有点暮气。"汤姆·海登如此描述他和马克·拉德的碰面，那时海登 29 岁，而拉德是哥伦比亚大学的 20 岁学生。

　　1968 年流行这样一句话："别相信任何 30 岁以上的家伙。"在 1968 年轰动一时的好莱坞影片《人猿星球》（*Planet of the Apes*）中，这个陈词滥调是查尔顿·赫斯顿（Charlton Heston）向暴动的黑猩猩不无反讽地提供的建议。在另一部 1968 年的影片《狂野街头》（*Wild in the Streets*）中，一群年轻人抓捕了所有 35 岁以上的人，并将其投入集中营，给他们服食致幻剂以保持情绪的极度亢奋，年轻人以此建立起了独裁暴政。和那些坚称年轻人不能相信任何 30 岁以上的人都已年过而立一样，这部影片的制作团队也都是 30 岁以上的人。20 出

头的年轻人从来没有表达过如此荒谬的情绪。到了 1968 年，阿比·霍夫曼和黑豹党的博比·西尔都是 32 岁，霍夫曼的同道杰里·鲁宾正好 30 岁，而埃尔德里奇·克利弗则 33 岁。

但是 20 世纪 60 年代末期的大学生与 60 年代初期的不同。他们更具叛逆性，但也许他们对于这场造反的表述和老一辈相比技巧稍逊。汤姆·海登将拉德描述为："一个不错的、有点不善言辞、来自新泽西郊区的孩子，他有蓝色的眼睛和沙色头发，举止随和，外貌上没什么特点，显然是没时间顾及穿衣打扮或者热衷于无意义的争论。"

拉德的风格和作派跟汤姆·海登、马里奥·萨维奥当然不一样，后者衣着保守，但表达特别清晰，频繁地参与长达数小时的学运辩论。海登能够极其出色和清晰地表达自我，也许相形之下，拉德反而显得不善言辞。但真正的区别在于，拉德是一个强硬、热心、热爱阅读和长于思考的人，所以对于海登所强调的语言的重要性不以为意。年轻些的造反者都不相信礼貌和谦恭。萨维奥也许是 60 年代最出色的学生演讲者，但他出名的是在跳上警车演讲前文雅地脱掉鞋子以免刮擦警车，而拉德的光辉时刻则是坐在哥伦比亚大学副校长的公寓里脱掉鞋子。

在 60 年代末期和在 60 年代初期做一个大学生的经历也是不一样的。首先是因为征兵的存在。无论是阿比·霍夫曼、汤姆·海登，还是马里奥·萨维奥，他们都没有受到过征兵的影响——征兵具有将学生们拖入战争的威胁，而美国人在这场血腥杀戮的战争中已死亡逾千。也许更重要的是，这场充满残酷和无谓暴力的战争每晚都在电视上播出，所以无论如何斥责它，这些学生们是无力阻止战争的。如果不满 21 岁，他们甚至无权投票，但是从 18 岁起，他们就可能被征召入伍。

尽管有这些差别，不幸的是有一样东西未曾改变——那就是大学自身。如果近年美国大学被视为左派思想和行动主义的圣殿，那么它则是 20 世纪 60 年代末期的毕业生们的遗产。1968 年，大学仍然是非常保守的机构。学者们曾热情地支持第二次世界大战，然后又无缝对接地坚决支持冷战，然后虽然挣扎了一下，还是倾向于支持越战。正因如此，大学把它们的校园想象成进行这些活动的合适和有吸引力的场所，比如陶氏化工公司管理人员的招聘活动，更不用说军方的军官招募。尽管大学因为赫伯特·马尔库塞和 C. 赖特·米尔斯这样的知识分子而著称，它更典型的一类产物是从哈佛大学毕业的亨利·基辛格。常青藤联盟尤以其保守的东北部精英主义的堡垒而著称。哥伦比亚大学延请艾森豪威尔作为其校董会的名誉董事，在职的成员则包括哥伦比亚广播公司的创始人威廉·S. 佩利（William S. Paley），年逾七旬的《纽约时报》发行人阿瑟·H. 苏兹贝格（Arthur H. Sulzberger）及其儿子阿瑟·O. 苏兹贝格（Arthur O. Sulzberger。在 1968 年底父亲去世后，他接管《纽约时报》），曼哈顿地区检察官弗兰克·S. 霍根（Frank S. Hogan），越战的主要武器承包商、洛克希德公司的总裁威廉·A.M. 伯登（William A. M. Burden），曾在 1968 年为尼克松效力的共和党筹款人、惠特尼公司的沃尔特·塞耶（Walter Thayer），以及电影制片人劳伦斯·A. 维恩（Lawrence A. Wein。他是林登·约翰逊的顾问，也是联合爱迪生公司的理事）。1968 年的晚些时候，学生们出示一份文件指称哥伦比亚大学校董会与中央情报局的联系。哥伦比亚大学和其他常青藤联盟大学造就了美国工业、出版界和金融界的领袖——这些在政治和战争幕后的推手，他们正是 C. 赖特·米尔斯在其著作中指认的"权力精英"。

哥伦比亚大学的系主任曾组织"雪莉酒时间",此时学生们可以穿着运动夹克和灰色羊毛长裤,一边啜饮刻花玻璃酒杯里白色的雪莉酒,一边讨论校园事务。大学当局在1968年试图努力保存的,正是这样一个日渐消失的世界。

新的这批大学生感受到的失望,与早期的大学生并没有很大分别。汤姆·海登也曾对密歇根大学感到失望,因为他发现大学与公司资本主义世界是联盟。新一批大学生也许更强烈地感知了同一事实。马克·拉德是这样提及哥伦比亚大学的:"我进入了大学,期待它是山巅上的长青塔——是有抱负的学者们为这个亟需救助的世界寻求真理的地方。但与之相反,我发现的却是一个从房地产、政府的研究项目合同和学费中牟利的公司;教师们仅仅关心自己狭仄的研究领域里的进展;最糟的是,大学作为一个机构,却不可救药地深陷于社会上的种族主义和军国主义的泥淖。"有盛誉的名校试图凭借其强势地位遴选出这一代人中最优秀和最有前途的分子,但它们的情况恰恰最糟。

纽约的东村尽管有许多商业街区,却成为了嬉皮士的反主流文化中心。阿比·霍夫曼、艾伦·金斯堡,以及埃德·桑德斯(Ed Sanders)都住在东村——桑德斯组建了一个乐队"富格兹"(Fugs),这个名称来自诺曼·梅勒的小说《裸者与死者》中使用的一个单词:Fugs,是对"Fuck"的委婉替代。带着混合着蒸馏过的大麻的特制蜂蜜,霍夫曼频繁出现在东村的各种活动里。东村本是纽约下东段一个荒芜的区域,因为原先的垮掉派据点格林尼治村(也就是现在的西村)太过昂贵,东村才得以扬名。已经大获成功的鲍勃·迪伦还住在西村。这和旧金山的情形完全一样,费林盖蒂仍住在北岸区,那里因为垮掉派的聚居而成为了异常时尚摩登的地方，于是嬉皮士们就迁往更廉价和偏远的费尔默和海特－阿斯博瑞地区。

东村因其嬉皮士的生活方式而闻名遐迩，常常有观光大巴停在圣马克大街——阿比·霍夫曼则喜欢称其为"圣马克思大街"——生意兴隆的商店旁，让游客们一睹嬉皮士为快。1968 年的 9 月，心生反感的东村居民们造反了，他们自己组织了到皇后区一个古板保守街区的大巴观光，嬉皮士们质问那些在草坪上割草的居民，而如果有谁拍他们的照片，他们也就反过来给他拍照。

1968 年，旧金山和纽约是美国嬉皮士运动的两极中心。这从摇滚音乐会推广人比尔·格雷厄姆（Bill Graham）的两座剧场就可以反映出来，即旧金山费尔默区的西费尔默剧场以及 1968 年他在东村的第二大道第六街新开的东费尔默剧场。新的摇滚音乐会开始是在东村的安德森－意地绪剧院上演的。约翰·莫里斯（John Morris）多年前曾经在那里观赏过它的闭幕演出——由梅纳沙·斯库尼克（Menasha Skulnik）和莫莉·皮肯（Molly Picon）主演的《犯错的新娘》（*The Bride Got Farblundjet*）。约翰·莫里斯后来成为了东费尔默剧场的经营人。莫里斯重开安德森－意地绪剧院之后，特意请来了"富格兹"以及"乡村约瑟夫和鱼"[1]这样的摇滚乐队，后者以其反对越战的讽刺歌曲《我觉得——我想要——去死》而成名。然后他们说服了格雷厄姆在街对面新开了东村费尔默剧场。

格雷厄姆不仅是 1968 年的摇滚音乐的决定性势力，他还频繁地为政治事业举办募款音乐会，其中包括一场声援 1968 年 4 月哥伦比

---

1 乡村约瑟夫和鱼（Country Joe and the Fish），于 1966 年成立的摇滚乐队，因其抗议越战的歌曲和音乐而著称，被普遍认为对迷幻摇滚有极重要的影响。这个乐队的名称来源于共产主义政治，"Country Joe"是 20 世纪 40 年代西方对约瑟夫·斯大林的俗称，而"Fish"则来源于毛泽东 1945 年延安时期的名言："党群关系好比鱼水关系，共产党是鱼，老百姓是水；水里可以没有鱼，鱼永远也离不开水。"

亚大学学生罢课的音乐会。摇滚乐和大学校园开始紧密地联系了起来。时任大专院校音乐会经理人协会执行秘书的范妮·泰勒（Fanny Taylor）说："今天的大学市场，占据了美国专业音乐会70%以上的份额。"

大学生也占据了唱片销售市场的很大份额。1967年，唱片销售达到了有史以来最高的10亿美元，在10年中翻了一番，唱片专辑的销售在历史上也第一次超过了单曲，这些趋势都延续到了1968年。

提到20世纪60年代，人们总会想起那些被刻意放大的音乐，它们充满电声颤音、缓慢渐弱音，以及吸毒者喜欢的一些调调，其中很多都是由披头士乐队开风气之先。因为使用回声技术和十二音轨录音带，仅仅几个音乐家就能制造出丰富和响亮的音响。田纳西大学的研究者以"通常的迪吧顾客"听摇滚乐的频率，让豚鼠在三个月里听摇滚乐，结果发现它们的耳蜗——将声波传递到神经脉冲中的部分——出现了细胞崩溃。但是已经成为摇滚乐重要市场的大学生们，在1968年并没有耳朵爆裂的感觉。在1966年，他们无法原谅鲍勃·迪伦转向摇滚的演唱风格，但是从《约翰·韦斯利·哈丁》这张唱片起，当迪伦重新回归原声木吉他和民谣，大学生们则为此喝彩——虽然迪伦再也没有重现1963年纯粹的民谣之声。

1968年，《生活》杂志将新兴的摇滚乐称为"诞生于即时传播年代的第一代音乐"。1967年6月，披头士乐队上演了首场卫星直播的现场国际音乐会。

《生活》杂志把1968年的摇滚乐称为"一个无所不包的聚宝盆"，当年流行的是精心创作的歌词和旋律清新的民谣。27岁的反战活动家与艺人琼·贝兹，仍在为数量庞大的听众演出，翻唱迪伦、滚石乐队、甲壳虫乐队、诗人气质的莱昂纳德·科恩（Leonard Cohen），以及同时代的民谣抗议歌手菲尔·奥克斯的民谣歌曲。古巴人也模仿贝兹，其柔和、抒情的抗议民谣风格从古巴开始，席卷了整个西班牙语世界，甚至连巴斯克人也用被禁的古语演唱贝兹风格的歌谣。西蒙与加芬克尔这个组合曾经在20世纪60年代的早期挣扎，因为他们的风格与文艺复兴时期的牧歌而非摇滚更相关，但是随着1968年4月的专辑《书夹》（Bookends）上市，他们的声望达到了新的顶峰。这个专辑收录有《美国》这种以探寻美国灵魂为主题的歌曲，因而被一些歌迷视为他们最好的作品。"克罗斯比、斯蒂尔斯、纳什与尼尔·杨"组合（Crosby, Stills, Nash & Neil Young）用乡村音乐的方式演绎民谣歌曲，就像"克里登斯清水复兴"组合（Creedence Clearwater Revival）那样，虽然后者的器乐会用电子乐器高度放大。24岁的加拿大民谣歌手约尼·米切尔（Joni Mitchell）有着一头长长的金发和水晶般的明澈嗓音，1968年她在美国也成为了明星。杰里·杰夫·沃克（Jerry Jeff Walker）演唱关于街头歌手博詹葛（Bojangles）的凄凉故事。皮特·汤曾德（Pete Townshend）是"谁人"乐队（The Who）的吉他手和歌曲作者，他抱怨说音乐变得太严肃了。既然流行音乐前所未有地将受众瞄准于年轻群体，那么它就应该是更好玩的音乐。"现在的音乐里就压根没有年轻人的声音。"汤曾德说道。

在各种音乐类型间出现了惊人的流动性。戴夫·布鲁贝克（Dave Brubeck）解散了他长达16年的爵士四重奏组合，开始创作古典音乐。三个英国音乐家——埃里克·克莱普顿（Eric Clapton）、杰克·布鲁斯（Jack Bruce）和金杰·贝克（Ginger Baker）——从布鲁斯和爵士乐转向摇滚乐，取名为"奶油"乐队（Cream）。在1968年年底的演出季结束后，50 岁的纽约爱乐乐团指挥家莱昂纳德·伯恩斯坦放弃了在乐团的全职指挥工作，他对"奶油"乐队非常钦佩。伯恩斯坦尤其喜欢金杰·贝克，他曾说道："我的意思是，他们有一个真正能把握节拍的鼓手。"

新的唱片专辑的封面越来越精致，许多都有双层封套，上面有各种怪异的服装和造型的照片，用令人心悸的、看上去不断旋转的方式排列。事实上，专辑的封套是专门为吸食大麻和其他毒品的年轻人设计的，好让他们花上几个小时来仔细琢磨。在毒品的作用下，似乎一切都成为了寓意深藏的双关语。像 1967 年上映的《毕业生》，它是一部十分直白的影片，讲述的是一个年轻人在充斥肤浅价值观的世界里对未来的不确定，但是这部影片看起来也蕴含了更深刻的意义。披头士乐队的歌曲《谁是埃莉诺·里格比？》（*Who was Eleanor Rigby*）就像丁尼生的诗歌一样被反复细读。马尔科·费雷里（Marco Ferreri）执导、马塞洛·马斯楚安尼（Marcello Mastroianni）主演的意大利电影《带气球的人》（*The Man with the Balloons*）讲述的是一个带着一串气球的幻想破灭的男人，他试图发现气球爆裂的临界点，却发现每个气球的爆裂点都不一样。电影结束了，你看懂了吗？理解它全部的涵义了吗？正是由于强调任何事物都有其隐含的更深层意义，1968 年的低成本惊悚片《活死人之夜》（*Night of the Living Dead*）获得了出人意料的成功，它不仅被视为从 20 世纪 30 年代以来就反复拍摄的低成本僵尸恐怖片类型，而且被认为是对于美国社会的辛辣讽刺。

1968 年，加州的摇滚乐队"老大哥和控股公司"（Big Brother

and the Holding Company）的主唱是嗓音尖锐的歌手詹尼斯·乔普林（Janis Joplin），她表示自己不是嬉皮士，因为嬉皮士相信能让世界变得更好；相反，她称自己是个垮掉派："垮掉派相信事物不会变得更好，他们会说'见鬼去吧！'，他们继续嗨，享受生活。"

但是在尝试让世界变得更好的时候，嬉皮士也终日沉溺于嗑药和玩乐。1968年，美国大学生吸食大麻可能要比今天的吸烟更为普通。大家普遍相信——甚至到今天仍有很多人是这个想法——政府的反毒品执法机构是一个镇压工具，而在一个真正民主的社会里毒品将被合法化。

看起来美国似乎被分裂为两种人：一种人过着新式的生活，而另一种人则竭力试图理解这种新式生活。关于《头发》（Hair）这部"美国的部落之爱——摇滚音乐剧"令人震惊的成功，其秘诀在于，虽然剧情并无特别之处，但是它声称能够让观众一窥嬉皮士的生活，这就进一步加强了一种刻板印象，即嬉皮士完全无所作为，而且他们以令人费解的热情保持无所作为——这无疑是吸毒所导致的结果。报纸和杂志经常以调查性新闻报道校园生活。为什么《时代》杂志会报道阿比·霍夫曼的婚礼？因为新闻界和其他社会机构试图理解"年轻一代"以及年轻一代所拒绝进行的越战，它们都是1968年的"年度重大新闻"。杂志和报纸会固定刊载对"新一代"的报道，而大部分报道的基调是沮丧，因为记者们不理解这些年轻人的立场。对当局而言，这些年轻人看起来反对一切。1968年4月27日的《巴黎竞赛报》社论写道："他们谴责苏联社会就像资产阶级社会一样，包括工业组织、社会纪律、对于物质财富的渴望，尤其是工作形态本身。换言之，他们拒斥西方社会。"

1968 年，《代沟》（*The Gap*）一书在美国出版，作者是一位叔叔和他留着长发还吸大麻的侄子，目的在于了解彼此。侄子向叔叔介绍吸食大麻，而叔叔则古怪地把它称作"一片茶叶"。但是叔叔在吸食后声称："它拓展了我的意识。绝对不开玩笑！现在我明白里奇的意思了。我听着音乐，但是听到了以前从未听到的东西。"

罗纳德·里根将嬉皮士定义为"穿着像泰山，头发像姑娘，气味像野兽"。他这一缺乏智力深度的分析不会让任何人吃惊，但是大多数的相关分析也与其类似。整个社会都还没从 20 世纪 50 年代进化多少，当小说家杰克·凯鲁亚克创造了"垮掉的一代"这个词之后，整个这一代人的生活被简化为电视上一个名叫梅纳德·G. 克雷布斯（Maynard G. Krebs）的角色，他很少梳洗并且嘎嘎乱叫，对任何让他去工作挣钱的建议都报以一种恐怖的音调："工作？！"诺曼·波德霍雷茨（Norman Podhoretz）在《党派评论》（*Partisan Review*）上发表了一篇有关"垮掉的一代"的文章，其标题是"一无所知的波希米亚人"。他们对于物质主义的拒斥和对于公司文化的不屑，都被斥为"不愿工作"。长期以来，有关他们不讲个人卫生的说法也被用来排斥他们的衣着风格，然而，无论是"垮掉的一代"还是嬉皮士，都不是特别脏兮兮的。确实，马克·拉德有时候以邋遢著称，但是其他许多人则很整洁，甚至过分讲究——他们倾心于用美发用品打理新式的滑顺头发，还穿上镶边喇叭裤，精心打扮。

公众对于头发长度这一话题的高度关注，也使得 1968 年的一个百老汇剧目因此得名。在 1968 年，确实有一张海报贴在全国 2000 个户外广告牌上，海报图案中有一个头发浓密的 18 岁年轻人，所配文字是"美化美国，敬请理发"。乔·纳马思（Joe Namath）是纽约喷气机队的四分卫，他留着中长发，有时还留着胡子——对于橄榄球在20世纪60年代后期被提升为美国头号运动，他的勇气和刚猛居功至伟——经常有球迷在体育场里举着标语板问候他，上面写着"乔，剃个头吧！"。1968年3月，当罗伯特·肯尼迪纠葛于是否参与总统竞选，他收到很多信件说如果他希望成为总统，他就应该先理个发。这些信件有种古怪的敌意语气，其中一封写道："没有人希望一个嬉皮士竞选总统。"事实上，当罗伯特宣布参选时，他确实去理了发。

到了1968年，大量的商业集团都意识到"代沟"是一个可以用于营销牟利的概念。美国广播公司推出了一个新的系列电视剧《摩登卧底侦缉队》[1]，似乎他们不知道"摩登"已经是一个过时的英国单词。它的剧情是关于三个年轻警察——一个长得像"皮特、保罗与玛丽"乐队（Peter, Paul&Mary）中年轻版的玛丽，另一个像仪容整洁的鲍勃·迪伦，最后一个像面容可爱的黑豹党人——那种富于挑衅的、暴力的和激荡的反主流文化突然间变得完全无害。美国广播公司的广告称——仿佛人们在现实中确实用这种方式谈论似的："警察不理解当下的这代人，而这代人也不喜欢警察。解决方案是：找一些喜欢颓废生活方式的活跃的年轻人，让他们为警察工作。"美国广播公司的广告进一步解释道："当今的电视业竞争的诀窍是，像年轻人一样进行思考……随着整整一代年轻成人观众的出现，美国广播公司轻而易举地获得了成功。"

在1968年，每个人都对"代沟"有自己的见解。哥伦比亚大学校长格雷森·柯克4月12日在弗吉尼亚大学的演讲中所使用的"代

---

1 《摩登卧底侦缉队》（*The Mod Squad*）这一剧名中的"Mod"来源于英国20世纪60年代早期和中期的青少年亚文化，是"modernist"（现代人）一词的缩略语。这些年轻人的突出特征为穿着定制的时髦服装，痴迷于灵魂音乐、爵士乐和节奏布鲁斯，喜欢骑小型摩托车，常常在酒吧、夜店吸食毒品后通宵达旦地跳舞。

沟"这个词很快就变得陈腐。安德烈·马尔罗在年轻时是出名的激烈的叛逆者，但在 1968 年，他是戴高乐的右翼政府的一员；他否认在各个代际之间存在鸿沟，并坚持认为这个问题是年轻人在成长期间的正常反抗。"相信所谓的这个冲突将是愚蠢的，"他说道，"根本的问题在于，我们的文明是一种机器文明，它能教会一个人任何事情，除了如何做人。"最高法院首席大法官厄尔·沃伦（Earl Warren）在 1968 年时认为，"我们这个时代最为迫切的需要之一"，就是缓解被他称为"胆大敢为的年轻人"和"老练世故"的成年人之间的紧张关系。

还有些人解释说，现在的年轻人正处于迈向后工业社会的过渡期。以往人们普遍相信新一代的年轻人和嬉皮士不愿意去工作，现在对这个看法形成补充的，则是他们不需要去工作。南加州研究理事会所进行的一项研究声称，为维持目前的生活水准，在 1985 年前绝大多数美国人每年只需工作半年即可；这个研究还警告称，不幸的是，鉴于新的一代将有大量的闲暇时间，现有的娱乐设施届时将严重不足。这些结论是基于国民生产总值中个人所得的增长得出的。如果将商品与服务总值在全国人口，包括无收入来源者中进行分配，预计其结果在 1985 年将是 1968 年的两倍。在 20 世纪 60 年代，有一种普遍的信念认为，美国的技术将造就更多的闲暇时间，仅有少数几个人反对这种看法，而赫伯特·马尔库塞就是其中之一。

约翰·基夫纳（John Kifner）是纽约时报社的年轻记者，该报颇受哥伦比亚大学的激进学生们尊敬。1968 年 1 月，他从安赫斯特发回了关于学生与大麻的报道，其中包括一条令人震惊的新闻：安赫斯特镇出售了大量的 Z 字形卷烟纸，但没有卖出一包香烟。这篇报道向读者介绍了"消遣性毒品"这个概念。这些吸食大麻的学生们不是为了忘却他们的麻烦，而是为了找乐。"对学生们的采访表明，尽管有许多吸毒者似乎麻烦缠身，但还有很多人并非如此。"这篇文章还暗示媒体的报道鼓励了吸食毒品的生活方式，它引用了富庶的维斯切斯特郊区一个高中校长的话："毫无疑问，自从这个夏天起吸毒就多了起来。《君子》《展望》，还有《时代》杂志，它们关于东村的报道都为孩子们提供了吸毒的形象。"

这些报道描述了"大学大麻派对"，但是更典型的聚会情形则是学生们躺在吸烟区吸食大麻，同时读着这样一篇关于大学生与吸毒的报道，然后他们发出无法控制的咯咯笑声，直到笑声像是痉挛或哮喘。在东村度过一个雨天的流行方式，就是先吸毒，然后到圣马可电影院看电影，有时花一美元就可以看三部影片，其中包括一部讲述大麻危害的老纪录片《疯狂的大麻》[1]。

大麻是 20 世纪才在美国出现的毒品，1937 年之前，它从未被法律禁止过。LSD，或者说是迷幻剂，是在 20 世纪 30 年代由瑞士实验室的艾伯特·霍夫曼（Albert Hofmann）博士偶然发明出来的，他指尖上的少量化合物导致了"对世界的意识状态的改变"。第二次世界大战后，霍夫曼的实验室在美国出售了少量的迷幻剂，以非凡的内省型音乐著称的萨克斯演奏家约翰·科尔川（John Coltrane）、爵士乐小号手迪奇·吉莱斯皮（Dizzy Gillespie），以及钢琴家塞隆尼斯·蒙克（Thelonious Monk）都试用了这种毒品，但是这些都远比不上中央情报局关于迷幻剂的实验。因为无味和无色，它的成分难以检测。如果偷偷给敌人服用迷幻剂，他可能就会泄露秘密，或者云里雾里就稀里糊涂投降了。这就是向饮水机投放迷幻剂的计划的肇始。当时中

---

1 《疯狂的大麻》（Reefer Madness），原名为"告诉你的孩子们"，是由一个教会组织资助、于 1936 年拍摄的低成本反毒宣传片，展现了美国中学生吸食毒品后的各种悲剧性后果，包括交通事故、杀人、自杀、强奸以及发疯等等。

央情报局所考虑的计划中，包括偷运迷幻剂让埃及的贾迈勒·阿卜杜勒·纳赛尔（Gamal Abdel Nasser）和古巴的菲德尔·卡斯特罗服用，希望他们就此胡言乱语，然后失去支持者。但如果艾伦·金斯堡和其他人得知卡斯特罗也是个瘾君子，他在年轻人中的声望可能还会无比放大。

中央情报局局的特工自己也服用迷幻剂做实验，导致其中一个特工冲到室外，声称街上的汽车是"嗜血的怪物"。他们还和军方合作，用对此一无所知的犯人和妓女做实验。这些测试造成了许多人自杀或精神失常，中央情报局最终确信无法有效审问迷幻剂作用下的对象。这些实验是在理查德·赫尔姆斯（Richard Helms）的鼓励下开展的，他后来在 1967 年至 1973 年担任了中央情报局的局长。

蒂莫西·利里（Timothy Leary）和理查德·阿尔珀特（Richard Alpert）是哈佛大学的两位初级教授，通过自己服用或者给他人服用，他们进行着关于迷幻剂的研究。在 20 世纪 60 年代早期，他们的研究广受尊敬——直到家长们投诉说，他们颇有前途的哈佛子女夸耀"发现了上帝和宇宙的秘密"。利里和阿尔珀特在 1963 年离开了哈佛大学，但是在纽约的米尔布鲁克继续他们的实验。1966 年，由于国会通过的一项法案，迷幻剂成为了违禁物品，而利里因为屡屡被捕而声名大噪。阿尔珀特成为了一名印度教教徒，改名为巴巴·朗姆·达斯（Baba Ram Dass）。1967 年，艾伦·金斯堡极力鼓励每个 14 岁以上的人至少要尝试一次迷幻剂。汤姆·伍尔夫（Tom Wolfe）在 1968 年出版的畅销书《令人振奋的迷幻剂测试》（*The Electric Kool - Aid Acid Test*）则颂扬和进一步推广了迷幻剂。

迷幻剂的效果是无法预测的。对有些人，那是愉悦的经历，而对另外一些人，也许是狂躁、抑郁和偏执这种梦魇般的循环往复，即所谓的"恐怖旅行"。那些声称自己是负责任的吸毒者并且引以为豪的学生则坚称，这次体验之旅必须要有一个有过吸毒经历但当时不吸毒的朋友进行指导。对于包括阿比·霍夫曼在内的许多人而言，吸食过迷幻剂的人之间似乎有一种不言而喻的手足之情，而没有这种经历的都是外人。

媒体上开始出现一些令人不安的消息。1968 年 1 月，数家报纸报道说有六个大学男生在服用迷幻剂后凝视太阳，导致永久性失明。宾夕法尼亚州社会福利部视障人士服务办公室主任诺曼·M. 约德（Norman M. Yoder）称，这些学生的视网膜已经受损。这是完全失明的第一例。据称，在 1967 年 5 月，加州大学圣巴巴拉分校的四个学生在服用迷幻剂后凝视太阳，因此丧失了阅读视力。但是许多这类故事被证实为伪造的。美军化学部队的检测未能支持服用迷幻剂会导致染色体受损这一广泛流传的说法。

迷幻剂对流行音乐产生了深刻的影响。披头士乐队在 1967 年发行了《佩伯军士孤独之心俱乐部乐队》专辑（*Sergeant Pepper's Lonely Hearts Club Band*），在其音乐、歌词及封套设计上都反映出这个组合的吸毒体验，其中一些歌曲生动描述了在迷幻剂作用下体验到的幻觉。他们早期的歌曲《黄色潜水艇》也是如此，后来这首歌成为了 1968 年的一部电影的蓝本。据说，约翰·列侬第一次虚幻的潜水艇之旅源自食用了一块加入迷幻剂的方糖。对听众而言，《佩伯军士孤独之心俱乐部乐队》是关于毒品的摇滚乐，是最早的迷幻剂音乐专辑（acid albums）之一——它标志着成熟的迷幻音乐及其专辑设计。也许是因为人们一边吸毒一边听它的缘故，这个专辑被认为是寓意深刻的。数年后，阿比·霍夫曼称这一专辑表达了"我们的世界观"，称赞它是"贝多芬来到了超市"。但在那个时候，极端保守的约翰·伯奇协会[1]则声称，这一专辑显示了熟练的洗脑技巧，是披头士乐队参与了一个"国际共产主义阴谋"的证据。英国广播公司禁止播放《生命中的一天》（*A Day in the Life*）这首歌曲，因为其中一句歌词是"我乐于让你情不自禁"；马里兰州的州长斯皮罗·阿格纽（Spiro Agnew）发动公众支持禁播《来自我的朋友们的一点帮助》（*With a Little Help from My Friends*），因为这个著名的四人组合唱的是他们如何"嗨起来"。

披头士乐队并非是将迷幻剂与摇滚乐相结合的迷幻摇滚的发明者，但是因其江湖地位，他们打开了迷幻摇滚的防洪闸。此前的数年，一些旧金山的乐队一直在创作迷幻摇滚乐，但是到 1968 年只有"杰佛逊飞机"（Jefferson Airplane）和"感恩而死"（Grateful Dead）等乐队获得了国际知名度，而许多其他的乐队，包括"每日幻想"（Daily Flash）以及"天堂般的歇斯底里"（Celestial Hysteria），仍然以旧金山为据点进行演出。

新兴的以校园为中心的音乐不仅与政治和毒品有关，也和性有关。摇滚音乐会和政治示威一样，常常是性邂逅的前戏。关于这点，有些歌星会比其他人更开放。吉姆·莫里森是有着天鹅绒般声线的"大门"乐队的摇滚歌手，经常穿着紧身皮裤，自称是"一个情色政治家"。

---

1 约翰·伯奇协会（John Birch Society），由美国商人小罗伯特·韦尔奇（Robert Welch, Jr.）于 1958 年在印第安纳波利斯成立的极右翼组织，极端反共并支持有限政府的理念。约翰·伯奇则是在 1945 年第二次世界大战结束后被中国共产党的武装力量击毙的浸礼会传教士及美军情报官，韦尔奇以其名字命名这一协会，是认为伯奇虽然默默无闻但却是坚定的反共产主义者，是美国在冷战中的第一个牺牲者。

1969 年，在迈阿密的一次演唱会上，他极力鼓动听众们脱掉衣服，然后他宣布道："你们想看我那话儿，对吗？那就是你们来此的目的，难道不是吗？"声音沙哑的民谣歌手詹尼斯·乔普林则声称："我的音乐不是要让你们造反，而是要让你们做爱。"

大多数有关这种新生活方式的报道，都以不同的坦白程度暗示这些年轻人性事频繁。现在，做爱被称为"自由之爱"，因为随着避孕药的普及，做爱似乎没有后顾之忧了。但是马克·拉德在大二时发现它并非全无后顾之忧——拜哥伦比亚大学巴纳德学院的一个女生所赐，得了淋病的他需服用青霉素，而这女生又是被一个已婚的哲学教师传染的。事实上，20 世纪 40 年代发明的青霉素才是促发性解放的首要药品。第二种是 1957 年开发出的口服避孕药，它在 1960 年由美国食品与药品管理局批准上市。如同校医们所发现的，口服避孕药很快成为所有避孕方式的首选，1968 年时它已在大学校园内被普遍使用。

当时流行的口号"要做爱，不要作战"很清晰地表明了两者之间的相关性——学生们示威游行反对越战，然后，经历了几千人的同仇敌忾，逃过了警棍和催泪瓦斯，这些兴奋的学生们通常会作鸟兽散，然后去做爱。并非只有"学生非暴力协调委员会"的成员在作乐。"学生非暴力协调委员会"和其他学生组织频繁地召开会议讨论下一步计划，但是如果事态来临而他们无计可施，他们就会自行其是。在所有这些会议之间会有相当多的性事。如同一个底特律的学生对《时代》杂志所说："我们不仅是同吃同睡，我们还一起抗议越战！"

埃德·桑德斯的"富格兹"乐队的演唱有大量关于性爱的内容，他将 20 世纪 60 年代中期称为"做爱的黄金时代"，他在 1970 年出版了以 1968 年为背景但是没有情节的"异皮士的小说"《上帝的碎片》

（*Shards of God*），其主题与"做爱的黄金时代"非常相近。学生运动成就了许多，也拆散了许多革命伴侣。汤姆·海登与凯西·海登、马里奥·萨维奥和同属"自由言论运动"的活动分子苏珊娜·戈德堡，以及玛丽·金和"学生非暴力协调委员会"的一个同道的婚姻，都是在学运中结缘但未能持久的例子。

对于性的态度在不同代际之间造就了更深的鸿沟，它看起来似乎是两个完全不同的群体共居于一个时代。当桑德斯在东村享受他的黄金时代，拉德在哥伦比亚大学服用青霉素时，纽约市政委员会的民主党人约翰·J. 桑图奇（John J. Santucci）则成功地在 1968 年迫使城市交通管理局移除了地铁车厢上电影《毕业生》的海报，因为海报上的安妮·班克罗夫特（Anne Bancroft）正和达斯汀·霍夫曼（Dustin Hoffman）同床共枕。

性观念不止在美国发生了变化。1968 年，参加墨西哥学生运动的年轻女生的标语牌写着"童贞导致癌症"，使得墨西哥社会大惊失色。1968 年，巴黎的示威游行起初是要求男女生同校同舍。据法国人说，当戴高乐总统被告知楠泰尔的大学生们要求男女生同舍时，满脸疑惑的总统转向助手问道："为什么他们不能在咖啡馆见面呢？"

在美国，只有为数不多的像欧柏林大学这种观念超前的大学实行男女混合宿舍，许多大学给予男生的自由远远超过女生。常青藤联盟中有单独的女子大学，其管理规则完全不同。哥伦比亚大学的男生当然比巴纳德学院的女生享有更多的特权，后者在大学的头两年只允许住在校内的女生宿舍。这些并不为人所知的大学住宿安排产生了全国性的争议，这种莫名其妙的争议在 1968 年确实持续了几个星期。纽约时报社的一个记者决定报道大学女生的生活——这只是数百篇关于

"新生活形态"的报道之一。巴纳德学院的一个大二女生以匿名为条件，向记者夸耀说她为了在校外和男友同居，成功地骗过了院方管理机构。

虽然记者尊重了这个女生的匿名要求，巴纳德学院却决心洗涮这个公开的耻辱，根据各种细节，院方终于查出违规者名叫琳达·勒克莱尔（Linda LeClair）并决定予以开除。学生们抗议这种歧视性的处理，因为它只可能发生在女生身上。但怪异的是，关于琳达·勒克莱尔的抗争——是否实行男女混合宿舍——不仅成为了《纽约时报》数星期的头版新闻，《时代》杂志、《新闻周刊》、《生活》和其他许多全国性报章杂志均进行了报道。日复一日，整个戏剧化的事件都在《纽约时报》上得到呈现——巴纳德学院的校务委员会如何批准琳达的听证会，数百名学生如何旁听了听证会，琳达如何为个人权利辩护，最后是"当她读到最终的裁决'不予开除，但是禁入学院餐厅'，穿着鲜艳的橙黄色无袖衬衣的琳达脸上露出了灿烂的笑容"。

《纽约时报》的报道同时提及，许多受访的学生对此结果"摇晃着脑袋，乐不可支"。对于外部的新闻界而言，它看起来是关于这个剧变的社会的重要新闻，但是对于1968年的学生们，以及今天我们中的大多数人，都很难相信媒体会报道这样一件琐碎的小事。

两天后，《纽约时报》又刊发了关于勒克莱尔父母亲的一条报道，标题为"父亲对巴纳德学院的女儿感到绝望"。在新罕布什尔州的哈得孙，记者引述保罗·勒克莱尔的话称："我们的意见完全不一致，我们也不知道能采取什么办法解决……个人的所作所为是一回事，但是当她影响到其他数百人，那就是错误的。"

巴纳德学院的院长玛莎·彼得森（Martha Peterson）对校务会员会只是略加惩戒的做法颇为不满，她不顾委员会的裁决仍然执意开除勒克莱尔。学生们举行了静坐，包围了院长办公室。巴纳德学院1800名学生中的850人签署了请愿书，抗议开除决定。院长办公室接到了大量声援或者反对勒克莱尔的信件，其中有的声称她已经成为捍卫公民自由的标志，有的则谴责她成为了美国家庭价值沦丧的象征，不一而足。

玛莎·彼得森声称："我们遗憾地发现，公众对于大学校园里性行为的兴趣是无休止的。"但这绝不仅是窥探。媒体反映的是一种普遍的看法：即"新的一代"有一种"新的道德观"，而无论好坏，年轻人的作为一定是代表了社会的价值和观念上的根本变更，具有深远的意义。埃德·桑德斯自信地写道："从现在起的40年后，异皮士和参加过1967年至1968年和平反战运动的那些人，他们的意义将被认可，他们是过去150年的美国文明中最重要的文化和政治力量。"有时怀着恐惧，有时怀着欣喜，但是人们确信人类社会的基本性质发生了变化。《生活》杂志的一篇文章写道："如果来自未来世纪的一个人类性学家研究避孕药、汽车旅馆、哈罗德·罗宾斯（Harold Robbins）的作品、双层胸罩和其他美国性革命的典型产物，他可能会认为琳达·勒克莱尔和她男朋友皮特·贝尔（Peter Behr）的个案代表了一个时代的道德观产生变化的时刻。"所以，当顺化仍被包围，美国海军陆战队在保卫溪生，尼日利亚内战开始升级，中东趋于动荡，参议院开始调查1964年8月的东京湾事件——这一美国发动越战的借口——是否伪造，当鲁迪·达兹克和德国的"学生争取民主社会"在柏林街头示威，当捷克人和波兰人公开反抗苏联的时候，巴纳德学院一个女生搬到街对面的男友宿舍同居的决定却成为了头条新闻。

在这一争议性事件中，琳达·勒克莱尔的男朋友皮特·贝尔几乎从未被问起。勒克莱尔辍学后和贝尔一起加入了一个公社。贝尔倒是获得了哥伦比亚大学的学位，后来成为了按摩治疗师。巴纳德学院放宽了限制，规定只要有家长的同意即可在校外居住。但是到了1968年的秋天，巴纳德学院的女生们甚至开始反对这个规定。

马克·拉德成长于富裕的新泽西郊区，紧邻着贫穷的纽瓦克，他一直期望父母亲能让他弄明白一件事：纳粹掌权之初，为什么他们不更多地努力加以阻止？他一直觉得父母亲对此一定可以有所作为。尽管这个念头一直纠缠着他，在高中时，他并不是一个在政治上活跃的学生。他住在小康的枫林区，这是他的父亲在晚年靠房地产发家后搬进去的社区。拉德的父亲是预备役陆军中校，为了避免军队中的反犹主义殃及自身，他把有犹太语发音的姓氏改成了英式。

和许多同龄人一样，将马克·拉德引入激进政治的是《唱出来！》（Sing Out!）这本民歌和抗议歌曲杂志，由此他接触到了莱德波利（Ledbelly）、伍迪·格斯里（Woody Guthrie）和皮特·西格的音乐。他热爱学习，他阅读的许多书籍来自他颇有政治头脑的女朋友，她也是校园里知识分子类型的人物。她甚至认识赫伯特·马尔库塞的继子，后来成为拉德大学室友的迈克尔·诺伊曼（Michael Neumann）。诺伊曼的哥哥汤米则是东村的亲和组"混账东西"的成员。

拉德从来不参与体育运动。数年后，他喜欢说做爱就是他的运动——阅读以及和他的女朋友做爱——后来他的女友去了萨拉·劳伦斯大学。拉德最初想就读芝加哥大学，因为它独树一帜地取消了体育科目。为了能和女朋友近一点，最终他选择了哥伦比亚大学。但是正如经常发生的情形，一旦上了大学，两个人都另有新欢。

撖开常青藤联盟名校的保守主义氛围，哥伦比亚大学是拉德的合理选择。在这个创造了"代沟"一词的大学，拉德与校方并不合拍，但他和同学们相处融洽。和拉德一样，大多数哥伦比亚大学的学生并不崇尚运动。拉德被告知，哥伦比亚大学一直试图延长它连续 20 年未赢一场橄榄球赛的纪录。中场休息时，乐队的演出独树一帜，其中包括一首乐曲《避孕环颂》（*Ode to the Diaphragm*）。大学里基本没有联谊会的存在。1968 年的夏天，拉德和朋友们在 114 街租了一间联谊会活动室，将其更名为"西格玛·德尔塔·西格玛"（Sigma Delta Sigma），恰巧和"学生争取民主社会"有一样的缩写名称（SDS）。

1965 年，当拉德刚进大学时，"学生争取民主社会"正开始放弃它在中心城市组织运动的未遂努力，学生们认识到大学校园才是征召参与者最肥沃的土壤。大学一年级初的某天晚上，一个名叫戴维·吉尔伯特（David Gilbert）的人敲开了他的门，说道："我们正开会讨论一些事情，也许你会有兴趣参加。"

事情就这样发生了。"就是一个社交聚会，"拉德后来回忆道，"大家都在闲逛，而非主流文化很好玩。聚会时有毒品，有姑娘，当时的情形就是这样。那个时候没人想去华尔街工作。"

拉德在哥伦比亚大学的生活被改变了。他成了"学生争取民主社会"的校园激进分子，他参加会议和讨论，拜访其他学生，筹划抗议示威。每一次的抗议行动前都会有漫长的会议。"我喜欢谈论革命——改变世界——让这个世界变得更好。这些会议都讨论重要的议题，然后采取行动。我在那五年中肯定参加了不下 1000 次会议。这和我的课程学习有天壤之别。'学生争取民主社会'的成员们见多识广。他们非常了解越南，了解反殖民主义革命和民族独立运动。"

但对于拉德，重要的始终是将言语转化为行动。拉德表示："我一直很推崇那些能够阅读、思考、讨论和付诸行动的人。我对知识分子的概念就是如此。"在激进分子中，拉德开始以其迫不及待的行动主义而著称——"学生争取民主社会"开始将拉德在哥伦比亚大学的小团体称为"行动派"。从古巴返回时，拉德牢牢记住了格瓦拉曾引用的何塞·马丁的一句话："现在已到了点燃熔炉的时候，必须要让人们看见光亮。"

拉德3月从古巴返回美国，用他自己的话，当时的他"洋溢着革命热情"。一张接着一张，他的墙被格瓦拉的各种海报和照片覆盖——抽烟的格瓦拉、微笑的格瓦拉、边抽烟边微笑的格瓦拉、沉思的格瓦拉。早春的时候拉德曾去看牙医，想到将面临的牙疼时他会自问：如果是格瓦拉，他会怎么办？

哥伦比亚大学行动派的行事是特别认真的，虽然有时他们的恶作剧更像是异皮士而非"学生争取民主社会"的成员。也许因为和大多数20出头的年轻人一样，这些学运分子都还是半成人半小孩。当时纽约市征兵处的处长阿克斯特上校（Colonel Akst）——他的名字是阿拉斯加标准时间的缩写，这真是令人匪夷所思——将要来哥伦比亚大学演讲，于是在一次会议上，"学生争取民主社会"通过表决决定和阿克斯特进行交锋。这忤逆了拉德的意愿，因为他觉得，仅仅质问处长是抬举了征兵处。"真是懦夫。"拉德抱怨道，同时下定决心要另辟蹊径。

那时和拉德的行动派趣味相投的亲和组——东村的"混账东西"刚刚加入了迅速壮大的"学生争取民主社会"。拉德的计划所需要的另一个部分，就是找一个能够接近上校而不会被认出的人，因为到1968年早春时，拉德和他的同志们已经太出名了。纯粹是运气，自称来自伯克利大学的一名激进分子从天而降。拉德记得曾经有个朋友抱怨过，有个令人恼怒的留宿客人曾经喋喋不休地谈论革命和暴力，以及伯克利大学作为目前的革命中心的重要性。于是拉德招募了这个伯克利大学的激进分子。

上校将在厄尔堂——哥伦比亚大学校园的宗教中心场所发表演讲。拉德对他的描述是"骄傲的军帽下一张红脸膛熠熠生辉"。突然间，从厄尔堂的后部传来了小军鼓和横笛吹奏的《扬基歌》（Yankee Doodle）。当听众们回头时，一头长发的东村"混账东西"以军鼓队的扮相出现——这时他们的新名称是"纽约尼克人"（Knickerboppers）。那个不知名的伯克利大学革命者跑向讲台，不偏不倚地将一块椰奶蛋糕掷到了阿克斯特的红脸膛上。拉德和他沿着百老汇大街逃离现场。但令他错愕无语的是，这位仁兄看来是被刚才那场合的戏剧性冲昏了头，他居然还用了块花绸巾蒙着脸掩饰身份。拉德没有更好的主意，只好把他藏在女朋友公寓的壁橱里。

哥伦比亚大学的校长格雷森·柯克出生于1903年，住在晨边高地常青藤名校的一座豪宅里，这个高地位于曼哈顿的北部，可以俯瞰哥伦比亚大学校园。他是一个贵族，自视为传统的守护者。拉德称其为"一个统治阶级的自由主义者，他试图进步，但是他的本能总是把他推向权力精英。他谴责越战，但并非因为他认为越战是不道德的和错误的，只是因为无法赢取战争"。4月的第一个星期，当柯克坐在晨边高地的豪宅时，可以察觉到他唯一的恐惧来自山下沸腾的黑人哈莱姆区。他确实希望安抚这些"黑鬼"，这仍然是他和许多其他人对他们的叫法。

从窗口望出去，柯克可以看见混乱的人群和熊熊的火光。马丁·路德·金被刺杀了，哈莱姆区在燃烧。作为哈莱姆区上方山巅上的一个校长，这正是柯克所恐惧的。

马克·拉德看到了同样的火光，但他的反应截然不同。现在非暴力运动——或者按照斯托克利·卡迈克尔的说法是"非暴力的狗屎"已经结束，当拉德站在散发着浓烟味的晨边高地车道上，他期待着一个黑人权力的新时代到来。当时他和朋友约翰·雅各布斯在一起，后者相信，在贫困国家推翻帝国主义国家的伟大的全球革命运动中，也包括了在美国推翻白人政权的斗争。随着革命的来临和这些权力中心被推翻，包括黑人和白人在内的每个人都会体验到从未有过的新自由。约翰和拉德都长着一头长长的金发，他们整个晚上都在哈莱姆区游荡，目睹人们四处纵火和劫掠，警察发动了袭击，很快暴动者就建起路障以阻挡消防车。一个旁观者居然能从一场种族骚乱中悄然经过而未被挟裹其中，这一幕有一种诡异的气息。"我看到了黑人深藏的愤怒。"后来拉德说道。他和约翰都确信自己目睹了革命的爆发。

在金博士被刺五天之后，哥伦比亚大学将为其举办一个悼念仪式。在短暂的生命中，金博士曾被监视、辱骂、诽谤和贬低，在他逝世后，则被当作圣人一样颂扬，其实颂扬者中的许多人也曾阻挠过他的事业。这是哥伦比亚大学，它无所顾忌地扩张到哈莱姆区，占据了公园和廉价住房，以便为富裕的校区建造更多的设施。在 1968 年对哈莱姆区进行的一项研究表明，在过去的七年中，哥伦比亚大学已经强迫 7500 名哈莱姆区居民动迁，并且计划再动迁另外 1 万名居民。早在 1959 年，哥伦比亚大学与纽约市政府的密切关系就已被证实。那时，尽管面临一些哈莱姆区黑人领袖的反对，晨边公园 8000 多平方米的土地仍被批准租给哥伦比亚大学建造体育馆。按照纽约市的政策，将公共用地租给私人企业是没有先例的，而且租金仅仅是每年 3000 美元。1968年 2 月，工程动工后，六个学生和六个哈莱姆区的居民静坐以阻止首批推土机施工。拆毁住房以建设一座新体育馆——一座哈莱姆区居民无权进入的体育馆——这样一个工程尤其引起争议。由于学生们的抗议，校方最终同意在体育馆靠近哈莱姆区的一侧造一个小门，以供当地居民出入。但是这仅仅是学生们的议题。哈莱姆区的居民根本不需要体育馆，他们需要的是住房。哥伦比亚大学当时还试图阻挠一个工会动员黑人和波多黎各工人。马丁·路德·金死于在孟菲斯支持黑人工会的斗争中，他所支持的正是哥伦比亚大学试图反对的工会，而金博士的悼念仪式恰恰是在哥伦比亚大学举行。

"学生争取民主社会"的学生们召开了一个会议。他们认定必须采取某种行动以阻止这个卡夫卡式的荒谬时刻。一些学生争论说这是一个转折点——应该断然介入其中，宣布非暴力运动的终结以及黑人权力新时代的到来，开始真正的革命正当其时。但另一些学生认为这种做法是将马丁·路德·金这个伟人拱手让给了白人当局。"别那么做，"一些学生争辩说，"马丁·路德·金是我们的一员。"

按照汤姆·海登的描述，后来发生的一幕是年轻的"学生争取民主社会"领袖马克·拉德径直走上讲台，拿起话筒，他斥责哥伦比亚大学当局这些年长者的伪善，因为他们一面对金博士致敬，另一面却蔑视哈莱姆区的人民。拉德却不记得当时自己是海登和其他人描述的那个冷静角色。事实上，当他试图从副校长大卫·杜鲁门（David

Truman）面前走上讲台时，他的双腿因恐惧而颤抖。他对着话筒说道：
"杜鲁门先生和柯克校长的此举，是对于纪念金博士的道德暴行。"
话筒顿时没声音了，但是拉德继续谴责哥伦比亚大学如何"从哈莱姆
区人民那里窃取土地"，如何虚伪地一面赞颂金博士的公民非暴力抗
命，另一面又压制哥伦比亚大学校园里的这种示威。

这是令哥伦比亚大学最为难忘的一个春天的开始。

值得注意的是，1968年的许多运动之所以呈现其重要性，只是因
为政府和大学当局采取了镇压性的手段予以阻止。相反，如果他们无
视这些运动——如果波兰政府没有禁演《先人祭》，也没有镇压示威
者，如果德国当局不理睬那些主要是抗议美国政策而非德国政策的示威
者——许多运动都会湮没无闻。与民权运动类似，在1968年总是很容
易发现像坏警长那样的滥权者，正是他们使得抗议运动如火如荼。

"学生争取民主社会"就指望格雷森·柯克和哥伦比亚大学当局
犯这种错误。4月，学校当局莫名其妙地禁止了室内的示威，这就刺
激了拉德率领150名学生进入洛氏图书馆，他们进行请愿，抗议"国
防研究所"（Institute for Defense Analyses，IDA）。学生们要求哥
伦比亚大学澄清是否与这个研究军方战略的机构合作，而哥伦比亚大
学拒绝表态。于是"学生争取民主社会"声称，哥伦比亚大学不仅与
这个研究所合作，而且格雷森·柯克校长和另一个校董还是其理事会
的成员。哥伦比亚大学当局从重从快地挑出了包括拉德在内的六个学
生进行纪律处分。于是，4月23日学生示威的焦点不仅包括了体育馆
工程，开始被称为"国防研究所事件六君子"的六个学生也被纳入其
中。校方似乎还要火上浇油，在示威的前一天宣布对六君子予以留校

察看的处分。最终，示威的主题不仅是抗议体育馆和"国防研究所"，同时也主张释放"国防研究所事件六君子"。

恰巧是同一天，拉德发表了公开信，回应柯克校长的演讲，后者在其演讲中论及"越来越多的"年轻人中的"虚无主义"以及代沟，同时将越战称为"一个意愿良好但在本质上没有成效的努力"。反战运动者将美国的越战视为欺凌和臣服弱国的不义之举，所以柯克的论点对他们是极大的侮辱。

拉德的公开信的标题是"对格雷森叔叔的回复"，全信自始至终保持了同一语气，以"亲爱的格雷森"开头。拉德在信中重新定义了柯克所谓的代沟。"我认为在统治社会的那些人——阁下，格雷森·柯克先生——以及那些被你统治的社会压迫和对此反感的人——我们年轻人——之间存在真正的冲突……简言之，我们这些毫无意义的学业、我们的认同危机，以及我们对成为你的公司机器零部件的厌恶，既是一个本质上病态的社会的产物，也是对这个病态社会的反应……"

"我们将接管你的世界、你的公司和你的大学，以创造一个我们和其他人都可以作为'人'而生存的世界。"

拉德发誓将反抗柯克对越战和"国防研究所"的支持、对哈莱姆区人民的所作所为。这封信的结尾是最令人难以忘怀的：

> 只剩下一件事情必须说明。你听起来也许觉得虚无，因为它是一场解放战争的第一枪。我将援引勒鲁瓦·琼斯的话作结，虽然我确信你一点也不会喜欢他："都起来靠墙站着，混账，这是持枪抢劫！"
>
> 您的追求自由的 马克

"学生争取民主社会"的托德·吉特林评论说："有趣的是，你会注意到拉德的慷慨陈词中保留的礼貌。并且，他也使用了语法上正确的宾格'whom'[1]。"拉德这个基本上是讨人喜欢和不那么粗鲁的人，在早些时候的一次演讲中将柯克称作"那个混蛋"，这次则存心以公开信的修辞方式攻击了常青藤联盟社交规则的礼貌和得体。他明确地知道，这并不是哥伦比亚大学里的行事方式，但他偏偏反其道而行之。

4月23日是凉爽而灰暗的一天，抗议者们计划在被关闭的哥伦比亚大学校园中心的日晷仪那里集会。拉德头天晚上整宿未眠，为了准备演讲，他一直在研读马里奥·萨维奥的讲演《可憎的机器》。大约有150名右翼学生在附近的洛氏图书馆旁观这些抗议者，这些短头发的学生运动员在哥伦比亚大学被其他人称为"乔克"[2]。他们手举的一个标语牌写着"把拉德送回古巴去"，另一个更令人反感的标语牌则写着"秩序即和平"。最初只有大约300名抗议者聚集在日晷仪前，但随着各个学生领袖发表演讲，抗议者的人数逐渐增多。轮到拉德演讲之前，发生了两件事情：副校长杜鲁门建议召开一个会议，同时关闭了洛氏图书馆。这也将成为学生们后来在洛氏图书馆游行的前奏——这个游行因此将触犯哥伦比亚大学禁止室内游行的规定。

突然之间，是否还要发表萨维奥风格的演讲似乎已无关紧要。拉德推断，这不是发表一个宏大演说的恰当时刻，这应该是一个采取行动的时刻。但"学生争取民主社会"的领袖们是从不行动的。他们的

---

1 从20世纪20年代起，美国人的日常口语会话中已经很少使用作为宾格的"whom"，但是拉德仍然以"whom"来指代柯克必定不喜欢的琼斯，此举一方面是保其公开信的规范和礼仪，同时也是为了与后面出现的"motherfucker"这个粗鲁的词形成反差，从而形成对柯克和其他保守派人士的讽刺。
2 原文为"the jocks"，指的是从事激烈对抗运动的运动员所缠的下体护身带，后来在美国俚语中也成为对大学生运动员的称呼。

工作是组织辩论，然后据此形成决定。于是拉德询问示威的学生们将如何行事，并且告知其杜鲁门的建议以及洛氏图书馆已被关闭。突然之间，一个抗议者站上日晷仪并喊道："我们到此是为了讨论，还是为了去洛氏图书馆游行？"

示威者们呐喊道："去洛氏图书馆！去洛氏图书馆！"他们开始向图书馆进发。拉德因为是学生领袖，所以竭力赶上并站到了示威队伍的第一排，他和其他学生领袖手挽着手，而群情激奋的学生们推挤着他们向图书馆前进。

"于是我就这样站到了游行队伍的最前排，"拉德回忆道，"我们准备冲进被关闭的图书馆，或者会和那群右翼学生发生冲突，而我当时基本上不知道自己在做些什么。"但他当时确实有个想法，如果混乱发生，警察与校方都将介入，而这将会激起对学生们的支持。他已注意到，这个策略在芝加哥大学和威斯康星大学都行之有效。但是几分钟后当他们登上图书馆的最高一级台阶时，对于具体应该怎么办，他心里没数。学生们来到图书馆前，发现它确已大门紧闭。

拉德环顾周围，想找到能让他站上去的物件，他发现了一个垃圾桶，于是爬了上去，试图居高临下地发布对下一步计划的选择。但是在他爬上垃圾桶之前，示威学生已经跑开了。一个示威者大叫："我们去体育场工地！"拉德就这么站在垃圾桶上看着游行队伍抛弃了他，向着离校园两个街区的晨边公园猛冲过去。为了显示他也是其中的一分子，拉德喊着"推倒混账围墙！"呼应他们，然后从垃圾桶上跳下来了上去，试图重新回到队伍的前排。

在拉德赶到围墙之前，示威者已经试图推倒围墙，但是没有奏效。一个"学生争取民主社会"的学生已被戴上手铐，警察还在陆续赶来。

由于缺乏更好的计划，也因为更多的警察抵达了公园，抗议学生们就撤回了校园，从校园来的另一群学生和他们会合了。似乎每个人都拉扯着拉德发表对下一步行动的意见。作为领袖，他显然失职了。他被告知："马克，你应该采取更有侵略性的行动。"但是也有不同的意见："马克，你应该平息示威者的愤怒。"他发现自己被淹没在大量互不相让的建议里。他和另一个黑人学生领袖都站到了日晷仪上权衡各种选择，但显然他们两人都不确定应该如何行事，虽然按照拉德的估计，那时他们已经有了大约 500 名准备好采取任何行动的学生。

但是采取什么行动呢？

另外一些学生开始发表有关革命的演讲。轮到拉德演讲时，他谈及国防研究所，谈及体育馆工程，但是到底该做什么呢？最后他喊道，"我们可以从扣留人质开始！"

众人不再说话了。拉德所说的人质并非是"人"，而是占领一座大楼——然后静坐。按照拉德后来的说法，静坐是"劳工和民权运动中经久不衰的一个策略"。这时他听到一声尖叫："占领汉密尔顿大楼！"是的，拉德想到的就是这个主意。他喊道："汉密尔顿大楼就在那儿。我们行动吧！"然后学生们喊着"国防研究所必须滚蛋！"，同时向汉密尔顿大楼冲去。

在汉密尔顿大楼，留着平头的院长亨利·科尔曼（Henry Coleman）迎向拉德，而后者开始考虑扣留一个真正的人质。拉德向示威者们大声叫喊道，他们应该占领整座大楼，直到他们的要求得到满足才让院长离开，至于具体的要求，他们可以晚些再决定。示威者们终于有了行动路线了。"该死，不，我不愿去参战！"——这个通常是拒绝服兵役的口号成了示威者们呐喊的口号。他们劫持了一座大楼和一个院长。

从那时起，事件的发展超出了学生领袖们的控制。被占领的汉密尔顿大楼里，贴上了格瓦拉、斯托克利·卡迈克尔和马尔科姆·艾克斯等人的海报，还有让人感觉时空错位的列宁的海报。越来越多来自哈莱姆区的黑人进入了大楼，据说其中一些还带着枪械。拉德后来承认，那天晚上，在地板上和衣而卧时，他感到有点害怕。"我们仍然是真正的中产阶级背景的小孩，但突然间和另一个人群结成了联盟，这和那天早上开始的学生抗议可不同。"

种族间的分歧立刻就产生了。白人学生希望汉密尔顿大楼能继续开放上课，因为他们不想疏远作为运动基础的学生主体。但是黑人学生觉得他们的运动基础是哈莱姆社区，所以希望封锁大楼。经过争论，他们分别举行了会议。白人学生召开了"学生争取民主社会"风格的会议，包括讨论越南的阶级斗争和帝国主义，以及布尔什维克革命的精细之处。与此同时，黑人学生们自己召开了会议，决定关闭大楼，并要求白人学生离开。"如果你们离开大楼，同时你们自己去占领另一座大楼，情况会更好些。"

带着其后赶来的同情者们送来的毯子和枕头，白人学生们困倦而伤感地向大楼的前门走去。拉德回忆道，当他回头看着黑人同志们用草草做成的路障封锁了大楼，泪水在他眼睛里打转。这是"学生非暴力协调委员会"的经历重现。1968 年不是"黑人与白人团结在一起"的一年。

有人闯入了上锁的图书馆，然后抗议者们像昏昏欲睡的小孩那样悄悄爬了进去。他们在大楼里闲逛，在格雷森·柯克校长装饰着明代花瓶和伦勃朗画作的办公室里进进出出。有些学生抽起了雪茄，另外一些翻看着文档想找到秘密文件。有些人后来声称，他们无意中发现了有关房地产交易的信息，以及哥伦比亚大学和国防部的协议。在早晨，拉德找到了一部电话，于是他打给了在新泽西的父母。

"我们占领了一座大楼。"拉德告诉他的父亲。父亲从收音机和电视上已经得知他的所为。

"好吧，那就把大楼归还吧。"

第二天早上的《纽约时报》头版报道将学生运动至少提到了与琳达·勒克莱尔事件的同一层面，它准确地报道了头天的失控局面，其与拉德叙述的版本区别仅在于：报道认为拉德知道自己在做什么。报道给人的感觉是"学生争取民主社会"的主席马克·拉德策划并领导了学生们从日晷仪游行到晨边公园，再回到日晷仪，然后适时地号召夺取大楼和扣留人质。读者们并不知道，"学生争取民主社会"只训练其"领袖们"进行讨论，而非做出决定。此外，按照《纽约时报》报道的看法，通过吸纳来自哈莱姆区的黑人活动分子，拉德已经使得"种族平等代表大会"和"学生非暴力协调委员会"参与到运动中，所以哥伦比亚大学现在是一个全国性的抗议运动的组成部分。

汤姆·海登从纽瓦克来到纽约。纽瓦克内城的学运已经偃旗息鼓，所以他计划搬到芝加哥，因为"学生争取民主社会"的总部已经在那里建立。穷困潦倒的他每天只有一美元的生活费，靠着米饭和豆子过活，并且无法获得他希望的支持，但是哥伦比亚大学发生的这一切使他震惊。

> 我从来没有目睹过类似的事情。学生们最终掌握了主动
> 权，但他们毕竟只是学生而已。他们彬彬有礼，穿着讲究，

拿着笔记本和课本，参加激烈的讨论；他们不时地会怀疑自己的道德准则，然后继续留在运动中，但他们又担心自己的学术和个人前途会被断送，把院长关在办公室的念头让他们感到羞愧，但又希望与院长进行建设性的对话。在每个方面，他们都表现出这一代大学生的痛苦挣扎。

汤姆·海登觉得自己"不能扬长而去"。他提供了帮助，但是以"学生争取民主社会"的方式，他表明自己不愿担任领导职位。抗议者们看起来很高兴他能够加入组织，即使是以默默奉献的方式。海登推测，"也许他们这么想：在这样一个历史的转折点，还有什么比让（29 岁的）汤姆·海登这个学运老前辈加入运动更合适的呢？"

学生们占据大楼的时间越长，加入的学生们也就越多。空间不够的时候，学生们就转而占领其他的大楼。此时拉德已经辞去了"学生争取民主社会"的职务，因为它不赞成学生们去占领更多的大楼。4月27日，当这周结束时，学生们已经占领了五座大楼。《纽约时报》继续在头版报道学生的罢课行动，并将其描述为"学生争取民主社会"组织的计划。

海登在学生们占领的一座大楼里，阿比·霍夫曼也来了。但是没有人进行领导。每个人都在讨论，每座被占领的大楼都成立了"罢课委员会"。汉密尔顿大楼里的黑人在白人学生们离开不久后就释放了人质，他们和其他四座被占领的大楼保持各自的独立自治。每座大楼里都在进行辩论。学生们完全是昼夜不停地用老式油印机赶制新闻宣传材料。被占领的大楼上悬挂了旗帜，宣布它们是"解放区"。其中一些则借用了西则·查维斯的"联合农场工人联盟"的标语"罢工万岁"，还有一些则使用了老式的静坐口号"我们坚定不移"。

哥伦比亚大学校园分裂了。一些学生戴着红袖标表示对革命的支持，另一些学生则戴着绿袖标，这意味着他们支持暴动，但是坚持非暴力原则。对于激进学运分子来说，那些"乔克"——留着短发、穿戴着哥伦比亚大学运动夹克和领带的男运动员学生——是滑稽可笑的来自旧时代的残渣余孽。甚至当他们试图阻止对被占领大楼的补给运送时，激进学运分子会耻笑他们，嘲弄地喊道："哥伦比亚大学的防线从来守不住"——指的是他们总是在橄榄球赛里失利这一事实。

4月26日，当哥伦比亚大学宣布暂停体育馆工程并关闭校园时，它并非是唯一被关闭的大学。在全美和世界范围内，学生们都在周五罢课以抗议越战。值得注意的是，美国的高中生也广泛参与。从4月起，他们就逐渐组织起来，到年底已经建立了在"学生争取民主社会"中的分支，还构筑了一个发行大约500份高中地下报纸的网络。巴黎、布拉格和东京的大学生们群起参与，而意大利的大学系统几近瘫痪。仅在4月26日这一天，威尼斯、都灵、博洛尼亚、罗马与巴里的大学里都爆发了静坐、抵制或者冲突事件。资深教授的绝对权威仍然是意大利学运的核心议题，出于对政治建制的极度失望，学生们继续拒斥与共产党和其他政党结盟。在巴黎，因为禁止男女混合宿舍这个议题，300名学生冲击了位于南端的巴黎市立大学的一所美国学生宿舍。这起事件引起了关注，因为它表明楠泰尔大学的激进学运分子将这个议题扩展到巴黎其他大学的尝试获得了成功。另一方面，在因为学生示威而被迫关闭校园38天后，马德里大学宣布将于5月6日复课。

在纽约，这是极其暴力的一天。在布朗克斯科学高中这所精英公立学校里，一个女孩在反对和支持越战的学生之间爆发的冲突中受伤住院。亨特大学则有三名学生受伤住院。但是因广泛的媒体报道而引起全世界关注的还是哥伦比亚大学校园，现在警察们守卫着校门以及未被学生们占领的各座学校大楼。就在校园外的第 116 大街上，警察部队在绿色的长卡车里严阵以待。现在，即便基夫纳在《纽约时报》的报道谈及学运群龙无首，拉德只是间或作为学运代言人，以及每座被占领大楼的领导委员会都在辩论下一步的行动，还是有广泛的报道称"学生争取民主社会"组织了这些占领行动，而拉德是其领袖。

哥伦比亚大学的校董会谴责他们所称的"少数学生"导致了校园被迫关闭。因为据估计有大约 1000 名学生参加了罢课，而 1968 年哥伦比亚大学共有 4400 名全日制的本科生，所以这个说法在数学上是正确的，尽管这个"少数"也为数可观。众所周知，纽约时报社在哥伦比亚大学校董会有两个席位，也许正因如此，它所发表的一篇社论写道："骚乱、静坐和示威是今年全球校园里的前卫风格。只需处身于像东京、罗马、开罗和里约热内卢这些远方城市的大学，一个人即可证明他是社会上的异化分子。"发生这些事情对于波兰和西班牙并不奇怪，因为这些国家"缺乏和平与民主变革的渠道"，《纽约时报》宣称，"但是在美国、英国和其他的民主国家，这类行为毫无正当性"。

即便是《纽约时报》，也认为哥伦比亚大学的广播台 WKCR 是整个星期中最热门的媒介渠道。具有最佳便利位置的 WKCR 几乎是以不间断的现场报道完全跟进了所有这些混乱的事件。周五早晨，哥伦比亚大学当局命令它停止报道，但是在招致大规模爆发的学生抗议后不得不让步。拉德和其他学生领袖虽然会和纽约时报社的基夫纳这些记者进行交谈，但是与他们保持最密切接触的则是哥伦比亚大学校报《每日观察者》（the Daily Spectator）以及 WKCR。拉德经常向 WKCR 的主播罗伯特·西格尔（Robert Siegel）预先通报重要事件，例如告知他去报道阿克斯特上校的演讲。

星期六，大约有 9 万名反战示威者聚集在中央公园的绵羊草原（Sheep Meadow）。在预留给金博士的位置上，他年轻的遗孀科雷塔·斯科特·金朗读了金博士的《关于越南的十诫》，谴责了美国政府对越南战争的粉饰。当她朗读到最后一诫"你们不可杀戮"时，获得了雷鸣般的掌声。警察逮捕了 160 名示威者，其中包括 35 名企图从中央公园游行至哥伦比亚大学进行声援的抗议者。

特伦斯·库克（Terence Cooke）是三个星期前在约翰逊总统面前就职的纽约市大主教，他领导了一场反游行，虽然承诺将集结 6 万名越战支持者，但费尽力气也只吸引到 3000 名拥护越战的示威者。

在芝加哥，组织者们声称 1.2 万名反战示威者以市区的格兰特公园为起点进行了和平游行，但警方用梅斯毒气和警棍袭击示威者，并宣称只有将近 3000 名示威者。在旧金山，将近 1 万名示威者进行了反战游行，按照组织者的说法，其中包括了几十名平民装束的军人，以及数百名头戴"退伍军人支持和平"纸帽的退伍军人。在纽约的锡拉丘兹，一位 16 岁的杰出高中学生罗纳德·W. 布雷兹（Ronald W. Brazee）为了抗议越战，于 3 月 19 日在一座教堂附近点燃了浸透汽油的衣服，不幸身亡。他留下的一个便条上写着："如果我的牺牲能够使越战哪怕只提早一天结束，那么我就死得其所了。"

与此同时，美军空中机动师的直升飞机向南越的亚筍谷（Ashau Valley）发动了大规模袭击。作战行动的第一天就损失了 10 架战机。几乎就在攻击开始的同时，溪生之围得以解除。在那个高原上展开的代号为"天马行动"的作战中，以第一空骑师的直升机为先导，3 万名美国和南越的联军士兵，终于解救了从 1 月份在高原被围之后就筑起战壕进行防守的 6000 名美国海军陆战队士兵。跟随解围行动的新闻记者将溪生周围的山丘形容为"月球表面"般的景观。战争史上最为密集的空中轰炸把这些山丘炸出了无数的弹坑——总共 11 万吨的美国炸弹。不清楚的是，将美军困在溪生的两个北越共产党师团，究竟是被这些轰炸击退了，还是他们从未计划过发起代价沉重的最后攻击。无论是何种情况，人们普遍认为北越军队撤退到了亚筲谷，他们可以从这里进攻岘港或者顺化。除了对亚筲谷的进攻，试图全歼西贡地区对方军队的行动也展开了，代号是颇为乐观的"全面胜利"。在 11 个星期的被围中，有 200 名美军在溪生丧生，在解围作战中另有 71 名士兵战死，但是在 4 月底它就要被放弃了。

4 月初，当约翰逊总统宣布他放弃竞选连任时，美国朝野曾有短暂的乐观情绪，但在 4 月底这种情绪已经消失了。和平谈判与停止轰炸还有下文吗？北越迅速宣布它将任命代表开展和谈。美国随后宣布 76 岁的 W. 埃大里尔·哈里曼（W. Averell Harriman）——罗斯福时期的自由派和冷战时期的资深外交官，将带领美国代表团前往日内瓦或者巴黎。美国也宣布新德里、仰光或者万象都是可以接受的谈判地点。美国不希望在社会主义国家的首都进行谈判，因为南越和韩国在这些国家都没有外交使团。4 月 8 日，北越提议将柬埔寨首都金边作为谈判地点。4 月 10 日，美国甚至拒绝考虑将金边作为预备谈判的地点，因为美国在金边没有大使馆。4 月 11 日，北越提议在华沙举行会谈，而美国再次迅速拒绝。凑巧的是，在同一天，约翰逊总统终于签署了《民权法案》，希望可以借此安抚美国的黑人民众；也是在这一天，美国征召了 24500 名预备役军人，使得美国在越南的军力达到了创纪录的 549500 人——这一天，美国声称在西贡附近的战斗中"击毙了120 名敌军"，但有 14 名美军阵亡。接下来的一周里，美国建议了10 个谈判地点，包括瑞士的日内瓦、锡兰（斯里兰卡旧称）、阿富汗、巴基斯坦、尼泊尔、马来西亚和印度。但是河内均予以拒绝，并再次提议以华沙作为谈判地点。

晨边高地的外交也没有任何起色。4 月 29 日，星期一，在抗议持续了将近一周后，哥伦比亚大学校园仍然是关闭的，而大楼也仍被学生占据着。事实上没有多少外交谈判活动，因为校董和大多数教员已经公开表态，反对造反。校方确实试图和占领汉密尔顿大楼的抗议者谈判，因为占领者是和哈莱姆区有联系的黑人学生们，而哥伦比亚大学并不想激怒哈莱姆区的居民。但是黑人学生们恪守了他们对拉德和白人学生们的承诺，拒绝抛弃其他学生单独与校方谈判。于是，副校长大卫·杜鲁门邀请了马克·拉德和其他几个学生领袖到他在河边大道上舒适雅致的教授公寓。这些造反的学生坐在雕饰精美的桃花心木桌边，喝着用银茶具奉上的茶，所有这些都代表了哥伦比亚大学最精致的传统。不幸的是，就是在这时，拉德决定脱掉他的靴子。对此他唯一的解释就是脚疼。但是《纽约时报》报道了这个无礼的举动，在报道中，杜鲁门也将拉德描述为一个"有能力的、无情和冷血的……结合了一个革命者和一个易于动怒的性格的年轻人"。

这些会谈根本没达成任何共识。拉德告诉杜鲁门，学生们已经接管了哥伦比亚大学，并要求能够进入司库的办公室以查看学校的财务信息。每座"解放了"的大楼都发展为自己的公社。年轻人在地板上同宿，他们经历着革命，等待着被包围，把所有这些都作为激情澎湃的浪漫体验。有一对年轻人决定要在彼时彼地、在他们占领的大楼里结婚。WKCR 广播说费耶维则大楼需要一个牧师，然后哥伦比亚大学的新教牧师威廉·斯塔尔（William Starr）欣然响应。这会是《生活》杂志喜欢报道的婚礼类型。这对新人借来了结婚礼服。新郎理查德·伊根（Richard Eagan）穿着尼赫鲁式上衣，脖子上挂着示爱的玻璃珠；新娘安德烈娅·波洛芙（Andrea Boroff）则穿着高领毛衣，手持雏菊花束。包括汤姆·海登在内，占领费耶维则大楼的共有 500 多名学生。手持蜡烛的队伍引领这对新人穿过数百名抗议者组成的圆环，来到了牧师的面前。斯塔尔宣布这对新人是"新时代的孩子"。即使是像海登这个经历过不幸婚姻的人，眼中也流下了泪水。这对夫妇自称"费耶维则夫妇"。

在这些学生看来，哥伦比亚大学已经成为了革命的中心。来自其他大学，甚至高中的学生和学生领袖，不断前来予以声援。越来越多来自哈莱姆区的人，无论是有组织的，还是个人自发的，都来到哥伦比亚大学参与大型示威。斯托克利·卡边克尔和 H. 拉普·布朗拜访了汉密尔顿大楼，它已经被重新命名为"马尔科姆·艾克斯大学"。来自哈莱姆区的年轻人来到校园，高声呼喊着"黑人权力！"。这一幕是格雷森·柯克的梦魇。

4 月 30 日，周二的暗黑凌晨，数百名警察开始包围哥伦比亚大学。凌晨 1 点 30 分，WKCR 广播台提醒学生们警察的进攻即将开始，并建议他们待在宿舍里。警察后来说，他们最初是计划在 1 点 30 分发动攻击，但是出于所谓"战术延搁"的考虑，数度推迟行动。后来被澄清，之所以有这些延搁，主要是警察希望在哈莱姆区居民熟睡之后再发动攻击。凌晨 2 点 30 分，戴着头盔，手持电筒、警棍和包皮铅头棒的警察潜入了校园，目击者说其中一些警察还戴了指节铜环，他们是以军事作战的方式开始攻击的，100 名警察分别袭击七个目标区域。"都起来靠墙站着，混账！"拉德后来回忆道，"一些学生听到警察说这句话时颇为惊讶。"

无论是反抗还是不反抗的示威者，警察一律痛殴。一些警察按照程序逮捕学生，并将他们押解到囚车上，另一些挥舞着警棍和包皮铅头棒的警察则陷入了狂暴。共有 720 名被捕学生被拖上囚车，阿姆斯特丹大道的两个街区完全被封锁。占领大楼的学生们试图伸出两根手指做"V"字手势，却被警察痛殴。那些在大楼外以佩戴绿袖标为明显标志、试图保持和平的学生，也被警察暴打；一些教职员工也经历了同样的遭遇。警方的报告则抱怨说，他们未被告知有多少教职员工支持学生，也不知道有多少学生卷入学运。右翼的运动员学生为警察喝彩，但是也被毒打。据报道，共有 148 人受伤。这是美国历史上罕见的时刻之一，它显示出各个阶级之间的冲突公开化了。警察和劳工阶级怨恨这些享有特权且反对越战的年轻人，因为他们自己的孩子还在越南浴血作战。这种冲突造成了阶级之间的分裂。大学生用"大盖帽"（hard hat）这个词嘲笑警察，而警察则怀着野蛮的仇恨痛打学生。目击了这场袭击的哥伦比亚大学人类学教授马文·哈里斯（Marvin Harris）写道：

> 许多学生都是被拖下楼梯的。警察抓住女生的头发把她们拖出去，反扭着她们的手臂，猛击她们的脸部。教职员工被警察踢到腹股沟，扔到栅栏外，被打得鼻青眼肿。一个患糖尿病

的学生陷入昏迷。一个教师因此神经崩溃。许多学生的头部被警察挥舞的手铐击打后大量流血。数十人受伤躺在草地上呻吟而无人救助。

此次镇压行动导致了 120 起针对纽约警察局暴行的起诉，在纽约警界的历史上，这是单一事件中被起诉最多的。

公众被震骇了。最初主要是由于《纽约时报》的报道，哥伦比亚大学校方在维护公共关系方面还具有优势。它发表的一张照片捕捉到了学生们在柯克的校长办公室的情形。一个叫大卫·夏皮罗（David Shapiro）的学生——他现在是个诗人——戴着墨镜坐在校长的办公桌上，手里还有一根偷来的雪茄。副执行主编 A.M. 罗森塔尔引用了柯克校长的一句话，并以此为中心将一篇评论伪装成了头版上的报道，此举完全抛弃了《纽约时报》的客观性。柯克被引用的那句话是："上帝，人怎么能做出这样的事情。"对于老派的柯克校长，他所说的"这样的事情"指的不是残忍殴打数百名手无寸铁的人民，而是破坏行为，而罗森塔尔将其归咎于学生；但是大多数目击者——《纽约时报》并未提及这点——包括签署了书面证词的教职员工，都将破坏行为归咎于警察。尽管新左派声称，其他媒体也采用了这类立场的报道，但是媒体和公众都被其后发生的警察暴行所震惊，他们并不完全责怪学生。《时代》杂志的报道写道："许多的责任应该归咎于格雷森·柯克校长，这证明了，正是他冷漠和经常妄自尊大的管理、对学生们的苦情反应迟钝，在哥伦比亚大学校园早已为祸甚烈。"哥伦比亚大学教职工发起了一个理事会，成立了以哈佛大学教授阿奇博尔德·考克斯（Archibald Cox）为首的委员会进行调查，得出了与《时代》杂志类似的结论。

怪异的是，完全是同一阵容——学生们，校方和警察——又重演了这一幕。尽管已经有许多对哥伦比亚大学进行改革的讨论，尽管哥伦比亚大学校方上一次正是因为挑出拉德和其他五个学生进行惩戒而引起众怒，它仍然在 5 月末决定取消拉德及其他四个学生的学籍。在 1968 年，这种惩罚具有特别严重的后果，因为这意味着学生征兵延缓期的结束，并且他们通常会被征募参与越战。学生们如何回应？进行示威。拉德和其他四个学生如何进行示威？他们占领了汉密尔顿大楼。于是又有 1000 名警察对他们发动了袭击，在对抗中有包括 17 名警察在内的 68 人受伤。

拉德回到哥伦比亚大学后被终止学籍，在以 2500 美元被保释后，他发誓将把哥伦比亚大学的示威活动从春季延续到夏季。这时，他在新泽西枫林郊区的父母收到了潮水般涌来的反犹信件，其中充斥着"该死的犹太佬"这种词汇。《时代》杂志询问他们如何看待在儿子身上发生的所有事情，他的父亲表示自己年轻时只是努力挣钱糊口，"我们很高兴马克能有时间从事政治活动"。或者，如同他的母亲洋洋得意地说的："我的儿子，他可是个革命者。"

8 月，当柯克主动提出在 64 岁退休时，几乎每个人都松了口气；无论是否接受他的退休请求，这会不会被视为对造反学生的屈服？校董会为此激辩了四个小时，最后还是接受了他的辞呈，尽管柯克校长显然是被学生们赶下台的。

"柯克是否退休并不是问题所在。"拉德说道。重点也不是哥伦比亚大学对待哈莱姆区的方式或者它替越战机器助纣为虐，重点是美国大学的性质必须改变。甚至连考克斯委员会都谴责了哥伦比亚大学校方管理的威权性质，它的某些规章可以追溯到 18 世纪。一旦学生们拥有话语权，他们就能致力于消除大学和公司企业的联系，使得学术机构脱离军工业，使得美国脱离战争生意。汤姆·海登在《壁垒》上撰文写道："写在哥伦比亚大学校墙上的目标是'造就两个、三个乃至更多的哥伦比亚大学'，这就意味着需要拓展哥伦比亚大学的学生运动，从而使美国要么进行变革，要么就派出军队占领美国的大学校园。"这个目标看起来是现实可行的。

第十二章
先生，我们认为你烂透了

人与人的差别并非愚笨或聪慧，而是自由和不自由。

——巴黎医学院围墙上的标语，1968 年 5 月，巴黎

1968，自由即参与。

——巴黎政治大学一个楼梯井上的标语，1968 年 5 月，巴黎

看到其他国家的学生已经使得一切都摇摇欲坠和支离破碎，某些法国学生就试图步其后尘。

——法国教育部部长阿兰·佩雷菲特（Alain Peyrefitte）

1968 年 5 月 4 日，巴黎

当春天来到多雨的巴黎时，出生于 19 世纪且已 78 岁的戴高乐将军，作为几乎拥有绝对权力的法国领导人，基于他 10 年前为自己制定的宪法治理着国家，他承诺了稳定，并且带来了稳定。

由于对君主制抱有幻想、年近八旬且拥有如君王般权威的戴高乐，事实上会不时邀请巴黎伯爵亨利——曾是法国王位的觊觎者——来到

宫中交谈。掌握实权但并未加冕的总统招待了没有王位的国王。尽管戴高乐对反对派并不宽容，但他表现得似乎超越了政治党同伐异的属性，达到了一种常人难以企及的境界。1966 年，当安坐于爱丽舍宫节日大厅被问及健康状况时，戴高乐回答道："我的身体很好——不过不用担心，总有一天我会死的。"

1968 年 3 月 15 日，当德国、意大利、西班牙、美国和全世界许多国家都爆发运动时，《世界报》的记者皮埃尔·维昂松 - 蓬特（Pierre Viansson - Ponte）撰写了一篇如今广为人知的社论，他写道："法国真无趣。"与此同时，戴高乐则沾沾自喜地宣称："法国的形势令人满意，然而德国正在经历政治困局，比利时在处理其语言问题，而英国正面临金融与经济危机。"他始终强调的是，法国应该对他给予的沉闷的和平状态感到满意。

尽管戴高乐激怒了其他国家，3 月初由保守的《费加罗报》发布的民意调查则显示，61% 的法国人赞同他的外交政策，而反对的只有 13%。当然，在法国，对戴高乐表示不赞同可能是一个复杂的情形，广受尊敬的记者弗朗索瓦·方特维雷 - 阿尔基耶（Francois Fontievielle - Alquier）就体会到这一点——在 1968 年 3 月，基于一条已有 87 年历史的法律，他因批评总统而被起诉。检察官从他的新书《对不敬的再学习》（Re·Learn Disrespect）中援引了 12 段文字，认定它们符合对国家元首的"名誉攻击"。这条法律是在 1881 年 7 月 29 日通过的，它规定以"在公共场合演讲、喊叫和威胁，或者以写作以及在媒体报纸刊发文章"这些形式"触犯"该法律者，将被最高处以三年刑期，或者罚款 100 法郎到 30 万法郎（按照 1968 年的兑换率相当于 20 美元到 6 万美元）。

这是自戴高乐就任总统以来，这条法律第三百次被提起适用。其中的一个案子里有个人被罚款 500 法郎，因为他在总统的座驾经过时喊了声"退休！"。

如果法国人声称他们对戴高乐的外交政策感到满意，那么几乎没有其他任何人有同感。具有戴高乐独特烙印的民族主义似乎威胁到了大多数国际组织。1967 年是尤其困难的一年，或者至少对戴高乐来说是尤其困难的一年。他将法国军队从北约撤回，而北约原来是以法国为基地的；他第二次阻挠英国加入欧洲共同市场，从而威胁到欧洲共同市场的存亡。在"六日战争"后发表的著名声明中，他将犹太人称为"有控制欲的"民族，从而疏远了法国和美国犹太人以及非犹太教徒的关系。在对加拿大的国事访问中，戴高乐在蒙特利尔市政厅的阳台上表示支持魁北克的分离主义，此举触怒了加拿大。

"每个人都知道，和美国打交道的戴高乐是个忘恩负义和虚张声势的家伙，早在几年前就该和他摊牌了。"达拉斯的主播戈登·麦克伦登（Gordon McLendon）在他的八家广播电台上这么说。全美各地都有抵制法国产品的呼声。一项盖洛普民意调查让美国人排出他们喜欢的国家，结果法国的位置接近垫底。另一项民意调查问英国人谁是 20 世纪最邪恶的人，结果希特勒居首，其后就是戴高乐。德国外交部长威利·勃兰特一向与人为善，但在 2 月初，他曾说戴高乐"痴迷权力"，尽管很快他就被迫因此道歉。

即使戴高乐倾向对批评者提起诉讼，对他的批评也并非全然来自国外。下一代的法国人，如同在美国的约翰·肯尼迪那一代人，按理应该接管戴高乐的法国了，现在他们正跃跃欲试。其中包括了 52 岁的社会主义者弗朗索瓦·密特朗（Franois Mitterrand），但当时他仍追随 61 岁的皮埃尔·孟戴斯－弗朗斯（Pierre Mendes－France），后者是持左翼立场的法国前总理，当他将法军从法国的越战撤回时遭到了右翼的轻蔑。但是也有一些新面孔。当美国的新左派在阅读加缪、法农和德布雷等人的译著时，法国也为其当局贡献了一本著作。让－雅克·塞尔旺－施赖贝尔（Jean－Jacques Servan－Schreiber）是立场稍微中间偏左的周刊《快报》（L'Express）的发行人，1967 年他出版的《美国的挑战》（Le Defi Americain）成为了法国的畅销书，然后这本书又被翻译成英语，并在 1968 年成为在美国众人皆知的畅销书。塞尔旺－施赖贝尔展望了一个后戴高乐的时代以及他在其中的自我期许。1962 年，他曾参与竞选国民议会的席位，结果却遭遇灾难性的失败。如果说出版书籍能够造就政治前程的话，《美国的挑战》就是一次罕见的成功。在法国出版后的头三个月，它就打破了所有在第二次世界大战后出版的书籍的销售纪录。塞尔旺－施赖贝尔的论点是，在下一个 30 年中，美国将居于主导性的优势地位而欧洲将几近沦为殖民地。尽管事实是从 1968 年 7 月 1 日起，欧洲共同市场各个成员国之间将互免关税，但是由于进展不够迅速，欧洲共同市场将因为缺乏动力而解体。

这本书传达的讯息是，欧洲要不就发展成像美国那样，要不就会被美国吞没，在 1968 年，这个观点经常被欧洲的外交官和企业家们引用。在欧洲有 140 亿美元投资的美国企业正在攻城略地。塞尔旺－施赖贝尔告诫说，在下一个 30 年中，人们将生活在一个"后工业化社会"里，他补充道："我们应该牢记这个术语，因为它定义了我们的未来。"他还做了一些富有远见的预测，包括"时间和空间再不会成为通讯中的问题"，以及"后工业化社会中，低工资和高工资的差别会比现在更为显著"。但是他也赞同 1968 年时广为传播的信念，即美国到 20 世纪末将拥有极多的闲暇时间。塞尔旺－施赖贝尔预测，30 年后"美国将成为人均收入 7500 美元的后工业社会国家。那时每周仅需工作 4 天，每天工作 7 个小时。一年将由 39 个工作周和 13 个休假周组成"。

塞尔旺－施赖贝尔引用了白宫一个专家的预测："到 1980 年之前，计算机将变得体积小巧、功能强大和价格低廉。"任何有需求、想要和能够使用的人都可以拥有计算能力。在很多情况下，使用者只需要一张个人的小型操控台就可以连接一个大型中央计算设备，其巨大的电子存储器将储存各个门类的所有知识。

这本书是一个警告："今天的美国仍与欧洲相似，但是领先了 15 年。美国和欧洲现在同属工业社会，但是到了 1980 年，美国将进入另一个世界，如果我们不能迎头赶上，美国人就将垄断知识、科学与权力。"

虽然塞尔旺－施赖贝尔提出的时间表有点快，但是他已预见到美国作为单一超级大国的危险。"如果欧洲像苏联那样在这场竞争中出局，美国就将在它的未来世界里一枝独秀。这对于欧洲是不可接受的，对于美国是危险的，而对于全世界则是灾难性的……如果一个国家取得了垄断性的霸权，它就会将实施帝国主义视为一种义务，并且将所取得的成功作为其他国家应该效仿它的证据。"

在塞尔旺－施赖贝尔看来，法国和欧洲的现代化之路时间紧迫，而其主要的障碍则是年过七旬、出生于 19 世纪的戴高乐将军。"戴高乐是来自于另一个时代和上一代人的人物。"塞尔旺－施赖贝尔表示，而他这个 44 岁的编辑曾在第二次世界大战的自由法国运动中驾驶战斗机作战，"在一个急需理性的时代，他是非理性的"。即使是戴高乐最受欢迎的第二次世界大战英雄的姿态，也日益销蚀。塞尔旺－施赖贝尔称："我不支持英雄。崇拜蝙蝠侠的孩子长大后会投英雄一票。我希望在戴高乐之后，欧洲将对英雄感到厌烦。"

塞尔旺－施赖贝尔代表了法国的中间那代人，他们厌倦了年迈的戴高乐，但又不信任新生的青年文化。"我希望我的儿子们成长为举足轻重的公民。我不希望他们是二等公民。如果一个人已经 25 岁却一事无成，他就会做一些愚蠢的事情，比如做一个嬉皮士，或者去玻利维亚加入游击队作战，或者在墙上挂上切·格瓦拉的海报。"感到无聊和窒息的法国人有两个代沟：一个是经历过第二次世界大战的那代人和他们的子女们之间的代沟，而另一个则是戴高乐和大多数法国人之间的代沟。

戴高乐已成立 10 年的第五共和国，以及即将摧毁目前平安无事的法国社会的抗议运动，其根源都在于阿尔及利亚的独立。作为法国殖民地的阿尔及利亚，曾是第二次世界大战时戴高乐的自由法国流亡政府的所在地，但是第二次世界大战一结束它就开始要求独立。正是阿尔及利亚的独立斗争激发了弗朗兹·法农的写作，并在很大程度上塑造了 20 世纪 60 年代的反帝运动。孟戴斯－弗朗斯曾经推进了印度支那和突尼斯的非殖民化，但是他不具备让阿尔及利亚独立所需要的政治实力。虽然自从法国在 1848 年成为其宗主国以来，当地不断有抵抗斗争，但那里有 100 万法国人，其中有很多已是世代生活于此，所以法国人认为阿尔及利亚是他们的。法国军队曾经相继被德国人和越南人羞辱过，因此他们觉得阿尔及利亚是他们最后的且没有讨价还价余地的立足之地。

此时，法国本应该和戴高乐一拍两散了。在第二次世界大战结束后，戴高乐认为自己的使命是将法国从左翼手中"拯救"出来。为此，他着力编织了英勇的法国人抵抗纳粹占领者的神话。而事实是，法国抵抗运动的主体是共产党人，因为对此记忆犹新，许多法国人倾向于投票支持他们。戴高乐提供了另一个选择，并且终其余生坚持认为自己是避免共产党执政的唯一选择。在 20 世纪 40 年代末，法国已经决定冒险将戴高乐赶下政坛。尽管他成功地以争议性的活动挑战和反对法国的社会主义政府，但到了 1955 年，64 岁的戴高乐已经正式退出政治舞台，结束了他辉煌的政治生涯。

但是到了 1958 年，在法国和阿尔及利亚都充斥着关于阴谋和反阴谋的流言蜚语，法国面临着一种现实的可能性，即它的社会主义政府可能会被右翼军事政变颠覆。由拉乌尔·萨朗（Raoul Salan）将军统领的驻阿尔及利亚法军，不会支持一个允许阿尔及利亚独立的法国政府，而他们也不信任社会主义政府。在所有这些密谋的后面，戴高乐扮演了什么角色，至今仍是一个谜。他的许多为人熟知的亲信显然参与其中，但是戴高乐努力置身于这个密谋之外。在第二次世界大战期间，戴高乐就是若干法国派系之一的首脑，深谙这种国际事务的巧妙操纵之道。现在这个退休的将军简单明确地表明态度：如果法国需要他，他随时可以效劳。人们对于戴高乐不无怀疑，国民议会公开质问他是否出于民主的意图，对此他的回应是："难道你们认为我会在67 岁时开始一个独裁者的生涯吗？"

即便政府已经同意下野并且将政权移交给戴高乐将军，仍然很难说服议会中颇有势力的下议院——国民议会批准这个决定。社会主义者、国民议会议长安德烈·勒托奎尔（Andre Le Troquer）拒绝戴高乐的两个条件——议会休会以及制定一部新宪法；相反，他要求戴高乐出席国民议会。戴高乐对此拒绝，并回应道："那么我将无事可做了，只有让你们去和那些伞兵一决雌雄，而我将回到我的宅邸独居，痛苦地保持沉默。"说完，戴高乐就回到了他在科龙贝双教堂村的退休寓所。但是很显然，只有戴高乐执政的政府才能阻止军事政变的企图。议员们最终同意了他的条件，包括制定新宪法的权力。

法国是求助于戴高乐解决阿尔及利亚危机，而非求助于他进行国家改革。按照宪法授予第五共和国总统的权力——在可预见的将来，这个总统当然是戴高乐本人——戴高乐所拥有的绝对权力在世界上很少有现代的君主能够享有，作为民主政体的国家首脑更是绝无仅有。通过全民公投或者解散国会，总统有权凌驾于国会之上。总统同时可以为国会设定议程，决定该讨论哪些议案及其版本。总统可以阻挠降低税收或者增加支出的提案。如果一个预算无法在 70 天内通过，总统有权自行颁布实施。

1958 年 9 月 4 日，站立在三四米高的的巨型 "V" 字标志前，戴高乐将军正式推出了他的新宪法。"V" 是罗马数字 5，既代表他建立的第五共和国，又是第二次世界大战中象征胜利的老式符号。戴高乐从来不会错失任何宣扬他钟爱的神话的机会，即他凭一己之力从法西斯手中拯救了法国。当然，对新一代年轻人而言，"V" 是一个代表核裁军的和平符号。但戴高乐则醉心于成为成功研制氢弹的英雄，他对持反核立场的青年人一无所知，也不想知道在巴黎的街道上，年轻人正手持写有 "法西斯" 字样的标语抗议他的新宪法。警察袭击了这些年轻人，而后者则建造临时路障，抵御了警察的几次攻击。

戴高乐能够按照他开出的条件上台的原因之一，在于他将步入很少有人愿意面对的局势，这个局势甚至比 1968 年时林登·约翰逊总统所面临的更糟。法国正处于痛苦和为人憎恨的殖民战争中。在镇压无情而坚定的独立运动中所发生的拷打和暴行，玷污了法国的名声，而其时法国正试图从德国的占领中恢复它的良好声誉。1968 年，林登·约翰逊总统明白如果他选择结束越战，越战的支持者和军方都能够接受他的决定。但是如果戴高乐要结束阿尔及利亚战争，他有可能将面临一场叛乱；但如果不结束这场战争，结局可能还是一样。

法国的反战运动日益壮大，能够动员相当可观的示威游行，而其中许多示威遭到了警察的野蛮镇压。反对战争的法国人阶层广泛，其中包括了一些退伍军人。塞尔旺—施赖贝尔是阿尔及利亚战争直言不讳的反对者。因为曾经在阿尔及利亚服役，他写下《驻阿尔及利亚的中尉》（*Lieutenant in Algeria*）一书，结果受到了军事法庭的审判，但得以脱身。

阿兰·盖斯马（Alain Geismar）是个法国犹太人，当戴高乐上台执政时他 19 岁。他的父亲死于抵抗德国人的战斗中，祖父则被流放到集中营。他出生的最初几年都是在法国东躲西藏。这些经历塑造了他。"在阿尔及利亚战争中，我在祖国的军队里发现了许多纳粹的特征，"他表示，"虽然范围要小得多，它们并不是大规模的种族灭绝屠杀，但是存在着拷打以及所谓的'重组'集中营。1945 年，我们被告知这一切已经结束了，但是在 1956 年，我发现它并未终结。"

阿尔及利亚战争使得法国青年趋于激进。1960 年，在抗议阿尔及利亚战争运动的高潮中，左翼学生接管了被右翼学生主导多年的学生组织。盖斯马在抗议运动中表现积极，是 1961 年 10 月在巴黎的抗议示威活动的组织者之一。当时警察向阿尔及利亚的示威者开火，"我看见警察射杀阿尔及利亚人。"盖斯马声称。此后在塞纳河里有尸体被发现，尽管一直无法确定有多少死难者。在法国，这个事件直到20世纪90年代才有公开的讨论。

1962年，戴高乐终于成功地结束了阿尔及利亚战争。阿尔及利亚获得了独立，法国也进入了20世纪中它少有的和平与稳定期。1963年，在法国颇受欢迎的"欧洲1号"电台宣布将在巴黎的国家广场举行免费的音乐会。出乎所有人的意料，上千名青年人参与其中。这标志着法国20世纪60年代的开启。在广场上，几乎整晚都在播放唱片和现场音乐，其中大多数是美国和英国的乐曲。此前，法国人习惯在7月14日国庆日举办舞会，人们会伴着手风琴演奏的《巴黎桥下》（*Sur Les Ponts de Paris*）和《玫瑰人生》（*La Vie en Rose*）等乐曲翩翩起舞，但是在露天举行的通宵免费摇滚音乐会却是个新鲜事物。

在20世纪60年代，法国开始经历可观的经济增长。从1963年至1969年，法国的实际工资增长了3.6%——这个增长已足以使法国进入消费型社会。突然之间，法国人拥有了汽车。他们的家里装上了洗手间，尽管到1968年只有一半的巴黎家庭能够如此。弗朗索瓦·密特朗曾谈及"消费型社会正反噬自身"。

法国人也开始购买电视机和电话，尽管电话的装机服务缓慢，并且在电视方面，法国落后于大多数欧洲国家。仅有的两个频道播放的是政府经营和提供的内容，虽然乏善可陈，但其好处在于没有广告。法国人开始意识到电视的威力。法国第一个仅能播放黑白节目的电视台直到1957年才开播。许多法国家庭都在起居室的电视上看到了民权运动、美国的越战以及对越战的抗议，而此前法国在印度支那发起战争时还没有这个渠道。作为总统，戴高乐完全控制了电视并且相当娴熟地利用了这个新的工具，这不仅包括控制电视对于他的总统活动的报道，而且还进行幕后指挥以及设定他个人露面的时机。"戴高乐爱上了电视，"塞尔旺－施赖贝尔评论道，"他比任何人都更了解这个媒介。"当戴高乐威胁将允许在电视上播出广告，印刷媒体的老板们怒不可遏，因为他们认为这个手段是针对可以批评他的印刷媒体，试图将广告从印刷媒体分流到国有电视台。

1965 年，法国举行了首次直选的总统选举——在旧体制中，总统是由当选的多数党任命的。这个首次直选也第一次通过电视进行了转播，同时是民意测验者们跟踪的第一个法国选举。为了避免过于不公的迹象，戴高乐允许所有候选人在竞选的最后两周，可以在他控制的电视频道上有两个小时的节目时间露面。在电视上看到弗朗索瓦·密特朗和让·勒卡吕埃（Jean Lecanuet）这些候选人，在法国民众中产生了轰动性的效果。大多数法国人从来没有真正看到过总统候选人的活动，除了总是在电视上出现的戴高乐。密特朗和勒卡吕埃现身于电视，这个事实本身就赋予了他们接近于戴高乐的名望。与戴高乐将军形成对比，法国民众很容易注意到密特朗和勒卡吕埃两人的年轻和活力。戴高乐赢得了选举，但是为了获得所需的绝对多数选票，他被迫和密特朗进行了第二轮的投票决战。戴高乐不再是他自己想象中无人挑战的君王。

20 世纪 60 年代中期，法国的物价上涨，而政府相信通货膨胀会威胁到经济发展。大约 100 万来自北非的移民造成了人口的突然增长，其中大部分是基督徒和犹太人，他们是物价上涨的原因之一。失业率也开始同步上升。

1967 年，法国政府采取了一系列措施以应对经济问题。但是对于工人阶级而言，这些举措似乎是针对他们的。工资遭到削减，而工人们需缴纳的社保费用则增加了，因为将农场工人纳入这个社保体系增加了成本。5 月 1 日那天下着雨，在沉寂了 15 年之后，传统的左派共产党发起了在巴士底广场的五一节示威游行，人们又一次看到了工人们举起拳头高唱《国际歌》的情景。

随着生活水平的提高，更多的法国人接受了高等教育，但是在拥挤的学堂里，他们并不快乐。1966 年，斯特拉斯堡大学的学生发表了《论学生生活的贫困》这篇论文，其中陈述道：

> 在法国，除了教士和警察，学生是遭受最普遍轻视的存在……大学曾经受到尊敬，大学生们曾坚信他们是幸运的骄子。但是现在的他们错过了那个时代……现在的"教育系统"的目标是机械化地培养专门人才。现代经济体制要求大规模地培养既无教养也不具备思考能力的学生。

在 1958 年，法国有 17.5 万名大学生，到了 1968 年则有 53 万名大学生，这相当于英国大学生的两倍。但是法国只授予相当于英国一半数量的学位，3/4 的法国学生课业不及格后辍学。这也是戴高乐最初对学生运动不屑一顾的原因，他想当然地认为参与的学生们只不过是因为害怕面对考试。大学里的人满为患触目惊心，仅在巴黎大学的系统就有 16 万名学生，这也就是为什么一旦开始示威游行，学生的队伍就可以吸引无数的参与者。除了大学生，加入游行队伍的还包括就读大学预科的高中学生，他们面临的问题和大学生完全一样。

在大多数大学，尤其是在楠泰尔大学，大学校园的实体就不是适宜学习和生活的场所。但与此同时，法国的大学则是绝对的独裁体制，比美国的常青藤联盟大学尤甚。关于法国的未来、欧洲的未来、新科学技术，这些话题一度激发影响深远的辩论——这也解释了《美国的挑战》这类书籍为何大行其道，但是法国的大学生根本没有机会讨论这些问题。无论在教室内外，教师和学生们之间没有任何对话，任何决定都是未经讨论、自上而下地传达。在 5 月，索邦大学墙上的涂鸦传递的是这个信息："教授们，你们和你们的文化一样陈腐。"嘲笑法国文化的古远成为了一种新的破坏偶像的潮流。

但是老师和教授们也没有发言权。阿兰·盖斯马已经成为了一名年轻的物理学教授兼全国高等教育教师工会的秘书长，他指出："年轻的一代意识到他们不愿意像前辈人那样生活。我责备解放法国的那一代人，因为他们丧失了实现法国现代化的机会。他们只是想因循守旧。戴高乐抵抗了德国占领军，解放了法国，终结了阿尔及利亚战争，但是他对于年轻人一无所知。他是个已届迟暮之年的伟人。"

化学中的一个发现是，如果把一些非常稳定的元素靠近其他似乎惰性的元素放置，就可能自动产生爆炸。这个无聊、臃肿和自满的社会中潜藏的正是这些几乎不被觉察的元素——趋于激进的青年和一个无可救药、过时和老朽的领袖，人满为患的大学，愤怒的工人，突如其来使一些人着迷而使另一些人厌倦的消费主义浪潮，各代人之间的尖锐分歧，也许，甚至还有"无聊"本身——当所有这些被并置的时候，就可能引起爆发。

回到 1 月份时仍无聊的法国，这个爆发是从性方面开始的。位于巴黎外角、有四年历史的楠泰尔大学的混凝土校园丑陋不堪，蜗居于此的 1.1 万名大学生提出了男女混合宿舍的要求，而政府不予理会。当法国的青年部部长弗朗索瓦·米索夫（Francois Missoffe）访问楠泰尔大学时，一个小个子的红发学生向他借火点烟。点燃香烟吐出烟圈后，达尼埃尔·科恩－本迪特这个直言不讳和口齿伶俐的楠泰尔大学学生说道："部长先生，我读过您关于青年问题的白皮书，在 300 页里没有一个字是关于青年的性问题的。"

部长回答说，他访问楠泰尔大学是为了推进一些体育项目，而且他也建议学生们对此多加利用。令部长吃惊的是，这个回答并没有打发掉红发男生，相反他重复了关于性的问题。

"长了你这副尊容的难免有这些问题，我建议你跳到水池里消消火。"

"现在总算有答案了，"这个学生回击道，"你可以当希特勒的青年部部长。"

仅此一次交锋，几乎每个巴黎学生都熟知了简称"达尼埃尔"的科恩－本迪特。学生和政府之间这种简短的非正式对话成了一个公式，此后它将一再重复并且逐步升级，直到法国瘫痪，而达尼埃尔成为全世界的著名人物——"红色达尼埃尔"。

达尼埃尔出生于 1945 年初获光复的法国，他的父母亲是德裔犹太人，战争期间躲藏在法国而幸免于难。他的父亲在希特勒开始掌权时就出逃，因为他不仅是一个犹太人，还是一个以替左翼异议人士辩护而著称的律师。战后，他回到法兰克福重操旧业。作为一个幸存的犹太人回到德国，这是一种奇异而孤立的体验。达尼埃尔在法国和他的教师母亲待了一阵。但因为法国在第二次世界大战中与纳粹合作以及驱逐犹太人的历史，他和母亲在法国感到不是特别舒服，每隔几年他们就从一个国家迁居到另一个国家。达尼埃尔从小就认同激进的左派。他表示自己第一次有犹太人的意识是在 1953 年，当时因被指控为苏联从事间谍活动，朱利叶斯·罗森堡（Julius Rosenberg）和艾瑟尔·罗森堡（Ethel Rosenberg）夫妇在美国被处决。在德国时，他会和他的兄弟猜街上行人的年龄，并推测他们在第二次世界大战时的作为。当他去探望豪华疗养院里垂死的父亲时，听到商人们以昔日德国表示服从的方式重重并拢脚后跟，那种响亮的声音使他惊恐不已。

1964 年，达尼埃尔来到美国，当时它仍处于罗森堡夫妇被处决的恐惧中。在纽约，他参加了为"学生非暴力协调委员会"在密西西比死难的志愿者举行的一个悼念仪式。遇难者中的安德鲁·古德曼和迈克尔·施文纳尔都来自纽约。"我对那个氛围印象深刻，"科恩－本迪特回忆道，"那两个奔赴密西西比的白人犹太人。那多么危险啊，那和我准备要做的事是不一样的。"

那是 1968 年的 3 月，法国虽然仍是百无聊赖，但楠泰尔大学已经热闹起来。按照法国内政部的说法，小型的极端主义团体在煽动效仿柏林、罗马和伯克利的激进学生们。教育部部长阿兰·佩雷菲特一直在重复这个观点。其中确有真实成分：小型的托洛茨基分子团体"革命共产主义青年"（Jeunesse Communiste Revolutionnaire，JCR）突然之间颇具影响，而其 27 岁的领袖阿兰·柯瑞文不仅和鲁迪·达兹克在柏林共事过，而且通过同类的托洛茨基分子组织"美国社会主义工人党"（American Socialist Workers Party），柯瑞文一直密切关注着美国大学校园里的事态发展。

意味深长的是，即将作为最重要的力量崛起的，是最不具备意识形态色彩的团体，它被称为"三二二运动"，而其领导人就是科恩-本迪特。该组织的成立原因并不清楚。但如同在其他国家一样，参与法国 1968 年运动的并非是随大流的人，他们对右翼和左翼的政治组织产生怀疑，试图按照拒斥领导的反独裁主义准则来生活。他们拒绝冷战，因为它总是声称每个人必须选择非此即彼的立场；他们拒绝戴高乐，因为他总是声言"和我在一起，否则共产主义者就会掌权"。他们赞同的是《休伦港宣言》所表达的：提供给他们的永远是关于冷战的选择，而他们希望有替代性的选择。

"法国光复后错过了一个大好时机，而很快冷战就冻结了一切，"盖斯马说道，"你必须选择你的立场，而 1968 年的运动就是试图在这些不同的立场之间创造一个空间，这也就是（法国）共产党人反对1968 年的这些运动的原因。"

20 世纪 60 年代中期，巴黎地铁在楠泰尔大学的站名是"疯狂的楠泰尔"，它显示出楠泰尔曾经是巴黎贵族在乡间的一个祖宅。从那时起，它逐渐成为巴黎中产阶级在市郊舒适的宅区，房子造在鹅卵石铺就的街边。后来工厂开始迁入，在座座工厂之间建立的楠泰尔大学几乎与之浑然一体，它的周围则是像兵营一样的北非和葡萄牙裔移民的房舍。死气沉沉的学校宿舍装上了大玻璃窗，与哥伦比亚大学精美的玻璃窗一样面向贫民窟。相形之下，索邦大学的学生们在巴黎这座美丽城市的中心生活和学习，和中世纪的纪念碑、咖啡馆和餐馆比邻而居；而楠泰尔大学没有咖啡馆和其他任何去处，学生唯一的空间就是宿舍，却不允许更换家具、烹煮食物或是讨论政治话题，如果不是学生，也不许进入。只有年满 21 岁或者有家长的许可，女生才被允许进入男生的房间；而男生则绝不允许进入女生的房间。为此，女生会习惯性地从宿舍门房的柜台下偷偷溜进男生宿舍。

楠泰尔大学鼓励学生们进行试验创新，所以按理它应该是比较进步的大学。但实际上，和其他所有大学一样，专制的大学体制使得楠泰尔大学的改革几无可能。在楠泰尔大学，唯一的区别在于，这种极高的期待导致诞生了一个彻底失望和满怀愤懑的学生组织。1967年，试图改革大学的失败尝试使得学生们进一步感到失落，导致一些有政治行动背景的学生们成立了一个名为"愤怒者"（enrages）的组织——这个名称源于法国大革命，字面的意思就是"愤怒的人民"。虽然只有大约25名"愤怒者"，但是他们以格瓦拉的名义迫使学校停课，并且肆意造成各种破坏和混乱。和汤姆·海登一样，他们相信大学的问题无法通过改革大学系统而解决，而只能通过改变社会来解决。

"愤怒者"并不是一个很受欢迎的组织。但是，这25个捣蛋鬼在3月的事态发展中变成了一股有1000人参与的力量，在几周后发展到5万人，到5月底进一步壮大为1000万人并最终使得全国瘫痪，这不得不归功于如临大敌的政府的应对措施。如果法国政府从一开始就不理睬这些"愤怒者"，法国也许永远不会有它的1968年造反运动。科恩-本迪特在回溯往昔时不禁摇头嗟叹，"如果政府不执着于镇压运动，"他断言，"我们就永远不会将它发展成争取解放的战斗，只会有少数示威游行，仅此而已。"

1968年1月16日，为了解散30多个"愤怒者"的集会，警察出现在楠泰尔大学校园里。警察在校园里的现身激怒了学生和教师们。类似于其他国家的抗议者们在1968年的体会，"愤怒者"们目睹了这种群情激奋，意识到他们只需要开始一场示威，剩下的事就可以交给政府和警察去做。到 3 月时，"愤怒者"们已经很频繁地进行示威了。楠泰尔大学的教务长拒绝提供人数日益增长的示威学生所需要的更大空间，这加剧了学生和校方之间的紧张。在巴黎歌剧院附近进行的一场反越战示威游行中，有四个楠泰尔大学的学生被捕，教务长拒绝为他们辩护，这又进一步激怒了学生们。3 月 22 日，大约 500 名激烈好斗的"愤怒者"突然受到启发，他们借鉴了美国学生的策略，以言论自由的名义，通宵占领了八楼的教师休息室这个禁地。"三二二"运动就此诞生了。

4 月 17 日，也许是全世界最著名的物理学家之一的劳伦特·施瓦茨（Laurent Schwartz）代表政府来到楠泰尔大学解释官方的 1967 年大学改革方案。学生们高喊着要他下台，宣称他是个反革命，不允许他发言。突然间，一头红发、谦恭有礼的科恩－本迪特拿过了麦克风，脸上带着后来被革命海报突出显示的明朗微笑，"让他说吧，"科恩－本迪特说道，"他说完之后，如果我们认为他烂透了，我们就会说：'劳伦特·施瓦茨先生，我们认为您烂透了。'"

这就是典型的科恩－本迪特时刻，充满魅力、不失威严且恰到好处的言说。

5 月 2 日是所有事态升级的关键一天，但这一天是纯粹的闹剧。和哥伦比亚大学的管理者们一样，巴黎大学决定采取完全相同的错误策略——通过惩戒学生领袖来打压学生运动。科恩－本迪特被勒令到巴黎大学总部的纪律委员会接受训诫。这激怒了楠泰尔大学的学生们，他们决定用喇叭干扰讲课，以示抗议。但是他们没有喇叭，而皮埃尔·格拉潘（Pierre Grappin）这个日益手足无措和灰心失意的教务长，则拒绝让学生们使用学校的喇叭。学生们自认为是"直接行动的革命者"——这是通过德布雷普及的概念之一，于是他们索性闯进格拉潘的办公室夺取了喇叭。格拉潘将此视为他采取自己的"直接行动"的一个机会，于是将办公室反锁，禁闭了这些学生。但这只是个短暂的胜利，因为窗户是开着的，所以学生们带着喇叭逃之天天。

戴高乐开始对于巴黎街头的法律和秩序感到忧虑，因为试图调停越南冲突的巴黎和谈即将进行。他下令让特种防暴警察——共和国保安部队（Compagnies Republicaines de Securite, CRS）的小分队进驻巴黎。教育部应格拉潘的请求关闭了楠泰尔大学，而这个异常的决定将学运从偏远的郊区引向了巴黎中心。

此时，计划报道越南和谈的国际媒体已经大量涌入巴黎，参与和谈的各个代表团在认可会谈地点和对象后已于 5 月 14 日安顿下来，他们开始争论谈判主厅应该开几扇门——北越坚持应该有两扇门，并且继续讨论应该使用正方形、长方形、圆形还是菱形的会议桌——其中的每一个选择都会影响到座次安排。然而，仅仅是他们在进行会谈的消息就已经使得国际市场，尤其是纽约证交所的股价大幅上扬。

楠泰尔大学的学生们涌入了巴黎，来到索邦大学。科恩－本迪特弄到了一个扩音器，这后来成为了他的标志。但是索邦大学的校长不顾警察局长的建议，让警察进入校园。这在索邦大学是从无先例的。同样绝无先例的是校方对于愤怒的学生们的反应：他们关闭了校园，这在索邦大学 700 年的历史中尚属首次。600 名学生遭到逮捕，其中包括科恩－本迪特与法国学生联盟的领袖雅克·索瓦若（Jacques Sauvageot）。阿兰·盖斯马号召在周一进行全国教师的罢工。这次轮到戴高乐万分恼火了，他甚至得出结论，认为学运是由二流的学生所领导的，因为他们无法通过考试，所以指望大学关闭。"追随科恩－

本迪特的就是这些学生，这些滥学生对其他学生实施恐怖政治：1%的'愤怒者'对另外99%等待政府保护的温良学生。"于是一个非正式的领导层形成了：科恩－本迪特、索瓦若和盖斯马的三驾马车。这三个人看起来形影不离，但是后来他们声称并无相应计划，甚至也没有共同的意识形态观念。"我们全无共同之处，"科恩－本迪特说道，"他们两个人之间的共同之处更多，而我与他们没有任何共同点，甚至连我们的经历都不一样。我是个自由论者，而他们则是源自社会主义传统。"

正统的共产主义者，即法国共产党，从一开始就反对所有的学生运动。"应该揭下这些虚假的革命者的面具。"法共总书记乔治·马歇（Georges Marchais）写道。但是最为著名的法国共产党人让－保罗·萨特却站在学生们这一边，在关键时刻为他们发出了成熟、冷静和赢得尊敬的声音。法国政府曾考虑逮捕萨特，但据说戴高乐本人否决了这个建议，声称"伏尔泰是不能抓的"。

不像其他的学生领袖，科恩－本迪特并没有鲜明的意识形态立场，但可能这正是他最受欢迎的原因。他有一种个人的魅力。这个敦实的小个子男人会出其不意地爽朗大笑，乱蓬蓬的红发一缕缕地向外凸起。他是个无拘无束的人，喜欢开玩笑，有一种轻松的幽默感；但是当他演讲时，那种幽默就有了尖锐和讽刺的棱角，当他动情的时候，声音也变得慷慨激昂。在那种热衷于夸夸其谈的政治文化里，他的话语风格却是自然、真诚和热情的。

官方抓住科恩－本迪特的德裔身份大做文章。德国学生是欧洲最知名的激进分子。和法国的其他激进学生分子一样，科恩－本迪特与德国学生有一些联系。他曾参加过他们在2月的反越战聚会，甚至还遇到了鲁迪·达兹克。5 月，当他以"红色达尼埃尔"而广为人知时，其出处不仅是他的红色头发，也因为以"红色鲁迪"而著称的达兹克。

但是达尼埃尔并不把自己视为鲁迪，也不认为"三二二"运动和德国的"学生争取民主社会"有任何相似之处，因为后者是一个动力十足和组织良好的全国性组织，而"三二二"运动则没有任何议程和组织。在 1968 年，没有人愿意被称为"领袖"，但是科恩－本迪特则形成了区别。"'学生争取民主社会'有一种反权威的话语，"他说道，"但达兹克是真正意义上的领袖。我也是一种类型的领袖。因为我在恰当的时间和地点发言，所以我也慢慢地进入了角色。"

科恩－本迪特和 1968 年的其他学生领袖并无不同，比如马克·拉德曾说过："我是领袖，因为我愿意担当。"

对科恩－本迪特而言，世界范围的各个运动之间存在着联系，学生领袖之间也存在着联系，但是这种联系并非来自于会面或者思想的交流——大多数学生领袖从未谋面。"我们是通过电视'会面'的，"他解释道，"通过观看电视上彼此的画面。我们是由电视机伴随成长的第一代人。我们彼此之间没有关系，但是在电视上看到彼此的画面会产生一种想象，于是我们之间有了关系。"

到了 5 月末，戴高乐开始确信存在着一个针对法国的国际阴谋，有些谣言称其中存在外国的资助，怀疑对象则包括美国中央情报局和以色列。戴高乐声称："如果没有精心的组织，所有这些运动不可能在如此之多的国家同时爆发。"

但无论是在国际范围甚至法国国内，都不存在所谓的预谋。谈及 5 月的事态，科恩－本迪特表示："一切都发生得如此迅速。我没有时间去运作，是形势触发了各种行动决定。"无论是"红色达尼埃尔"，还是在巴黎街道上进行抗议的成千上万人，他们都只是对事态做出自发的反应。盖斯马、科恩－本迪特和克里维纳这些运动领袖以及那些普通的参与者，在这个观点上都是一致的：不存在事先的计划。

事态的这种发展方式，令人回想起 20 世纪 60 年代初期的"情境主义运动"（situationist movement），它发端于诗歌并发展为具有政治性的运动。参与者自称"情境主义者"，他们的信念是只需要造就一个情境并从中抽身，然后事态就会自行发展。1968 年的运动就是情境主义者的梦想成真。

科恩－本迪特承认道："学生运动的强度令我吃惊，这绝对令人兴奋不已。它每天都在变化，我们的角色也产生了变化。原本我只是一所小型大学的学运领袖，可是三个星期后就以'红色达尼埃尔'闻名于世。"

这个运动每一天都以同一方式不断升级。每一次政府采取惩戒措施——逮捕学生、关闭学校——就会有更多的学生们义愤填膺，提出更多的要求。每次学生们进行示威都会有更多的参与者，从而也就招致更多的警察，随之激起更大的民愤和更大型的示威游行。没人知道运动将走向何处。像盖斯马这样一些更正统的激进分子，他们确信这是一场革命的开始，它将把旧制度连根拔起，从而改变法国和欧洲社会。但是笑容灿烂、举止自如的科恩－本迪特却对未来没有任何概念。"每个人都问我'这将如何结束？'，"科恩－本迪特回忆道，"我只能回答'我不知道'。"

在 5 月 6 日（星期一）的索邦大学，1000 名学生出现在科恩－本迪特向巴黎大学纪律委员会进行报告的现场。几乎同样人数的共和国保安部队分队队员也在场，他们戴着黑色的作战头盔和黑色护目镜，有的则穿着黑色军用长风衣，手持大型盾牌。当他们挥舞警棍开始进攻时，看起来就像是外星人在咄咄逼人地入侵地球。

科恩－本迪特和几个朋友走过警察身旁，穿过千余名示威者，他的微笑似乎能使得人群自动让出一条路来。他向示威者挥手示意和打招呼，他永远是一副快活的激进分子的模样。

政府重复了同样的错误，禁止当日的示威游行活动，结果当然是招致了更多的示威。学生们席卷了拉丁区，跨过了塞纳河进行游行，几个小时后回到索邦大学，与共和国保安部队对峙。当学生们发现数量可观的警察在校园里严阵以待，他们就撤退到索邦大学背后，从中世纪的圣雅克路开始游行。这时，一大群警察挥舞着警棍开始攻击他们，示威者们沉默地后退。

在示威者和共和国保安部队之间，是宽阔的大街上一片空旷的地带，那里大约有20多名受伤的示威者躺在鹅卵石路面上挣扎。一时间，没有人能确切知道该如何行事。但是突然之间，被愤怒吞噬的示威者们开始向警察反击：他们排成队列，一些人从地上挖出鹅卵石，另一些人则以水桶接力救火的方式，将鹅卵石传到前排，其他人则冲进催泪瓦斯的烟雾中将石块砸向警察。然后示威者们开始撤退，他们推翻车辆匆匆做成路障。共和国保安部队习惯于掌控街头局面，他们不肯善罢甘休地发动了一波又一波进攻，但是被击退了。政府的王牌突击部队被迫撤退，这是那些坚定和有序地进行战斗的示威者们数年来的心愿。

弗朗索瓦·切鲁迪（Francois Cerutti）曾逃避阿尔及利亚战争的征兵，后来他开了家颇受欢迎的左翼书店，科恩－本迪特和其他激进分子都经常光顾。他评论道："我彻底被 1968 年震惊。我曾有过关于革命进程的概念，但是 1968 年与此全然不同。我看见学生们修建路障，但他们都是些对革命一无所知的人。他们是读高中的孩子，甚至都不懂政治。没有任何组织，没有任何计划。"

这场战斗吸引了数千名示威者，至当天结束，政府宣布有 600 名示威者和 345 名警察受伤。随着又一个星期的开始，示威游行越来越多，抗议者们手持共产党的红旗和无政府主义的黑旗。60 个街垒已经筑起。附近的居民们从窗户里看见这些法国年轻人勇敢地抵御警察，就来到街垒旁为他们送上食物、毯子和其他补给品。

巴黎警察局局长莫里斯·格里莫（Maurice Grimaud）开始失去对下属的控制。因为被信任有能力管理警方，莫里斯于六个月前被任命就职。他从来不愿意接受这份工作。在担任国家安全局局长四年后，莫里斯觉得他的职业生涯已经完满了。他是一个行政官僚而非警察。他目睹下属们彻底被示威者的暴力和决心所震撼。"战斗开始后要持续到深夜，"格里莫说道，"形势严峻，不仅是因为示威者的数量，还因为其暴力程度令人吃惊，它简直把警官们都震骇了。"在警察看来，1968 年的运动直接产生于反越战运动，后者是他们已经对抗多年的。但是 1968 年的运动又与反越战运动有所不同。警察们不仅开始感到沮丧，他们的头部还经常受到砖块大小的鹅卵石袭击。每一天，警察都变得越发愤怒和残忍。《世界报》刊载了 5 月 12 日来自拉丁区抗议者的控诉："警察命令我们两手放在脑后，背对着墙站好队，然后他们就开始毒打我们。我们一个接一个地瘫倒在地，但是他们继续野蛮地用警棍拷打我们。最后他们停手了，让我们站起来。我们许多人都浑身是血迹。"警察越是残忍，就有越多的人加入示威者的队伍。

但是与 20 世纪 60 年代初反阿尔及利亚战争的游行不同，政府决定不向这些中产阶级的孩子们开火，所以在夜复一夜的恶战之后，令人称奇的是居然没有任何人死亡。

和警察一样，科恩－本迪特也被学生们的暴力所震惊，但是他无力控制局面。"法国文化中包含了暴力的反抗，"他说道，"我们试图避免事态升级。我认为暴力若是成为动力，就会毁灭这场运动。我们正在暴力中失去试图传达的信息，一向如此，就像黑豹党的情形。"这是成熟的科恩－本迪特后来在反思中谈到的，但当时的他没有明确地倡导非暴力。他承认，因为涉及印刷和散发图解"莫洛托夫鸡尾酒"（土制燃烧弹）制作方法的传单，警方曾经对他进行讯问，但是他解释说那些传单只是一个有意为之的玩笑——这也许是实情。这是典型的 1968 年的幽默。

表达官方观点的法国电视台强调的是运动中的暴力，外国电视台也是如此。挥舞着警棍的共和国保安部队与投掷石块的年轻人作战，没有比这更好的电视素材了。广播电台和印刷媒体也被暴力吸引。"欧洲 1 号"电台的记者在巴黎街头上气不接下气地报道："就在圣日耳曼大街的正中间，这里正在发生的事情绝对令人惊奇，游行示威者们冲击了三次，而共和国保安部队后退了三次，而现在——太不可思议了——我们正在直播，共和国保安部队发起进攻了！"对于感到无聊的法国人，这些报道就像是一剂补药。在今天，大多数来自那时的照片和电影镜头都与暴力有关。但是，对于一般的法国参与者而言，运动根本与暴力无关，他们记忆中最清晰的不是暴力，而是法国人最热衷的消遣——交谈。

埃莉诺·巴克塔德斯（Eleanor Bakhtadze）在 1968 年时是楠泰

尔大学的一名学生，她回忆道："那时候的巴黎太棒了，所有人都在交谈。"如果你问任何一个对1968年春天满怀深情记忆的巴黎人，那他们就会告诉你：人们在交谈。他们在街垒旁交谈，在地铁里交谈……在他们占领了奥德翁剧院（Odeon theater）后，它就成了一个不分昼夜充斥着法式空谈的狂欢之地。有人会站起来开始讨论革命的真实性质，或者巴枯宁主义（Bakuninism）的优点，以及格瓦拉体现出的无政府主义，其他人则长篇大论地予以反驳。大街上的学生们发现自己第一次和教师、教授们对话。工人和学生们彼此交谈。在这个僵硬拘谨的19世纪式的社会里，每一个人都第一次开始与其他人交谈。"和你的邻居交谈"，这是写在墙上的运动标语。拉迪什·盖斯马（Radith Geismar）那时是阿兰·盖斯马的妻子，她表示："1968年的真正意义，在于一种极大的解放感和自由感，以及人们之间进行交谈的巨大意义。无论在街上、大学里，还是剧院里，人们都在交谈。这比仅仅是投掷石块更为重要，那只是一时而已。关于秩序、权威和传统的整个体制都被扫到了一边。我们今天享有的许多自由都开始于1968年。"

自由表达的狂欢造就了许多新的格言，它们被书写或者贴在巴黎各处的门墙上。以下是选自数百条格言的样本：

> 梦想即现实。
>
> 围墙即双耳，双耳即围墙。
>
> 夸张是创造的开端。
>
> 我不想在围墙上书写。
>
> 侵略者并非反抗者，而是顺从者。

我们需要一种疯狂和易逝的音乐。

我宣布建立一个永恒的幸福国度。

街垒封闭了街道却开辟出道路

政治是在街头发生的。

索邦大学将成为索邦的斯大林格勒。

庸人的眼泪是诸神的琼浆。

不做机器人，也不做奴隶。

强暴你的母校。

想象获得力量。

我越是做爱就越想革命。我越是革命就越想做爱。

性是美好的，伟人曾说过，但不要过度。

我是格劳乔派马克思主义者[1]。

虽然在总体上不多，但偶尔也有一些涉及其他运动的格言，例如"黑人权力运动引起了白人的注意"以及"华沙学生万岁！"等等。

写在桑西耶大学墙上的一则宣言，或许表达了那个春天许多人的心声："我有话要说，但我不确定要说什么。"

对于还有其他想法要表达的人，他们言犹未尽，但是围墙上写不下——有些人确实在建筑上写满了几个段落，如果他们能弄到油印机，就会印出单页的传单在游行中散发。油印机一度是激进政治的标志，但它需要笨重的模板才能印制，所以对于即将被复印机取代的油印机，1968 年是它最后的尊荣时刻。还有法国学生运动中的报纸，其中一份是有数个版面的大型小开本报纸《行动》，还有一份小报《愤怒者》，

---

1 格劳乔派马克思主义者（Marxist of the Groucho faction），与作为意识形态的马克思主义并无关系，最初指称美国著名喜剧演员和影视明星朱利叶斯·亨利·格劳乔·马克思（Julius Henry Groucho Marx, 1890—1977）表演时戴的假胡须，在俚语中与口交行为有关。

在后者 6 月 10 日关于戴高乐主义的特刊中，有一幅那时法国最常用的座地式马桶的插图：象征戴高乐主义的洛林十字架是马桶盖，三色的法国国旗则是厕纸。游行示威者们很快发现，他们有大堆的学生报纸可以浏览。

索邦的美术学院和装饰艺术学院成立了"人民美术工作室"，在 5 月和 6 月，他们已经能每天完成 350 多种丝印海报的设计，上面大都是朴素有力的图案和简洁的标语，和围墙上的图案、文字属于同一风格。迄今它仍然是政治图形艺术最令人印象深刻的高潮之一，达到了很高水准。其中一幅海报画着一只举着棍棒的拳头，配上了常被用于概括戴高乐主义统治的路易十四[1]的名言——"朕即国家"（L'etat, c'est moi）。另外还有一张海报，表现的是阴影中的戴高乐捂住了一个年轻人的嘴巴，所配的说明文字则是"乳臭未干的小子，闭嘴"。

警察将这些海报从墙上剥下。不久，收藏者们也开始从墙上剥下海报，一些盗印的版本在市场上出售，这些都惹恼了学艺术的学生们。"革命不是用来出售的。"主修艺术的学生让-克洛德·莱韦克（Jean-Claude Leveque）表示。工作室拒绝了两个欧洲的大出版商 70000 美元的出价。1968 年秋，纽约的现代艺术博物馆和犹太博物馆都展出了工作室的作品。犹太博物馆的展览名为"起来靠墙站着"，这是对无处不在的勒鲁瓦·琼斯名言的又一次引用。

人们不仅交谈而且唱歌。学生们唱的是《国际歌》，这是世界共产主义、苏联、共产党的圣歌，同时也是许多学生们并不支持的事业的圣歌。对于波兰和捷克斯洛伐克的学生们而言，这可能显得有些奇怪，但是对于法国人而言——这首歌创作于 1871 年的巴黎公社运动，

---

1 原文为"Louis XVI"，即路易十六。但一般认为"朕即国家"是路易十四（Louis XIV）所言，原文中应为作者笔误。

即反抗法国专制主义的一次起义——它就是一首反抗专制的歌曲而已。右翼则唱着法国国歌《马赛曲》（*The Marseillaise*）予以回击。由于这两首歌曲都是有史以来最脍炙人口的伟大圣歌，无数的群众高唱着在巴黎的宽阔大道上游行，这实在是令人激动的场景，而左翼、右翼分别以这两首歌进行区分，这对于电视台的报道也非常理想。

科恩－本迪特、索瓦若和盖斯马应邀参加和三个官方电视台记者进行的辩论。法国总理乔治·蓬皮杜是个老迈的戴高乐主义者，他有娴熟的政治手腕和像休伯特·汉弗莱那样欲欲跃试的政治野心，在一条预先录制的新闻中，蓬皮杜解释说观众们即将看到三个恐怖的革命者。结果倒是三个记者很紧张，而三个所谓令人恐惧的革命者则非常放松和讨人喜欢，科恩－本迪特像以往那样微笑着。

"我们击垮了他们，"科恩－本迪特称，"我开始意识到，我和电视真是有特殊的缘分，我就是电视的产物。从那以后，记者就一直追逐着我，很长时间里我都是媒体的宠儿。"

尽管国家电视台报道了学生运动，但是播出时有非常明显的删减，对许多重大事件的报道没有播出。记者们已经对节目频频遭到取消感到厌烦，在时代精神的感召下，电视台的记者、摄像师和司机们于5月16日进行了罢工。

学生运动经常因为缺乏其他组织的加入而失败，而那时却发生了一件学生运动梦寐以求的事情。5月13日，即戴高乐重掌权力的周年纪念日，法国所有主要的工会都号召进行总罢工。法国瘫痪了。汽车无油可加，巴黎人走在空空的大街上，他们相互交谈和辩论，度过了一段将铭记一生的美好时光。

在晨边高地，哥伦比亚大学的学生们激动无比，同样兴奋的还有华沙大学、罗马、柏林、墨西哥国立自治大学和伯克利的大学生们。法国人成功了——学生们和工人们携手战斗。

　　但是在现实中，这种联手战斗却完全没有发生。尽管一些年轻的工人与工会不合，并且同情学生们，但是他们的工会，尤其是法国共产党所支持的工会，则并非如此。也许学生们只是开启了一场迟到已久的运动，因为工人们也对戴高乐政权日益感到愤怒。但是工人们不想要革命，除了推翻戴高乐，他们也不关心学生们提出的其他议题。他们期待的是更好的工作环境，更高的工资和更多的带薪假期。

　　"工人们和学生们从来没有站在一起，"科恩－本迪特说道，"……这是两个独立的运动。工人们希望的是针对工厂和工资等的激进改革，学生们则希望对生活进行激进变革。"

　　面临全国性危机的戴高乐却启程前往罗马尼亚进行为期四天的访问。革命的学生们已经使巴黎陷入瘫痪，戴高乐却在此时消失并前往罗马尼亚，这看起来很怪异。内政部部长克里斯蒂安·富歇（Christian Fouchet）曾质疑这个选择，但戴高乐声称，他取消访问罗马尼亚才是说不通的。富歇恭敬地争辩说，如果他不取消此行，那么法国人民将不能理解。第二天早晨，当部长们为戴高乐送行时，法国的事态已经成为全世界大多数主要报纸的头版新闻，戴高乐则声明："这一访问对于法国的外交政策和世界局势的缓和极其重要。就学生的动乱而言，我们不会给予它所不值得的更多重视。"

　　戴高乐倾向于把精力集中在他擅长的事务上，而学生运动这个问题则是他完全无法理解的。在另一方面，罗马尼亚已经日益显示出它脱离东欧社会主义阵营的趋势，戴高乐梦寐以求的是领导一场两个超级霸权之间的第三运动——"一个从大西洋延伸至乌拉尔山脉的欧洲"
是他喜欢的说法，所以他对于罗马尼亚感兴趣并非没有道理。即便法
国已经陷入危机，但戴高乐仍觉得外交政策优先于国内事务。戴高乐
出访之后，蓬皮杜主持政局。蓬皮杜总理对自己强大的谈判技巧引以
为傲，他制定了一个满足学生们大部分要求的协议。他释放了被捕的
示威者，重新开放索邦大学，并撤走警察。但这只是鼓励学生们以占
领奥德翁剧院的同一方式重新占领索邦大学，并展开充满法国特色的
滔滔不绝的辩论。但是当学生们进行精彩辩论的时候，1000 万工人则
在罢工，食品商店空空荡荡，交通停顿，垃圾堆积如山。

蓬皮杜和戴高乐都明白学生运动和工人运动是两个不同的问题。
对他们而言，学生运动是个令人困惑的现象，而工人运动则是他们熟
悉的主题。戴高乐主义者彻底抛弃了他们的经济政策，提出给工人们
增加 10% 的工资、提高最低工资标准、削减工作时长并且增加福利。
这个提议并未咨询法国经济政策的缔造者、财政部部长米歇尔·德勃
雷（Michel Debre）的意见，于是在政府公布这个决定时，德勃雷宣
布辞职。但不管怎样，罢工者们很快拒绝了上述提议。

戴高乐看起来从未如此苍老和困惑，他缩短了对罗马尼亚的访
问，提前回到法国，并发表了以下高深莫测的讲话："改革？可以。一
塌糊涂？不行。""一塌糊涂"（Chienlit）是个无法直译的法国单词，
指的是在床上排便，也就是弄得一团糟的意思。法国美术学院制作
的一张海报上出现了戴高乐的侧影，说明文字则是："一塌糊涂，就
是此人"。

法国政府决定将科恩－本迪特这个德国公民驱逐出境。警察局局
长格里莫并不赞同此举，因为他意识到科恩－本迪特是学生中的稳定

因素。虽然为时已晚，但是在这场游戏中，政府早该意识到是他们激怒了学生们才导致学生运动——而政府仍旧未认识到这一点。

另一个问题是，将一个犹太人驱逐出境至德国，这个形象激起了丑陋的历史记忆。在纳粹占领时期，7.6 万名犹太人被法国警察交给纳粹，然后被放逐到死亡集中营。20 世纪 60 年代的法国尚未与 40 年代的法国达成和解，人们仍在法国与纳粹合作的可耻事实与戴高乐的英勇抵抗神话之间挣扎。1968 年的 5 月充满了与纳粹有关的意象，虽然其中大多数是不公正的。国家保安部队被称为"共和国纳粹党卫军"（CRSS）。法国美术学院的一张海报表现戴高乐拿下面具，露出了阿道夫·希特勒的面目；另一张海报则表现一个洛林十字架扭曲成为纳粹的万字符。由于科恩－本迪特的被逐，学生运动的口号随即变成了"我们都是德国犹太人"，甚至连穆斯林学生们都这样呐喊。在成千上万人参与的抗议驱逐的游行中，这个口号出现在了海报上。

在戴高乐漫长的政治生涯中，即使在最为艰难的时刻，他也具备采取最恰当的表述和行动的技巧。但是，这次他沉默了。他完全从公众视野中消失，回到了乡间的别墅，在那里他写道："如果法国人看不到他们自身的利益所在，这对于他们就太糟糕了。法国人已经厌倦了一个强大的政府。基本上就是这样：法国人就其本性会被党派主义、争执不休和懦弱无能所吸引。我试图帮助他们克服这些……如果我失败了，其他的我也就无能为力了。事情就是如此。"

最后，在 5 月 24 日，"伟大的夏尔"终于开口了。他看上去疲倦、苍老，听起来也毫无自信，他呼吁进行公民投票以决定自己是否继续领导法国。这被视为老谋深算的老将军不受法律支配的权宜之计，所以没人愿意进行公投。当他发表讲话时，骚乱在巴黎再次兴起，并且蔓延到其他几个主要城市。在巴黎，拉丁区的学生们跨越了塞纳河，试图火烧巴黎证券交易所。

令人惊异的是，在巴黎发生街头暴力的这几个星期里，只有三人死亡。两人死于 5 月 24 日晚上，包括在巴黎的数百名受伤者中的一人，另一人是里昂的警察总监。稍后，一个抗议者为逃避警察的追逐而跳入塞纳河里，结果溺水身亡。

看起来公民投票是不可能举行的，即使举行了，戴高乐也将无法取得胜利。戴高乐似乎又一次消失了。尽管不大可能，革命者们开始有胜利的感觉。至少他们将推翻现政府。也许现政府已经垮台了。密特朗和孟戴斯－弗朗斯都已准备好组织临时政府。这时，人们发现戴高乐飞抵了驻德国的法军司令部。虽然无法确认此举的原因，但是许多人担心他准备将法国军队带回。回到法国后，他又成了原来的那个戴高乐，有控制欲且充满自信，如同他以前对犹太人的描述。全民投票将取消，国民议会将被解散，新的国会选举将会进行。戴高乐坚称，法国处在沦为"极权共产主义"的边缘，而他就是能够再次拯救法国的不二人选。戴高乐主义者在凯旋门组织了游行以示支持。公众响应通过新的选举重建法国，认同戴高乐将再次从灾难中拯救法国。据估计有 100 万人参加了游行，呼吁并支持戴高乐结束混乱状态。游行者们呼喊着口号，唱着国歌，其中的一个口号是"把科恩－本迪特送去达豪集中营"。

科恩－本迪特以前听到过类似的话。当他被逮捕时，一个警察曾用手指指着他说："我的小朋友，你会为此付出代价。太糟糕了，你没有和父母一起死在奥斯维辛集中营，否则今天我们就不用费劲做这事了。"

他的父母亲并未在奥斯维辛集中营待过，但他是犹太人这个事实则从未被完全忘却。只有在他自己从事的学生运动中，科恩－本迪特才感到他的犹太人身份从来不是一个问题。当然，盖斯马、克里维纳和其他许多人都是犹太裔。法国边缘化的左翼运动通常有数量可观的犹太裔参与者。

　　政府最终提出了一个一揽子方案，满足了工人们的所有要求，其中包括分两步将工人工资增长 35%。工会与工人们满意地接受了这个方案，只有少数年轻工人对这种抛弃学生的行为持保留态度。

　　但随后戴高乐做了件诡异而无法解释的事情：他从监狱里释放了14 名"秘密军组织"（Secret Army Organization, OAS）的成员——为了阻止阿尔及利亚的独立，这个狂热组织谋杀了许多阿尔及利亚人、法国军官和法国官员。这些成员当中的拉乌尔·萨朗和安托万·阿尔古（Antoine Argoud）都是法国军官，在 1961 年至 1964 年之间曾卷入多起刺杀戴高乐的阴谋。这些人为什么被释放？为了维系军方的支持，戴高乐是否在德国达成了某种交易？答案无人知晓，但是在这个无人庆祝的戴高乐第五共和国的 10 周年纪念日，他的举动令法国公众回忆起1958 年，那时他正是通过与萨朗和阿尔及利亚军官的秘密交易而重新掌权。

　　然而，许多法国人似乎对于选择左翼更有戒心。6 月 23 日，戴高乐主义者赢得了 43% 的选票，而在一周后进行的第二轮投票中，他们获得了议会中的绝大多数选票，甚至是最乐观的戴高乐主义者也预料不到这种结果。左翼失去了半数的议会席位，而学生们所支持的新左派和以前一样未能获得代表席位。

　　在伯克利大学，支持法国学生和反对戴高乐的游行示威发展成持续两夜的骚乱，直到警察在整个伯克利城强制实行宵禁，并宣布进入紧急状态。安妮特·贾科莫蒂（Annette Giacometti）是雕刻家阿尔贝托的遗孀，她取消了秋季在巴黎橘园美术馆举行阿尔贝托的大型回顾展的计划。她表示此举是为了抗议"警察对学生和工人的镇压、对外国人和外国艺术家的驱逐"。其他几位艺术家也上书文化部，取消了演出。

阿兰·柯瑞文评论道："戴高乐是法国有史以来造就的最睿智的政治家。戴高乐理解共产党人，理解斯大林。与戴高乐相比，密特朗还很稚嫩。蓬皮杜、吉斯卡尔、密特朗，还有希拉克——他们都是小号的戴高乐——他们都试图模仿戴高乐。在 1968 年，戴高乐明白法国共产党人将同意进行选举而非全民投票。全民投票是个小小的策略失误，没人愿意进行全民投票。但是一旦戴高乐建议进行选举，一切都成定局了。戴高乐从来不理解学生们，但这一点并不重要。在 1945 年，他拯救了右翼，在 1968 年，他可以故伎重施。"

戴高乐显示出他仍然是个杰出的政治家，但是他再也不会拥有以往的威望，并且即将淡出。后来他承认："每一件事情都从我的手指间溜走。我再也无法掌控我自己的政府。"尽管他处理国际事务非常拙劣，但对于国内危机的高超处理技巧很大程度上挽救了这一负面形象。他的梦想是对任何事务都有主宰权，包括从越南战争、魁北克独立到中东局势，这一度被认为是野心过大，现在则显得完全不可能实现。《世界报》的编辑安德烈·方丹（Andre Fontaine）写道，戴高乐将军"再也无法向每个人指手画脚"。

睚眦必报的戴高乐开始报复印刷媒体和国家电视台，因为前者一直对他持批评态度，而后者进行了罢工。由于在议会中得到了更多的支持，他决定允许两家国家电视台中的一家播出广告。在 10 月 1 日的晚间新闻之前，观众们首次看到了蒜香奶酪、抗拉伸毛衣和美味奶粉的广告。最初，每天只是在晚间新闻之前有两分钟的广告时间，但后来逐渐扩张。戴高乐同时削减了电视台超过 1/3 的新闻工作岗位。

到了夏季末，戴高乐想出了解除下一次左派暴动威胁的妙计。从 1185 年起，拉丁区的鹅卵石路面就被证明是个有效的武器——那时人们是反抗保皇派；1830 年和 1848 年的革命中，鹅卵石再次派上用场；然后到了 1871 年的巴黎公社运动，那些首次高唱《国际歌》的起义者又用上了鹅卵石。在 1968 年，抛掷鹅卵石的学生们显然学习过这些历史。1968 年，法国美术学院的一幅海报上画的是一枚铺路的鹅卵石，说明文字则是："21 岁以下者，这就是你的选票。"但是这种情形再不会发生了，因为根据戴高乐在 8 月的命令，拉丁区的所有鹅卵石街道都将改用沥青铺设。

6 月 17 日，在占领索邦大学长达一个多月后，最后一个学生也离开了。出版商向学生们提供了出书合同，于是在当天最后一个造反学生离开索邦大学之前，至少签订了 35 本有关学生起义的出书合同。很典型的是，出版的第一本书是关于街头暴力的照片合集。科恩－本迪特说得对——当暴力发生时，本要传达的信息就遗失了。但是陆续又出了很多书，包括科恩－本迪特本人写的书以及有关他的书。科恩－本迪特的《左翼主义》一书，其副标题是"疗治共产主义沉疴"，开场白则是一个道歉："本书是在五周内写就的。这样的写作速度难免会带来瑕疵，但是出版商必须在市场饱和之前出版此书。"以其特有的辛辣幽默感，科恩－本迪特还写道：

在市场体制中，通过传播革命观念，资本家对自身的死亡（当然，是作为资本家，而非作为个人）已经准备就绪，虽然这种传播能在短期内使他们获利。为此，他们慷慨地付给我们丰厚报酬（达尼埃尔·科恩－本迪特还没有写一行字，5 万德国马克就已经存入了他的账户），即使他们知道这笔钱将用于制作土制燃烧弹。因为他们相信革命是不可能发生的。仅以此书致可以愚弄这些资本家的读者诸君！

革命也许是可能的，但是在 1968 年的法国它并未发生。经典的马克思主义者坚持认为，革命者必须逐渐建立他们的根据地，发展其政治纲领。在 1968 年，所有这些都没有发生，只是爆发了对于令人窒息和死气沉沉的社会的反抗。其结果是改革，而非革命。只有学生们希望进行革命。学生们并没能说服工人们或者更多的社会大众接受这个想法，用加缪在 20 世纪 50 年代早期的评论进行解读，那就是人们如此渴望和平，以至于他们愿意接受不平等。大学变得稍微民主些了，老师和学生们终于可以进行交谈。法国社会脱离了 19 世纪而进入 20 世纪晚期，但是对于欧洲而言，这正是惊人的物质主义盛行的时候，而缺乏青年学生们所期待的精神追求。

科恩－本迪特本以为几周后就可以返回法国，但是他被允许再次入境已是 10 年之后了。"这救了我，"谈及被驱逐时科恩－本迪特说道，"如此之快就暴得大名，这让你很难找到自我。在德国我必须重塑自我。"

9 月，法兰克福的一座教堂里莫扎特四重奏弦乐悠扬，法兰克福书展正在向塞内加尔总统列奥波尔德·塞达·桑戈尔（Leopold S. Senghor）致敬，而在教堂外，高呼着"自由奖洗白了桑戈尔"的数千名抗议者则被警察的高压水枪驱散。桑戈尔政府对于塞内加尔学生极度专制，学生们乃是抗议书展将自由奖颁发给了这样一个领导人。瓶子和石块漫天飞舞，警察则试图控制局面；这时一个小个子的红发男人，也就是重塑自我的"红色达尼埃尔"，翻越了警察的铁丝网路障。在抓捕的过程中，警察数次用塑料警棍殴打了他。

当科恩－本迪特出现在法官面前时，他意识到，对于波兰学生运动领袖亚采克·库龙和卡罗尔·莫泽莱夫斯基的审判，凑巧也计划在同一周内于华沙举行。尤其在阿兰·柯瑞文和"革命共产主义青年"组织的鼓动下，巴黎的学生们密切地关注着这些事态的发展，"革命共产主义青年"组织在示威游行中经常高呼"释放库龙和莫泽莱夫斯基！"。从前在法国，警察若要闯入大学校园是不可思议的，所以托洛茨基分子习惯于传播这个段子：谁是世界上受过最好教育的警察？答案是：波兰警察，因为他们经常去大学。

当科恩－本迪特在法兰克福的法庭出庭时，他年轻的追随者们挤满了法庭。这时法官问他的名字，科恩·本迪特意识到这是一个好时机而且有观众。他清晰响亮地回答道："库龙和莫泽莱夫斯基。"

"什么？"法官问道。"谁？"他追问。他似乎想确定科恩－本迪特是不是一个疯子。

"什么？"科恩－本迪特的追随者们也低语着，"谁？他说的是什么？"

科恩－本迪特意识到法庭里所有的人——包括法官——都不知道库龙和莫泽莱夫斯基是谁。于是他只得解释他们是波兰的异议者，还有关于公开信与波兰学生运动，以及本周将进行的对他们的审判。真相大白的时候，戏剧性的时刻也就结束了。正如阿比·霍夫曼所指出的，详尽的解释最能够扼杀戏剧性。

第十三章
理想之地

春天会很美；油菜花盛开的时候，真理将会取得胜利。

——捷克学生的标语，1968 年

当湿冷的白天变得漫长、温暖，当阳光回到阴暗古老的布拉格，这个城市的年轻人开始感染到一种乐观的情绪，在那个春天，能有这种情绪的地方很少。巴黎的和谈根本没显示出越战将结束的迹象，比夫拉的战争饿死了儿童，中东的和平看起来毫无希望，波兰、法国和德国的学生运动已被迫结束——但是在布拉格仍有乐观的情绪，或者至少还有决心。新的夜总会营业了，虽然为此举行了一些游行才得以开张，留着长发的小伙子，和巴黎女孩一样穿着超短裙、天鹅绒面靴子和网眼长袜的女孩在此出没，自动点唱机放着美国乐曲。

2 月 15 日，因为捷克斯洛伐克冰球队在法国格勒诺布尔冬奥会上以 5∶4 击败了不可战胜的苏联队，成千上万的布拉格人，特别是年轻人都走上街头进行庆祝——从那时起，他们似乎再也没有离开街头。几个星期中，他们都在讨论这场比赛。一个普遍的想法是，如果是诺沃提尼还在掌权，无论如何捷克斯洛伐克队都不会被允许赢下比赛，尽管没人能解释诺沃提尼将如何阻挠赢得比赛。简单地说，就是有了诺沃提尼，一切皆无可能；没有了诺沃提尼，一切似乎皆有可能。尽管从邻国波兰传来的消息令人压抑，捷克斯洛伐克的媒体却坦率和公开地报道学生运动，这对于受众来说是令人激动甚至震惊的。

新闻媒体——包括印刷媒体、电台和电视台——基本上仍完全由政府掌控，但令其读者、听众和观众感到无比惊异的是，政府在利用媒体推进民主的理念——或者说是共产主义式民主，政府总是小心翼翼地这么强调。独立且有改革意识的"作家联合会"曾被视为一个异议者的组织，但这时它获许出版自己的《文学杂志》（*Literarni Listy*）——尽管为了这本周刊的出版，"作家联合会"必须努力争取足够的印刷纸张配额。现在的情形就是这样，高级官员们将打开通道，而下层的官僚仍试图阻挠——杜布切克一步一步地清洗掉越来越多的保守派，这种从中作梗的事件越来越少了。

礼宾官员们拜访了新领导人，他们认为杜布切克简陋的旅馆客房不宜再作为官邸。官员们向他展示了许多的宅邸，而杜布切克回答说，这些宅邸"对我家庭的实际需求和我的品位来说太宽敞了"。最后他接受了郊区一套有四间卧室的房子。

接受过训练的官员，通常练就了云山雾罩、模棱两可的语辞风格，但杜布切克的话语出人意料的直接和简单。人们发现，他不仅风格明朗，而且讨人喜欢。杜布切克说："民主不仅是人们发表自己意见的机会和权利，也是对待人们的意见的方式，包括他们是否真切地感觉到共同的责任和共同的决策，以及他们是否真正感受到在参与决策和解决重大问题。"

人民相信杜布切克的话。会议开始变成漫长的辩论。农业合作社代表大会通常是个沉闷和了无新意的场合，但因为农民们竟然向政府痛陈苦楚，它成了一场喧闹事件——他们要求更民主的集体农庄、能够代表农民利益的游说者，以及与工业相当的收益。在 3 月份，全国 66 个地区的党组织会议变得同样坦率和吵闹。成千上万的年轻人盘诘政府官员，若是无法认可官员们的回答，他们就跺着脚发出嘘声。

和勃列日涅夫一样，国内外的许多人士都想知道，杜布切克是否已经比他打算的走得更远，并且正在失去控制。"自由就像烈酒，"《巴黎竞赛报》的评论写道，"而这一代人就像生长在禁酒的制度里，所以它不能适用。杜布切克是苏联培养的精英，毕竟他是一个共产党人。他可能会被他解放的力量所裹挟吗？他是否会试图踩刹车，虽然为时已晚？"

杜布切克是在苏联的内陆地区长大的，所以他觉得自己对苏联有深刻的理解。但是对勃列日涅夫政府的内部运作，他只能猜测。他与勃列日涅夫之间向来都不亲近，也从未有过融洽的感觉。杜布切克在回忆录中写道："正是勃列日涅夫总会让我想起那个不很受欢迎的俄罗斯风俗：男人之间互吻脸颊。"

捷克斯洛伐克人民迫切要求尽快和尽可能多地获得改革成果，因此若要走回头路已经太迟。但是杜布切克明白，他必须明确地掌控局面。他向同事们抱怨说，人民的要求过于急迫了。"他们为什么这样对待我？"他曾不止一次地对中央委员会书记兹德涅克·姆林纳说道，"若是诺沃提尼在位，他们不敢这么做。难道他们没有意识到这对我造成了多大伤害吗？"政府持续地告诫人民，改革不可过于激进。杜布切克后来承认，他的错误在于没有意识到自己的时间有限。他以为，若是进行渐进改革就可以获得他的盟友和苏联的支持。小心翼翼的杜布切克，在他的每一次演讲中都再三表示捷克斯洛伐克对于苏联的忠诚、对于亲纳粹的西德人的轻蔑，以及对于东德的仰慕和友谊。如果他说的是真心话，那么这最后一点是没有回报的友谊。东德领导人瓦尔特·乌布利希（Walter Ulbricht）是对杜布切克最为激烈的批评者之一。

由于诺沃提尼仍然是总统，改革难以深化和推进。但是在他被解除党中央第一书记后仅仅几个月，由于一系列涉及他和他儿子的骇人听闻的腐败丑闻败露，再把他从第二个职位上赶下来已成为可能。为了发展支持者，诺沃提尼在最后的关头试图摇身变为"普通人"，人们会看到他在工人的酒吧里和年轻人喝啤酒。但他实在是个令人厌恶的角色。3 月 22 日，诺沃提尼已经别无选择，只能辞去总统职务。

杜布切克并不能放手任命诺沃提尼的继任者，因为关键的是新总统不仅要能和自己共事，同时还要能够取悦——至少不激怒勃列日涅夫。各种组织都写信建议不同的候选人。在东欧社会主义阵营的历史上，这是唯一一次公开讨论政府首脑的任命。学生们支持的是 47 岁的切斯特米尔·齐萨日（Cestmir Cisar），一位知名的改革者和有几分魅力的电视名人，他的自由主义思想在诺沃提尼执政的时代曾遭到非议。他正是那种无法减轻苏联担忧的候选人。

知识界和部分学生也认可 57 岁的约瑟夫·斯莫可夫斯基（Josef Smrkovsky），他的声望因为东德政府对他的攻击而剧增。但是到了最后，杜布切克却选择了三个最优候选人中受支持度最低的卢德维克·斯沃博达（Ludvic Svoboda），他是 72 岁的退役将军，一位曾经和苏联并肩作战的"二战"英雄。其他的竞争者也被委以重任，但职位较低。为了表达失望之情，新捷克斯洛伐克的学生们为声援齐萨日进行了游行。这个闻所未闻的游行自由地进行了几个小时，在午夜时，学生们行进到共产党中央总部，高喊着要求与杜布切克对话。

这是 3 月，邻国波兰的学生们因为要求言论自由而与警察发生冲突。杜布切克得知学生们游行的时候正在家中，他随即前往共产党中央总部与学生们对话。他尝试着向学生们解释他的选择，他表示其他的政府部门需要其他候选人担纲，并且向他们保证，齐萨日在中央委员会中将扮演重要角色。一个学生质问杜布切克："那么如何保证过去的日子不会重来？"

杜布切克回答说："你们自己就是保证。你们这些年轻人就是保证。"

在东欧社会主义阵营中可能出现共产主义民主吗？有些人大胆地期待。但是学生们相信杜布切克的话，即学生们自己就是保证者。所以当斯沃博达就任总统时，学生们进行了一次持续数小时的静坐示威，这既是抗议——或许也只是为了宣称捷克斯洛伐克的学生们也能组织静坐。

当春天带着所有的希望来到布拉格，并非所有人都是快乐的。4月份，平均每天有一起政治人物的自杀事件。这始于最高法院的副院长约瑟夫·布热坦斯基（Jozef Brestansky），他被发现在首都郊外的树林中自缢身亡。布热坦斯基当时正忙于一个纠正 20 世纪 50 年代以来冤假错案的大项目。据传，他是害怕自己在几个无辜者被判刑案件中的参与将被曝光。这种曝光每天都会出现，而电视在其中起到了突出的作用。电视上播出了对受害者的访谈；更令人震惊的是，一些作恶者也在电视上接受了访谈，而全国观众都看到了他们在闪烁其词时的局促不安。电视台的摄像师们也穿梭于全国各地，拍摄记录下普通人的意见。其结果是引发了对过去20年社会矛盾的全国性讨论。

冬天开始的群众集会和公共聚会，在春天时已经蔓延开去，其中的许多集会也上了电视。人们从电视上看到，学生和工人们用棘手甚至充满敌意的问题挑战政府官员们。在这样一个国度，大多数官僚都非常平庸而公众也对他们知之甚少，所以那些在摄像机和麦克风前表现甚佳的官员——比如约瑟夫·斯莫可夫斯基——现在就成为了全国的媒体明星。

一些人怀疑杜布切克只是通过浅尝辄止的民主来满足公众，但实际的情形并非如此。人民群众得到的越多，他们要求的也就越多。逐渐地，出现了要求建立反对党的呼声。《文学杂志》频繁地鼓吹这个理念，剧作家瓦茨拉夫·哈维尔和哲学家伊万·斯维塔克（Ivan Svitak）也予以支持，后者在一篇文章中争辩说，其实根本就没有什么改革，只有一些因权力斗争而采取的短暂措施。按照斯维塔克的观点，整个党的机构必须连根拔起。"我们必须对它进行清算，否则它就会清算我们。"新闻界，包括印刷媒体和广播电视，成为了政治改革的先锋。媒体人很清楚，虽然政府的新闻检查官不再进行审查，但是他们还保有其职位。新闻界希望能够立法禁止新闻检查。一个电视台的编辑表示："我们只有党所承诺的新闻自由，这是一种可以被取消的民主。"杜布切克警告了过于激进的改革。尽管他没有这么说，但是他肯定明白，勃列日涅夫从来不会容忍放弃共产党的绝对领导。

4月，杜布切克发布了《捷克斯洛伐克共产党行动纲领》，谈及一种"社会主义民主的新模式"。杜布切克政府的官方立场最终得以说明：它宣布了捷克人和斯洛伐克人的平等，政府的目标是建立社会主义，个人信仰和政治信念不受秘密警察审查，同时改革政治体制，发扬社会主义民主，杜绝权力的滥用。

莫斯科《真理报》发表的文章表明苏联人不高兴了。《真理报》写道，"资产阶级因素"正在削弱社会主义；而到了夏天，《真理报》则称捷克电视台在进行反苏宣传。问题之一在于，那些试图调查历史罪行的努力，其结果总是将线索指向莫斯科。扬·马萨里克（Jan Masaryk）之谜即是一例。马萨里克是捷克首任总统之子及捷克的外交部长，在1948年共产党取得政权两天后，他从一扇窗要么是跳下，要么是跌落，也可能是被掷出而摔死的。20年来，这一直是一个禁忌话题，但是捷克人希望最终能知晓其真相。4月2日，布拉格的一份学生周报发表了伊万·斯维塔克的一篇文章，他要求重新调查这个案件。斯维塔克注意到弗朗兹·施拉姆（Franz Schramm）少校与这个案件有联系的一些证据。施拉姆少校后来是捷克斯洛伐克安全警察与苏联安全警察之间的联络官。捷克斯洛伐克和外国的新闻界都讨论了一个假设，即"马萨里克是由斯大林直接下令暗杀的"。在另外一些版本中，"苏联特工将马萨里克从床上拉下来，拖到窗旁，再把他扔出窗外"。对于20世纪50年代的不公正的调查也指向了苏联人。但现在还不到苏联准备否定斯大林的时候，因为苏联的两个头号人物勃列日涅夫和总理阿列克谢·柯西金（Aleksei Kosygin），当时在斯大林政权中可是举足轻重的角色。

在当时的大多数社会主义国家里，五一节都会举办略显雷同的庆祝仪式。但是在布拉格，五一节庆典还是保留了春季古老仪式的痕迹。

3 年前，在被驱逐出境前不久，艾伦·金斯堡曾在布拉格被加冕为"五月之王"。今年的五一节，人们涌向街头，举着标语和旗帜，穿过官方检阅台。他们中的有些人举着美国国旗，有些则扛着以色列国旗。如果说去年还禁止此举，那么今年它则成为了一种时尚。其中一些标语如下：

> 少一些纪念碑，多一些思考。
>
> 要做爱，不要作战。
>
> 不计代价地争取民主。
>
> 让以色列活下去。
>
> 我很想为我国的人口增长作贡献，可是我没有公寓。

检阅台上的官方嘉宾开始感到不自在了。在看到一个声称马其顿属于南斯拉夫的标语后，保加利亚大使拂袖而去，因为保加利亚认为马其顿是它的领土。游行的人群围住了杜布切克，成百上千名群众试图和这位个子高大、面带微笑的领导人握手。警察们赶紧上来为杜布切克解围。然后，因为对于去年使用警力的情形仍记忆犹新，一位布拉格的共产党官员走到麦克风前致歉，并解释说此举是因为第一书记身边的群众太挤了。警察并不粗暴，而群众似乎也对此予以理解。但是来自东欧社会主义阵营其他国家的代表则对这种处理方式感到震惊。当晚，示威者们游行至波兰大使馆，抗议波兰对学生运动的处理及其持续将犹太人逐出祖国的反犹太复国主义运动。两天之后爆发了更多抗议波兰的示威。然后，杜布切克非常突然地前往莫斯科。

由于没有对此进行任何解释，捷克斯洛伐克国内产生了相当程度的焦虑。杜布切克发布了公告,声称"友好国家之间不拘于外交礼节是很常见的事",于是苏联坦率地表示"捷克斯洛伐克的民主化进程"不是对于社会主义的攻击,但这并没有使得捷克斯洛伐克民众平静下来。杜布切克似乎是在表示苏联的关注是有道理的,他还补充说捷克斯洛伐克共产党经常警告过于激进的改革。这个公告压根儿没有让他的人民放心,而其莫斯科之行看起来也没有让苏联宽心。

在 1968 年 5 月 9 日这天要吸引全世界的关注并不容易。在这一天,哥伦比亚大学和索邦大学被关闭。学生们在巴黎街头修建街垒。博比·肯尼迪赢得了在印第安纳州的初选,巩固了总统竞选提名人的地位。美越巴黎和谈开始举行。投资者大肆入场。与这些重要新闻竞争的则是一个传闻:大批驻扎于东德和波兰的苏联军队在向捷克斯洛伐克边境进发。记者们试图前往边境地区以确认这个情况,却被波兰的路障阻隔。此前的一天,保加利亚领导人日夫科夫、东德的乌布利希、匈牙利的卡达尔,以及波兰的哥穆尔卡会聚莫斯科,他们就捷克斯洛伐克局势发表了一份公报,但即使用共产党的标准来衡量,这份公报的措辞也是复杂和难以捉摸的,以至于没人能解释它到底试图传达什么信息?他们是否已决定入侵?

第二天,捷克的新闻通讯社报道称,这是华沙条约组织正常的军事演习而已,并且已经事先告知捷克。捷克斯洛伐克国内外没有人完全相信这个解释,但是至少从目前来看危机已经结束——目前而已。

捷克所获得的新自由带来了文化领域的大爆发。穿着蓝色牛仔裤、留着长发的瘦削小伙子,在街头兜售印有摇滚乐、爵士乐排行榜和剧院剧目的小报。布拉格一向以其剧院而著称,在 1968 年的春天，共有 22 家剧院进行演出。纽约时报社的记者塔德·肖尔茨（Tad Szulc）热情洋溢地断言："从文化生活的类型和质量，到最近人们对于高领套头毛衣的狂热，可以看出布拉格本质上是一个西化的城市。"他注意到，不仅是艺术家和知识分子，连部委的官员，甚至出租司机们都穿着五颜六色的高领套头毛衣。

确实，因为混合了斯拉夫文化和德国文化，布拉格一向比其他中欧城市显得更为西化。这是卡夫卡和里尔克的故乡，德语是通用的第二语言。这一直是它和斯洛伐克的显著区别之一，斯洛伐克的首都布拉迪斯拉发并不讲德语，是典型的中欧城市的风格。

1968 年春天，布拉格的爵士夜总会的头牌是瑞度塔，它位于绿树绵延的林荫大道，即著名的温瑟拉斯广场附近。瑞度塔的空间较小，容纳的人次不宜超过 100 人，但它总是人满为患。在杜布切克当政之前，这个夜总会因捷克的第一个摇滚乐队"阿科多俱乐部"（Akord Klub）在此演出而广为人知。哈维尔曾造访过瑞度塔，他写道："我对这种音乐的了解并不多，但是不需要很多专业知识就能理解，他们在这里所演奏和演唱的，与《克里斯汀》（Krystynka）或者《布拉格是条金色的船》（Prague Is a Golden Ship）——这两首歌都是当时热门的官方歌曲——这类音乐有根本的区别。"当肖尔茨在 1968 年的春天造访此处时，他曾报道说有个乐队"以少许波萨诺瓦的风格"改编演奏戴夫·布鲁贝克的乐曲。

那年春天，布拉格的剧院上演的剧目中有《谁在害怕弗朗茨·卡夫卡》（Who's Afraid of Franz Kafka?），这是一部曾在 1963 年首演的剧目，那时卡夫卡的作品被认为是资产阶级的，所以遭到禁演，而现在又允许上演了。它的剧名有意模仿了爱德华·阿尔比（Edward

Albee）的剧作《谁在害怕弗吉尼亚·伍尔芙》（*Who's Afraid of Virginia Woolf?*）。另一家剧院上演了弗朗蒂斯科·朗格尔（Frantisek Langer）长期遭禁的《马背上的巡逻队》，它讲述的是 1918 年捷克的反革命分子与布尔什维克的交战。另一部在那年春天出现的话剧是伊里·塞克斯特（Jiri Sextr）和伊里·苏希（Jiri Suchy）创作的《最后一站》，两位作者都被认为是 1968 年文化复兴中最好的剧作家。《最后一站》呈现的是捷克人的一种担忧，即杜布切克的改革可能失败，而捷克斯洛伐克将会走回 1 月改革之前的老路。

时值捷克的卡罗维发利温泉胜地举办国际电影节，人们对此异常兴奋，因为在此前的三个星期，由于诸多导演都表示了对于学生和罢工者的同情——其中包括让－吕克·戈达尔（Jean－Luc Godard）、弗朗索瓦·特吕弗（Francois Truffaut）、克劳德·勒鲁什（Claude Lelouch）、路易·马勒（Louis Malle）和罗曼·波兰斯基（Roman Polanski）——戛纳电影节被迫提前结束。人们希望戛纳影展中的一些作品会在卡罗维发利上映，包括阿兰·雷奈（Alain Resnais）的《我爱你，我爱你》。当戛纳电影节试图违背雷奈的意愿上映《我爱你，我爱你》时，演员让－皮埃尔·利奥德（Jean－Pierre Leaud）硬是拉着幕布阻止其放映。利奥德是戈达尔关于新左派的新作《中国姑娘》的主演。卡罗维发利电影节还放映了三部无法在戛纳上映的捷克电影，包括伊里·曼佐的《被严密监视的列车》，后来该片获得了 1968 年的奥斯卡最佳外语片奖。

瓦茨拉夫·哈维尔在那个春天并非是置身布拉格的文坛一员，因为他在纽约，由于许多年来政府第一次向所有人开放旅行，他成为了 1968 年出国旅行的 50 万捷克斯洛伐克人中的一员。"布拉格之春"时，

31 岁的哈维尔在纽约东村待了六个星期，他投入到了约瑟夫·帕普的莎士比亚戏剧节的工作中，其间他所创作的荒谬喜剧《备忘录》——一部关于政府部门所使用的新语言的作品——上演并受到了好评，并且使他一举奠定了在西方戏剧界的公认地位。克莱夫·巴恩斯在《纽约时报》发表的剧评称其"机智幽默，发人深省"，"不可思议地动人"。接着《备忘录》获得了奥比奖。与此同时，他也许观察到了自托克维尔以来美国民主的更有趣的方面。他经常去东费尔默剧场和东村的其他地方，在暴乱后满目疮痍的哥伦比亚大学和学生们交谈。哈维尔带着迷幻摇滚乐队的海报回到了捷克斯洛伐克。

从 6 月 30 日到 7 月 10 日进行了一项民意测验，询问捷克斯洛伐克人是支持国家继续实行社会主义还是转向资本主义。捷克斯洛伐克人民毫不含糊地做出了回答——89% 的人希望保留社会主义，只有 5% 的人希望转向资本主义。当被问及是否满意现政府的工作，1/3 的受访者，即 33% 的人表示他们感到满意，54% 表示部分满意，只有 7% 表示不满意。杜布切克与苏联的虚与委蛇虽然颇有风险，但是在国内，他领导的是一个快乐和充满希望的社会主义国家。

但是苏联人并不高兴，到 7 月时，他们已经商定出三个备选的解决方案：要么苏联设法让精明的杜布切克继续采用苏联模式；要么让在捷克斯洛伐克国内仍然听从莫斯科的领导人——苏联人似乎高估了他们的数量——通过武力夺回政权；或者苏联将入侵。到目前为止，入侵是最不得人心的选择。由于在 1956 年对匈牙利的入侵，苏联用了 12 年艰难的外交努力才缓和了西方的敌意和愤怒。如果入侵捷克斯洛伐克，苏联将更难向西方解释，因为杜布切克已竭尽全力地表明他并不反对苏联。并且，这两个国家之间长久的友好历史可以追溯至

20 世纪 30 年代，而那时匈牙利是纳粹的盟国和苏联的敌人。苏联解放了捷克斯洛伐克，捷克人通过投票选择了社会主义制度，并且支持与苏联结盟。如 7 月的民意测验所显示，捷克斯洛伐克是一个仍然致力于社会主义制度的国家。

最后，正如不稳定的经济所急需的，苏联与西方的关系开始升温。这就是所谓的缓和。约翰逊政府经过持续努力才得以与苏联改善关系。在长期的谈判之后，两国签署了关于不扩散核武器的条约。7 月底，在断断续续的 10 年冷战式的谈判之后，泛美世界航空公司和苏联国家航空公司达成协议，开通了苏联和美国之间的第一条直航线路。这是其他更重要的开放的良好开端。

然而，苏联人认定有一件事他们不能冒险，那就是让捷克斯洛伐克脱离苏联的轨道，他们想象着这会被罗马尼亚和南斯拉夫效仿，而接着学生运动就会接管波兰；并且，匈牙利人在 12 年后真的就老实了吗？饶有讽刺意味的是，在杜布切克所有的声明和文章中，都没有他想要脱离社会主义阵营的丝毫迹象。他明确承认那是不能逾越的界限。但是苏联人并不信任他，因为他不愿意按照苏联要求的方式治理他的国家。

作为第二个选择的内部政变，也没有多少可能的迹象。在诉诸入侵之前，苏联人将尝试第一个方案，他们会最后一次试图说服杜布切克同志回心转意。在这个问题上显然有很大分歧。在其中，柯西金看起来是反对入侵的一个苏联领导人。法共和意共作为西方最大的两个共产党组织，也派他们的领导人来到莫斯科反对入侵。

尽管如此，苏联还是开始计划入侵并为之作准备，这样的话，一旦做出决定，一声令下军队就可以迅速奔赴战场。由华沙条约国的军队组成了一个巨大的包围圈，其中主要是以大批装甲师为后援的苏联军队，从东德沿着波兰、乌克兰，横贯匈牙利，包围了捷克斯洛伐克。千军万马只待一声令下。这个包围圈中，唯一没有面对苏联坦克的是捷克与奥地利的一小块边境。苏联发起媒体宣传战，它报道了捷克斯洛伐克境内恐怖的反社会主义罪行，以便使苏联人民对入侵有思想准备。东德和波兰的领导人已经准备就绪。7 月，苏联与匈牙利总理卡达尔会晤，以施加压力。经过 7 月 3 日的会议，卡达尔与勃列日涅夫发表了有关"捍卫社会主义"的强硬声明。

然后，作为说服杜布切克的最后努力，苏联命令他前往莫斯科商讨捷克斯洛伐克的局势。杜布切克认为此举是对捷克斯洛伐克内部事务可憎和非法的干涉。他将苏联的要求提交捷共中央主席团表决，结果主席团以压倒性的票数拒绝了莫斯科的邀请。真遗憾，当时没有编年史作家在场，否则他就能够记录下勃列日涅夫对布拉格的婉拒的反应。这是捷克斯洛伐克的共产党领导人第一次拒绝莫斯科的会议指令。

杜布切克绝对自信他能够应付苏联人。他无法想象苏联会入侵，捷克斯洛伐克和苏联是朋友，这就像美国入侵加拿大一样不可思议。他相信自己知道如何安抚苏联人。当他和勃列日涅夫以及其他苏联高级领导人对话时，他知道应该避免使用哪些词汇。他绝对不会说"改革""改革者"这些词，尤其是"修正"这个词。

6 月，上万名苏军被允许进入捷克斯洛伐克进行"实兵演习"。这虽说是正常的，但是其数量——上万名军人和上千辆车辆，还包括坦克——则是不正常的。演习预计在 6 月 30 日结束，7 月一天天过去，而苏军仍然在那里，捷克人民出离愤怒了。显然是为了拖延撤军，苏联人固定地发布一些荒唐的借口：他们需要装备维修，于是另外的"维修部队"又开了进来；备用设备出现了问题；部队需要休整；他们担心撤军会阻塞交通；苏军进入捷克时途径的桥梁和公路不稳固，所以需要维修。

捷克国内流言四起，据说非法入侵的苏联军队带着印刷机和广播干扰设备，还有关于捷克斯洛伐克领导人的档案、准备逮捕的人员名单。

捷克斯洛伐克政府要求苏军撤离，但苏联要求捷共中央主席团全体前往莫斯科与苏联最高苏维埃主席团举行全体会谈。布拉格回应称，他们认为举行双边会议是个好主意，并且"邀请"苏联主席团前来捷克斯洛伐克。苏联最高苏维埃主席团全体成员从未造访过苏联之外的地方。

杜布切克明白他在玩一个危险的游戏，但是他必须对自己的人民负责，而且他们显然不会接受投降之举。回首那年7月，阻止苏联人下达入侵命令的决定性因素之一，正是捷克斯洛伐克人民所显示出的空前团结。在此之前，从来没有一个团结的捷克斯洛伐克民族。以前有捷克人和斯洛伐克人，甚至在捷克人中还可以再分为摩拉维亚人（Moravians）和波希米亚人。但是在1968年7月的那个时刻，只有"捷克斯洛伐克人民"。即使苏军在境内外虎视眈眈，即使苏联媒体每天都在中伤诽谤，捷克斯洛伐克人民万众一心，而杜布切克则小心翼翼地代表那种心声。

7月31日凌晨3时许，一名铁道工人和几名斯洛伐克钢铁厂工人认出了一个外出散步的人，他正是第一书记杜布切克同志。杜布切克邀请他们去了一间那时还营业的餐馆。"他和我们待了大约一个小时，向我们解释了当时的形势。"其中的一个工人后来告诉斯洛伐克媒体。

当工人们问他为什么这么晚还在外面，杜布切克告诉他们，在过去的几周中，他只能在凌晨 3 点至 7 点之间睡觉。

捷克电视台采访了到访的苏联游客，询问他们是否看到了反革命行为，以及他们是否受到了款待。所有苏联游客都对捷克及其人民评价甚高，并且向两国的友谊致敬。来自捷克斯洛伐克和苏联的两个主席团，在靠近匈牙利和乌克兰边境的捷克小镇切尔纳进行了四天的会谈。8 月 2 日当会谈结束时，杜布切克发表了电视讲话，他向捷克斯洛伐克人民保证，他们的国家主权没有受到威胁。他同时表示，与苏联的友好关系对于捷克斯洛伐克的主权至关重要，他还警告了对苏联和社会主义的口头攻击。

其中的信息就是，如果捷克斯洛伐克人民保持克制而不刺激苏联人，那么就不会有入侵。第二天，最后一批苏军撤离了捷克斯洛伐克。

杜布切克似乎要对言论严加管制，但他看起来仍是赢得了和苏联的对抗。有时候，仅仅生存也是个伟大的胜利。新的捷克斯洛伐克已经胜利地从布拉格之春进入了布拉格之夏。全世界的报章都在讨论苏联为什么对捷克做出让步。

来自东欧、西欧和北美的年轻人蜂拥进入布拉格，迫不及待地想看看这种新型的自由到底是什么样子的。布拉格黑暗的中世纪城墙上满是各种语言的涂鸦。因为布拉格总共只有 7000 间酒店客房，所以在这种情况下，城市各处总是供不应求，虽然有时给点贿赂会有用。要在布拉格不多的餐馆里吃顿饭都变得困难，空载的出租车则更加难得一见。8 月份的《纽约时报》写道："对 30 岁以下的人而言，布拉格是这个夏天的理想之地。"

第三部
夏季奥运会

对于安逸与和平的渴望必须弃置一旁，这种渴望与认可不平等是并行不悖的。那些为邂逅的好日子哭泣的人承认：他们想要的不是减轻苦难，而是让苦难噤声。

——阿尔贝·加缪，《反抗者》，1951 年

第十四章

禁足之地

在殖民地，真理是赤裸的，但是宗主国的公民们却宁愿它穿上衣服。

——让－保罗·萨特，弗朗兹·法农《大地哀鸿》序言，1961 年

1968 年的夏天，所有事情看起来都变得更糟了。整个学年灾难性地结束了，数百名学生在哥伦比亚大学的毕业典礼上离席抗议——尽管柯克校长为了避免激起示威而没有出席。法国、意大利、德国和西班牙的大学几乎无法正常运作。6 月，在里约热内卢、布宜诺斯艾利斯、蒙得维的亚、厄瓜多尔和智利，都爆发了学生与警察的暴力对抗。8 月 6 日，当 1500 名步兵和警察，以及 13 辆轻型坦克、40 辆装甲车和 8 辆架着机关枪的吉普车出现时，学生们取消了预定在里约热内卢进行的一场游行示威。这些游行示威通常发端于很初级的问题，在乌拉圭和厄瓜多尔，示威的最初原因就是校车车费的问题。

即使在相对平静的英格兰也上演了它的"1968 年"。岁末时，学生们占领了大学校园。这是在 5 月从弘赛艺术与设计学院开始的，它是北部伦敦富人区一所维多利亚式的建筑。学生们开会讨论了一些议题，包括选举一个全职的学生会主席和发展一个体育项目。会议后，

学生们就接管了学院大楼并要求对艺术教育进行彻底的改革。他们的要求扩散到全国其他艺术院校，最终发展成为一个由 33 所艺术院校参与的运动。伯明翰艺术学院的学生们拒绝参加期末考试。到 6 月底时，学生们仍然占据着弘赛学院。

陷入僵局的美越巴黎和谈进展甚微，于是在夏季的第一天，《纽约时报》的标题以精心挑选的用词告诉美国公众令人悲伤的渺茫希望："克利福德[1]察觉与越南和谈所获甚微"。6 月 23 日，越战已经取代了美国独立战争，成为美国历史上持续时间最长的战争；自从 1961 年美国第一次派出支援部队起，越战已经持续了 2376 天。6 月 27 日，越共在攻击附近的美军和南越军队时，或是偶然或是有意地焚毁了中国南海附近的山茶渔村，造成 88 名平民死亡和 100 多人受伤。同一天，在美国，"结束越战全国动员委员会"的主席戴维·德林杰宣布，全国有 100 个团体正组织一系列示威游行以敦促结束越战，所有这些行动都计划于夏天在举办民主党全国大会的芝加哥进行。8 月 8 日，在湄公河三角洲执行夜间巡逻的美军试图用火焰喷射器与越共作战，结果杀死了采朗村的 72 名平民，而采朗是一向对美军友好的村落。

在屈从于佛朗哥的残暴统治达数十年后，新一代的西班牙人开始以暴制暴。1952 年，五个对父辈的消极顺从不满的巴斯克青年成立了一个后来被称为"埃塔"（Euskadi Ta Askatasuna, ETA）的组织，在他们的古语里这是"巴斯克祖国与自由"的意思。1968 年之前，埃塔的活动主要包括推广被佛朗哥禁止使用的巴斯克语。后来埃塔的成员开始焚烧西班牙的国旗并污损西班牙的纪念碑。1968 年，巴斯克的语言学家创造了一种统一的语言以取代八种方言。以下是 1968 年之

---

1 克拉克·麦克亚当斯·克利福德（Clark McAdams Clifford，1906—1998），原来是一名律师，在 1968 年 1 月，由约翰逊总统任命取代麦克马纳曼成为美国国防部部长。

前巴斯克语言难题的一例：埃塔最初的名称中使用的是"Aberri"而非"Euskadi"，所以它的首字母缩写是"ATA"；但是在以"ATA"之名秘密活动6年之后，他们发现在某些方言中，"ATA"的意思是"鸭子"，于是他们更名为"ETA"。1968年，统一语言的出现为巴斯克语的复兴扫清了道路。

但是到了1968年，埃塔开始转向暴力活动。6月7日，一个民防卫队的警察拦下了载有两名埃塔武装分子的汽车，于是他们开枪射杀了这个警察。其中的一个埃塔分子哈维·埃切贝里亚塔（Txabi Etxebarrieta）被西班牙人追捕并处决。8月2日，为了报复对哈维的处决，埃塔在圣塞瓦斯蒂安（San Sebastian）射杀了一个遭人痛恨的警察上尉，他是在自己家门前被枪杀的，而当时他的妻子就在门里听着。作为对此次袭击的回应，西班牙向巴斯克宣战。从这时到年底的大部分时间，西班牙对巴斯克形成了合围之势；它对欧洲的抗议置若罔闻，逮捕和拷打了数千人，一些人被判入狱服刑数年。更糟的是，埃塔和西班牙之间一种行动和反击、以暴易暴的模式从此确立下来，并延续至今。

在加勒比海的海地，1968年是弗朗索瓦·杜瓦利埃（Francois Duvalier）统治的第11年，他是个矮小的乡村医生、贫困黑人的朋友，却成为了大屠杀的刽子手。在年中的一次新闻发布会上，他这样教训美国记者："我希望你们所目睹的海地民主的发展，将成为世界人民的榜样，尤其是关于黑人的民权和政治权利，它可以成为美国人民的榜样。"

但实际上，在奸诈和疯狂的杜瓦利埃医生的统治下，无论是黑人还是其他任何人都没有权利。杜瓦利埃政府是世界上最残暴和野蛮的独裁政权之一，它流放了大量中产和上层海地人士，以至于在加拿大的海地医生比在本国的都要多。1968 年 5 月 20 日，第八次针对杜瓦利埃医生的政变开始了：一架 B－52 轰炸机飞抵首都太子港上空，它先是投掷了一枚炸弹，结果只是在本就残破不堪的公路上多留下一个弹坑。然后它又扔下了一捆传单，但因为扔下之前没有解开捆扎的绳索，传单也没有飞散。然后又一枚炸弹投向发出白色微光的国家宫，却没有爆炸。太子港就这样保住了，但入侵又在北部的城市海地角上演，一架塞斯纳直升机着陆后，政变分子用冲锋枪扫射无人守卫的控制塔。海地军队很快击毙和俘虏了这些入侵者。8 月 7 日，10 名被活捉的入侵者被处以死刑。

美国布兰迪斯大学的历史学家沃尔特·拉克尔（Walter Laqueur）曾经撰写过数本关于中东的著作。5 月，他在一篇文章中指出，这一地区比越南更具有潜在的危险。当年晚些时候，尼克松在他的竞选演说里表达了同样的观点。让整个世界对中东感到惊恐的是，由于两个超级大国在此都选择了各自的立场，地区性的冲突可能演变成全球性的冲突，这是一种明显的危险迹象。以色列人和阿拉伯人在进行军备竞赛，阿拉伯人从苏联购买武器，而以色列人买的是美国的武器，但由于以色列的盟国的武器供应速度赶不上苏联供应阿拉伯人的速度，于是以色列开始建立自己的军工产业。

"逐渐地，"拉克尔写道，"全世界已经接受了这个事实，即在不久的将来会爆发第四次阿以战争。"7 月进行的一次民意测验显示，62% 的美国人预测未来 5 年中将爆发另一次阿拉伯与以色列之间的战争。埃及政府坚持将它在"六日战争"中的军事溃败称为"挫折"。以色列计划用在"六日战争"中夺取的土地换取和平，但并不奏效。大家都对土地有兴趣，对和平则不以为然。埃及总统贾迈勒·阿卜杜勒·纳赛尔甚至拒绝与以色列进行谈判。埃及的政府发言人穆罕默德·海克尔（Mohammed Heykal）坚称另一场战争是"不可避免的"——也许是因为游行示威的埃及学生们对于埃及在上次战争中的表现愤怒至极。尽管学生运动的时代催生了全世界大学校园里的反战示威，开罗的大学生们却抗议埃及在战争中表现不佳。沙特阿拉伯因为自视为宗教国家，所以国王费萨尔（Faisal）号召进行一场"圣战"，而叙利亚因自认为是个社会主义国家，则选择号召发起一场"人民战争"。巴解组织开展了被称为"恐怖主义袭击"的暗杀性质的小型攻击，以色列以猛烈的炮火进行还击，并经常入侵约旦。

阿拉伯国家一致同意不与以色列进行谈判，因为这将是以某种形式承认以色列的占领。然而，按照拉克尔的看法，一些阿拉伯国家开始认为他们这样做是犯了错误，因为"在谈判中，与他们最后夺取的土地相比，犹太复国主义者将会满足于保有更少的土地"。在法国进行的一项民意调查显示，49%的法国人认为以色列应该保留全部或者部分在1967年战争中获得的新占领土；只有19%的法国人认为，以色列应该归还所有新占领土。在英国进行的同一调查显示，66%的英国人认为以色列至少应该保留部分新占领土，只有13%的英国人认为它应该归还所有新占领土。

领土问题正是观察家们认为五年后会爆发另一场战争的原因。阿拉伯国家在1967年已被痛击，而由于以色列控制了苏伊士和戈兰高地，下一次阿拉伯国家的情况会更糟。许多人已经猜测纳赛尔将因为埃及在战争中的惨败下台，但这个形势对中东造成了微妙的影响，虽然在那时还不明朗。在阿拉伯世界，这一新政策被称为"不和不战"，目标是和以色列打消耗战。如果大型军队在常规战中不再处于主导地位，另一选择就是小规模的游击行动，也就是巴勒斯坦人的策略。最初，巴勒斯坦人进行的这种袭击其实是基于埃及人的一个理念，它是纳赛尔在20世纪50年代所倡导的。这种袭击成本低廉，而且受到阿拉伯公众的认同。叙利亚从20世纪60年代中期开始赞助这类行动。现在，成百上千的游击队战士在约旦和叙利亚接受训练。这将极大地增强巴勒斯坦领导人的力量，并促进从"约旦被占领土上的阿拉伯人"向"巴勒斯坦人民"的转变。阿拉伯国家，尤其是叙利亚，一直在争夺对这些游击队组织的控制权；但是到了1968年夏天，阿拉法特在约旦确立了他作为不受侯赛因国王控制的独立力量的地位。仅在四年前，这个组织试图炸毁水泵的首次行动以惨败告终，但如今已不可同日而语。

在1967年战争之前，以色列拒绝将其任何行动形容为"报仇"或者"报复"。政府的新闻检查官甚至会将这两个词从记者的新闻稿中删除。但到了1968年，随着以色列越过约旦和黎巴嫩的边境打击巴勒斯坦游击队，它们已经成为了常用词汇。

1968年夏天，在以色列政府尝试"以土地换和平"的政策一年之后，以色列人——如果不是以色列政府的话——已经放弃了这一政策，并进入耶路撒冷和戈兰高地定居，这是一个与他们以往所梦想的不同且更大的以色列。特拉维夫的日报《国土报》（*Ha'aretz*）记者安农·鲁本斯坦（Amnon Rubenstein）评论道："从另一方面看，以色列人必须要学会在无限期的非和平状态下生活的艺术。"

在炎热的、石油资源丰富的尼日尔河三角洲，人们需要无限期忍受的并非非和平状态,而是公然的战争。据估计,已有5万人在战斗中丧生。5月时,在占领和摧毁了一度繁荣兴盛的哈科特港(Port Harcourt)后,尼日利亚军队实施了海上封锁,并用8.5万名士兵包围了比夫拉,于是比夫拉叛军失去了和外界的一切联系。据报道,尼日利亚军队屠杀了两所医院里数以百计的比夫拉伤兵。脱离了尼日利亚的比夫拉小国只有2.5万名士兵,却要和10万名尼日利亚士兵抗衡。他们没有重武器,也缺乏弹药,甚至没有足够的手持武器供每一个士兵使用。尼日利亚的空军配备的是苏式飞机和埃及飞行员,他们轰炸和扫射比夫拉的城镇村庄,以致死伤遍野。比夫拉人声称,尼日利亚人——他们通常指的是尼日利亚的主导部落豪萨族人——试图对比夫拉实行种族灭绝,并且在空袭中专门将目标集中在学校、医院和教堂。一年后,全世界终于关注比夫拉的局势,但并非是因为比夫拉缺乏武器,而是因为食品的匮乏。

西方世界学会了"恶性营养不良症"(kwashiorkor)这个新词,即因为缺乏蛋白质而使成千上万名儿童丧生的致命病症。乌穆阿希亚的伊丽莎白女王医院在1963年全年仅收治了18例恶性营养不良症患者,但在1968年8月,当记者们前来采访时,它每天收治的是1800例该病症患者。据估计,每周有1500~40000名比夫拉人死于饥馑。即便最终能够在难民营容身,他们也经常挨饿。比夫拉的食物已经昂贵至极。1967年买一只鸡只需要70美分,而在1968年则飙升至5.5美元。饥民被建议吃老鼠、狗、蜥蜴和白蚁,以补充蛋白质。医院里的孩子人满为患,却没有食物、药品或医生。那些皮包骨头的幼小身体躺在草垫上,他们死去后就用垫子包裹着埋进坑里。每天晚上,这些坑都被填满,然后挖出新坑为第二天作准备。

比夫拉共有 1000 万人口，其中有 1/10 栖身于难民营，而尼日利亚却不允许红十字会的飞机入境援助他们。尼日利亚人声称，救援飞机的飞行将使得空军难以执行任务。比夫拉唯一的食物来源是国际救援组织的资助，由一些舍生忘死的飞行员通过几次夜间飞行送抵。

因为专注于 1968 年的各种繁忙议程，大多数国家对这场战争相当淡漠，没有支持比夫拉的建国主张，但是敦促尼日利亚准许救援飞机入境。7 月 31 日，尽管有预测认为抢占外交政策主动权的戴高乐时代已经结束，但法国政府却背离了它的盟友和自己的外交政策，宣布支持比夫拉的民族自决。除了法国之外，只有赞比亚、象牙海岸（今科特迪瓦）、坦桑尼亚和加蓬正式承认比夫拉。8 月 2 日，尤金·麦卡锡参议员批评约翰逊总统对于援助比夫拉无所作为，要求其前往联合国提交要求，并坚持向比夫拉空运食品与药品——比夫拉成为了美国的一个政治议题。

美国人对此的反应则是建立了无数的救援组织。包括前"和平队"的志愿者们在内的"尼日利亚 – 比夫拉救济委员会"，试图找到将救援物资运进比夫拉的方法。全美 21 个主要的犹太组织、"天主教救济会"，以及"美国拯救比夫拉委员会"也设法施以援手。红十字会从瑞士的一家包机公司租了一架 DC-6 民航运输机在夜间飞行，但慑于尼日利亚的防空火力，经过 10 次夜间飞行后在 8 月 10 日被迫终止。

然后，瑞典的传奇飞行员卡尔·古斯塔夫·冯·罗森（Carl Gustav von Rosen）伯爵，驾驶着一架四引擎 DC-7 飞机成功地降落在比夫拉一条狭仄的泥土跑道上。这架载有 10 吨药品和食物的飞机采用了一条新航线，从而避开了尼日利亚雷达制导的防空炮火。

冯·罗森在 1935 年因为类似的行动而初次成名，当时他傲视意大利空军的防空火力，设法驾驶着红十字会的救护飞机第一次进入了被围困的埃塞俄比亚。1939 年在芬兰和苏联的战争中，他作为芬兰空军的志愿飞行员多次飞往苏联执行轰炸任务。在第二次世界大战中，他作为信使，每周驾机往返于斯德哥尔摩和柏林之间。

在比夫拉成功降落后，冯·罗森前往尼日利亚海岸附近的葡萄牙殖民地小岛圣多美，储有食品、药物和弹药的仓库已在那里准备就绪。在那里，他向飞行员们简要介绍了他所发现的空中走廊。为了确保安全，他已经从这条航线两次飞进比夫拉。第一次是日间飞行，其风险在于尼日利亚空军的阻截，此前没有人敢做这种尝试。不过，冯·罗森表示，如果要进行夜间飞行，必须勘察地形。他声称自己并不在意飞行员们用这条航线运送食品还是武器。"如果比夫拉人要活下去，这两样他们都需要。"这个蓝眼、灰发、身形高大的斯堪的纳维亚人，将比夫拉所发生的一切称为"反人类的罪行……如果尼日利亚人继续对救援飞机开火，那么就应该由战斗机机群来护卫这些空运。与此同时，我们将会继续飞行，其他的航空公司也会加入进来"。

设法进入比夫拉的记者们报道了当地人民的空前士气，比夫拉人总是对他们说："帮助我们赢得胜利。"尼日利亚用猛烈的炮火发动了更致命的攻击，比夫拉人虽然只能用棍棒进行训练，用从欧洲市场上获得的各种武器进行战斗，却坚守着他们的阵地。但是到了 8 月份，比夫拉人控制的领土只有他们 1 年前宣布独立时的 1/3。每天都有成百上千名儿童死于饥馑，而 1.1 万吨食品已在各个地点堆积如山，只待装运。

沃杜梅古·奥朱古（Odumegwu Ojukwu），这位比夫拉共和国 34 岁的总统、接受过英式教育的前尼日利亚军队上校表示："我

343

真正请求的，只是外界将我们视为正常人而非欠揍的黑鬼。如果有三个苏联作家入狱，全世界就会义愤填膺，但是当成千上万名黑人被屠杀……"

美国政府告诉记者们，援助比夫拉无济于事。因为，如果不发达国家产生美国在干涉一场非洲内战的印象，美国政府将无法承担其后果。但美国已然在干涉一场亚洲的内战，这个决定是否考虑到它留给世人的印象则无从得知。而对西方对比夫拉的援助，非洲的不满情绪与日俱增。毫无意外，尼日利亚尤其如此。一名尼日利亚军官对一个瑞士救援者抱怨道："我们并不需要你们的奶油冻和小麦。这里的人们需要的是鱼和加里（尼日利亚人的主食）。我们能为他们提供这些，所以你们为什么不去喂养一些挨饿的白人呢？"

第十五章

无趣政治的艺术

是的，尼克松仍然是电视的幽灵，大众传播依然是他的痼疾——他以为自己可以用电视和大众进行交流。

——诺曼·梅勒，《迈阿密与围攻芝加哥》，1968 年

1968 年是美国的大选年，而美国的大选年总会上演独特的前哨选战，它们是如此的大胆鲁莽，以至于其他民主国家会以令人困惑的痴迷来研究这个奇观。除了玩弄权术、无节制的野心和过分的惺惺作态之外，还有那些每四年才能够有所期待的选民们。1968 年的晚春，这种期待在加州一间厨房的地板上破灭了。在罗伯特·肯尼迪被刺后，小说家约翰·厄普代克（John Updike）称上帝也许撤除了对美国的保佑。

1968 年，全世界都注视着每天都成熟一点的博比·肯尼迪——最初是这个家族低声嘟哝的小字辈，然后随着每一次接受采访和每一次亮相，他的口齿变得清晰了，也受到更多的鼓舞，他的竞选充满决心、活力四射，这即便在美国政治中都是罕见的。他穿过举着"博比，亲吻我"的标语的人群，被扯掉他的鞋子和衣服的人群簇拥着，就像是个摇滚乐巨星。他在电视上的表现如此优异，以至于阿比·霍夫曼都

带着妒意称其为"好莱坞的博比"。霍夫曼沮丧地承认："尤金·麦卡锡没那么重要。人们可以像为纽约大都会棒球队加油那样，偷偷为他加油，但很容易就会知道他永远不会获胜[1]。但是博比……每天晚上我们都会打开电视，然后就看到这个留着长发、伸出手去的年轻骑士……当留长发的年轻人告诉你听到博比就热血沸腾，你就知道异皮士真的有麻烦了。"汤姆·海登通常不会赞扬来自政治建制内的候选人，但他写道："然而在那个多事之秋，我发现美国唯一令人着迷的政治家就是约翰·肯尼迪的弟弟。"

叶夫图申科曾将肯尼迪的眼睛形容为"蕴含着决心与焦虑的两个蓝色凝块"。当肯尼迪会见这位苏联诗人时，叶夫图申科提议干杯并且试图摔碎酒杯，但肯尼迪一点不了解这种俄罗斯风情，他试图代之以便宜一些的酒杯，但是便宜的酒杯很厚实，掷到地板上后并没有破碎，叶夫图申科将其视为令人恐惧的不祥之兆。

每个人都意识到洛威尔所写的博比被"编织"的厄运。当得知哥哥被暗杀的消息时，博比表示原以为被杀的会是自己。哥哥的遗孀杰奎琳害怕他将是下一个目标，在一次晚餐会中，她告诉历史学家阿瑟·施莱辛格（Arthur Schlesinger）："你知道我担心博比会出什么事吗？就是会遭受和杰克一样的遭遇。"在被暗杀前仅仅两周，博比和法国作家罗曼·加里（Romain Gary）进行了一次谈话，根据后者的回忆，博比说道："我知道迟早会有刺杀我的图谋，但这不大会是出于政治原因，而是一种情绪的蔓延，会是效仿对我哥哥的暗杀。"

首先是一个政治问题：他能赢吗？屡被提及的一个说法是，如果他看起来会赢就很可能会遭到刺杀。6月，他以 45% 对 42% 的选票击败

---

1 纽约大都会队（the New York Mets）于 1962 年创立。在 1962 年至 1968 年这段时间中，大都会队在球员、教练和观众三方面都无法抗衡同在纽约的豪门纽约洋基队。霍夫曼是以两个队的差距来比喻麦卡锡与肯尼迪风格和实力之间的差别。

了麦卡锡，从而赢得了加州的初选，而汉弗莱仅仅得到 12% 的选票。那时他终于超越了麦卡锡的明显领先优势，剩下的就是在芝加哥的民主党大会上智取休伯特·汉弗莱。"现在朝着芝加哥进军吧，让我们在那里获胜。"他说道。但是几分钟后，因为仰慕者们堵塞了计划中的离开通道，他奇怪地选择了一条计划外的穿过厨房的捷径。就在这条计划外的路线上，一个枪手在厨房中等待着他，罗伯特·肯尼迪头部中弹身亡。

他是被一个叫作"瑟罕·瑟罕"（Sirhan Sirhan）的人射杀的，这是一个美国人无法理解的奇怪名字。谁是瑟罕·瑟罕？各种无法令人满意的答案开始涌现。有的说他是个约旦人，有的称其为来自被占领的约旦的阿拉伯人，还有的说他是一个巴勒斯坦人，但又不是一个传统意义上的激进分子——他不是一个有明确计划的阿拉伯人，或者说他根本没有计划。另一种说法是，他是一个精神不正常的杀手替身。我们知悉谁杀了罗伯特·肯尼迪，但是我们从未找到其动机。

既然肯尼迪已辞世，那么谁将是下一个领跑者，而他也会被暗杀吗？在罗伯特·肯尼迪下葬的那天，费林盖蒂朗诵的献诗中写道："没有上帝，只有死亡。"所有民主党和共和党的候选人，甚至包括似乎已经退选的麦卡锡都知道他们自己可能是下一个暗杀对象。诺曼·梅勒报道了两党的全国大会，他观察到所有的候选人在人群中都显得心神不宁。获胜可能性最大的受害者已经丧命，于是联邦政府决定加强对于其他七个候选人的保护。如果特勤局保护得当的话，他们应该在总统进入厨房前清场，这样对罗伯特·肯尼迪的暗杀也就不会得逞。150 名特勤局特工被分配给了剩下的候选人，这对休伯特·汉弗莱或者乔治·华莱士影响甚微，因为他们两人本已护卫森严。但是对于尤金·麦卡锡，这是一个巨大的变化，因为他此前从未有过保镖。

政治已经死寂，而七个候选人还活着，所以政党大会显得空洞无物，就像一项赛事中的明星运动员已经退出。共和党人和民主党人的情形还不同，共和党的全国大会是可控的空洞，而民主党的全国大会则是空洞的混乱。

全国政党大会的创设，是为了聚集全美的政治党魁，挑选出各自的总统候选人。被全国政党大会提名的首位总统是第二任期的安德鲁·杰克逊总统。起初，候选人是由一些党内高层大佬密友们秘密选出的。这种做法不仅看起来是非民主的，而且随着国家疆域的拓展变得繁复而难以操作，因为所有美国的政党一向都是地方党魁的联盟——各州的党魁，各城市的党魁，例如芝加哥市长理查德·J.戴利。当国家日益扩张时，各个政党就有了更多的党魁。

这些政党大会通常都是拙劣的表演，充斥着堂而皇之的愚蠢噱头。1948 年，电视首次对这些大会做了报道，于是它们又成了糟糕的电视节目。那一年，民主党人在大会上放飞了一群不听话的鸽子，它们肆意地寻找栖息之处，其中包括大会主席萨姆·雷伯恩（Sam Rayburn）的头顶，而当时他正敲着木槌试图让会场恢复秩序。萨姆用力挥手赶走鸽子，但是这固执的小鸟就在他前面降落到讲台上。于是面对着一群摄影记者的闪光灯和电视摄像机，萨姆抓起鸽子扔到一旁。

1952 年夏天的政党大会配备了空调，这使代表们可以脱掉皱巴巴的西装，不再用手扇凉，由此也少了些密室交易的味道。空调同时开辟了新的会议场所——在配备空调之前，迈阿密是不可能在 8 月举行政党大会的。1960 年，约翰·肯尼迪发展出一个新的策略，他监视每一个代表团，同时寻求每一个代表的支持，这使得政党大会更为有趣。

在大会开始前，他进行了四年的准备，然后在每个代表团都安插了内线以观察其成员的异动情况，这样他就可以向立场暧昧的代表们传话。巴里·戈德华特在 1964 年采用了同样的手段，于是这成为了政党大会的运作方式，为其增添了一点密谋的调调。1968 年成为了这种戏剧性表演的终结：各个政党得知电视台将转播政党大会，党魁们必须预先形成提名，然后为拍摄转播进行编排，就像对美国小姐选美或者奥斯卡颁奖礼的转播一样——再不能有不听话的鸽子和任何其他意外。

但是在 1968 年，政党的未来实际上是在一周中的电视直播前所决定的。这是电视上最重要的新闻——其重要性超过了战争、饥荒或者入侵。大多数电视网会进入会议举办地进行报道，而它们的明星记者也是在那里造就的。正是通过主持报道政党大会，亨特利、布林克利和克朗凯特这些主持人都确立了他们的明星地位。当哥伦比亚广播公司将丹尼尔·肖尔抽调出芝加哥民主党大会，转而让他去报道苏联军队入侵捷克斯洛伐克时，丹尼尔抱怨说这让他远离了大新闻。

直到 1968 年，共和党人与民主党人之间的差别更多的是关于行事风格而非意识形态。民主党人发动了越南战争，但是反战态度最为鲜明的候选人也是民主党人。共和党也有他们的反战候选人，比如纽约州参议员雅各布·贾维茨，1968 年时，他以呼吁结束越战而开始第三次连任的选战；而纽约市市长约翰·林赛虽然获得共和党总统提名人的希望渺茫，但也旗帜鲜明地反对越战。

最受欢迎的共和党候选人是纽约州州长纳尔逊·洛克菲勒，确切地说，他并不反对越战——他曾表示支持战争，认为它能使南越人民的"自决权利得到保障"。但是在 1968 年，他改变了论调，他将战争称为"有待正当化的奉献"，并呼吁美国单方面撤军。他是个社会自由主义者，拥有大量的黑人选民支持者。作为州长，他一直在推动州议会将堕胎合法化。有85年历史的纽约州相关法律只允许为挽救母亲生命而进行堕胎。洛克菲勒号召共和党成为"穷人和被压迫者的代言人"。他甚至向尤金·麦卡锡表示敬意，因为他吸引年轻人回到政治活动中，并且承诺将投票选举年龄降低至18岁。

他是一个有着巨大感召力的候选人，深受媒体欢迎，在电视上也有杰出的表现。当他以庄重的声音说"嗨，你好"时，其中有种可信的、平易近人的特性，尽管事实上他"和洛克菲勒一样富有"。8月，当他前去参加共和党大会时，民意调查显示，他作为大热门可以轻松击败休伯特·汉弗莱和尤金·麦卡锡，而同样的民意调查也显示，他的竞争者理查德·尼克松无法击败这两个对手。甚至连民主党人也很喜欢洛克菲勒，但他与共和党的唯一矛盾就是其与极右翼的关系，这一派系认为，洛克菲勒在1964年未能对殉道者式的保守派参议员巴里·戈德华特施以援手，为此他们怀恨在心。

但是洛克菲勒确实面临一个难题。总统提名人是党代表们在全国大会上选出的，而大多数代表支持看似无人喜欢的尼克松，只有少数代表支持似乎人人喜欢的"洛基"。为什么会出现这种局面呢？

历史上的一些关键片段被遗忘了，往往在那个特定时刻它们看起来并非意义重大。3月22日，洛克菲勒宣布他将不会参选。这个声明使得整个政界感到震惊和迷惑。大多数人推断这是某种策略，也许洛克菲勒试图通过绝对优势的补名选票来证明他是众望所归的。《纽约时报》的一篇社论公开请求洛克菲勒重新考虑，声称"洛克菲勒放弃参与竞选，这意味着默认了理查德·尼克松将获得提名"。社论同时认为："洛克菲勒的决定使得温和派的民主党人群龙无首和无能为力。"

后来的历史证明，这两个判断都是正确的。尽管后来证实了这是个失误的战略，而洛克菲勒也回到了竞选中——他其实从未真的离开——但由于尼克松在共和党内远比在全国范围更受欢迎，洛克菲勒此举使得尼克松从容地在党代表中积累起难以撼动的优势。洛克菲勒花了史无前例的 1000 万美元才回到竞选中，但诺曼·梅勒打趣说，洛克菲勒大可以用 2.5 万美元的单价收买 400 个党代表，这样可能效果更好。

拥有天时地利，却在 1968 年的竞选中处理失误，这就是洛克菲勒政治生涯的败因，继而也意味着共和党中的自由派陷入孤立和式微。除了在尼克松耻辱辞职后绝望的一小时中，洛克菲勒曾经作为自动继任的杰拉尔德·福特总统的副总统，共和党再也没有求诸党内的温和派政治家以形成总统或者副总统人选。1968 年是共和党成为一个更加意识形态化的政党的年份——一个保守的政党，而其中那些有前途的温和派都被边缘化了。

共和党唯一的另一个候选人是罗纳德·里根，在成为加州新州长的第二年，他因为纵容警察对加州大学的学生施暴，削减教育、健康和其他社会福利项目的支出名扬一时。这固然令所有的保守派人士印象深刻，但里根就是个笑柄，绝对难堪大任，无法当选。于是，相形之下，自身也是讽刺漫画最青睐的主角的尼克松，看起来倒成了一个严肃的竞争者。至少尼克松看上去还算聪明，即使他的聪明会以极高频率用于政治立场的流畅转换。

后来在其总统任期中，人们经常将里根明显的思维混乱归咎于他的年龄。但是，即使在 1968 年他只有 57 岁的时候，里根就已经常显得茫然无措。5 月 21 日，他出现在国家广播公司的《会见新闻界》节目中，主持人请他解释自己与巴里·戈德华特的不同。"在许多特定的议题上，我们都立场不同，我现在试着回忆下，"他说道，"坦率地说，我的记忆力出问题了。但就在不久前，我发现他发表过一个声明。当人们询问我意见的时候，我表示过不赞同那个特定的声明。"6月，一个要求在加州就里根是否胜任公职进行公民投票的请愿行动，征集到了50万支持者的联署。加州的民调显示，只有30%的加州人认为里根"干得不错"。喜剧演员们经常喜欢拿尼克松开涮，但关于里根的笑话也与日俱增。迪克·格雷戈里（Dick Gregory）是个喜剧演员，他正以补名选票代表他自己的政党竞争总统。迪克说道："'里根'（Reagan）就是把'黑鬼'（nigger）这个词倒过来拼写。想象一下，我们有个倒过来写[1]的黑鬼在掌管加州。"

还有艾森豪威尔，这个来自50年代的幽灵，他一直坚称美国在越南的战略是奏效的，并且为了保护全世界免受"共产主义的控制"，应该持续这个战略。艾森豪威尔身上有一些有趣的自相矛盾，典型的表现就是作为总统，他会冠冕堂皇地谈论人民的和平诉求，但是当60年代人民要求和平的时候，他却谴责反战运动是"叛乱"，是"向敌人提供援助和慰藉"。和戴高乐一样，他频繁地提及自己的"二战"经历。的确，他承认看起来美国在越南失败了，但是他回忆道，当年他在"突出部战役"[2]之后阅读相关报道时也是同样的感觉。经过又一次心脏病发作，他躺在沃尔特·里德陆军医院的病床上，穿着宽松长裤和写着"再次感觉好极了"字样的浴袍，这些照片都出现在报纸的头版上。他警告人民"防范美国共产党人"；通过向迈阿密的电视直播，

1 原文为 backwards，意为"倒过来，向后"，但这个词同时与 backward 只相差一个字母，意为"落后的，智障的"。
2 突出部战役（Battle of the Bulge），又被称为"阿登战役"，是1944年12月至1945年1月在纳粹德国西线最大的阵地反击战，美国国防部宣布的美军伤亡数字为89500人，而德国最高司令部宣布德军伤亡人数为84834人。德军的这次反攻虽使美军遭受重大损失，但严重削弱了自身在西线的防御力量和东线的机动兵力，加速了德国的失败。艾森豪威尔当时作为联军最高司令官指挥了第二次世界大战中美国军队这场最为惨烈的战役。

他在病床上对自己的前副总统尼克松表示支持。似乎 50 年代还不愿意离开。10 个小时后，艾森豪威尔第六次心脏病发作，但他还是挺了过来。

政党大会通过一系列的投票选出候选人——各州依次计算代表的投票。这些投票全然不顾电视转播对黄金时段的需求，会进行至深夜，直到仅有一名代表获得绝大多数代表的支持。通常情况下，投票的轮次越多，领跑者所获得的支持就越会被削弱。洛克菲勒想象着在几轮投票后代表们会转而支持他；里根则幻想着，一轮轮投票后洛克菲勒和尼克松将会相持不下，最终代表们将以支持他作为解决方案；尽管没人会相信，但是林赛内心深处对自己也怀有类似的憧憬。

尼克松赢得了第一轮投票。

唯一有戏剧性的就是尼克松的左右互搏。1948 年，当他攻击前国务院官员阿尔杰·希斯（Alger Hiss）时，人们认为他的政治生涯将就此终结。1952 年，当他在一场筹款丑闻中被逮住后，很多人再次认为他玩完了。1962 年，在总统竞选输给肯尼迪仅仅两年后，尼克松在竞选加州州长时再次铩羽而归，就连他自己都和政治说拜拜了。现在他杀回来了。纽约时报社的詹姆斯·雷斯顿（James Reston）写道："这是自拉撒路（Lazarus）的复活以来最伟大的卷土重来。"

接下来发生了怪异的一幕：在接受提名的演讲中，尼克松开始像马丁·路德·金那样说话。诺曼·梅勒是第一个注意到这个现象的人，但是尼克松出名的古怪想象远不止这些。尼克松还采用了"学生争取民主社会"的成员们两指并拢的和平敬礼，总之他从不对自己能利用的东西设限。在去世后的四个月里，马丁·路德·金从一个煽动造反者摇身一变成为美国体制的良心，而他的团体就在全国大会会堂的外面示威。10 公里外，迈阿密上演了首次种族暴乱。佛罗里达州州长正谈论着以必要的武力回击，其后即有黑人挨了警察的枪子。而尼克松则在发表演讲。

以"我有一个梦想"确切无疑和令人熟知的节奏，尼克松将"我看见有一天"这句话重复了九次。然后，随着演讲的深入，他似乎被自己或者其他任何人的辞藻施了魔咒，他宣布："登上山巅[1]，这样我们就能看到美国新的一天的荣耀。"

1968 年 8 月的第二周，共和党全国大会于迈阿密举行，按照民意调查者的看法，这是一次无聊的大会，它疏远了年轻人和黑人，几乎没人为它感到兴奋。黑人政党抱怨说，佛罗里达州、路易斯安那州、密西西比州和田纳西州的代表团都不正当地排挤了黑人代表，这是产生戏剧性冲突的一个可能来源，但它在戏剧性产生之前已被快速地掩饰过去了。诺曼·梅勒写道："人们一致抱怨这是记忆中最枯燥的一次全国大会。"一个电视评论家认为对大会的电视报道极其冗长无趣，以至于它成了对人们"残酷和非同寻常的惩罚"。但是这种无趣却帮了共和党人的忙，它使得人们对此并不留心，因此对街头爆发的暴乱也不予关注。1968 年，在实行种族隔离的佛罗里达白人公立学校进行的一次调查显示，59% 的白人学生对于马丁·路德·金被刺的消息要么是兴高采烈要么就是漠不关心。当尼克松在迈阿密海滩成为总统候选人，"后马丁·路德·金时代"的"南方基督教领导协会"领导人拉尔夫·阿伯内西，则在会堂外领导着日复一日的黑人抗议示威。在迈阿密海滩对面被称为"自由城"的黑人贫民区，警察和黑人之间爆发了暴力对抗，汽车被掀翻和焚烧，国民警卫队奉命赶来。当尼克松

---

1 1968 年 4 月 3 日，马丁·路德·金于孟菲斯发表的最后一次演讲题为"我曾登上高山之巅"（*I have been to the mountaintop*），第二天金博士即被暗杀。

在挑选竞选搭档时，三名黑人在"自由城"的骚乱中被杀害。

剩下的问题就只是对副总统的提名，逻辑上应该指定一个能重拾洛克菲勒支持票的自由派人士——要么是洛克菲勒本人，要么是正竭力寻求提名的纽约市市长约翰·林赛，抑或是伊利诺伊州参议员查尔斯·珀西（Charles Percy）。洛克菲勒在 1960 年曾拒绝成为尼克松的竞选搭档，所以现在也不大可能会接受提名。

最终，尼克松让所有人大跌眼镜——最后总算有了个惊奇——他选择了马里兰州州长斯皮罗·阿格纽。尼克松称此举是为了团结共和党，但是共和党的不满却溢于言表。整个共和党内半数的温和派都被忽略了。对于被多年的民权运动困扰的南方白人，以及信奉"法律与秩序"、在过去的两年中对骚乱和无序感到愤懑的北方保守选民，共和党是很有吸引力的，但除此之外没人喜欢共和党。选择阿格纽就意味着共和党将全国大半壁江山留给了民主党。阿拉巴马州的民主党叛将乔治·华莱士曾是旧时的种族隔离主义者，他的独立参选不仅会分流民主党的选票，并且将使得共和党也得不到足够选票，从而危及共和党在南部各州的选票，以及整个南部的竞选策略。民主党曾采取行动迫使尼克松选择其他的人选，但是这个行动受到了阻碍，因为本是共和党自由派副总统头号提名人选的林赛市长唯尼克松马首是瞻，附和了对阿格纽的提名。

尼克松辩称阿格纽是"全美最被低估的政治人物之一"。第二天，美国最温和的黑人组织之一——"全国有色人种推进协会"（NAACP）谴责这一提名，将其称为"白人的反弹候选人"。这对于尼克松是个坏消息吗？或者这对他来说还算个新闻吗？虽然没有多少人注意到，但是理查德·尼克松已经重新塑造了共和党。

接下来进军芝加哥——那里将有一场不会让人感到无聊的大会。

第十六章

肉类加工厂旁幽灵般的警察

让·热内 (Jean Genet) 和警察打过许多交道，他表示从来没有在所谓的人类的面孔上见过这种表情。从芝加哥到柏林，从墨西哥城到巴黎，这些幽灵一般的警察叫嚣的是什么？"我们是当真的、当真的、当真的！！！就像这根警棍一样！"他们以蒙昧的动物般的意识感觉到，现实正悄然抛弃他们。

——威廉·巴勒斯，

《更好的紫腚狒狒的到来》，《时尚先生》杂志，1968 年 11 月

关于芝加哥的报道没有任何的虚构，它完全是真实的。掌管这座城市的市长是一个真实的人。他是个老式的流氓。我也许会谴责东部的权势集团把他浪漫化了，这一整个所谓"谢幕之战"的场面都是营造出来的。他就是一个政治流氓和地痞恶霸，只要看到他，你就会相信这一点了。

——斯塔兹·特克尔，1968 年

来到芝加哥的人们应该开始为五天的能量转换做好准备。

——阿比·霍夫曼，《为了捣乱的革命》，1968 年

民主党全国大会将于 8 月底在芝加哥进行，但看起来诸事不遂。大会的会议中心被烧毁了，最激动人心的候选人被谋杀后，留下的大多是愤怒填补的空虚，还有因为使用警察暴力而臭名昭著的市长。

芝加哥的麦考密克会议中心也许就是斯塔兹·特克尔所称的"一个真正的芝加哥故事"。它在若干年前以 3500 万美元的造价建成，并以《芝加哥论坛报》臭名昭著的右翼出版人的名字命名。除了芝加哥市市长戴利，麦考密克是这个项目少数的几个支持者之一。环保主义者认为它糟蹋了湖畔美景，大多数芝加哥人则认为它无比丑陋。然后，很神秘地，或者按照一些人的说法是不可思议地，它在 1967 年被烧毁了，民主党人顿时没了据点，而芝加哥人则想知道 3500 万美元到底花在了哪里。

理查德·戴利在 1967 年连任芝加哥市市长后，面临麦考密克会议中心丑闻带来的严峻挑战，但他不能让一场大火或者丑闻剥夺芝加哥对这个盛事的举办权。芝加哥的"联合肉类加工厂"于 1957 年关闭前是美国的牛肉中心，在其旧址旁有一个露天体育场。自从"联合肉类加工厂"关闭后，这个离市区数公里的体育场就成了芝加哥偏僻的一隅，有时举办摔跤、赛车或者划船比赛等活动。只要戴利市长用铁丝网防护和武装警卫进行守备，民主党全国大会就可以在芝加哥的露天体育场举行。按计划，代表们将下榻市区风景如画的格兰特公园旁的康拉德·希尔顿酒店，它在 10 公里外。

在将近一年的时间里，汤姆·海登、伦尼·戴维斯和其他新左派领袖都在计划率领人马到芝加哥进行抗议示威。3 月，他们在芝加哥郊外靠近威斯康星州边境的露营林地举行了秘密会议。大约 200 名积极分子应邀参加了海登发起的这次会议——其中包括戴维斯、戴维·德林杰以及康奈尔大学的天主教牧师丹尼尔·贝里根（Daniel Berrigan）。遗憾的是，这个"秘密会议"却被一些主要的报纸进行了报道。戴维斯和一些与会者提出"使芝加哥停业"的计划，但理查德·戴利市长却斥之为夸夸其谈。现在他们都来到了芝加哥：海登、戴维斯、"学生争取民主社会"的成员，还有阿比·霍夫曼、杰里·鲁宾及异皮士们。戴维·德林杰和"结束越战全国动员委员会"发誓将要带去数十万名反战示威者。黑豹党也将派一个小分队前往。德林杰生于 1915 年，第一次世界大战的停战是他最早的记忆之一。在第二次世界大战中，他因为拒绝应征服役而入狱，他有将近 30 年的反战示威经验，是芝加哥最年长的运动领导人。每个人都向芝加哥进军，这些又是金博士于 4 月被刺后的骚乱，这也可能是戴利市长异常残酷地予以镇压的原因。

在 1968 年，与时俱进并非易事。最初的运动计划是前往芝加哥抗议对现任总统林登·约翰逊的加冕礼。麦卡锡和他的支持者代表将在会场内抗议，而示威者们将在会场外面对摄像机抗议，以提醒美国有许多人并不支持约翰逊和他的越战。但因为约翰逊并不参选，所以人们去芝加哥是为了支持麦卡锡和他的反战政策。然后罗伯特·肯尼迪参选了，有一阵看起来他可能还会胜出，于是包括海登在内的一些人都开始考虑，究竟是否还要在芝加哥示威。尽管肯尼迪和麦卡锡在初选中拼杀，但是休伯特·汉弗莱——虽然没有肯尼迪和麦卡锡那么多全心全意的志愿者，但是有一个手段高超的专业团队——通过党团会议在非初选州已经获得了许多代表的支持。一俟肯尼迪被刺，所有计划都变成了悲痛和宿命。向芝加哥进军，阻止汉弗莱窃取民主党大会的成果，确保民主党阵营的反战立场；或者……到芝加哥去，因为除此之外别无可为。

即便仅按照全国政党大会的标准，媒体对芝加哥大会也有很高的期待。不仅有大量的电视和平面媒体记者计划赴芝加哥报道，很多作家也纷纷前往。剧作家阿瑟·米勒（Arthur Miller）是支持麦卡锡的康涅狄格州代表，《时尚先生》杂志向威廉·巴勒斯、诺曼·梅勒和让·热内约稿。为经典的反核电影《奇爱博士》创作剧本的特里·萨瑟恩（Terry Southern）在芝加哥，还有诗人及和平主义者罗伯特·洛威尔。当然艾伦·金斯堡也不会缺席，他一方面是作为诗人，同时也是作为运动的积极分子，为了传播内心的安宁和灵性，金斯堡常常重复朗诵他那绵长和深沉的"Om……"。

换了别人而非戴利市长，都会意识到沉积已久的压抑将要爆发的危险，并且为之做好准备，以应对这个据称将有百万人参加的示威。示威不一定是暴力的，但是如果考虑到1968年的走势，全无暴力也是不大可能的，也许会有催泪瓦斯和头破血流。虽然戴利希望电视不予报道，但这些电视网料定在大会期间将爆发激烈和情绪化的争斗，而这些恰恰是他们热衷于关注的场面。

戴利是个身材矮小、长着一副双下巴的好斗家伙，他属于老式政治中"大佬"那样的人物。芝加哥是他的地盘，和许多有工人阶层背景的美国人一样，他痛恨嬉皮士。第一个无法解决的矛盾是：他拒绝发放示威游行许可证。示威者们要求的是从格兰特公园游行到露天体育场，这是合乎逻辑的选择，因为这条路线起于代表们下榻的宾馆，止于大会会场。但是戴利不批准这条路线，他不允许从市区的任何地点出发到露天体育场的游行。原因在于，从市区到露天体育场的游行会经过一个被称为"布里奇波特"的地方，那是中产阶级装饰整洁的砖房小院社区。布里奇波特是戴利自己的社区，他一辈子都住在那里。他的许多邻居是城市工人，他们的工作就是拜戴利所赐，这也是他作为芝加哥本地政客的政治基础。没人能统计戴利派发了多少份工作。芝加哥政治的实质就是地盘之争。戴利绝不允许一群嬉皮士穿过他的地盘游行。

有一种观点认为，在灾难性的芝加哥 8 月大会上所发生的一切都是戴利策划和指使的，考虑到 4 月时一次反战游行也几乎是同样的命运，这种观点获得了一定的认可。那次也是一样，无论游行者们如何尝试说服和恳求，都无法得到芝加哥市政府的许可证；同样的是，警察未经警告，就突然用警棍攻击和残酷殴打示威者们。

戴利和警察最怕的不是游行示威者们。芝加哥已经爆发过许多次种族骚乱，他们担心又上演一场。黑人社群和芝加哥市政府的关系是敌对的，闷热潮湿的夏季也正是骚乱的季节。即使迈阿密此前从来没有发生过黑人贫民区的骚乱，但是在举办共和党全国大会的 1968 年却爆发了。芝加哥警察如临大敌，惴惴不安。

最初，拒绝发放游行许可证这招好像奏效了。来到芝加哥的嬉皮士、异皮士以及积极分子们远远少于预期的数量——只有数千人而已。参与者们估计他们的队伍中约半数是芝加哥当地的青年。对"结束越战全国动员委员会"这个组织而言，这是它的参与成员最少的一次。尤金·麦卡锡建议其支持者们不要前往芝加哥。黑人领袖，包括亲身前往的迪克·格雷戈里和杰西·杰克逊，他们也都建议黑人不要参与。按照翌年在芝加哥八人共谋案审判中的证词，熟悉芝加哥警察的杰克逊告诉伦尼·戴维斯："也许黑人不该参与……如果只是黑人挨揍了，没人会关注，它就会湮没无闻。但是如果白人挨揍了，那将会成为新闻事件。"

阿比·霍夫曼和异皮士们带着一个他们称为"生命节庆"的计划前来——形成鲜明对比的是，他们把将在户外体育场举行的大会称为"死亡节庆"。他们所散发的"生命节庆"一周的日程表传单包括以下内容：

　　8月20日至24日（上午）　蛇舞、空手道、非暴力自卫训练
　　8月25日（下午）　音乐节——林肯公园
　　8月26日（上午）　工作坊：毒品问题、地下通讯、如何自由生活、游击队题材的戏剧、自卫、抵制兵役、公社等
　　8月26日（下午）　林肯公园对面湖畔沙滩晚会：民谣演唱、烧烤、游泳、做爱
　　8月27日（黄昏）　诗歌朗诵、颂歌、宗教仪式
　　8月28日（上午）　异皮士奥运会、异皮士小姐大赛、逮住候选人、给候选人钉上"尾巴"[1]、给教皇贴上安全套以及其他正常和健康的游戏

上述许多活动都是典型的阿比·霍夫曼式的戏谑，但其他则不是。异皮士们策划了一个真正的节庆，试图让阿洛·格斯里（Arlo

---

1 钉上尾巴（Pin the Tail），一种在19世纪末的儿童中流行的游戏，即在墙上挂上一幅没有尾巴的驴子的图片，然后每个儿童依次蒙眼走出来，每个人都要转几圈后再摸索着走向驴子图片，用推针或者图钉将手中的纸尾巴钉到他们觉得最接近驴子尾巴的地方，最接近者为胜。后来这个游戏用于钉不同的人物或者动物，对胜者和败者的奖惩也发展出相应规则。

Guthrie）和朱迪·柯林斯（Judy Collins）这些音乐明星加入。他们为此工作了数月之久，但是因为市政府几个月里都拒绝颁发许可，这些明星最终也无法参与。阿比·霍夫曼和副市长戴维·斯塔尔（David Stahl）之间的会谈可想而知，糟糕至极。霍夫曼点了一支大麻烟，而斯塔尔则让他不要在办公室里抽大麻。"我不抽大麻，"霍夫曼一脸正经地回答道，"那是个段子。"斯塔尔写了份备忘录，言及这些异皮士是来到芝加哥的革命分子，其目的是为了发动"和最近的伯克利和巴黎事件同样性质的革命"。

在异皮士们的活动日程中，8 月 28 日下午将进行"结束越战全国动员委员会"组织的从格兰特公园到大会会场的游行。这是他们唯一标明了确切时间的活动事项——下午 4 点。但是这整个计划都和芝加哥警方有冲突，因为其前提是所有游行示威者前一晚都会睡在林肯公园，而市政当局否决了这个计划。林肯公园是一片绵延的城市空间，到处是起伏的山丘和阴凉的斜坡草坪，童子军和其他青年组织经常被准许在此露营。这个公园虽然有几公里长，但是从格兰特公园到康拉德·希尔顿（Conrad Hilton）酒店——阿比·霍夫曼一直把它叫作"康拉德·希特勒（Conrad Hitler）酒店"——只有很短的车程。即便在全国大会开幕前，芝加哥警方就在林肯公园贴上了告示："公园于晚上 11 时关闭。"因为芝加哥全城已无寄宿之处，游行示威者们只好向联邦法院申请使用公园的许可。受理的法官威廉·林奇（William Lynch）是戴利本人任命的，也是他的前律师事务所合伙人，自然拒绝了他们的请求。

异皮士们进行的是能够吸引电视关注的活动。蛇舞大概是经过日本极左翼学生运动组织"全学联"完善了的一种武术技能，用于突破警察的封锁线。包着头巾、戴着珠链的异皮士们先是持续地练习蛇舞，以突破自己人的封锁线，但屡屡失败。这在电视上看起来很有异国情调，为数不多的在公园里捕捉到异皮士们练习蛇舞场景的电视记者，大都很难抵御这个诱惑，他们拍摄下这些场景，报道说嬉皮士们为了准备与芝加哥警方的战斗而在练习武术。一个电视台的摄影组甚至捕捉到阿比·霍夫曼本人参与其中，他把自己定位为"一个电视演员"。

异皮士们想要举行的另一场盛事，是对异皮士的总统参选人"皮格苏斯先生"（Mr. Pigasus）[1]的提名，其实就是一头用绳子拴着的猪。"把猪作为我们的领袖，这个概念比现实更真切。"霍夫曼在他的一篇题为"制造一场完美的混乱"的短评中写道。"猪"在当时是对警察常用的蔑称，霍夫曼则坚持认为就芝加哥而言，那里的"猪们"长得就像猪，"他们有硕大的啤酒肚、三重的肥下巴、红脸膛，还有小斜眼"，那似乎是一种很有传染性的愚蠢。他指出休伯特·汉弗莱和戴利两人都和猪相像，似乎他越是解释，所有人就越发看起来像一头猪了。

但是有一个问题：出现了两头猪。因为阿比·霍夫曼和杰里·鲁宾各有一头，针对到底提名哪头猪出现了矛盾。如同两人行事风格的典型差别，鲁宾选的是一头难看的猪，而霍夫曼则选了一头模样俊俏的猪。两人的争执几乎演变成肢体冲突。鲁宾指责霍夫曼试图让异皮士变成他的个人崇拜；霍夫曼则称鲁宾总是想展示拳头，而"我则希望展示紧握的拳头和一个微笑"。

两人的争执持续了一段时间，直到最后决定"国际青年党"的正式参选人为鲁宾挑选的丑猪。站在芝加哥市政中心里的霍夫曼为此耿

---

1 这头猪的名字"Mr. Pigasus"语带双关：一是与其只相差一个字母的"Pegasus"，即希腊神话中有双翼的飞马珀加索斯；二是著名的谚语"当猪飞上天时"，即难以相信，绝无可能。

耿于怀，杰里·鲁宾则宣称："我们很自豪地宣布，一头猪将成为美国总统竞选的候选人。"然后警察们以妨害治安为由，逮捕了鲁宾、霍夫曼、那头猪，以及歌手菲尔·奥克斯，但很快就将他们释放了。第二天，在林肯公园又出现一头猪，它显然是头母猪，应该是参选人的妻子皮格苏斯太太。当警察们追逐母猪时，异皮士们齐声叫"猪头！猪头！"来取乐，虽然不清楚他们喊的到底是追逐者还是被追的对象。当警察终于逮到了猪时，一个异皮士嚷道："小心善待下一任第一夫人。"有些警察不禁莞尔，另一些警察则怒目相向。警察把母猪扔上囚车，用威胁的口吻问道是否有人愿意同行。几个异皮士回答"是的"，然后也跳上了囚车。警察关好车门，扬长而去。一些中了圈套的记者开始采访异皮士们。异皮士们声称警察是无法阻止他们的，因为在芝加哥郊外，他们就有一个农场，满满登登全是猪。一个记者想知道猪跑丢了他们有何感想，一个异皮士回答，他们要求特勤局同时对他们的候选人和第一夫人进行保护。一个电台记者很认真地询问猪的象征意义，抛回来的答案不一而足：食物！火腿！公园属于猪。

异皮士们很快就发现有如此众多饥渴的媒体，以至于随便什么噱头都能够获得报道。他们威胁要在芝加哥的供水系统里投放迷幻剂，让全城人都来一次"旅行"，媒体对此进行了广泛报道。其他的恐吓还包括将汽车喷绘成出租车状，将与会代表们劫持到威斯康星州，装扮成越共人士的模样沿街分发大米，从几公里外用迫击炮弹轰击露天体育场，在密歇根湖万人裸泳，等等。市政府似乎认为这些威胁都不是当真的，但是仍然严肃认真地予以应对。不幸的是，阿比·霍夫曼威胁将要扯掉休伯特·汉弗莱的裤子，但找不到警方将如何应对这个恐吓的相关记录。无论来自异皮士的威胁如何荒诞不经，警方都会将其通报给媒体。《芝加哥太阳时报》与《芝加哥每日新闻》采访了新左派的领导人，所以知道这些威胁都是噱头；但是《芝加哥论坛报》报系多年来都试图揭露"共产主义阴谋"，他们对于异皮士的每个计划都使用惊悚的标题进行报道，结果把警方给吓懵了。警方的预备措施引起了媒体的关注，异皮士们对此都乐不可支。事实上，在市内的数千名示威者中，来自芝加哥以外地区的可能不到 2000 人，其中大多数人与异皮士或者其他任何组织并无干系，所以异皮士的存在感自身就是有些虚幻的，然而执法机构的存在却是实打实的。共有 1.2 万名芝加哥警察严阵以待，同时有 5000 名士兵和 6000 名国民警卫队支援他们。士兵们的年龄和示威者们相近，其中还有很多是黑人士兵，于是示威者们期待他们会比警察更有同情心。事实上，有 43 名士兵因为拒绝前往芝加哥执行镇压骚乱的任务而被送上军事法庭。总体而言，军队具有缓和形势的效果，这和芝加哥的警察形成了对比，后者从一开始就准备进行一场战斗。如果不是警察的过激反应，芝加哥的抗议示威就会被视为失败，也许压根就不会得到关注。

《芝加哥太阳时报》的专栏作家迈克·罗伊科（Mike Royko）写道："这么多的人如此害怕这么少的人，这种情形从未有过。"

民主党大会尚未召开，关于冲突、暴力和对抗的说法和报道已经络绎不绝。这种表达既用于形容大会本身——汉弗莱势力将会与麦卡锡以及持和平立场的代表们短兵相接——也被用来描述被隔离于会场数公里外、在芝加哥市区对峙的数千名示威者和警察。

8 月 20 日，周二晚上 11 时，苏联的坦克越过了捷克边境，到周三早晨，捷克斯洛伐克已被入侵。电视上出现了捷克城市中的苏联坦克的画面。

在芝加哥，苏联的入侵作为一个隐喻立刻被捕捉到了。阿比·霍夫曼举行了一场记者招待会，在会上他将芝加哥称为"捷加哥"（Czechago），并且谴责美国是一个警察国家。警察无处不在，迎接大会代表的露天体育场被铁丝网环绕——芝加哥看起来确实像个警察城邦。霍夫曼邀请媒体拍摄下当天的"捷克斯洛伐克示威"。得克萨斯州的约翰·康纳利（John Connally）辩称，苏联的入侵说明民主党应该支持越战的努力，但同属得克萨斯州的参议员拉尔夫·亚伯勒（Ralph Yarborough）却向代表资格审查委员会力陈，他们不应滥用政治权力碾碎"年轻人的理想主义"，就像苏联运用武力入侵捷克斯洛伐克那样。示威游行者们已经开始将芝加哥称为"西布拉格"，当他们听闻捷克斯洛伐克的抗议者们走向苏联坦克并质问"你们为什么来这里？"时，他们也开始走向芝加哥警察，用同样的问题质问他们。令人难以置信的是，两处的提问者得到的是一样的答案："这是我的工作。"

新左派过分狭隘地痴迷于在芝加哥的斗争，以致一些人甚至认为苏联人精心选择了入侵时间，以摧毁麦卡锡的竞选，因为苏联人真正害怕的是一个进步的美国。他们从未如此仔细地解析苏联的决策，但无法找到苏联希图破坏麦卡锡竞选的任何证据。然而，苏联的入侵对于反战运动是一件坏事，就如同它摧毁了戴高乐关于一个"延伸至乌拉尔山脉"的欧洲的构想。它反过来强化了一种冷战思维，即"积极扩张的苏联在寻求社会主义在全球的支配地位"，而这恰恰是对越战的正当化。即便如此，无人能阻止戴维·德林杰和一些反战积极分子在波兰旅游处外面进行抗议——这是他们在芝加哥能找到的唯一的代表华沙条约组织的办事处。但是，一向对政治协同感觉迟钝的麦卡锡为了缓和这个危机所做的努力，却使得自己的处境更为糟糕——他坚持认为苏联入侵捷克斯洛伐克并不是什么大事，这又反过来加强了人们对他的疑虑，即这个参议员到底是个什么角色？

周六的晚上，抗议示威者们看起来特别不情愿离开林肯公园，他们高呼着"现在就革命！"和"公园属于人民！"。当警察聚集人马，准备好进攻时，艾伦·金斯堡神秘地现身了，他带领示威者们高声唱着"Om……"离开了公园。

民主党全国大会于周日开幕，休伯特·汉弗莱在当天抵达芝加哥。汉弗莱在社会议题上持进步立场且记录良好，但是他与约翰逊的越战政策联系紧密，并且拒绝与此决裂。但即使没有越战这个问题，57岁的汉弗莱也会成为代沟的牺牲品。他看起来几乎就是个卡通人物的形象：细弱无力的颤音、令人乏味的中西部美国人的气色，还有他敷衍了事的喝彩——他特别郑重其事地使用"我的天啊"之类的表达方式，以及他一成不变、看起来像是刚刚咬了什么东西的微笑。他的传记作者卡尔·索尔伯格（Carl Solberg）如此描述这个绰号为"快乐勇士"的政客启程前往芝加哥民主党大会：

> 在通向街道的电梯上，他亲吻了妻子，跳了两下小舞步，捶了下他朋友伯曼博士的手臂。"我们投入战斗吧——我已经迫不及待了。"他宣称。

这不是麦卡锡和罗伯特·肯尼迪的拥趸们会转而支持的候选人，

也不是能够安抚来到芝加哥的青年抗议者的角色。

当飞机降落在芝加哥时，这个"快乐勇士"皱起了眉，但这只不过是个开始。戴利派出了一个风笛乐队来迎接他，但如果没有人群相伴，风笛的声音可是冷清至极的。机场上的支持者寥寥无几，而更令人不安的是，市长本人并未到场。迎接麦卡锡的则是精神振奋的大批人群。汉弗莱嘟囔着"有5000名支持者"，对麦卡锡和他的反差表示不满。更大的失望在于戴利延搁了对于汉弗莱的支持。戴利发现，很难相信汉弗莱能够吸引加州原先支持罗伯特·肯尼迪的所有选民。他和一些民主党大佬们在最后一刻仍试图寻求另一个候选人，尤其关注肯尼迪的最后一个兄弟——马萨诸塞州的参议员爱德华·肯尼迪。对于和肯尼迪家族成员对决，汉弗莱和尼克松一样都深感恐惧。

周日晚上9点，警察开始对林肯公园强行清场。阿比·霍夫曼走向警察，用嘲讽的训斥语调问道："你们难道就不能等两个小时吗？芝加哥的法律和秩序究竟去哪里了？"警察竟然真的退缩了，一直等到了他们所公示的宵禁时间：11点钟。

回想起5月时巴黎学生们的经历，异皮士用垃圾桶和烧烤台筑起了屏障。警察则摆开阵势，命令他们和媒体人员离开公园。警察们三人一行排成长队准备发动进攻，于是电视台记者打开了摄像灯，阴影的背景使简陋的屏障看起来结实一些。记者们戴上了头盔。到处是旗帜，包括越共的旗帜、代表革命的红旗，还有代表无政府主义的黑旗。警察出现了，异皮士们显然感到害怕，但他们仍然坚守着阵地。突然之间，人们听到怪异的哼哼声，原来是艾伦·金斯堡再次带着一彪人马哼唱着"唵"出现了。

但是试图让双方平心静气的"唵"的哼唱，这次在芝加哥却未能奏效。警察开始向后推搡人群，人群则报以"猪头！"和"咕噜噜"的猪叫声，然后警察就挥舞警棍，开始殴打。人们听见警察在动手的时候喊着："杀，杀，杀掉这些混账东西！"在那一年，每个人都说"混账东西"这个词。警察疯狂殴打他们看到的每个人。在把人群驱离公园后，警察又开始在街上大开杀戒。警察拉拽着旁观者殴打，他们痛打记者，砸坏他们的照相机。在公园附近的几个街区，他们用警棍殴打能找到的每一个人。那天晚上的战斗结束后，警察来到了林肯公园的停车场，扎破了张贴支持麦卡锡贴纸的所有汽车的轮胎。

《花花公子》的出版大亨休·赫夫纳（Hugh Hefner）从芝加哥的宅邸出来时挨了一警棍，于是，愤怒至极的赫夫纳出资出版了关于大会期间警察暴行的一本书——《法律与无序》。

警察后来声称，他们是被淫秽的骂人话所激怒的，尽管芝加哥警察不太可能被污言秽语所震惊。他们还表示，电视摄像机的灯光让他们什么都看不清的时候，示威者们就拿东西砸他们。但大多数非警方的目击者都不支持这种说法。那天晚上，有 20 个记者需要住院接受治疗。当戴利就此被质问时，他辩解说警察无法从示威者中区分记者。但是戴利经常以言语攻击媒体，所以很显然，他的警察是蓄意进行身体攻击。芝加哥当地的记者更加沮丧。他们被痛殴，相机被砸坏，但是这些细节都被从他们的报道中删除了，如同另一个被删除的事实：警察单单挑出支持麦卡锡的车辆扎破轮胎。作为回应，一群芝加哥记者创办了自己的月刊《芝加哥新闻评论》，该刊后来成为了著名的对新闻媒体的批判性刊物。它的创刊号就是对芝加哥民主党大会新闻报道的批评。

民主党大会只能和苏联入侵捷克斯洛伐克的新闻共享报纸的头

版，此外，大会会场里的斗争也必须和街头的战斗分享头版。此后四天的每个晚上，大会继续开着，警察对林肯公园进行清场，然后在公园周围继续用警棍狂暴地殴打。游行示威者们开始感到他们确有危险，感受到芝加哥警察那种干净利落的残暴——没人知道他们的底线在哪里。古怪的是，示威者们和警察将在公园里共同度过美丽的夏日。天空变得湛蓝，气温下降到了华氏 70 多度。警察有时会带着草坪躺椅过来，把蓝色的防暴头盔放在草地上。作为消遣或者带着困惑，他们会阅读那些关于性爱自由、毒品、反战运动和革命的小册子。有时他们甚至会在草地上抛掷垒球，异皮士们则会加入接球游戏。但当他们离开的时候，警察总会阴森森地说道："晚上 11 点再见，孩子们。"

到了周二，麦卡锡宣布他可能会失利，这个表态令人奇怪，因为原先肯尼迪的支持者们还会转而支持他，而那些年轻而投入的麦卡锡竞选团队成员仍在希尔顿酒店的总部卖力地工作。不到周三，麦卡锡是不可能输掉的。麦卡锡宣告他不会获胜，是因为在加州那些有望获胜的反战候选人的前车之鉴吗？要理解麦卡锡参议员的竞选，猜测总是其中的一个重要部分。周三，芝加哥市区到处是示威游行者——嬉皮士、异皮士、"结束越战全国动员委员会"的成员们，以及乘坐骡车前来的"穷苦人民运动"（Poor People）游行者——在金博士遇刺后，这一由他在春季发起的行动已经沉沦。戴维·德林杰一方面恳求示威者们保持非暴力立场，一方面向市政当局请求批准游行至露天体育场。市政当局不明白德林杰为何还要纠缠这个已经解决的问题，但事实是，示威者们挤满了希尔顿饭店对面的格兰特公园并准备好游行，但由于群龙无首，只能将他们引向露天体育场。示威者们用小半导体收音机收听大会的实况,听闻民主党的政纲委员会公布了支持越战的立场——这意味着民主党将不会进行反对继续越战的活动。在 1968 年的这个多事之秋,在"新年攻势"、约翰逊辞职、麦卡锡参选、金博士遇刺、罗伯特·肯尼迪参选和遇刺、以及历时四个月而一无所获的巴黎和谈之后,共和党与民主党都采取了支持越战的立场。

既然民主党已经采纳了他的越战立场,约翰逊于是宣布意欲前往芝加哥为党代会致辞。为了约翰逊的 60 大寿,戴利甚至计划在露天体育场旁的"加工厂旅馆"举行庆祝活动。在约翰逊自认为党代会将是对他的加冕礼的时候,他曾坚持大会应该在他生日的那周举行。现在一些内部人士仍怀疑,约翰逊将会闯入芝加哥,利用庆祝生日的机会宣布他会重新参选。预计汉弗莱将会让位走人,而约翰逊将轻易地获得第一轮投票的胜利。但是民主党的领袖们都建议约翰逊避免露面,因为他的越战政策极其不得人心,很可能党代表们会对他当场发出嘘声;更何况在大街上,阿比·霍夫曼和异皮士们已经宣布了他们为约翰逊的庆生计划。

因为爱德华·肯尼迪拒绝参选,汉弗莱最终还是获得了戴利及其伊利诺伊州代表团的支持票。他又成了这个大会上唯一看起来欢欣鼓舞的人。当宾夕法尼亚州代表团的支持票确定了他第一轮投票的胜利时,汉弗莱情不自禁地说:"我高兴得想跳起来!"在飞往芝加哥参选的那天,他曾在《会见新闻界》节目中说道:"我认为总统正在执行的政策基本上是合理的。"现在他成为了民主党的总统竞选提名人。民主党将延续约翰逊当局的政策。

周三晚上,艾伦·金斯堡哼唱着"唵",朗诵着布莱克的一些神秘的诗句——每天晚上他都会在骚乱中受到警察催泪瓦斯的攻击,然后准备在密歇根湖畔领导一次印度教的日出祷告仪式。他已经无力再为运动的和平进行吟唱甚至演讲了,这也许是一个不祥之兆。

周三晚上,在希尔顿酒店对面的格兰特公园里,运动领导人试图让游行示威者们保持克制,却无人约束警察。警察后来声称,游行示威者向其投掷灌了尿液的气球和粪便袋。一些示威者予以否认。显然,在警察连续四夜的殴打之后,示威者们已经筋疲力尽,失去耐心。伦尼·戴维斯试图让一群示威者保持冷静,但是警察在认出他之后,却极其残酷地用警棍痛击他的头部,伤情严重的伦尼·戴维斯只得入院治疗。

警察开始见人就打,示威者们开始回击,最后演变成了一场贴身肉搏的激战。芝加哥市医院告诫示威者们不要再送伤员过去,因为在医院外等着的警察会将伤员关进囚车。格兰特公园到处是催泪瓦斯的味道,到处是伤员。希尔顿酒店前的静坐示威延伸到了格兰特公园。电视摄像机发出的白光让人睁不开眼。警察称示威者向他们投掷杂物,但是记录那个晚上的无数胶片对此却未予证实。这些胶片倒是拍下了警察和国民警卫队挥舞着警棍和枪托冲进人群,痛殴儿童、老人和在警戒线外旁观的人们,甚至还殴打那些已经被他们打得摔倒在地的人们。警察拖扯着妇女穿过街道。警察朝着一个旅馆餐厅的落地窗推挤一群人——据《纽约时报》称,这些人是中年妇女和儿童,如此用力,以至于玻璃窗都碎了,于是人们逃进了餐厅。警察又从窗户进入餐厅继续追逐,见人就打,甚至连餐厅大堂里的人也不放过。梅勒在他的报道中写道:"示威者、记者、麦卡锡竞选团队的成员,还有医生们,所有人都跟跟跄跄地逃到了希尔顿酒店的大堂,他们的头部和脸部血流不止。"警察们在酒店前疯狂地追逐,而酒店入口处遮阳棚上的电视摄像机巨细无遗地记录下了这些场景。电视卫星的转播可以将警察这 17 分钟的暴行展现给全世界。警察们砸坏摄像机，但似乎没有意识到——或者他们根本不在乎——其他的摄像机正在记录这种行径。他们甚至越过了摄像机拍摄的范围，把人们逼到了芝加哥市区的街头，看到人就用警棍殴打。

这是展现电视魔力的时刻之一，虽然在今天人们已经习以为常，但在那时它是如此新颖和具有冲击力，以至于当时收看过这些节目的所有人都永生难忘。电视网并没有对这些内容耗时编辑、处理、分析以及包装然后作为第二天的晚间新闻——这是人们习惯的常规做法——而是将它们现场直播。德林杰曾极力劝阻示威者们不要暴力还击，称"全世界都能看到"是谁在使用暴力。当摄像机捕捉到警察的暴力行径时，同时也记录了示威者们高呼的口号——德林杰说的完全正确——"全世界都在注视！全世界都在注视！"

在露天体育场内，民主党大会休会，以便观察外部的形势。轮到威斯康星州代表团投票时，团长唐纳德·彼得森（Donald Peterson）表示，数千名年轻人正在街头遭受殴打，因此大会应该延期，并另择城市举行。然后一位神父起身带领与会者做祈祷。艾伦·金斯堡当时在会议厅里，在他看来，这位神父是在为大会和它所代表的体制祈福。尽管那天还没人听到疲倦的他发出任何刺耳的声音，但是金斯堡跳了起来，他发出了长达五分钟的"唵"声，声音如此响亮，立刻盖过了神父的祈祷声。按照金斯堡的说法，此举是为了驱逐伪善行径。

戴利恼怒地盯着会场，看起来他准备动用手下的警察来处置这些代表。然后康涅狄格州参议员、前州长亚伯拉罕·里比科夫（Abraham Ribicoff）走上讲台，提名乔治·麦戈文（George McGovern）——这个最后一刻才参选的反战候选人——为民主党参选人。"如果乔治·麦戈文当选总统，我们就不会有芝加哥街头的那些'盖世太保'行径。"

会场似乎在这一刹那间僵住了，但这是此次大会最令人难忘的片段。电视摄像机搜寻着，捕捉到了脖子粗短、一脸肥肉的民主党大佬戴利，也许他忘记了摄像机的存在，但他似乎又是在对着摄像机表演，他隔着会议厅朝亚伯拉罕·里比科夫叫嚷，但是麦克风并没有传送他的声音。数百万的观众试图用唇语术来破解。他的叫嚷大概包括了对犹太人的辱骂及某种性关系。按照大多数研究这段胶片的观察家的看法，戴利说的是："操你妈，你这个狗日的犹太佬。"许多人认为戴利还加了一句："你这狗娘养的烂货！滚回家去！"在 1968 年，即使亚伯拉罕·里比科夫也是个"狗娘养"的。

但是，戴利坚称他根本没有说这些话。库克县委员会主席乔治·邓恩（George Dunne）则解释，那都是一些戴利周围的芝加哥人的叫嚷，他们都在喊着"骗子！"。"里比科夫是个骗子"，如果这听起来像那句骂人话，可不是他们的错。

暴力冲突从周四持续到周五早晨，当时警察来到位于希尔顿酒店 15 楼的麦卡锡竞选总部，把竞选工作人员从床上拖下来殴打。麦卡锡参议员只好用他的私人飞机将工作人员安全地送出芝加哥。

芝加哥暴力事件与"新年攻势"一样，是已臻成熟的电视时代意义深远的大事，但是其明星不是休伯特·汉弗莱，而是在希尔顿酒店前拍摄的 17 分钟的胶片。《芝加哥太阳时报》《纽约时报》及其他大多数印刷媒体，都论及这一电视报道的重大历史意义。对于异皮士或者阿比·霍夫曼而言，这就是他们的梦想。后来，在向政府委派调查芝加哥暴力事件的沃克委员会解释时，阿比·霍夫曼说道："我们就是要搞砸他们在电视上的形象。所有的做法都是要破坏这一形象：一个似乎和平有序地运行的民主社会，但其实所有事务都是按照商业规则来处理的。"

霍夫曼和许多报道了芝加哥暴力事件的记者相信，在电视上看到警察兽性大发并且殴打儿童的上千万名观众，将会要求国家进行改革，而年轻人也会愈加激进。也许确实起到这个效果了。国民中只有少部分人仍会欢呼和称赞，声称"就应该这么对待那些嬉皮士"，而按照迈克·罗伊科的说法，此后戴利的支持率反而上升了。1976年，在戴利去世后的第二天，罗伊科记叙了戴利对里比科夫的反犹性质的辱骂，"上千万电视观众被震惊了，但是这并没有冒犯大多数芝加哥人——这就是芝加哥风格的组成部分……"戴利愤怒地坚称警察的作为是称职的，过错全在于那些"扭曲和变形的"报道。但当时已是一个截然不同的时代，人们看到的是未经剪辑的镜头，大多数人也对他们所看到的感到毛骨悚然。奇怪的是，汉弗莱声称他从来没看过这个电视报道，"我当时忙于接待客人。"他辩解道。

反讽的是，各个政治派别都在观望。如果说芝加哥暴力事件造就了对于政治体制的失望以及民主党内部低下的投票率，从中获益最大的则莫过于共和党的总统候选人理查德·尼克松。

当汉弗莱意识到这一点的时候，他开始对电视网侧重于报道会场外的暴力冲突而非会议本身感到愤怒。"有一天我将成为总统，"这位候选人声称，但是听起来他无法确定会在何时当选，"那时我将任命联邦通讯委员会的成员。我们将就此进行调查。"

在芝加哥暴力事件上你持何种立场？这成为了1968年中的又一个分歧。你要么支持戴利和警察，但即使是沃克委员会的报告也严厉批评了他们，要不就是支持游行示威者、嬉皮士、异皮士、反战运动以及麦卡锡的竞选工作者。在大会结束并成为民主党新的总统候选人后，汉弗莱说道："骚乱、纵火、吸毒、抢劫、走私毒品，以及蔑视法律，这些都是无政府主义的急先锋。"无论这句话还有什么含义，都意味着他是站在戴利和警察一边的，支持所谓的"法律与秩序"——这已成为其他人所称的"白人的反弹"的代名词。汉弗莱在追求乔治·华莱士和尼克松的支持者们。他想当然地以为，左派除了他没有别的选择。乔治·华莱士已经表态，认为芝加哥警察"或许过于克制了"。

在离开芝加哥之前，汉弗莱接受了哥伦比亚广播公司罗杰·马德（Roger Mudd）的访谈，他放弃了原先"忙于接待客人"的说法：

> 我的天哪，任何目睹这种事情的人都会感到非常恶心，我也是如此。但是我认为应该归罪于那些真正对此负有责任的人。我觉得，我们不应该再口是心非地认为戴利市长做了错事。他没做错……
>
> 我知道这些游行示威的起因。它们是由这个国家里的一小撮人预谋和策划的，他们就是要制造骚乱，然后就可以为所欲为。他们不希望通过和平的程序行事。我没空奉陪这些人。夜复一夜，在希尔顿酒店前那些猥亵、渎神和下流的话语，对于任何一位女士、母亲和女儿，事实上对于每个人，都是一种侮辱，这是没有任何人能够容忍的语言……警察必须对此采取行动，这有什么值得大惊小怪的吗？

对于与林登·约翰逊总统共事多年的汉弗莱而言，他对于猥亵语言的震惊程度似乎有些令人意外。但是约翰逊并不会在妇女面前粗鄙地说话，因为这是一个传统的准则。在 1968 年春季的动乱中，在哥伦比亚大学任教的一位精神病学家曾经写道，在骚乱中，巴纳德学院的女生比哥伦比亚大学的男生更有可能"咒骂警察"，这个观点可能会使汉弗莱受到惊吓。"她们意识到咒骂是一种武器，是她们为数不多的武器之一。"在为《生活》杂志撰写的报道中，威廉·津瑟（William Zinsser）写道，"女权主义找到了终极的武器——四个字母的脏字。"但津瑟在他的报道中指的是"巴纳德学院的女生"以及"哥伦比亚大学的男生"。

在代沟的另一边，汉弗莱对于在女性面前说脏字的恐惧不会引起大多数年轻人的共鸣。为什么戴利的反犹主义言论都没有使汉弗莱感到震惊？那个时髦的关于肉体关系的词"狗娘养的"应该更不在话下了。无论如何，因为类似"我的天哪"的那些表达，汉弗莱也许丧失了大多数年轻选民的支持。1968 年时，已没多少人说"我的天哪"。

在后来的听证会上，阿比·霍夫曼同意戴利市长的观点，即正是电视摄像机将抗议者带到了芝加哥。9 月，阿比·霍夫曼自夸道："因为我们在芝加哥的行动，理查德·尼克松将当选总统。"许多人倾向于这个评价，但这还是可以归结到两个候选人的选战表现。奇怪的是，越战第一次在 1968 年中没有成为决定性的议题。

不可思议的是，并没有人在芝加哥暴力事件中丧生，虽然有一个男性在逃跑时中枪——芝加哥警察声称此人持有武器。与此同时，越南却经历了那年夏天最悲惨的一周：308 名美军丧生，1134 人受伤；据估计，越共则有 4755 人丧生。

第十七章
东布拉格之殇

我认为从长远来看，我们的非暴力取向，以及捷克斯洛伐克人民对于侵略者所具有的道义优势，都曾经并且仍将具有道德上的重要性。回顾历史时，可以认为这种和平取向有助于这个"具有侵略性的"集团的解体……我确信道德考量在政治中有其一席之地，这并非仅仅得自于一个事实，即小国因为没有能力回击强权国家而必须具有道德感。没有道德观就无从谈及国际法。如果在政治领域漠视道德原则，那就将回到丛林法则。

——亚历山大·杜布切克，1990 年 8 月

8 月 20 日星期二，斯洛伐克共产党中央委员会书记、杜布切克的私人朋友安东·塔茨奇（Anton Tazky），正从斯洛伐克远郊驱车返回布拉迪斯拉发。他看到了奇怪的明亮灯光，将车子开近后，他意识到这些是坦克和军用车辆的前灯光，这些车辆上满是穿着外军制服的士兵。断定驾车经过的是电影外景地，他就回去睡觉了。

8 月 20 日是一个雾蒙蒙的夏日。在前晚，杜布切克的妻子安娜因为胆囊的剧痛几乎彻夜未眠。杜布切克在周二早晨将她送往医院，并

且解释说因为下午的主席团会议可能持续到很晚才结束，他也许只能到周三早晨才去探望她。在预计三周后举行的第 14 次党代会之前，这将是最后一次主席团会议，杜布切克和同事们将在会议上讨论如何以法律形式巩固"布拉格之春"的成果。

在那个周末，抗议者们刚开始在林肯公园驻扎，芝加哥警察也还没有大展身手，但是"东布拉格"——这是在芝加哥的叫法——的命运已经被莫斯科的勃列日涅夫和柯西金决定。苏联人相信，已经召开会议的主席团一旦看到苏联坦克入侵，就会让杜布切克和他的团队下台。按照某些脚本，杜布切克和一些关键人物将很快受审并被处决。东德的官方报纸《新德意志报》（*Neues Deutschland*）相信苏联的计划会奏效，于是在其入侵之夜即刊载了一篇报道，其中谈及捷克将爆发的起义、新的革命政府已向苏联请求军事支持，等等。

但是没有什么新成立的政府，也没有任何人请求苏联干涉。主席团会议不出预料地持续到了深夜。与会者共进了工作晚餐。两位主席团成员建议的一份文案使其他代表感到沮丧，因为它背弃了改革所取得的进展，所以并未获得多少支持。11 点半的时候，并未有任何权力更迭产生，总理奥尔德里奇·切尔尼克（Oldrich Cernik）在致电国防部长后返回会场宣布："五个国家的联军已经越过共和国边境并正在占领我国。"

像是在和家人独处那样，杜布切克轻声说道："这是一个悲剧，我没有料到会发生这种事情。我丝毫没有想到他们竟会采取这种方式对待我们。"眼泪从他的脸颊上滑落。"我毕生都奉献于和苏联的合作，而他们竟然如此对待我。这是我的个人悲剧。"另一个说法是，杜布切克说道："他们毕竟还是下手了——对我下手！"在那个时刻，似乎是杜布切克平生第一次不再将父亲的苏联梦作为未来的伟大愿景。包括杜布切克在内的许多官员的最初反应是辞职，但很快他和其他人意识到，如果继续留守并且坚持他们是唯一的合法政府，这将给苏联人造成更大的难题。此后仅仅用了一天时间，苏联领导人就意识到自己犯下了严重的错误。

三天前的 8 月 17 日，杜布切克与匈牙利总理卡达尔进行了一次秘密会谈。杜布切克那一代的布拉格人对乌布利希和哥穆尔卡没有多少敬意，捷克党中央委员会的书记兹德涅克·姆林纳日曾将他们称为"敌意、自负和老朽的老家伙"。保加利亚的托多尔·日夫科夫（Todor Zhivkov）虽然与杜布切克年龄相近，但被认为是个呆滞，也许还有些愚蠢的人物。而另一方面，卡达尔·亚诺什被认为是一个睿智的、与杜布切克理念相似的共产党人，他希望捷克斯洛伐克取得改革的成功；哥穆尔卡反对改革：他认为捷克的改革将扩散到匈牙利。卡达尔逐渐意识到他和其他匈牙利领导人并不合拍，并且他正冒着将匈牙利带离苏联轨道的危险。匈牙利在 12 年前已经遭受过入侵，它不会让历史重演。在与杜布切克会面时，卡达尔曾告诫他，并且让他改变立场，那时卡达尔也许知道入侵决定已经做出或者即将做出。他甚至警告杜布切克，苏联人不是他想象的那种人，他不了解自己在和谁打交道。这可能为时已晚，然而，杜布切克当时并不理解卡达尔微妙和绝望的告诫。

在 7 月初的切尔纳会议后，危机似乎得到了解决，而苏联也确曾决定撤销入侵计划，迄今仍不清楚后来是什么使其改变了主意。1989年，前捷克斯洛伐克政府中的一个亲苏官员瓦西尔·比拉克（Vasil

Bilak）在他的回忆录中披露，8月3日，即切尔纳会议结束后的两天，他和18个亲苏的捷克官员向勃列日涅夫提交了一封信。这19名官员秘密声明断绝与杜布切克的关系，并且要求苏联提供军事支持，以发动武装政变。他们希望苏联能在8月19日之前做出决定，因为在8月20日，捷共主席团将在8月23日召开捷克斯洛伐克党代会之前举行最后一次会议，这些拥护苏联的官员坚持认为这将是"反革命的"一次会议。

如同其声称的，苏联人是接受亲苏官员的请求而入侵捷克的，这些亲苏官员试图接管政府，并欢迎入侵的军队。但这只是一个很小的派系，也没有得到足够的支持以实施其计划。当入侵军队到达时，这些亲苏的官员未能掌控任何一个方面，包括他们计划夺取的电视台。

促成苏联的入侵决定的，也许还有克格勃关于捷克斯洛伐克"反革命阴谋"的海量报告。苏联在华盛顿的情报源报告说，与一些苏联领导人的想法相反，中央情报局并未卷入布拉格的事件；事实上，中央情报局被"布拉格之春"弄得猝不及防。但是克格勃首脑尤里·安德罗波夫（Yuri Andropov）销毁了这些报告，据说他声称："我们不能让领导人看到这些东西。"

中欧时间8月20日晚上11时，夏夜的空气中突然充斥着嘈杂的声音，大地轰隆作响，代号"多瑙河行动"的入侵开始了。这不是一个电影场景。在那个晚上，从东德向西、从波兰向南、从苏联向西、从匈牙利向北，4600辆坦克和1.65万名华沙条约组织的士兵从20个交织点侵入了不设防的捷克斯洛伐克。五个国家参与了入侵，其中包括来自匈牙利和保加利亚的象征性的军队，东德和波兰各派遣了一个师，苏联则出动了13个师。在七个小时内，250架飞机运送了一整个空降师，包括小型装甲车、燃料和其他补给。这是苏联军队在境外进行的最大规模的一次空运行动。在军事意义上，它是令人叹为观止的，除了一点——没有敌军试图进行反击。

杜布切克和其他领导人等候在中央委员会大楼里。他一直盯着电话机，半信半疑地期待着会有电话来向他解释这一切都是误会。凌晨4点，一辆黑色的豪华轿车引领着一个坦克纵队驶向中央委员会大楼。面对愤怒的群众，苏军坦克开始用机关枪扫射，有一名年轻男子中弹身亡，这时杜布切克和其他领导人只能从窗口愤怒而无助地目睹这一切。

尽管捷克斯洛伐克被公认为拥有华沙条约组织中最训练有素和装备最佳的战斗部队，但杜布切克命令军队不得抵抗。杜布切克及其政府在紧急讨论后，排除了进行武装抵抗的可能性。和其他所有华沙条约组织成员国的军队一样，捷克斯洛伐克的军队没有独立的指挥系统，如果没有苏军的领导，它们都难以有效运作。所有人对此都无异议，即武装抵抗是没有可行性的，它不仅会造成过多的牺牲，而且会给苏联所谓的"镇压反革命运动"提供口实，如同匈牙利在1956年的遭遇。最好是让全世界目睹爱好和平的捷克斯洛伐克如何被外国军队悍然入侵。据目前所知，没有任何一个捷克边防军战士开过一枪，或者以任何方式试图阻止装甲部队，也没有任何试图阻止在捷克斯洛伐克机场空降军队的尝试。但是到第一天结束时，已有23名捷克斯洛伐克人丧生。

伞兵部队包围了中央委员会大楼，大楼内所有的电话都被切断了。早上9点，伞兵们闯入杜布切克的办公室，封上了窗门。杜布切克忘记了办公室的电话已被切断，当他试图拿起一个电话机时，一个士兵用自动步枪威胁他，并将电话机从墙上扯了下来。和杜布切克在一起的六个高级官员目睹着这一切。这时，一个非常矮小、戴着勋章的克格勃上校闯进办公室，身后跟着几个克格勃军官和一个翻译。记录下在场的捷克政府官员的名单后，他宣布所有人都被置于"他的保护下"。接着，所有捷克官员被命令在一张长桌边坐下，每个人的背后都有一名士兵持枪对着。然后，杜布切克被带走了。经过办公室主任身旁时，杜布切克向其耳语，请他妥善保管好公文包，因为里面有他不想让苏联人得到的文件。一周之后返回布拉格时，杜布切克发现他的公文包空空如也，他才明白办公室主任一直是个苏联间谍。

华沙条约组织的士兵们接受了命令——不得回击挑衅，只有在先遭到射击时才能开火，但是局面错综复杂，士兵们并非总是能够遵守。大多数情况下，这些全副武装的军队面对的是手无寸铁的青少年。最初，年轻人试图坐在坦克纵队前以阻止其行进。和经验丰富的 1968年运动中的学生们一样，他们用汽车、巴士和其他任何可以拼凑的东西做成临时街垒。但很快他们就发现，无论是坐在坦克前或是在其路线上放置任何东西作为路障，都无法阻止苏联坦克。周三早晨——在芝加哥的同一天的晚些时候，电视摄像机将会拍下警察的暴行——布拉格的街道上到处都是愤怒的年轻人，他们已经准备好进行抵抗，但是并不确切知道该如何行动。他们推断"布拉格电台"所在的广播中心是一个关键的目标，因此许多人前去保卫它。他们赶在坦克之前到达，用血肉之躯封锁了各条街道。坦克停了下来，士兵们无计可施，眼看着捷克青年用汽车和推翻的巴士设置路障。布拉格电台实况转播了这场对抗。通过扩音器，电台给予年轻抵抗者的指示和入侵者收到的指示一模一样：不要使用武器，不要为挑衅所动。

捷克群众开始用俄语和坦克车上的士兵对话，质问他们为什么会在此地，为什么不离开。冲突不断升级，年轻的坦克兵在众人的围攻下变得狼狈不堪，恼怒之下，有人违抗了命令，朝着人群的上空开火，接着直接向人群扫射。周围的人们受伤倒地或者丧生，但捷克人并未逃窜，他们把自制的土制燃烧弹掷向坦克。有些坦克起火冒出浓烟，几个坦克兵受伤甚至丧命。但是一辆巨大的 T-55 型坦克开进了射击位置，此时布拉格电台广播了这条消息："悲伤的兄弟们，当你们听见国歌时，你们就知道一切都结束了。"然后传来了捷克国歌最初的几个音符。坦克开火之后，布拉格电台陷入沉寂。

　　在布拉迪斯拉发，年轻的姑娘们有意把超短裙提得更高，坦克上那些来自苏联农场的小伙子们停了下来，欣赏姑娘们的大腿；这时捷克的小伙子们跑出来用石头砸碎坦克前灯，有的甚至成功地点燃了一些坦克油桶。匈牙利的一个坦克纵队发出轰鸣和嘎吱声碾过布拉迪斯拉发的多瑙河桥，大学生们则向他们投掷砖块并厉声咒骂。一个苏联士兵跳下坦克，来到坦克后部的射击位置向人群开火，一名 15 岁的护士生当场丧命。这进一步激怒了学生们，他们掷出的石头和砖块雨点般地砸在苏军装甲上，发出沉闷的"砰砰"声响，但是苏军还以更猛烈的火力，又有另外四个学生殒命。捷克全国的学生们都在投掷土制燃烧弹。如果不知道如何制造燃烧瓶，他们干脆就投掷燃烧的碎布。不时有坦克着火。年轻人们身裹捷克国旗冲向坦克，将随身携带的铁罐塞进坦克的炮管。

　　坦克很快就控制了捷克全境，但是在墙上仍不时可见像"伊万滚回家去！"这种反抗标语和涂鸦。全国所有的道路指示标志都被扭向北方，并代以"莫斯科——距此 2000 公里"的字样。墙上到处贴满谴责入侵的海报，还有带有如下讯息的涂鸦："社会主义，可以；入侵占领，绝不""俄罗斯国家马戏团来了，全副大猩猩阵容出演""这里不是越南！""列宁醒来吧，勃列日涅夫发疯了！"——或者干脆拼出杜布切克和斯沃博达总统名字的巨大字母，还有的将苏联的缩写"USSR"中的"SS"两个字母写成纳粹徽章中闪电标志的样子。

愤怒的捷克人迎向这些坦克上的侵略者，试图说服他们这是错误的，他们应该离开，但这种对话就像芝加哥的示威抗议者们尝试过的一样徒劳——当时芝加哥抗议者对着年轻的国民警卫队队员高喊："加入我们！"捷克人最后只好拿出了他们在学校中必修的初级俄语课本，质问坦克车上的士兵为什么出现在一个不属于他们的国家里。苏联的坦克兵大都是些出身农民的18岁年轻人，这时就会无奈地看着质问者，解释说他们是奉命前来。坦克被捷克民众团团围住进行质问，这在当时是常见的一幕。布拉格的外国人以往也并不罕见，因为直到这个夏日夜晚前，布拉格都是个"理想之地"。但是在入侵发生后的几天里，这些外国人都平安无事地离开了，其中包括5000名美国游客。

在捷克斯洛伐克电视台被禁播之前，它成功地将有关入侵的胶片偷运出境。胶片中特别令人惊悚的一幕是：捷克青年坐在一辆苏联坦克前拒绝离开，而坦克的炮塔似乎正在开火。英国广播公司的一位主管曾事先布置欧洲广播联盟（European Broadcast Union）——西欧电视台的一个联合系统——位于布拉迪斯拉发的多瑙河对岸的维也纳分站，并拍摄记录下河对岸发生的事情。具有反讽意味的是，之所以在捷克斯洛伐克设立分站，因为它是社会主义阵营向西方传输信号的广播中心，以往它主要是用于转播体育比赛。捷克斯洛伐克人成功地偷运出了长达45分钟反映其抵抗入侵的影片，以及致联合国秘书长吴丹（U Thant）的一份申诉。仅仅通过头几分钟的画面，该影片就彻底驳斥了苏联所谓受到捷克斯洛伐克人民欢迎的谎言。影片的部分内容在美国的晚间新闻播出，同时在西欧和全世界的新闻报道中播放。

　　这相应也导致了一场美国式的实验。现在的电视晚间新闻有半小时，除了可以报道芝加哥大会的内场与街头冲突、入侵捷克斯洛伐克、联合国对入侵的辩论、美国在越南最糟的一周和其他新闻之外，还可以播放几分钟的广告。自 1963 年秋季以来，电视网成功地将 15 分钟的新闻节目扩展到半个小时——这使得他们能播出更多与民权运动有关的新闻，但沃尔特·克朗凯特一直向哥伦比亚广播公司施压，希望新闻节目能够扩展到一个小时。反对他的理由和当初反对新闻节目扩展到半个小时是一样的：附属的电视台不会购买这个节目。8 月 21 日，在芝加哥大会及其骚乱期间爆发入侵捷克事件后，纽约时报社的电视评论家杰克·古尔德赞扬了公共电视台的灵活性，因为在当天有非同寻常的过量突发事件的情况下，它延长了新闻报道的时间。他将其与电视网比较，认为后者囿于半个小时的新闻报道模式而无力提供充分的报道。克朗凯特最终得偿所愿，哥伦比亚广播公司在 8 月 22 日将他的节目扩展到了一个小时。古尔德为这个"实验"喝彩，特别嘉许其留出时间播放从捷克偷带出的胶片镜头。然而电视业界辩称，大多数人都不愿意坐着观看整整一个小时的新闻节目，而更重要的是对那些附属电视台——许多年来，它们以同样理由反对将新闻节目扩展为半个小时——来说，半个小时的节目时间中能够播出利润丰厚的地方性广告，它们不愿意失去这个珍贵的播放时段。这个实验结束了。克朗凯特赢得了一场战役，但是输掉了整个战争。但是在 9 月份，哥伦比亚广播公司推出了一档每月播出两期、每次一个小时的新闻"专题"节目——《60 分钟》。

著名的捷克歌手卡雷尔·切尔诺奇（Karel Cernoch）录制了一首新歌：《我希望这只是一场噩梦》。

　　对于莫斯科，这同样也是一场噩梦。那些影像迅疾传播到全世界的每个电视台、每份报纸的的头版和每份杂志的封面，并且，它们不是原先计划的显示新的亲苏政府迎接华约军队的图片，它们所展现的，是手无寸铁的捷克青年挥舞着血染的捷克国旗，在苏联庞然大物一般的坦克面前挑衅奔跑，他们向坦克投掷石块，点燃浸满汽油的碎布，有时与对方进行辩论——长发蓄须的布拉格学生对抗粗壮、金发、惊恐、来自农村的苏联青年士兵。

　　此前，在莫斯科曾有些人反对入侵计划，目前的情形就是他们最担心的结果。苏联的官方说法，即应捷克人民之请求而进行干涉，已被证实为谎言。杜布切克发表了广播讲话，声明在总统、国民大会主席或是他本人都毫不知情的情况下，国家遭受了入侵。苏联人很快明白，捷克人民信任他们的政府，相信他们领导人的表态，尤其是杜布切克、切尔尼克以及斯莫克夫斯基。苏联若要反驳他们，将会是徒劳无功的。继而发生了一个短促的阴谋事件，捷克政府里的一个苏联间谍试图中断广播，但被抓获。苏联人的第一方案失败了，捷克主席团未能推翻杜布切克，这并不让人吃惊；但是亲苏官员即使在军队入侵后仍未能掌控局面，这才是令人意外的。全副武装的五国联军未能臣服手无寸铁的捷克人民，这令苏联恼羞成怒。这个事件被记录，继而在全世界播放和报道，这更是一个难以想象的灾难。

　　苏联人还剩一张牌可以打：卢德维克·斯沃博达，这个年逾七旬时出任总统的老将军，他的就职曾令青年人颇感失望。捷共书记兹德涅克·姆林纳日谈及斯沃博达时认为："他不但未曾参与政治改革，甚至根本就不是个政治家。他是个军人，在两次世界大战之间，他就是捷克斯洛伐克第一共和国的军官。由于命运的安排，在第二次世界大战中，他成为了捷克斯洛伐克军队的总司令，和苏军在苏联并肩作战。显然，从他的这个战争经历开始，他就坚信捷克斯洛伐克应该无条件地支持苏联。"

斯沃博达总统被苏联武装士兵囚禁于赫拉德恰尼城堡（Hradcany Castle），当一群亲苏官员去拜访并请求他签署文件允许苏联进驻时，这个 72 岁的老战士怒吼道："滚蛋！"

看来，所有事情都脱离了苏联计划的轨道。通常情况下，占领军，甚至政变策划者都会把夺取广播台和电视台作为第一要务，但是这并不在苏联的计划之内，因为他们原以为在抵达布拉格之前就可以掌控全国。当他们终于关闭了布拉格电台，那些隐匿的地下电台又开始播报苏联的入侵和捷克的抵抗。这些地下电台同时削弱了苏联的宣传攻势。当苏联人宣布"斯洛伐克人已叛变"，地下电台则驳斥这是一个谎言。地下电台同时播报苏联人的动向——苏联人计划逮捕谁、苏联人已经逮捕了谁。只要电台还在广播，人民就会意识到，苏联人并未完全征服捷克斯洛伐克。地下电台的口号是："我们与你们同在。请与我们同在。"捷克内政部的官员扬·扎鲁巴（Jan Zaruba）宁可自杀，也不愿泄露电台发射机的地点。苏联人试图打击地下电台的结果是一无所获。他们建立了自己的广播电台，却找不到一个能说流利捷克语和斯洛伐克语的播音员。他们尝试空投传单，但是落在捷克境内的却是印着斯洛伐克语的传单。

不可思议的是，人们从地下电台听到了剧作家瓦茨拉夫·哈维尔被静电干扰的声音，他说道："只有少数几个捷克公民还可以在这个国家自由使用电台发射器，而我恰巧是其中的一个。因此以捷克和斯洛伐克作家的名义，我理应向你们紧急呼吁求助。"他请求西方作家直言不讳地谴责苏联的入侵。

南斯拉夫的铁托与罗马尼亚的齐奥塞斯库都公开谴责苏联入侵，贝尔格莱德和布加勒斯特的街道上挤满了抗议者。齐奥塞斯库将入侵称为"一个巨大的错误"。相反，波兰的哥穆尔卡则宣称："捷克斯洛伐克试图颠覆波兰，是一个游离于华沙条约国阵营之外的反革命国家"。当然，要不了几天时间，波兰人和东德人都会得知所谓"犹太复国主义者"是捷克"反革命阴谋"的幕后黑手。

意大利和法国的共产党都谴责了苏联的入侵行径，日本共产党也持同样立场。东京大学在被学生占领的第三个月已瘫痪，学生们首次游行到苏联大使馆前示威。菲德尔·卡斯特罗则支持入侵，声称它虽令人痛心却是必须的。非东欧国家中，仅有古巴、北越和北朝鲜的共产党支持入侵。在全世界 88 个共产党政党中，只有 10 个表示支持入侵。马克思主义哲学家赫伯特·马尔库塞将苏联入侵称为"战后最具悲剧性的事件"。

东德的一些年轻人散发了抗议入侵的传单。上千名东德工人拒绝签署支持入侵的请愿书。少数尚未入狱的波兰持不同政见者写信抗议入侵行径。杰出的波兰小说家耶日·安德热耶夫斯基（Jerzy Andrzejewski）致函捷克斯洛伐克作家协会，谴责了波兰参与入侵并申明："波兰的同行们与你们同在，虽然我们在自己的国家被剥夺了言论自由。"他还补充道："我意识到，我的政治与道德抗议的声音，没有，也无法弥补波兰在全世界进步舆论中已败坏的名誉。"更糟的是有报告称，在捷克斯洛伐克的苏联和保加利亚部队，以及匈牙利和苏联部队之间发生了交火。

即使是在苏联，也有七个抗议者在红场静坐示威，他们手持的横幅上写着"不许干涉捷克斯洛伐克"。这群人包括已故苏联外交部长的孙子帕维尔·利特维诺夫（Pavel Litvinov）、入狱诗人尤里·丹尼尔的妻子，以及著名诗人娜塔莉娅·戈尔巴涅夫斯卡娅（Natalya Gorbanevskaya）。他们被短暂地拘捕，据戈尔巴涅夫斯卡娅写给外国记者的信件披露，其中有些人遭到殴打，但是"我的同志们和我很幸运，因为我们能够——即使只是短暂地弃绝了肆无忌惮的谎言和懦弱的沉默形成的泥淖——证明在我们的国家并非所有公民都认同以苏联人民的名义实施的暴行"。入侵发生后的第二天，叶夫根尼·叶夫图申科向总理柯西金和总书记勃列日涅夫发了一封电报，并将它散发给了西方媒体：

> 我不知道如何才能入眠。我不知道如何继续生活。我只知道，我有一种道德义务向你们表达那些我无法克服的情感。
>
> 我深信，我们在捷克斯洛伐克的行动是一个悲剧性的错误，是对于苏捷友谊和世界共产主义运动的沉重打击。
>
> 此举贬低了我们在全世界和自己心目中的声望。
>
> 对所有的进步力量，对世界和平，以及人类对于未来手足之情的梦想，这都是一个挫折。
>
> 同时，这也是我个人的悲剧，因为我在捷克斯洛伐克有许多亲密的朋友，如果我能够和他们重聚，不知是否还能直视他们的双眸。
>
> 在我看来，这是给予全世界反动势力的一份大礼，而我

们还无法预计这一行动的后果。

我热爱我的国家和我的人民，我谦卑地继承了俄罗斯文学中诸如这些作家的传统：普希金、托尔斯泰、陀思妥耶夫斯基和索尔仁尼琴。这些传统教育我：沉默有时是一种耻辱。

请将我对于这一事件的意见记录在案，它来自于祖国的一个赤诚之子，来自于曾写下《俄罗斯人想要战争吗?》这首歌的诗人。

最早表态谴责入侵的领导人中，有戴高乐和英国的哈罗德·威尔逊——这是1968年全年中他们第一次意见完全一致。戴高乐进而将苏联的入侵与美国在1965年4月对多米尼加共和国的入侵相提并论。戴高乐将军试图再一次坚持他在两个超级大国之间的政策。作为苏联入侵的直接后果，戴高乐的构想将会被普遍地排斥，因为许多欧洲人认为，苏联与美国相比是一个更迫在眉睫的威胁。但是8月24日对戴高乐而言是愉快的一天——他宣布法国在太平洋成功地试爆了一颗氢弹。戴高乐将它称为"法国的一批精英儿女为了祖国的独立与安全，在科学、技术和工业上取得的一次宏伟的成功"。

如同戴高乐一样，尤金·麦卡锡参议员和乔治·麦戈文参议员也因苏联入侵而在政治上受到伤害，他们同样将其与美国入侵多米尼加共和国和越南相比。入侵事件同时证明了理查德·尼克松的笨拙，因为就在几周之前，他软化了自己长期的反共立场，声称苏联已经不具备以前的威胁，美国现在可以更开放地与其谈判。对许多西方政治家而言，问题在于，入侵发生在人们以为苏联已经不会再做此类事情的尴尬时刻。

奇怪的是，对入侵最温和的谴责来自美国。在入侵行动开始后，苏联驻美国大使阿纳托利·F.多勃雷宁（Anatoly F. Dobrynin）旋即与约翰逊总统会面，后者接着召开了国家安全委员会的紧急会议。尤金·麦卡锡试图淡化入侵事件，因此批评了总统。在芝加哥，随着入侵行动的展开，民主党采纳和平政纲的渺茫希望也都烟消云散了。冷战又回来了。但除了在联合国强烈谴责入侵，约翰逊显然不愿意再采取其他措施。他声称美苏谈判所取得的进展极其重要，因而不能放弃。事实上，当坦克越过捷克边境时，国务卿迪安·腊斯克正在向民主党政纲委员会发表演讲，其主题即美国与苏联谈判中取得的进展。

联合国确实谴责了苏联的入侵行动，但是苏联轻易地以其否决权推翻了谴责提案。

莫斯科的重点集中在捷克总统斯沃博达身上，他们从未想象到他会是个大麻烦。如果斯沃博达不同意苏联更迭捷克政权的方案，苏联就不可能获得入侵的合法性。虽然斯沃博达以往总是率先向苏联表达忠诚，但迄今他仍拒绝签署任何文件。苏联人对他进行恐吓，斯沃博达则威胁将自杀——当真的话，这将是苏联人的一个灾难。大棒政策失败了，接着是胡萝卜上场，苏联人向他承诺将给予捷克前所未有的援助，其他承诺还包括：他将在新政府里有重要职位，可以参与对捷克其他高级领导人的遴选。但年逾七旬的总统仍不为所动。对老迈的将军而言，唯一可接受的苏联路线图，就是将杜布切克、切尔尼克、斯莫克夫斯基和其他依宪法当选的捷克领导人从乌克兰的克格勃监狱里释放，然后将他们送至莫斯科进行谈判以解决问题。按照斯沃博达的看法，一旦苏联人与这些领导人达成协议，无论其具体条款如何，它都可以被视为一个合法的解决办法。他相信，一旦他能让所有人在同一张桌子前坐下商谈，他就可以解决问题。"最后当苏军士兵真的离开捷克，"他平静地表示，"你们将看到，人民就会像1945年那样再一次向他们献花。"

斯沃博达并非"布拉格之春"的支持者，事实上，在苏联入侵后，他还支持实施多年的镇压反对派行动。但是在那个关键时刻，他阻止了苏联人随心所欲地以武力蹂躏他的国家，他否认了入侵的合法性。但是他同时对捷克斯洛伐克人民的强烈情绪感到忧虑，并且认为他们的献身精神是危险的。一位不知名的女士不知怎么打通了他的电话，建议将军应该开枪自杀以示抗议。斯沃博达向她解释这不是有效的方法，因为需要仰仗他才能解决危机。可是那位女士坚持说："啊，总统先生，但是你如果开枪自杀，那将是多么美妙的一件事啊。"

当被监禁的领导人到达莫斯科时，他们的外表表明了所经历的磨难。他们个个面色苍白，看起来病恹恹的，且精神紧张。杜布切克看起来已精疲力竭，他的前额有个伤口，据称是在浴室里滑倒时摔伤的。在莫斯科谈判的全程，杜布切克都在接受药物治疗以平稳情绪，有时他还出现口吃的状况。

哈维尔于入侵一年多之前创作的戏剧《备忘录》中有这样一幕场景：为了实施强迫推行一种人工语言的计划，人们将克劳斯从主管的职位上赶了下来，后来他们意识到这个计划是一个十足的灾难，包括那种语言本身。于是他们重新起用了克劳斯，请求他回来，并且破天荒地用昵称称呼他为"朋友"，好像他们是老朋友似的。勃列日涅夫就是这么对待杜布切克的。

勃列日涅夫将杜布切克称为"我们的沙夏"[1]，并且在交谈时用俄

---

1 沙夏，原文为"Sacha"，在俄语中表示人类的帮手和保卫者。

语里表示相互熟悉而不拘礼节的"你"相称，这使得杜布切克颇感震惊，因为此前他们从不相熟。杜布切克接着就用更正式的"您"来和勃列日涅夫交谈。

在四天的时间里，捷克斯洛伐克领导人和苏联人在一张长桌上进行了会谈，有时是和勃列日涅夫，有时是和不同级别的政治局委员，还有时是和整个政治局。长桌的一边是捷克人和斯洛伐克人，另一边是苏联人。在这里不会有关于座次问题的讨论。坐在同一边的人相互打气，隔着桌子和对方交锋。斯沃博达急于达成一个协议，因为他认为无法达成协议的时间越长，双方关系的损失就越发无法挽回。他同时担心苏军会面临过大的压力而军纪废弛。截止到 9 月 2 日，已有 72 个捷克斯洛伐克公民丧生，702 人受伤。这些伤亡越来越多地是由酩酊大醉的苏军造成的，有的时候是疯狂枪杀，有时则是交通事故。因为害怕森林营地里那些醉酒的士兵，伐木工人不敢去上班。当会议还在莫斯科进行时，在布拉格以被纳粹处死的一位学生扬·奥普莱塔尔（Jan Opletal）命名的街道上，年轻的学徒米洛斯拉夫·巴拉内克（Miroslav Baranek）被一个醉醺醺的苏军士兵近距离射杀。

斯沃博达愤怒地向捷克政府施压，希望能够尽快达成某种协议。他对杜布切克发作道："你什么事情都不做，就是喋喋不休。就是你的喋喋不休才惹恼了他们，占领你的祖国，难道这还不够吗？吸取这些过去的教训，依此采取行动！"

但是杜布切克并不像他那么急迫。他看起来更不确定，也更谨慎，他的立场和以往一样令人难以理解。按照姆林纳日的说法，杜布切克周围的大多数人都觉得时间紧迫且回旋余地有限，"因为苏共政治局的行事作风就像匪徒一样"。被激怒的卡达尔在入侵前最后一次同杜布切克会面时也曾警告："难道你真不知道自己是在和什么样的人打交道吗？"

尽管苏联人从己方立场向捷克施压，捷克一方则充斥着各种观点，这反映出杜布切克政府的本质。斯沃博达是其中的主导声音，他总是催促尽快达成协议，很少能安静下来。60岁的佛朗迪斯克·柯里格（Frantisek Kriegel）医生则由捷共中央委员会选举进入主席团，是联合政府中的三个自由派之一，他的脾气更火暴。他是来自波兰南部加利西亚地区的犹太人，与杜布切克一起被逮捕和监禁。当他和杜布切克一起抵达莫斯科时，恼怒的勃列日涅夫问道："这个加利西亚的犹太人在这里做什么？"苏联人禁止他参加会谈，而捷克斯洛伐克人回应，如果没有柯里格的参与，他们将拒绝会谈，柯里格这才坐到了会议桌旁。柯里格一向是捷克政府里的激进派，他曾力主加强与中国的关系以平衡苏联。因为柯里格是个糖尿病患者，苏联人为了在谈判中约束他就削减其胰岛素的供应。会谈中，斯沃博达少有的一次沉默是因为柯里格转向他说道："他们能逼我干什么？我有两个选择，要么他们把我送到西伯利亚集中营，要么就枪毙我。"柯里格是捷克代表团中唯一没有在协议上签字的，最后他嚷道："不！你们想的话，就杀了我吧。"

苏联人无数的反犹言论的矛头不仅指向柯里格，而且指向副总理奥塔·锡克（Ota Sik）和布拉格市第一书记博胡米尔·西蒙（Bohumil Simon）。事实上西蒙并非犹太人，只不过他名字的发音在斯拉夫人听起来像犹太人的名字而已。

当勃列日涅夫宣布会议开始，杜布切克的情绪似乎异常低落，看起来服用了过多的镇静剂，于是切尔尼克只好代表捷克一方致开场发言。他的话语非常直接和坦率，并未使用强调与苏联的友好关系这种标准口径，相反为"布拉格之春"和捷克共产党的行动做了辩护，并且坚持认为苏联的军事干涉对于社会主义绝非好事。勃列日涅夫几次打断他的话，并进行反驳。当切尔尼克结束致辞时，杜布切克请求发言。虽然这违反会议程序规则，但是他坚持如此。一开始杜布切克说得有点结结巴巴，但是几分钟后他的俄语就非常流利了。姆林纳日将他的演讲称为对捷克的改革"感人肺腑和热情洋溢的辩护"，以及对于苏联干涉的严厉谴责。这是一个即席的讲演，而勃列日涅夫也当即予以回应，他坚称"布拉格之春"是对苏联的伤害，并且阐释了自己对于主权和苏联阵营的看法。他转向杜布切克，说道："一开始我是为了帮助你反对诺沃提尼。"勃列日涅夫似乎感到个人受到了伤害，因为杜布切克从未信任过他。"我信任你，我在其他人面前维护你，"他这样告诉杜布切克，"我说我们的沙夏仍然是个好同志，但是你却让我们失望了。"

勃列日涅夫明确表示，杜布切克最大的失职在于没有向莫斯科进行请示——未将讲话送至莫斯科报批，也没有就人事变动进行请示。"在这里，即使我本人，都需要事先把讲话给所有政治局成员过目，然后征求他们的意见。是不是这样啊，同志们？"他转向身后坐成一排的全体政治局委员，然后所有委员们都急切而尽责地点头表示确认。此外，杜布切克还有其他的失职："支持反社会主义的势头，允许新闻界随心所欲地报道，纵容反革命组织施压……"最后，如同在与任何级别的苏联官员的会议中总会出现的一幕，勃列日涅夫提到了苏联"在第二次世界大战中做出的牺牲"。双方都不曾忘记在解放捷克斯洛伐克的过程中，苏联牺牲了 14.5 万人。

杜布切克一直都毫不犹豫地指出他与勃列日涅夫的分歧。最后勃列日涅夫的脸涨得通红，他吼道，和这些人谈判是白费功夫。他慢慢走出了会议室，后面跟着整个政治局顺从的委员们。

　　这无异于一个威胁。最初当杜布切克被带走时，他被告知将受到审判。当苏联人以为可以扶植一个卖国政府以取代杜布切克及其同事们的时候，杜布切克被处死的可能性是真实存在的。但是，当斯沃博达予以抵制而事态发展对苏联越发不利的时候，被囚禁的捷克领导人受到的待遇日益改善。双方都需要一份协议，否则苏联的入侵就没有合法性，而"布拉格之春"的改革者们也就不可能对国家的未来施加影响，并且他们将有性命之虞。勃列日涅夫怒气冲冲地离开，是要提醒他们，如果不能达成协议的话，他们的国家和自己的命运会是怎样。

　　最后，双方终于推敲制定出彼此都可以签署的一份文件。这份文件几乎没有表达捷克方面的任何观点。它没有承认杜布切克政府所进行的改革的正当性与价值。而事实上，捷克斯洛伐克人确实难以讨价还价。如果必须的话，苏联人甚至可以无情地在不具备合法性的条件下进行统治。在一切准备就绪，即将签署条约的时候，杜布切克的身体摇晃颤抖着，好像陷入了巨大的失望，令人担心他将无法参加最后的签字仪式。苏联人下令对他进行更大剂量的注射。从各种描述来看，这些镇定剂的药性也不清楚；但是杜布切克突然拒绝再注射更多镇静剂，这让所有人都大为惊骇，他喊道："否则我就拒绝签字。他们可以随心所欲，但是我不会签字。"但是在彻夜的漫长谈判中，他最终还是注射了一剂镇静剂。

　　最后，在祖国已被坦克占领的情况下，这些被俘的领导人准备签署忍气吞声接受的《莫斯科协议》。这时，巨大的双叶门突然被推开，收到暗示的苏共政治局的成员全都立刻站了起来，满脸堆笑地伸出双手，走到会议室另一边拥抱精疲力竭、已被打垮的捷克代表团。

捷克代表团前往机场返回布拉格，突然间，他们意识到把柯里格给落下了。有些人认为回国的代表团没有柯里格会更好，但是包括斯沃博达和杜布切克在内的其他人都坚持苏联当局应当将柯里格移交给他们。最后经过两个小时的谈判，苏联人终于把柯里格带到了机场。

带着一份几乎毫无所获的协议，代表团回到了布拉格。苏联人同意给予捷克斯洛伐克共产党"为完善社会管理方法所需要的理解和支持"。联军将根据"正常化"的进程，按照时间表撤出捷克领土。捷克人很了解苏联的官话，"正常化"虽然是个新词，但是他们都知道它的含义——恢复到苏联模式。《莫斯科协议》切实地宣布了苏联人的要求，而捷克所提的诸如撤军这样的要求，则是留待未来，且取决于苏联人的主观意愿。现在已是入侵一周后，50万外国军队和6000辆坦克依然占领着捷克。

8月27日，看似已无法站立的杜布切克发表了一次演讲，他请求捷克人民再次信任他，并且断言目前这些都是"暂时的措施"。杜布切克此时连一句流利的话都说不了。但是他和其他一些领导人相信，他们仍会找到改革的机遇。在杜布切克刚刚复出时，捷克政府显示出了它的独立性。国民大会甚至通过了一项决议，宣布苏联的占领违法并违反联合国宪章。捷克领导人还解雇了政府中的亲苏官员。

9月，捷克被迫采取了措施来限制它的自由新闻界，尽管按照苏联的标准，它仍然是"异常叛逆"和"独立"的。杜布切克采取的是一种分裂式的治理手段，有时会向苏联人屈服，但接着又会坚守自己的原则。在10月会见参与入侵的五国领导人时，勃列日涅夫宣布"多瑙河行动"是一次巨大的成功，但他同时指出，此后的一切都是灾难性的。哥穆尔卡更为严厉，他坚称捷克斯洛伐克仍是危险的反革命分子的温床。由于已干净利落地镇压了本国的反革命分子，哥穆尔卡对捷克的形势很不耐烦，因为那里的学生们居然还在和警察作战。

成千上万的捷克人逃亡国外，而许多已在国外的捷克人决定不再返回。切尔尼克则鼓励移民。他解释道，因为边境很快就要关闭，所以他无法保证自己的安全，更何况他人的安全。在联军入侵五个月后，捷克的 1400 万人口中有 5 万人选择离开，其中的 1 万人已经在其他国家申请了难民资格。许多第一次在国外避暑休假的捷克人被迫滞留。许多人不得不等待 20 多年才能再次回国或者出国。

与此同时，捷克作协——这个在杜布切克 1 月份上台时极力敦促其进行改革的机构之一，一直力劝其成员不要流亡，并敦促身在国外的作协成员在边境关闭前回到国内。帕维尔·科霍特是一位剧作家和小说家，他一直来往于布拉格和出版其小说新作的法兰克福之间，他专门联系了一些捷克作家，说服他们回国将作协重建为一个持不同政见者的中心。在遭到科恩－本迪特攻击的那届法兰克福书展上，科霍特也联系了几个作协成员。1968 年的法兰克福书展上，捷克作家的数量异常之多，这和林肯中心电影节突然间到处是捷克导演是同样的原因。支持捷克艺术成为了一种表达政治抗议的行动。许多捷克艺术家仍然可以旅行——虽然没人能确定这还能持续多久。

怀着接管权力和主导方向的想法，青年人的入党出现了前所未有的高峰。在入侵行动后的第二个月，有 7199 人入党，按照官方的统计，其中的 63.8%，即 2/3 的人年龄在 30 岁以下。这必然给主要由中老年人所组成的捷共带来冲击。

苏军悄悄地淡出了人们的视野，但其实他们仍然存在。9月末，当捷克青年进行示威游行时，苏联人不得不威胁捷克警方，如果他们无法驱散游行，那么苏军就会出手。于是，捷克警察阻止了游行。

捷克青年同时在全国各地组建了"杜布切克俱乐部"，其中大多数都能吸引成百上千的会员搜集和讨论杜布切克的演讲。

在1968年秋天，杜布切克致信正在墨西哥城参加奥运会的捷克斯洛伐克代表团。他表示如果代表团无法像人们期待的那样获得成功，"不必垂头丧气：今天没有成功的或许将在明天获得成功"。

第十八章
可怕压力下的微笑

女人并不是天生的，而是逐渐成为女人的。没有任何生物的、心理的或者经济上的宿命，能够决定人类女性在社会中呈现出的特征；是作为一个整体的文明造就了女性。

——西蒙尼·德·波伏娃，《第二性》，1949 年

我认为，长期以来，美国的妇女问题未为人知的核心，在于它缺乏一种个人的形象。与理性相悖、与妇女自身关系甚微的公众形象，却具备过分塑造她们生活的力量。如果不是因为妇女正在经历一个认同的危机，这些公众形象是不会具备这种力量的。

——贝蒂·弗里丹，《女性的奥秘》，1963 年

史密斯先生，请你把它记在备忘录里：如同今日其他所有受压迫的人民都挺身进行反抗，我们也将努力争取我们的自由——通过采取任何必要的手段。

——罗宾·摩根（Robin Morgan），《记在备忘录里，史密斯先生》，

《赢》杂志，1968 年 11 月

如果美国小姐选美进行得一帆风顺，那它也就没有多大意义了——毕竟，这是 1968 年。电视观众们在目睹了芝加哥的骚乱之后，可以从苏联对捷克斯洛伐克的征服和有关湄公河畔被焚毁的村庄这些报道中暂时抽身，看到自以为明星的伯特·帕克斯（Bert Parks）穿着燕尾服、系着白色领带在舞台上一炮而红，其实他只不过是弗雷德·阿斯泰尔（Fred Astaire）的拙劣翻版。他们可以对舞台上那些年轻、白皙，最好是金发碧眼的、从美国大学校园中精选出的最后的处女发出嘘声——她们正在竞争据称代表美国妇女理想的桂冠。为了一分高下，参赛的选手们需要进行技巧展示，包括得体地回答问题，身着泳装展示凹凸有致的身体曲线——但又不能过于暴露。与此同时，她们还要保持灿烂的微笑，直到嘴巴有点像个长方形——和休伯特·汉弗莱狰狞的微笑颇为相似。关于种族，选手们还要单独接受挑战性的问题：理想的美国女性总是白人吗？如果是黑色、棕色、红色或者黄色人种，是否就低人一等？

但那并不是这一波攻击的核心。沿袭异皮士一贯进行戏剧性行动的优良传统，在 9 月 7 日这天，大约 100 多名妇女在选美赛场外的木板路上聚集，然后她们将一只绵羊加冕为"美国小姐"。当媒体蜂拥而至——通常在美国小姐选美比赛中没多少大新闻——抗议者们坚持只接受女记者的采访。而在 1968 年，女记者还不多见。

在获得媒体的关注后，自称为"纽约激进妇女"的这群人开始向一个标有"自由垃圾箱"——这是个有意从民权运动中借用的词语——的垃圾桶扔东西。扔进自由垃圾箱的有束腰带、胸罩、假眼睫毛、卷发器和其他的"美容产品"。大约有 20 名激进妇女发出高分贝的"咕噜咕噜"声——这是她们从影片《阿尔及尔之战》中学来的阿拉伯妇女的欢呼声，成功地使会场内的选美比赛中止了20分钟，然后她们高喊"争取妇女自由！"的口号，打出了写着"妇女解放"的横幅。

在这个具有分水岭性质的事件发生多年后，激进的女权主义者被贴上了"胸罩焚烧者"的标签，尽管她们实际上在任何地方都未焚烧胸罩。最初的胸罩焚烧者们声称，她们是抗议美国小姐"贬抑的、胸大无脑的符号化"的性质。

首次采取行动的"纽约激进妇女"，其成员大都具有参加新左派或其他民权运动的经历，其中大多数人也参与过无数次游行示威的组织工作。但女性成为抗议活动的核心组织者，这尚属首次。她们的领导人罗宾·摩根表示："我们同时也感到自己的成熟。我们这样做是为了自己，而非为了男人们……"

1968年还爆发过其他的妇女游行活动。1月，5000名妇女参加了"珍妮特·兰金之旅"组织的华盛顿反战游行。"珍妮特·兰金之旅"以美国国会的第一个女议员珍妮特·兰金的名字命名，她直到87岁还是一个性情刚烈的活跃分子。尽管参加游行的5000名妇女全部身着象征哀悼的黑衣——按道理这应该能吸引电视媒体的注意力，但是媒体对此的报道极其有限。在一次电视采访中，纽约时报社的执行编辑克里夫顿·丹尼尔（Clifton Daniel）解释道，缺乏媒体报道的原因在于这个游行不大可能产生暴力冲突。早在数年前，参与过民权运动的人士就已经认识到妇女在场会减少暴力冲突的危险，但反过来，这又会减少相关的媒体报道。

摩根认为，抗议美国小姐选美活动的最成功之处在于她们决定只接受女记者的采访。和其他许多有关抗议活动一样，这个概念来自于"学生非暴力协调委员会"。"纽约激进妇女"组织在坚持这个原则的时候往往更成功，或许是因为妇女运动是报纸此前没有报道过的新题材。在几年中，它成为了女权主义者的标准做法，而媒体也会自动地派出女记者去采访女权活动。当时女权主义日渐成为重要的报道题材，而女记者们正努力拓展到时尚、文化和美食之外的报道领域，因此这对于新闻编辑室具有重要的影响。

但是摩根也有一些遗憾。抗议者们似乎攻击的是参赛者而非选美大赛，回顾往事的时候，她认为让抗议者们呼喊"美国小姐滚下去！"是个错误，让她们唱这些修改过的歌词"她不甜美吗／靠着皮肉赚钱……"也不妥。这些参赛者应该被视为受害者。

1968年9月7日，通常被认为是现代女权主义正式亮相的日子。女权主义者已开展了常年的运动，与此类似的是20世纪60年代早期的新左派运动，当汤姆·海登开始关于新左派的著述时，只有少数人注意到这个现象，直到电视对新左派进行报道。对数以百万计的美国人而言，"妇女解放"运动肇始于9月7日大西洋城的那只绵羊和那个垃圾箱。距离她们不远，为了抗议美国小姐选美的种族主义性质，另一群抗议者在举办美国黑人小姐的比赛。但是在那个时候，黑人运动已是旧闻。

美国小姐选美活动并非令人尊敬的事物。到了20世纪60年代末期，如同大西洋城自身，美国小姐选美活动已光环渐失，被普遍认为是种族主义性质的或者空洞、轻薄的活动。莎娜·亚历山大在《生活》杂志写道：

> 在这些18岁的女孩中，才艺比美貌更罕见，在可怕的压力下，才艺比赛使微笑也有了巨大压力。一位表演蹦床的

姑娘头朝下时的微笑异常夸张。一个芭蕾舞女演员在表演《天鹅之死》时也一路微笑，不知怎地，令人觉得天鹅死于家禽冰柜。第三个姑娘的才艺是在表演查尔斯顿舞时同步吹泡泡糖。在旋律的间歇中，随着一个大大的粉红色泡泡"啪嗒"一声破碎，她的微笑也消失了。

当美国小姐选美出现在电视上，它看起来漏洞百出、乏味和愚蠢，人们只好按照其严重程度来排列这些对自己的冒犯。它是无趣的、浮华的、种族主义性质的、剥削性的、令人恶心和令人悲哀的……

"纽约激进妇女"组织的领导人摩根曾是个童星，后来转变成为了政治激进分子。对于她和组织中的每个人而言，在大西洋城所上演的是激进女权主义的第一幕。她们的思想显然植根于新左派。摩根谈及抗议目标的选择时表示："人们还能在哪里找到美国价值观如此完美的组合？种族主义、物质主义还有资本主义，所有这些都用一个理想的符号——一个女人来包装和推销。"至于1968年的美国小姐，获胜的当然是伊利诺伊州小姐，摩根说她"微笑的脸上仍带着戴利市长吻过后的红痕"。更有甚者，这位获胜的美国小姐接着前往越南慰问美军。

但并非所有的过路人都是同情者。一些男人质问和谴责抗议者，建议她们应该把自己扔进自由垃圾箱，他们还不可思议地大叫道："回家洗你们的胸罩去吧！"这些人完全相信离经叛道者都是肮脏的。来自威斯康星州的一个前美国小姐参赛者义愤填膺，她手持一块新涂写的标语牌，上面写着"美国小姐的唯一过错在于——她是美丽的"。

毫不出人意料,前美国小姐参赛者特丽·缪森(Terry Meewsen)衣服上有着"支持尼克松当选总统"的字样。

在 9 月 7 日之前,女权主义运动的通常形象是:一些身着长裙、头戴软帽的妇女们从 1848 年至 1920 年所进行的、旨在争取获得妇女选举权的一场运动。1920 年,随着宪法第十九修正案的通过,普遍的看法是,女权主义已经发挥了作用,达成了目标,并且将不复存在了。1956 年,在《生活》杂志的一期妇女特刊中,科妮莉亚·奥蒂斯·斯金纳(Cornelia Otis Skinner)谈及女权主义时说道:"我们已经获得了胜利,但看在上帝的份上,别让我们总要一次又一次地证明这一点。"这种观念是如此根深蒂固,以至于在 1968 年,当媒体和公众意识到这场方兴未艾的当代女权主义运动时,他们通常把它称为女权运动的"第二次浪潮"。

女权主义运动的第二次浪潮最初的惊喜之一,是贝蒂·弗里丹(Betty Friedan)——这位住在郊区的三个孩子的母亲和心理学研究生——所写的《女性的奥秘》(*The Feminine Mystique*)成为了 20 世纪 60 年代初期被最广泛阅读的书籍之一。弗里丹是史密斯女子学院 1942 年的毕业生,在 60 年代初受学院委托进行了一项关于她的同学们的调查。共有 200 位妇女回答了她的问卷。她们之中的 89% 成为了家庭主妇,其中大多数人表示,生活中的一个遗憾在于未能更好地利用她们所接受的教育。弗里丹驳斥了一种常见的观念,即受过教育的女性是不快乐的,因为她们所接受的教育使她们"难以安于现状"。相反,弗里丹认为,妇女受困于一系列被其称为"女性奥秘"的信念——女人和男人有根本差异,追求事业是男性的特质,而女性应该在对男性及其事业的服从，以及在抚育子女的繁忙中获得快乐；不想要这些的女人就是有问题的，是反自然的和非女性气质的，因此就应该抑制非自然的强烈愿望。《生活》杂志所刊出的人物小传将弗里丹称为"非家庭主妇贝蒂"。电视谈话节目邀请弗里丹作为嘉宾，媒体对于她身上明显的矛盾似乎非常着迷——一个过着"正常生活"的三个孩子的母亲却指责这种生活。尽管媒体很欢迎她，但是她所在的郊区社区并非如此，并且开始排斥她和她的丈夫。然而，全国的妇女都对她着迷，她们阅读和讨论她的著作，组成了妇女组织，并邀请她去发表演讲。

弗里丹逐渐意识到，不仅在全国范围内都组织成立了妇女团体，而且在华盛顿，像凯瑟琳·伊斯特（Catherine East）这样的活跃女权主义者正在为妇女的法定权利而斗争。1966 年，在电视首次报道激进女权主义运动之前的两年，伊斯特的政治头脑和弗里丹的全国声望相结合，她们发起成立了"全国妇女组织"（National Organization for Women, NOW）。

最初的斗争行动与航空公司女乘务员有关。按照要求，女乘务员必须是有魅力的女性，如果她们的体重增加或者到了 32 岁这个过老的年纪，她们就会被解雇。许多妇女并未质疑这个年龄要求，因为大多数女性认同在 32 岁时女人就该结婚和抚育子女了。事实上，32 岁会被视为晚婚的年龄。女乘务员结婚后就会被要求离职，但是许多空姐都秘密结婚，然后继续工作到 32 岁这一年轻的退休年龄。出生于20 世纪 40 年代的这一代女性是整个 20 世纪各代人中最早结婚的，这部分是因为没有战乱的干扰。她们的平均结婚年龄是 20 岁。许多夫妇都是在大学里结婚的，毕业后当然也就马不停蹄地养家糊口。没有上大学的人可以在高中毕业后就自由结婚。

与此同时，如果是极有魅力且希望在婚前就事业小有所成的女性，她可以做几年空姐。空姐被认为是有吸引力的工作。她们的发型和妆容都有具体要求，并且必须束腰带。公司主管会进行"触碰检查"，以确认空姐们遵守了相关规定。

由达斯蒂·罗兹（Dusty Roads）南希·柯林斯（Nancy Collins）领导的一群女乘务员成立了工会，为了让航空公司废止关于年龄和婚姻的歧视政策，她们斗争了将近10年。直到1968年，即观众们看到电视上报道大西洋城的女权主义者之前的三周，她们才赢得了航空公司的新政策与合同。

妇女逐渐开始在就业市场获得一席之地。1968年，当缪丽尔·西伯特成为第一个拥有纽约证券交易所席位的女性时，她仍然需要说服客户们相信，来自女人的市场建议可以和来自男人的一样有价值，尽管到1968年时，美国女股民的数量已经超过男股民。到了1968年年底，缪丽尔的业绩报告显示这是"难以置信的一年"。在购买席位之前，缪丽尔赚了50万美元，但是在1968年获得席位之后，她赚取了超过100万美元，主要集中在航空与航天股。她的客户中包括纽约的数家大银行以及所有25家最大的共有基金。

在密西西比州，妇女第一次赢得了进入陪审团的权利。两位女性首次获得了职业骑师的执照，虽然其中的凯茜·库斯娜（Kathy Kusner）随后摔断了腿并退出了当时的赛季。越南南方民族解放阵线在这方面给西方上了一课，他们委派阮氏萍女士（Nguyen Thi Binh）作为巴黎和谈的首席谈判官员。护士中尉简·A.隆巴尔迪（Jane

A. Lombardi）成为了赢得格斗勋章的第一位女性。

然而，进步姗姗来迟且节奏缓慢，这就是"全国妇女组织"这个女权组织以"现在"（NOW）命名的原因。到 1960 年时，美国 16 岁以上的女性中 40% 都在工作。那种认为女性完全是家庭主妇的观念逐渐变成了神话而非现实。真实之处在于，大多数职业女性的工作和工资报酬都不理想。联邦政府于 1965 年立法，禁止雇佣中对于种族、宗教和民族血统的歧视，尽管女权团体进行了大力游说，但是反性别歧视却并未纳入这一立法。

"全国妇女组织"的首选斗争目标，是改变报纸以性别排列求职招聘广告的做法。现在，虽然报纸以白人和"有色人种"排列招聘广告已是非法的，但是在报纸上，分别列出"男性职位"和"女性职位"的招聘广告，以及单单挑出女性提供薪酬较低的工作仍然非常普遍。"全国妇女组织"在这场斗争中火力全开，她们采取了各种策略，比如闯入"平等雇佣机会委员会"听证会，手持巨大标语牌，上面写着对电视转播很有吸引力的文字，例如"每家锅里有只鸡[1]，每家屋里有娼妓"。纽约市的主要报纸在 1967 年摈弃了按照性别分列求职广告的做法，但是美国的许多报纸仍然延续这个做法，直到 1973 年在对《匹兹堡新闻报》案件的审理中，美国最高法院才判决此举违法。

1968 年，"全国妇女组织"在一系列议题上展开斗争，包括修改纽约州法律以使堕胎合法化的关键战役。与此同时，她们希望国会制定保障妇女平等权利的宪法修正案。但自从 1923 年以来，这个修正案，即平权修正案，曾被提交给历届国会却屡被否决。

---

[1] "每家锅里有只鸡"是亨利四世对其臣民的承诺："我希望我的王国里不再有贫困的农民，至少在星期日他们的锅里都能有一只鸡。"后来，这个表达泛指对于一般福利的承诺，曾在 1928 年美国共和党的竞选广告中被使用过。

和 1968 年所有伟大的社会运动一样，女权主义运动植根于民权运动。那些强制实行妇女的隔绝和不平等地位的法律——在法庭上屡屡被维护的这一原则被称为"简·克罗法案"[1]。许多女权主义者将"全国妇女组织"称为妇女的"全国有色人种推进协会"，导致其他人坚称这一组织其实更为激进——它是妇女的"种族平等代表大会"或者"学生非暴力协调委员会"。贝蒂·弗里丹将那些迎合男性性别歧视的妇女称为"汤姆大婶们"（Aunt Toms）[2]。

"两者确实有惊人的相似之处。"弗洛伦丝·亨德森（Florence Henderson）坚称。她是纽约的一名律师，因为对"学生非暴力协调委员会"领袖拉普·布朗的辩护而在当时声名大噪。"法庭，相对于白人而言，对黑人和妇女显示出一种更为居高临下的态度：'法官阁下，我从这个孩子小时候起就认识他，他的母亲为我的家庭工作……''法官阁下，她不过是个女人而已，她有三个小孩要抚养……'。我认为白人男性社会对于两者的态度是一样的：'如果我们想给予你权力，没问题，但是不要表现出这似乎是你们应得的。'这种意识太过于大男子主义了，太过于……白人意识了。"

在 20 世纪 50 年代末期和 60 年代早期，最有才干、最为勇敢和最富理想主义的女性都参与了民权运动，否则女权主义运动的第二次浪潮会早些爆发。60 年代末期，新左派的关注焦点是终止越战，面对更为严重的虐待黑人问题，长期以来参与民权运动的白人妇女都觉得提出妇女权益的议题并不合适。毕竟，女性没有被处以私刑或者被枪杀。

---

1 吉姆·克罗法（Jim Crow laws）泛指 1876 年至 1965 年间美国南部各州以及边境各州对有色人种（主要针对非洲裔美国人，但同时也包含其他族群）实行种族隔离制度的法律，因为 Jane 是美国女性常见的名字，女权主义者就把这些歧视妇女的法案称为"简·克罗法案"。
2 1852 年美国作家斯陀夫人所著的《汤姆叔叔的小屋》，被认为为美国的南北战争和废奴运动极大地争取了舆论支持，女权主义者将"汤姆叔叔"（Uncle Tom）这个表达改为"汤姆大婶们"（Aunt Toms），指的是那些在职业上成功，但对于女性解放运动、促进通过宪法的妇女平权法案漠不关心的妇女。

在这些具有教会背景、奔赴南方并和"学生非暴力协调委员会"一起冒着生命危险工作的白人女性中，包括玛丽·金和桑德拉·卡森（Sandra Cason）——后者与汤姆·海登结婚并最终离异，其名字也改为凯西·海登。"学生非暴力协调委员会"中一些年龄较大的女性工作者，尤其是埃拉·贝克，对女青年有巨大的影响。贝克对于玛丽·金和其他人具有重要的激励作用，她在"南方基督教领导协会"担任金博士的顾问，但是于1960年转投"学生非暴力协调委员会"。关于"南方基督教领导协会"，她表示：

> 我很艰难。我不是个没主见的人。由于我经常会据理力争——不仅仅是会，而且确实是在这么做，所以那些从没有类似经历的人会对此感到沮丧。和那些按理说是"潮人"的男人们在一起是一件怪异的事，如果他们从未认识一个能对他们说"不"，而且是毫不含糊地说"不"的女人，有时他们会不知所措。尤其是，当你有我这样一副大嗓门的时候。有时如果有必要的话，你可以在一两公里外就听到我的声音。

事实上，除了那些风流韵事，马丁·路德·金在他自己的婚姻里存在许多严重的问题。科雷塔痛苦地抱怨自己被排除在民权运动之外。在一次接受采访时，她曾表示："我期望自己能更多地参与其中。"她设想自己在民权运动中将担当重要角色，而马丁·路德·金则予以拒绝。这是其婚姻中持续发生龃龉的一个根源，并且按照一些助手的说法，这也经常导致马丁·路德·金在一天工作过后无法回家。曾在"南方基督教领导协会"与马丁·路德·金密切共事的多萝西·科顿（Dorothy

Cotton）表示："马丁……绝对是个大男子主义者。他认为妻子就该待在家里照顾小孩，而他则应该在外打拼。他还有许多东西要学习，他有待成熟。他总是让我做记录，总是要我去为他冲咖啡。我也照做了。"在她看来，这是时代使然。"他们都成长在性别歧视的环境里，都是具有性别歧视倾向的男牧师……我爱金博士，但是我知道他身上也有那种印记。"只有在金博士辞世后，科雷塔·斯科特·金才得以自由地成为民权运动的重要声音。

20世纪60年代的所有社会运动——直到"全国妇女组织"和其他女权组织活跃起来——都是由男人领导的。"学生争取民主社会"中的女性会谈论汤姆·海登和其他男领导人是多么咄咄逼人。"学生争取民主社会"的一本小册子写道："这个体制就像个女人。你必须干它才能迫使它改变。"在最近的一次访谈中，海登认为问题部分在于："当'学生争取民主社会'起步时，妇女运动仍处在休眠状态。"但是他也将这个问题主要归咎于自己和其他领导人的"无知"。"自由言论运动"的领导人、马里奥·萨维奥的首任妻子苏珊娜·戈德堡说道：

> 我是"自由言论运动"的执行委员会和指导委员会的成员。我提出一个建议会无人回应。30分钟后，马里奥或杰克·温伯格会提出同样的建议，而这时每个人都会回应说这个主意很棒。我以为这也许是因为我的表达不够好，许多年来我都这么以为。但是在"自由言论运动"的25周年纪念日时，我碰到了杰姬·戈德堡，她说："不，你表现得很好，太棒了！我曾将它用于我的街头戏剧中——《被忽视的苏珊娜》。"

"自由言论运动"的另一个领导人贝蒂娜·阿普特克（Bettina Aptheker）说道："妇女做了大多数事务性的工作，也不被充分认可，我们所做的都不被视为工作而特别受到承认，而我从未质疑这种分工，甚至从未把它当作一个问题！"

　　也许没有任何其他组织的分工比"学生非暴力协调委员会"更为平等。"学生非暴力协调委员会"的工作总是辛苦和危险的，尽管有时会有质疑认为，获得媒体关注的领导人都是男性，但是具体工作及其危险都是平等分配的。1968年，"学生非暴力协调委员会"面临的问题不再是引发暴力冲突和吸引媒体关注，而是如何在暴力中生存下来。如同后来的"珍妮特·兰金之旅"，一旦"学生非暴力协调委员会"意识到，如果有女性在场，他们就会较少受到暴力攻击，于是他们便希望更多的女性在场。尽管她们持续地受到恐吓、拷打、被捕、威胁、枪击，并受到咆哮的警犬的攻击——女性还是不得不承认，她们比男性面临的危险少，而白人女性比黑人女性面临的危险再少一些。黑人男性总是处于最危险的境地。1964年10月在密西西比州，民权运动遭受了巨大的损失，有15人丧生，4人受伤，37座教堂被炸或焚毁，1000多人被捕。

　　至少在这个方面，"学生非暴力协调委员会"比其他反战运动组织的性别歧视色彩更少。戴维·德林杰在1967年和1968年组织反战游行时发现，反战积极分子、小儿科医师本杰明·斯波克，以及较早的妇女反战团体之一"妇女反战求和平力量"，都因为担心暴力危险而力阻妇女和儿童参与示威游行，这让戴维·德林杰深感震惊。

　　在"学生非暴力协调委员会"内部流传的书籍中，除了弗朗兹·法农和加缪的作品，还有一本被读得卷角破损、没了封面，那就是西蒙尼·德·波伏娃谴责婚姻制度并检视女性社会角色的著作《第二性》。女权主义的观念开始逐渐地渗入民权运动。如同贝蒂娜·阿普特克所指出的，在阅读波伏娃、弗里丹，以及其他一些人的著述之前，女性虽然对于不公有模糊的感知，但无法清晰地进行理论阐述。

1964年，玛丽·金和凯西·海登共同执笔，向"学生非暴力协调委员会"成员提交了一份关于女性在运动中的地位的备忘录。"学生非暴力协调委员会"的工作风格就是如此，先是以备忘录方式提出意见，然后召开会议详细讨论。这份备忘录包括了一个会议和项目的清单，即女性被排除参加的会议，以及具有突出才干的女性未被考虑担任领导的项目。

> 无疑，一些人对于这个清单会感到奇怪，另一些人会觉得它很琐碎，大多数人则会觉得好笑。只要有妇女参与这一运动，这个清单就会继续存在。只可惜大多数女性并不讨论这类事件，因为整个主题都是不可以讨论的……

因为担心受到嘲笑，玛丽·金和凯西·海登并未在备忘录上署名。鲍勃·摩西和其他一些人对此表示了赞赏。朱利安·邦德（Julian Bond）则挖苦地笑着，"瞟着旁边不予表态"。基本上，这份备忘录是遭到了耻笑。玛丽·金说，一些人猜到了她是作者因而对她"嘲弄和辱骂"。此后的一个月光皎洁的夜晚，玛丽·金、海登，还有一些人围坐在斯托克利·卡迈克尔身旁。卡迈克尔是一个对开玩笑上瘾的家伙，他以独白来嘲讽所有人和所有事情，令听众们捧腹大笑。然后他聊到当天的会议以及那份备忘录，他盯着玛丽·金说道："妇女在'学生非暴力协调委员会'中是什么位置？"他停顿了一下似乎在等待一个答案，然后继续说道："妇女在'学生非暴力协调委员会'中的位置是俯卧。"然后玛丽·金和其他人都笑弯了腰。

从那时起的数十年里，卡迈克尔的这句话经常被引用，作为激进民权运动中的性别歧视的证据。但是，当场听到这句话的妇女都坚称他是故意那么说的，听者也只是把它当作一个笑话。

玛丽·金和凯西·海登在 1965 年再次提交了一份备忘录：

> 就整体而言，在我们的社会中，黑人和妇女所受到的待遇看来有许多相似之处。但尤其是那些我们交谈过的、参与这个运动的妇女，她们似乎被困于人们已经习以为常的等级制度中。这个制度的运作，有时是很微妙的，会迫使她们或者围绕着，或者被排斥于妇女的权力等级结构之外进行工作。和她们的个人处境一样，妇女被置于假定的同一隶属地位。最糟糕的是，这是一个利用和剥削妇女的等级制度。

签署了她们名字的第二份备忘录成为了女权主义运动中影响深远的一份文献，但是她们所发送的黑人妇女、民权活动人士、朋友和同事等 40 人中，没有一个人对此做出回应。

"全国妇女组织"的创始成员，如弗里丹、伊斯特、威斯康星州的教育工作者凯瑟琳·克拉伦巴克（Kathryn Clarenbach）博士、出色的律师艾琳·埃尔南德斯（Eileen Hernandez）、"底特律汽车工人联合会"执行主管卡罗琳·戴维斯（Caroline Davis），都是事业有成的女性。在"全国妇女组织"1968年的1200名成员中，许多人是律师、社会学家和教育工作者。其中还有100名男性成员，他们几乎全部是律师。他们希望联系和援助那些没有工作的妇女、家庭主妇，以及那些职位低下、薪酬过低的职业女性。但是和反战运动非常类似，女权主义运动的第二次浪潮肇始于受过良好教育、摒弃了社会传统偏见的精英人士。

在1968年，女权主义者仍然会遭到诋毁，会被说成是个有问题、犯了毛病的女人，很可能是"缺乏魅力"。女权主义者们——"胸罩焚烧者"们——则被认为是因为自身不美而反对美貌的怨妇。打破这个刻板成见的，是"全国妇女组织"纽约分支的负责人蒂－格雷丝·阿特金森（Ti－Grace Atkinson），她是来自路易斯安那州的29岁未婚女性，每份报纸的相关报道都不厌其烦地指出，她是"有吸引力的"、"美貌的"，或者按照《纽约时报》的用词，她"温柔性感"。

在1968年，即使是最微不足道的改变婚姻制度的尝试，也会被一般大众认为是激进之举。如果一位已婚妇女不采用夫姓，也会被视为激进女权主义者的行为。比如西蒙尼·德·波伏娃这个拥有巨大影响力的法国女权主义者，她虽然和萨特在一起生活，但从未与其结婚——许多60年代的女权主义者极度不信任婚姻制度。阿特金森表示："婚姻制度和奴隶制度具有同样的效果。它以同样的范畴将人们隔绝，它驱散了人们，使他们无法产生阶级认同。广大的奴隶们也无法认识到自己的处境。说一位妇女对她的家和孩子们感到'满意'，这就如同说黑人在老爷们的照顾下感到'满意'一样，都是无稽之谈。女性是由抚养性的角色定义的，而她的丈夫则是由生产性的角色定义的。而我们要说的是，所有的人在社会中都应该担纲生产性的角色。"阿特金森17岁成婚，这个经历影响了她对婚姻的看法。离异后，她获得了宾夕法尼亚大学的艺术学位，成为了费城当代艺术学院的首任院长，其后又获得哥伦比亚大学的哲学硕士学位。她表示，德·波伏娃的《第二性》"改变了我的生活"。她致信德·波伏娃，而波伏娃则建议她参与到一个美国团体中去。就在那个时候，阿特金森开始创立羽翼未丰的"美国妇女组织"。

在法国，德·波伏娃的祖国，据称也是在1968年产生了女权主义运动。然而，德·波伏娃的《第二性》于1949年首次在法国出版，到1968年时已经影响了整整一代女性中的大部分人，这些人的女儿们也正在阅读这本书。1968年，女权活动人士成立了团体，她们向政府施压，要求堕胎合法化，以及放宽只能以处方获得口服避孕药的限制。医生们会以各种理由拒绝开这个处方，其中包括武断地认定这些女性并不足龄。

在德国，女权主义运动同样可以追溯到1968年。当时在德国"学生争取民主社会"于法兰克福举行的大会上，赫尔克·桑德（Helke Sande）呼吁性别平等，并要求"学生争取民主社会"在未来的计划中顾及女性关注的问题。当大会拒绝对桑德的提议进行深入讨论时，愤怒的妇女开始向男人们投掷西红柿。但事实上，在这个事件发生之前，妇女团体已在几个城市中创立，第一个妇女团体于1968年1月在柏林成立。

德·波伏娃以其与萨特长久而深厚的关系而知名，她表示，人们应该是通过爱而非法律的批准而结合。在1968年，阿特金森和其他许多美国的女权主义者则声称，为了使女人和男人的地位平等，儿童应该由公社集体抚养。于是，公社成为了一个流行的解决方案，在全美如雨后春笋般地发展起来。但是研究过以色列的集体农场制度的儿童成长专家则对此反应冷淡。密歇根州立大学儿童精神病医院的塞尔玛·弗雷伯格（Selma Fraiberg）博士，在1968年的一次访谈中告诉《纽约时报》，她对于在以色列集体农庄中成长的儿童的研究显示，这个系统造就的是她所称的"一坨冷饼干"——冷漠而难于相处的人。与此同时，公社里的妇女开始抱怨那里也存在基于性别的等级体制——女人们做着清洁工作，而男人们则在冥想。

1968年的美国女权主义者可以细分为两类团体：政治派和激进派。政治派是一些老练的活动分子，其中许多人有参与民权运动和新左派的长期经验。"全国妇女组织"就是一个政治派的组织。激进派则包括诸如"纽约激进妇女"组织，以及芝加哥的一个类似团体。"纽约激进妇女"组织不仅发起了对美国小姐选美的抗议，而且推行了一项重要的创举："提高觉悟"（consciousness - raising）。1968年，当"纽约激进妇女"提出这个概念以招募女权主义者时，包括"全国妇女组织"在内的政治派都认为这是一个适得其反的主张，因为此举将疏远男性。在"提高觉悟"这个活动中，妇女们相互诉说所有为了取悦男人所做的违心事，诸如貌似蠢笨地行事、假装表示同意，以及为了讨好男人而穿上那些反自然的鞋子、内衣和其他服装，结果使自己痛苦不堪。通过"提高觉悟"这个活动，女性将意识到她们对自己本性的扭曲程度——因为她们担心男性会发现她们的真实自我并不吸引人。正是在"提高觉悟"这个活动的过程中，产生了对美国小姐选美的抗议。弗朗兹·法农在《大地哀鸿》一书中曾论及殖民地人民如何会产生被殖民心态——他们接受了宗主国对于他们境遇的安排，但是未能意识到自己也接受了相应的角色安排。"纽约激进妇女"组织认为，男性对女性所做的同样如此，因此，促使妇女意识到这点正是将女权主义转化为群众运动的关键。"提高觉悟"看起来仅仅是自我疗法的某种形式，但是这一进程将为女权主义事业招募成千上万的妇女。"纽约激进妇女"组织显然是正确的，在几年的时间里，"提高觉悟"成为了大多数女权主义者都接受的说服女性加入其事业的一种方式。类似的活动还有"畅所欲言"（speakout），即妇女公开地讲述梦魇般的非法堕胎经历，此举对于改变堕胎法案有着重大影响。

1968 年，当"提高觉悟"这个活动展开时，人们虽然从十多年的民权运动中增强了对种族问题的意识，但是对于性别问题的意识仍非常有限。在《冰上之魂》一书中，埃尔德里奇·克利弗详细描述了在他所谓的"一次起义行动"——强奸一位白人女性——中所获得的快感："令我欣喜的是，我在蔑视和践踏白人男性的法律，在践踏白人男性的价值体系，并且我在玷污他们的女人。"作为一种时代观念的产物，这被视作后来已被抛弃的种族仇恨的一个自白。但是在这段叙述中，白人女性仅仅是作为男性的附属品，其中的性别歧视含义则基本上未被人提及。拉塞尔·塞奇基金会研究员夏莱恩·亨特（Charlayne Hunter）在《纽约时报》发表了书评，他强调克利弗酣畅淋漓地表达了"在这个国家的一位黑人男性"的痛苦，但是根本没有提及克利弗对于女性的态度。

在 1968 年，那种当今看来令人震撼的性别歧视仍然被普遍接受，即使在新左派青年中也是如此。1968 年，由简·方达（Jane Fonda）出演的影片《太空英雌芭芭丽娜》（Barbarella）中，她饰演的女武士身着性感、暴露的宇航服，通过性爱完成征服。在《人猿星球》这部影片中，女性都一言不发且毫无个性，除了那个女人猿之外，其他女性们都衣着暴露，也许是因为没人会对衣着暴露的女人猿感兴趣。1969年，罗伯特·奥尔特曼（Robert Altman）导演的《陆军野战医院》极受大学生们的青睐，因为它看起来是一部反战电影。埃利奥特·古尔德（Elliott Gould）和唐纳德·萨瑟兰（Donald Sutherland）出演两个成天喝着马提尼酒的军医，他们看不起在和他们上床这件事上稍有犹豫的任何女子。摇滚文化中的性别歧视更甚。在埃德·桑德斯声称是小说的《上帝的碎片》中，女性角色没有名字和面目，她们出场的唯一用处，就是为有着诸如阿比·霍夫曼和杰里·鲁宾这些名字的男性角色提供性服务。

1968年年底，妇女的流行时尚再次显示出时代正再次发生改变。当年3月，纽约上演了一场"打倒紧身连衣裙"运动，以此反对"那些肥大的、收紧式灯笼短裙和紧身连衣裙，以及老式腰围的裙子……连衣裙和外套中间那宽大丑陋的腰带，让女士们看起来像全线撤退的庞然大物"——这是由66人联署的请愿书上的文字，参与人中有17人为男性。这一运动的领导人多娜·福勒·卡明斯基（Dona Fowler Kaminsky）是一个28岁的伯克利大学毕业生，她专程来到百货公司抗议将超短裙颠覆为长长的"迷嬉裙"的新时尚。抗议者威胁称，她们将在百货公司外手持写着"迷嬉装是怪物"的标语牌示威。早春的时候，《时代》杂志的时尚专栏作家们预测，当年夏天将是"史上最暴露的"，女人们将穿上真空衬衣，下面赤裸，露出小腹，领口宽大且下延，后背开衩——如《时代》杂志所称的，"直到尾骨"。鲁迪·吉恩瑞克（Rudi Gernreich）在1964年曾设计出无上装泳衣，这被苏联人斥为"下流野蛮"，它甚至在法国南部也被禁止穿着；

吉恩瑞克预测,"露胸装"将在此后五年里得到人们的完全认可。芝加哥设计师沃尔特·霍姆斯(Walter Holmes)则设计出超短裙修女装和超短裙僧袍,它们都带有可拆卸的兜帽,因此可显示下延的领口——这两种时装都不是为修女设计的。

但是到了 1968 年年底,使很多男人惊慌失措的是,长裤与夹克配套的便装也成了"时尚"打扮。妇女希望得到重视并和男人展开竞争,如果是穿着超短裙这将更为困难。很少有人注意到,美国社会中将会有新鲜和激动人心的事情为女性发生,即使这没有很好地反映在时尚方面。不知怎地,"不公"和"乐趣"这两者似乎都将退场,20 世纪60 年代行将谢幕。威廉·津瑟在《生活》杂志上写道:"城市便装就是理查德·尼克松领导的潮流。第一次派送时无人问津,第二次派送时不讨人喜欢。不要紧,它会以稍有不同的形式卷土重来,再一次恳求得到认可。和尼克松非常类似,这种便装知道机不可失,时不再来,而我很抱歉,现在它就来了。"

第十九章
在阿兹特克人的地方

每个民族的历史都是象征性的。也就是说，历史及其事件、人物都指向另一段被遮蔽的历史，它们是隐秘的现实的外在体现。

——奥克塔维奥·帕斯，《附录》，1970 年

古斯塔沃·迪亚斯·奥尔达斯（Custavo Díaz Ordaz）是个非常丑陋的人。关于他们的这位总统，墨西哥人分为两个阵营：一派认为他长得像蝙蝠，另一派认为他更像猴子。他的矮小身材、像是被割过的小鼻子、长牙，以及把他的虹膜放大到原始尺寸的厚眼镜，都是引起这个辩论的谈资。"猴子派"给他取了个绰号"猿猴"，即墨西哥语中的猴子，可是他长臂下垂的姿势又令人想起蝙蝠的翅膀。但是他被认为具有不错的幽默感，据说，有一次他这样回应对他"两面派"的指责："真荒唐，如果我还有另一副面孔，我为什么还要用这一张？"尽管他并非特别能言善辩，他的嗓音却浑厚有力。他的嗓音是唯一对其有利的生理特征，但是一副好嗓子对于一个墨西哥总统来说是个重要的标志。墨西哥诗人奥克塔维奥·帕斯（Octavio Paz）曾写道："由

于他们习惯了只是发表独白式的长篇大论，冠冕堂皇的言辞像祥云罩着他们，我们的总统和领导人们陶醉于其中，他们几乎无法相信还存在与他们不一样的愿望和意见。"

1968 年的墨西哥总统焦虑不安。一些忧心之事藏在他心里，而另一些则已是现实。他有理由担心墨西哥奥运会。1968 年，在奥运会开幕之前，几乎所有的文化和体育大事都受到了干扰。法国格勒诺布尔的冬奥会顺利举行，尽管对于苏联和捷克之间的冰球比赛有过多的关注——但冬奥会是在 4 月之前举办的，那时的法国人还百无聊赖。为了纪念马丁·路德·金辞世，4 月的奥斯卡金像奖颁奖典礼推迟了两天举行，又因为政治原因而黯然失色。颁奖礼主持人鲍勃·霍普——因为他慰问越南美军时女里女气的演出，新左派并不喜欢他，而他关于推迟颁奖所开的玩笑也吓坏了观众们。两部关于种族关系的电影——《炎热的夜晚》和《猜猜谁来吃晚餐》赢得了奖项，尽管它们的故事过于简单而其中的说教也很可笑。由于明确触及了当时的社会现实，捷克导演伊里·曼佐的《严密监视的列车》获得了奥斯卡最佳外语片奖，而他当时还可以自由旅行以接受奖项——这是一个全然政治化的事件。

可是，干扰行动比政治化更糟糕。抗议者使当年的威尼斯双年展和戛纳电影节被迫中止，他们攻击了法兰克福书展，还干扰了美国小姐选美，甚至连肯德基赛马会的获胜赛马也因服用禁药而被取消资格，当然还有 1968 年的芝加哥民主党大会。这些都不能在墨西哥发生。

作为墨西哥总统的迪亚斯·奥尔达斯，是墨西哥革命制度党（PRI）指定的领导人，他是革命的继承人，也是这个执政党精心选择却又显然矛盾的名称——"革命"与"制度"的保卫者。1910 年，墨西哥是一个政治混乱、社会不公的迷宫。长达数世纪的无能的殖民统治之后是腐败的独裁统治，然后又是异国入侵，最后以一个人长达30年的统治而告终。这是一个人们熟悉的模式。在多年的政局动荡后，独裁者波费里奥·迪亚斯（Porfirio Diaz）实现了稳定。1910年，他已是80岁高龄，却没有安排任何身后的继任者或者相关机构。当时没有任何政党，而波费里奥也不代表任何意识形态。墨西哥被分裂成不同的文化、种族和社会阶层，它们各自都有各自不肯让步的需求。那年，这个国家爆发的所谓的"墨西哥革命"，是一系列无休止且极具破坏性的内战，其中大多数又是地区性的战争。当时有许多领导人和许多军队。但这其实就是埃尔南·科尔特斯（Hernan Cortes）在16世纪初期所发现的墨西哥：一个由不同群体的领导人组成的联盟，而阿兹特克人通过执掌这个联盟来实现统治。通过分化这个联盟以及获得其中某些领导人的效忠，科尔特斯打败了阿兹特克人。墨西哥的政治游戏就是这么玩的。

来自墨西哥北部的中产阶级人士弗朗西斯科·马德罗（Francisco Madero）领导了其中的一个派系。他吸引了认同温和政治的上层阶级、中产阶级和工人阶层。墨西哥北部还有强悍的游击队战士——那些从事革命事业的马匪，其实有时候也就是雇佣军。潘丘·比利亚是他们之中的佼佼者。比利亚是唯一得到美国新闻界正面报道的革命领袖。即便如马德罗，在他建议控制向美国石油公司出口和向出口至美国的墨西哥的石油征收少量税负之后，美国媒体也对他口诛笔伐。但潘丘·比利亚几无"反美主义"情绪，虽然美国政府怀疑其他所有人都反美。比利亚确实强奸了数百名妇女，并且肆意杀人；他还是一个种族主义者，无论何时，只要在采矿营地发现中国工人都会大开杀戒。他的手下也是嗜杀和残酷成性的家伙，设计出许多可怕的刑罚。但是比利亚将军并不反美，美国人向他供应了武器和弹药。上万名马匪和比利亚一起策马驰骋，他们的活动区域大都在北部的奇瓦瓦州（Chihuahua）。他们烧杀劫掠，恣意妄为，有一次甚至在萨卡特卡斯州（Zacatecas）赢得了壮观的革命性的军事胜利。

在中部的莫雷洛斯州活动的则是埃米利亚诺·萨帕塔，他和其他任何派系都不一样，除了他们都是混血儿这一点——欧洲人和原住民的混合。有着一双忧郁大眼睛的萨帕塔，领导农民在中部高地发起了一场起义。他的追随者是墨西哥农民，他们或者是混血儿或者是非西班牙语裔的原住民部落，其后代中的许多人至今仍在墨西哥为其土地而战。他的目标是夺回被富裕的地主们掠夺的可耕地，然后将它们平均分配给农民。无论其他人在做些什么，萨帕塔及其追随者们决心持续战斗，直到农民得到他们的土地。

在马德罗于1911年当选总统后，他们的抗争仍在继续，马德罗却无力阻止。萨帕塔对马德罗颇有好感，但是马德罗却来自敌对的阶级。他是墨西哥北部拥有一个大牧场的地主，簇拥在他周围的是诸如贝努斯蒂亚诺·卡兰萨（Venustiano Carranza）这样的人物，卡兰萨在有钱人中有巨大的利益，由于萨帕塔试图进行一场真正的革命，这些人深感不安。马德罗无法将其土地给予萨帕塔，他也没有足够的财力贿赂北部的土匪和"将军们"，以使其相信和平是有利可图的。如同许多革命者的遭遇，马德罗被革命的支持者所暗杀。

到1914年年底，卡兰萨、潘丘·比利亚和萨帕塔的革命联军已控制了墨西哥，并且击溃了波费里奥·迪亚斯所遗留的政府军。随着新革命政府的成立，萨帕塔和比利亚的革命军也进入了首都。卡兰萨宣布自己为总统，虽然并不情愿，在巨大压力下，他还是采纳了萨帕塔的土地改革方案，但是他并未采取多少措施将其付诸行动。

和那个时期的大多数领袖人物一样，阿尔瓦罗·奥夫雷贡（Alvaro Obregon）也有将军的头衔。他是来自北部索诺拉州（Sonora）的一名教师，虽然是从一个游击队起步，但是他学习了机关枪和战壕等现代战争的战术。他拥有来自欧洲"第一次世界大战"的军事顾问。奥夫雷贡的气质和政治策略属于坚定的稳健派，这对于现代墨西哥的形成有巨大的影响。他对工人和农民抱有同情，但是不会因此采取过于激进的革命行动。他有为数可观的工人支持者，并将他们征召成立了"红色营"。1915 年 4 月，比利亚和奥夫雷贡进行了决战，奥夫雷贡用铁丝网和机关枪掩体筑成的战壕包围了比利亚的马匪。比利亚有效地使用了他的野战炮疯狂地予以还击，但是他从未理解现代战争的战术。他的手下接连被机关枪摞倒并被铁丝网围困。奥夫雷贡自己的一只胳膊也被炸飞，这块后来浸在泡菜坛里的残肢成为了奥夫雷贡的"红色营"的象征，而"红色营"后来被塑造成为"墨西哥革命军"，即体现革命理想的"人民的军队"。

萨帕塔仍坚持他的土地改革目标。在当地，这种顽固的首领通常是可以收买的，但是萨帕塔既不接受利诱又拒绝妥协。一名政府军队的双重间谍渗透到他的组织里，这个间谍奉命可以进行几次偷袭、杀死大量政府军士兵，以证明对萨帕塔的真心归顺。获得了萨帕塔的信任之后，这个间谍就将身着黑色骑装、骑着栗色战马、看起来总是英姿勃勃的萨帕塔诱入了 600 支来复枪组成的火力网。当萨帕塔于 1919 年辞世，这个被暗杀的革命者成为他那个时代的切·格瓦拉，成为了杀害他而非推行他的革命的新政府的象征。

　　大量的杀戮在墨西哥发生——其情形如此惨烈，以致从 1910 年至 1920 年，墨西哥的总人口减少了数十万。1920 年 11 月，独臂的奥夫雷贡成为了总统。他宣布将所有已没收充公的土地合法化，而这是卡兰萨拒绝实行的。通过这一举动，同时因为处死了策划暗杀萨帕塔的间谍，他最终和萨帕塔在莫雷洛斯州的部队达成了和平协议，尽管大部分土地分给了将军们，而只有一小块土地是分给了穷人。被收买的比利亚同意做一个安逸的农场主以度余生。但是在 1923 年，当他开着新汽车路过时，那些历年被他谋杀和强暴的受害者们的亲友枪杀了他。

　　有些人可以收买，而有些人必须枪杀，这成为了墨西哥的方式。"没有一个将军能够经受 10 万比索的炮击。"奥夫雷贡曾这么说。1924 年，1/4 的国家预算被用于收买将军们。而许多其他的"将军们"，以及有武装势力支持的当地首领，则被枪杀了。

　　墨西哥依 1917 年宪法建立的政府体制，首要目标并非民主，而是稳定。1928 年，墨西哥几乎再次滑向革命。没有对手的奥夫雷贡参选总统并最终当选。如果不是给他画总统素描的画家掏出手枪将其射杀，奥夫雷贡也许已走向独裁之路。

　　看来，总统的更迭总是会威胁到国家的稳定。墨西哥特色的解决方式是在 1929 年成立"国家革命党"（PNR）。通过这个机构，一个合格的总统将被选出并提供给公众。在六年任期内，这个总统几乎拥有绝对的权力。只有三件事他不能做——向外国割让领土、将原住民的土地没收充公，以及自己继任总统。在第二次世界大战中，为试图显得更为稳定和民主，"国家革命党"将名字改为"革命制度党"——

独特的墨西哥式悖论。

这就是经演变而来的墨西哥，它不是一个民主制度，而是一个建制性的革命——革命害怕革自身的命。革命制度党要么收买要么杀害农民领袖，它始终向萨帕塔致以口头上的敬意，却尽可能有限地进行土地改革。它一直买通工会直到它们成为革命制度党的组成部分。它还收买媒体，每次收买一家报纸，直到完全控制了新闻界。革命制度党并不暴力，它试图进行招安；只有在罕见的收买不成的情况下，它才会诉诸杀戮。

1964 年，革命制度党选择了前任内政部长古斯塔沃·迪亚斯·奥尔达斯作为下任总统。在所有的候选人中，他是最为保守的一个。作为内政部长，他成功地和美国保持了异乎寻常的良好关系。要引领墨西哥进入危险的 20 世纪 60 年代，他看上去是一个正确的选择。

迪亚斯·奥尔达斯急于将墨西哥进行展示。当时墨西哥正处于经济发展的最好时期之一，平均年增长率保持在 5% ~ 6%，在 1967 年则上升为 7%。1968 年 1 月，《纽约时报》报道称："在政治和金融的稳定框架中，稳健的经济增长使得墨西哥在主要的拉美国家中脱颖而出。"关于这一时期，奥克塔维奥·帕斯则以怀疑的语气写道："这个国家的经济取得了如此发展，以至于经济学家和社会学家都援引墨西哥个案作为其他不发达国家的榜样"。

1910 年，当 30 年的独裁统治行将崩溃时，波费里奥·迪亚斯曾尝试举行纪念墨西哥独立运动百年的国际庆典，从那之后，1968 年的夏季奥运会是墨西哥主办的首次大型国际活动。1968 年奥运会是墨西哥革命首次向全世界展示它的成就，包括兴起的中产阶级、现代化的墨西哥城，以及墨西哥运营这一大型国际活动的效率。通过向全世界的电视转播，它将显示墨西哥不再是那个落后和被内乱撕裂的国家，而是已经成长为一个新兴的和成功的现代国家。

但是迪亚斯·奥尔达斯也明白，全世界正在经历 1968 年的动荡，墨西哥会有麻烦。正在迫近的最明显的争议是美国的种族冲突，它具有将体育比赛政治化的潜力，如同金博士的遇刺将奥斯卡奖颁奖礼政治化了一样。1967 年夏天，在爆发过骚乱的纽瓦克召开的"黑人权力"领导人会议上，黑人抵制奥运会的概念首度出现。1967 年 11 月，和蔼可亲、颇受欢迎的哈里·爱德华兹（Harry Edwards）——加州圣何塞州立大学的一位社会学黑人讲师，再度在一次黑人青年会议上提出了这个想法。大多数运动员和黑人领袖都认为黑人的抵制不会奏效，但是爱德华兹这个主张的首批拥护者之一是短跑运动员汤米·史密斯（Tommie Smith），他是圣何塞州立大学的学生，拥有田径项目的两项世界纪录。圣何塞州立大学的另一个冠军级短跑选手李·埃文斯（Lee Evans）也表示将进行抵制。1968 年 2 月，国际奥委会又激活了这个关于抵制的主张：在实行种族隔离制度的南非政府仅仅做出一些象征性姿态之后，国际奥委会就作为交换重新准许南非代表团参赛。

哈里·爱德华兹身高 2.03 米，这个留着胡子、戴着墨镜和黑色贝雷帽的 25 岁年轻人曾是大学运动员，他坚持将美国总统林登·贝恩斯·约翰逊称为"行使私刑的贝恩斯·约翰逊"（Lynchin' Baines Johnson）。在他位于圣何塞的体育抵制办公室，他关注的不仅是抵制奥运会，还包括抵制大学体育和职业体育项目。但是在 1968 年，墨西哥城的奥运会无疑是主要目标。他墙上的一幅海报写着："与其奔跑和跳跃着争夺奖牌，我们不如挺身而出争取人道。"他的墙上同时张贴着"本周黑人叛徒"的名单，罗列出了反对抵制的优秀黑人运动员，其中包括备受尊敬的棒球运动员威利·梅斯（Willie Mays）、田径运动员杰西·欧文斯（Jesse Owens）和十项全能冠军雷弗·约翰逊（Rafer Johnson）。有人曾建议约翰逊总统抵制 1960 年的奥运会，迪克·格雷戈里曾号召抵制 1964 年的奥运会。但是今年，在哈里·爱德华兹办公室的帮助下，抵制奥运会的呼声似乎正在集聚力量。

1968 年 3 月，《生活》杂志发表了面向顶尖黑人大学生运动员的一项调查，结果十分惊讶地发现他们普遍坚信为了改善黑人的处境，放弃获得奥运会奖牌的机会是值得的。《生活》杂志还发现，黑人运动员对他们在美国大学里的待遇感到愤怒。虽然得到了将获得住房的承诺，但是面临住房方面的歧视时，他们却孤立无助。在圣何塞州立大学，体育系里的兄弟会对白人运动员招待周到，却不接收黑人运动员成员。在全国顶尖的 150 个大学体育项目中只有七个黑人教练。白人教练在更衣室或者客场比赛途中会将黑人运动员捆在一起。学术导师不断劝告他们修习特殊的或容易的课程以便顺利通过。黑人运动员们还发现，除了体育，教师或者学生团体中的任何人都不会和他们有任何交谈。

在成功举办了冬奥会之后，国际奥委会在 1968 年年初决定让南非重返奥运会。它还没能明白 1968 年的走势。在春季，当至少 40 个代表团威胁抵制赛事的时候，墨西哥人感觉到灾难临近，于是要求国际奥委会重新考虑其决定。国际奥委会取消了它的决定，再一次禁止南非参赛。此举使得包括史密斯和埃文斯在内的许多美国黑人运动员表示，他们将重新考虑参加墨西哥奥运会。美国人在孤注一掷地试图避免黑人的抵制，因为他们所集结的田径队有潜力成为美国历史上，甚至是现代体育历史上最出色的队伍。夏末，爱德华兹在黑豹党的一次会议上表示，对墨西哥奥运会的抵制已经取消，但是运动员们将戴着黑色臂章并且拒绝参加奖牌颁发仪式。到了9月，墨西哥政府完全有理由期待一届极其成功的奥运会。

墨西哥政府并不视自己为独裁统治者，因为尽管总统拥有绝对权力，他在任期结束后就必须下台，再不会有像波费里奥·迪亚斯那样长达30年的统治。政府会回应民众的要求。如果工人想要成立工会，革命制度党会允许他们成立工会。试图进行改革和完善、过上更好生活的墨西哥人，都需要加入革命制度党。只有革命制度党的成员可以参与这个游戏。即便是埃米利亚诺·萨帕塔的三个儿子——其中一个遗传了他那张令人印象深刻的面孔——也都在为革命制度党工作。在墨西哥，革命制度党仍然会遇上像比利亚这种可以收买的人，以及像萨帕塔那样无法招安的顽固分子，这种人要么被无限期地囚禁在监狱里，要么就被杀害。农民们长期以来意识到，革命并未兑现它关于土地的诺言，于是他们转而成立农会，但这些农会也悉数被革命制度党控制。有时会出现一个代表农民的新组织，但是其领导人要不被收买要不就被杀害，与那些新成立的工会领导人和新兴记者的命运一样。

随着墨西哥经济年复一年经历着奇迹般的增长，公众日益怀疑这些新财富的分配是极度不公平的。1960年，经济学院的一位研究员伊菲吉妮娅·马丁内斯（Ifigenia Martinez）进行了一项研究，结果表明墨西哥将近78%的可支配收入被社会中仅占10%的上层阶级所占有。此前没有人对此做过科学的研究，而这个结果似乎也令人难以置信，于是其他机构，如墨西哥银行重新做了这项研究，结果得出了同样的结论。

这类研究就是对于一种可观察到的现象的统计学解释：在迅速成长和快速发展的墨西哥，仍有大量并不快乐的人。从 50 年代后期开始，墨西哥爆发了一系列的抗议运动——农民运动、教师工会的抗议、社保医生的罢工，以及 1958 年激烈的铁路工人罢工。这些运动都迅速被镇压，参与者不是被招安、囚禁，就是被杀害。在铁路工人罢工 10 年之后，运动领导人德梅特里奥·巴列霍·马丁内斯（Demetrio Vallejo Martinez）仍被囚禁。

然而在 1968 年，随着奥运会的临近，只有一个群体是革命制度党未能控制的，那就是学生。原因在于，作为一种政治力量的学生在墨西哥还是一个新的概念。学生是墨西哥新的经济发展的产物。在第二次世界大战后，墨西哥城的发展开始提速。到了 1968 年，墨西哥城是全世界发展最快的城市之一，它的人口以每年约 3% 的速度在增长。墨西哥的人口结构特征呈现出迅速发展中的国家特有的金字塔特征，墨西哥全国人口中，尤其是墨西哥城的人口中，有相当大的比例是年轻人。随着中产阶级的崛起，墨西哥的大学生数量空前增长，墨西哥城每年都会再扩展几公里，位于首都新区的墨西哥国立自治大学以及墨西哥国立理工学院有着宽广和持续延伸的新校区，许多大学生蜂拥而至在此就读。

和法国、德国、意大利、日本、美国及其他许多地方的学生一样，这些学生敏锐地感受到自己比父辈享有更多经济上的舒适。但是墨西哥的学生同时感受到，虽然他们是快速发展的经济的受益者，但是他们周围的许多人却并非如此。

1968 年学生领袖之一罗伯特·埃斯库德罗（Robert Escudero）

说道："我们这一代和父辈有一个重大差异。他们非常传统。他们从墨西哥革命中受益，萨帕塔以及其他革命人物是他们的英雄。他们也是我们的英雄，但是我们还有切·格瓦拉和卡斯特罗。我们认为革命制度党是独裁的，而他们将其视为革命的解放者。"

萨尔瓦多·马丁内斯·德·拉·罗卡(Salvador Martinez de la Roca)，这个身材矮小、看起来斗志旺盛的金发小伙子就是众所周知的"皮诺"（Pino），他也是1968年的一名学生领袖。皮诺出生于1945年，1968年在墨西哥国立自治大学攻读核物理。皮诺是个"北方佬"，来自更靠近美国、受美国文化影响更显著的北部州区。"在20世纪50年代，我们酷爱《飞车党》里的马龙·白兰度，还有《无因的反叛》里的詹姆斯·迪安，"他回忆道，"我们比父母亲对美国文化更感兴趣。50年代的学生都穿着衬衣，打着领带，我们穿的则是牛仔裤和当地风格的衬衣。"

对皮诺来说，国立自治大学也让他看到了更多的精彩。"国立自治大学的电影俱乐部放映的电影在墨西哥其他地方都看不到——比如法国电影。我看到的第一部关于女同性恋的电影是《逍遥骑士》，其中有一种文化反抗。我们热爱埃尔德里奇·克利弗、穆罕默德·阿里、安杰拉·戴维斯、琼·贝兹和皮特·西格。"他说道。像《我们将战胜》这样的民权运动歌曲脍炙人口；马丁·路德·金——尤其在其辞世后——成为了学生们心目中的英雄，其地位几与格瓦拉和萨帕塔相当。黑豹党在墨西哥国立自治大学也有一定知名度。学生们广泛阅读诺曼·梅勒的作品，以及弗朗兹·法农和加缪的著述。但如同马丁内斯·德·拉·罗卡所言："最重要的是古巴革命。我们都阅读里吉斯·德布雷的《革命中的革命》。"

在著名的 1968 年事件之前，墨西哥国立自治大学已发生过许多次罢课和游行。1965 年，学生们支持医生为争取更高工资举行罢工。1966 年，国立自治大学的学生们连续罢课三个月以反对独裁的校长伊格纳西奥·查维斯（Ignacio Chavez）。1968 年 3 月，在欧洲的大游行之后，墨西哥城也爆发了反对越战的示威游行。但是与美国、欧洲、日本的游行相比，墨西哥的学生运动规模很小，只有数百名学生参加。

1968 年，小型的学生运动第一次成为墨西哥政府的忧虑，它压根儿不希望在奥运会期间有任何麻烦，同时也是因为古斯塔沃·迪亚斯·奥尔达斯总统有一种特殊的世界观。在没有组织者的情况下，自发的运动会通过电视的转播扩散至全世界，这样的一个世界不仅是新奇的，而且在奥尔达斯总统看来是非常难以置信的。他坚信在各国之间流窜的革命者有一个国际性的阴谋，他们到处扩散混乱与动荡。他认为这个阴谋中的关键要素就是古巴人。所以，尽管墨西哥政府无视美国的贸易禁运而公然与古巴保持友好，但在现实中，总统则对古巴有着偏执狂一般的恐惧，并且下令密切监视飞往古巴的航班，保存和研究它们的乘客名单。虽然公开拒绝对古巴实行贸易禁运，但奥尔达斯总统并不允许墨西哥与古巴通商，他还就"古巴威胁"与美国情报部门进行磋商。当奥尔达斯还是内政部部长的时候，他就和美国中央情报局、联邦调查局培养了密切的关系。墨西哥对美政策的本质，就是在公开立场和私下沟通之间的这种矛盾。正如 1916 年，卡兰假装反对美国干涉，事实上却鼓励美国总统伍德罗·威尔逊派遣美军入境攻击令人烦恼的比利亚。

莱昆贝里是墨西哥城市区的一个黑色城堡，它看起来像巴士底狱，事实上也是一座法国风格的监狱。它以其圆形庭院为中心，各个牢房呈轮辐状向外延伸。每个牢房约 4 米长、2 米宽。在 1968 年，这就是臭名昭著的关押政治犯的地牢。今天，曾经是国家机密的国家档案馆的文件就存放在莱昆贝里，大窗户取代了昔日的监狱栏杆，还铺上了磨光的镶木地板。这些约 4 米长、2 米宽的狭小牢房，满满地填塞着显然已清理过的卷宗，但是它们确实描摹出了当时困扰奥尔达斯政府和蔓延至全国的偏执妄想。

墨西哥内政部有大批的告密者。每个学生社团即使只有 20 个成员，也至少有一个内线会向政府报告，他们事无巨细地撰写报告，就连无关紧要的学生会议也记录在内。内政部对各种共产主义分子尤为感兴趣，对于那些和墨西哥共产党人交流的外国人当然就更为关切了。哪些人唱了古巴歌曲，谁提议建造越南塑像，以及谁同意这个提议，谁乘坐前往哈瓦那的航班——尤其是 7 月 26 日前后，古巴每年庆祝卡斯特罗首次起义的时候——围绕这些，政府都保存了详尽的报告。参与致敬何塞·马丁活动的人士的名字也被记录在案，尽管无论是亲卡斯特罗分子还是反卡斯特罗分子，他们都钦佩何塞·马丁这位古巴独立之父的著作。

法国也给迪亚斯·奥尔达制造了斯挥之不去的焦虑。这部分地是因为墨西哥学生对法国"五月运动"的着迷超过了其实际影响。尽管美国、德国和无数其他运动发生得更早、更持久，组织更良好，影响也更大，但对于许多墨西哥学生而言，巴黎的 5 月才是 1968 年运动的决定性时刻。

这部分是因为一个 19 世纪的观念在墨西哥的延续——法国是帝国主义全球霸权。法国曾短暂地统治过墨西哥。在 1968 年，法国的研究生学位仍然是在墨西哥最受尊敬的学位，而萨特被认为是首屈一指的知识分子。洛伦佐·迈耶（Lorenzo Meyer）是墨西哥学院的一位卓越的墨西哥历史学家，他本人是芝加哥大学的毕业生，论及墨西哥的这种法国崇拜，他说道："我认为这是惯性所致……这是从过去延续下来的。"

但是，学生们对法国学生运动的钦佩以及总统对于法国学生运动的恐惧，两者都基于一个不切实际的神话：巴黎学生能够联合工人力量使法国陷入瘫痪。5月31日，墨西哥城的托洛茨基派"革命工人党"号召举行一个工人和学生的联合会议来"做法国做过的事"，以及"将法国经验运用于墨西哥"。6月4日，在国立自治大学政治与社会科学学院，出现了一份托洛茨基派的第四国际墨西哥分部"革命工人党"的报纸，其中一篇文章写道："所有工人阶级政权都应该支持旨在建立新的工人阶级政权的法国革命运动。曾出卖和背叛法国革命的法国共产党和法国总工会，已要求法国革命运动的领导层，以及工人和学生、农民联合起来对抗世界资本主义。这个法国革命运动是对法国共产党的遗产和世界官僚主义的沉重打击。"7月24日，国立自治大学的经济学院与法国学生德尼·德克拉纳（Denis Decreane）、迪迪埃·库斯扎（Didier Kuesza）举行了会议，两人都来自楠泰尔大学。

政府在这些规模很小的左翼学生团体里的线人，将所有情况都报告给了内政部。人们以为巴黎激进学生与工人力量结合在了一起，这一点对大多数政权都是具有威胁性的，对革命制度党的执政地位尤其如此。由革命制度党来联合社会中的多元成分，掌控它们之间的关系——这才是体制运作的题中应有之意。

7月18日，政府注意到一个共产主义学生组织开会讨论学生绝食活动的可能性，此举是为了支持德梅特里奥·巴列霍·马丁内斯，他在 1958 年领导铁路工人大罢工后系狱至今，是最著名的政治犯之一。事实上，学生们并没有绝食，但是马丁内斯本人则进行了绝食抗议。他只喝含糖的石灰水而拒绝进食，8 月 6 日，他终于撑不住了，被送往医院治疗并用导管喂食。

反讽的是，这个组织墨西哥学生声援法国学生的严肃尝试，却因为参与者兴趣不足而不了了之。5 月底，著名的共产党作家、墨西哥国家文学奖得主何塞·雷维塔斯（José Revueltas）和一群学生进行了交谈，计划在被称为"切·格瓦拉礼堂"的哲学学院礼堂举行集会，声援法国学生。但是不知不觉到了 6 月，这些计划仍未实行，而到了 7 月，墨西哥学生们则觉得他们有太多自己的问题要处理了。"毕竟，"罗伯特·埃斯库德罗说道，"法国学生只死了一个人，而且还是一个事故。"

对于总统而言，这些蛛丝马迹都是一个国际阴谋的证据，法国和古巴的激进分子试图在全球扩散混乱。1968 年全年，这个阴谋一直存在，而随着奥运会的临近，它正在迫近墨西哥！内务部的卷宗重复记录着学生们的宣传册总是以这个口号结束："世界学生运动万岁！"

这些小型学生社团加上国际事件，都在总统心头引发了那种可以追溯到阿兹特克时代的明显的仇外紧张——害怕外国人将图谋破坏和接管墨西哥。内务部密切地监视着来墨西哥度夏的美国学生，因为这时墨西哥的学校仍未放假。他们还监视许多在伯克利大学和其他加州学校就学、目前回国过暑假的墨西哥学生。事实上，这些从加州回来的学生在墨西哥学生运动中很有影响力。1968 年 7 月，罗伯托·罗德里格斯·巴菲奥斯（Roberto Rodriguez Bafios）是墨西哥第一家通讯社 AMEX 的国内新闻部主任，这个通讯社已然成为官方控制的媒体之外的新闻平台，他表示："在 1968 年，墨西哥学生痴迷地阅读有关巴黎、捷克斯洛伐克、伯克利大学、哥伦比亚大学和其他大学的新闻。自从 1965 年夏天的'瓦茨骚乱'之后，大多数墨西哥人确信美国正处于内战状态。他们曾在电视上看到一个美国大城市的大型社区烈焰滚滚。墨西哥政府目睹了在法国、捷克斯洛伐克和美国所发生的一切，确信这个世界在丧失稳定。政府在学生运动中看到了同样的一股外部势力正试图颠覆墨西哥。"

墨西哥是世界上少数几个没有谴责苏联入侵捷克斯洛伐克的国家之一。革命制度党再也不喜欢革命了。政府将竭尽所能以阻止革命蔓延至墨西哥。它担心古巴人和苏联人，它也担心南部边境的危地马拉和伯利兹，既然担心伯利兹也就意味着担心在伯利兹有军事基地的英国人。波费里奥·迪亚斯曾说过这样的名言："可怜的墨西哥，离上帝如此之远而离美国如此之近。"但是现在世界变得越来越小了。对于迪亚斯·奥尔达斯而言，这句话变成了："可怜的墨西哥，离上帝如此之远而离其他每个国家都如此之近。"

困扰革命制度党的是，它无法确定该如何控制这些并非谋求食物、土地、工作或者金钱的学生。革命制度党可以成立学生组织，就像它成立了工会、新闻记者组织和土地改革组织一样，但是学生们没有任何动力参加革命制度党的学生组织。学生领袖之所以成为学生领袖，就在于他们每天都在赢得学生们的支持。如果学生领袖被政府招安，他就不再是学生领袖了。洛伦佐·迈耶说道："在这个社会里，学生是异常自由的。"

到了夏天，政府日渐滋长的忧虑已显而易见。在去芝加哥之前，艾伦·金斯堡与家人前往墨西哥度假，但是在边境被拦住了，他被告知只有剃掉胡须才能入境。就在几个月之前，迪亚斯·奥尔达斯还像一个动荡之年谋求和平的温和派人士那样信誓旦旦地向墨西哥新闻界宣布："只要愿意的话，每个人都可以自由地蓄须，留长发或者鬓角。只要自己觉得合适，想打扮得好看或者难看都行……"

　　如果所有1968年的学生运动比赛一下其中哪个的发端最为平和无害，那么，墨西哥的学生运动最有希望获胜。直到7月22日之前，它还是一个小型的和分裂的运动。奥运会的相关计划都在顺利进行。来自16个国家的18位雕塑家，包括亚历山大·考尔德（Alexander Calder）和亨利·穆尔（Henry Moore），已抵达墨西哥安置其作品。考尔德70吨重的钢制雕塑将竖立在新的阿兹特克体育场的前面，其他雕塑将竖立在通往奥运村的"友谊之路"上。在向新闻界宣布这些活动时，负责文化项目的官员奥斯卡·乌鲁希亚（Oscar Urrutia）引用了一首墨西哥古诗，其结尾是"然而我更热爱我的兄弟同胞们"。这将成为墨西哥奥运会的主题。

　　7月22日，这天所发生的就是两所对立中学之间的斗殴。无人能确定这场争斗的起因。这两所中学之间经常发生斗殴，而当地的两个帮派"蜘蛛"和"城堡"可能卷入其中。斗殴蔓延到墨西哥城的重要商业中心，城堡广场。第二天，学生们被两个帮派袭击，但他们并未回击。警察和特种防暴部队就在一旁袖手旁观，然后他们开始挑衅学生，并施放催泪瓦斯。当学生们开始撤回学校，防暴部队就穿过街区追逐并殴打他们。这种残暴行为持续了3个小时，共有20名学生被捕，不计其数的学生和老师遭到殴打。这次袭击事件的原因迄今不明。

突然之间，学生运动有了一个能够让墨西哥公众产生共鸣的由头——政府的暴行。下一步的行动发生在三天之后。一群学生决定游行，要求释放被捕学生并抗议暴力。在此之前，所有抗议关押政治犯的学生活动都是声援参与以前运动的积极分子，比如因参与铁路工人大罢工而被囚禁的政治犯。此前从未发生过学生被捕入狱的事件。与其他的示威游行不同，这次行动吸引了不少学生参与。

命运似乎喜欢嘲弄妄想狂。示威游行恰巧在 7 月 26 日进行，在市中心行进的学生们正好碰上了卡斯特罗的支持者们一年一度的庆祝游行。于是两支队伍会合，使当天的游行成为了墨西哥政府见过的最大规模的游行。军队迫使学生们绕道，并将他们引向了边道，一些示威者向士兵们投掷石头。学生们并不熟悉那些投掷石块的示威者。他们是在垃圾箱里发现石块的，这有些奇怪，因为墨西哥城中心的垃圾桶里通常不会有石块。冲突持续了几天。学生们征用了公共汽车，迫使乘客们下车，然后将公共汽车撞向围墙并纵火焚烧。

学生们宣称所有暴力行为都是军队安插的内应所为，其目的是为了使军队的暴力镇压正当化，学生们的指控在 1999 年解密的文件中大部分得到了证实。而彼时，政府则将暴力归咎为墨西哥共产党的青年团所为。到 7 月底，至少有一名学生身亡，数百人受伤，被捕入狱者则人数不详。每一次遭遇战都是为下一次行动吸收新鲜血液：受伤和被捕入狱的学生越多，抗议政府和军队暴行的学生也就越多。

8 月初，学生们成立了一个委员会，由来自墨西哥城各所大学的代表组成，名称为"全国罢课委员会"。与墨西哥的非民主不同，"全国罢课委员会"和美国的"学生争取民主社会""学生非暴力协调委员会"，以及 20 世纪 60 年代的许多抗议组织非常相似，都尽力做到民主。学生们投票选出代表，而"全国罢课委员会"对任何事务的决定都是由这 300 名代表投票做出。罗伯特·埃斯库德罗是其中最年长的代表，他在哲学系的研究生所学习马克思主义。他说："'全国罢课委员会'可以就意识形态问题开展 10 个小时或者 12 个小时的辩论。我可以给你举个例子。政府建议进行对话，而'全国罢课委员会'表示它必须是一个公开的对话——因为政府控制了所有信息并不予公开。这确实是问题之一，政府就是希望把任何事情都秘密操作。于是政府打电话来讨论对话的事情。'全国罢课委员会'进行了 10 个小时的辩论，议题就是这通电话是否违背了他们的基本原则——只能进行公开的对话。"

如同四个月前的波兰学生，墨西哥的示威学生们手持的标语也是抗议新闻界对政府政策的全盘支持，但是他们没有其他办法告知公众真实的情形，以及他们为什么进行抗议。于是为了应对革命制度党已控制所有新闻媒体这一事实，学生们创立了"街头小分队"（Brigades），每个小分队由 6～15 名队员构成，并以 20 世纪 60 年代的某次事件或者某个人物来命名，其中一个小分队的名称是"亚历山大·杜布切克小分队"。这些小分队在街头上演活报剧。他们走向集市和其他公共场所，每个人都扮演一个角色，开展对话或辩论，就在这上演的一幕幕街头剧中讨论墨西哥的时局。听到这些大声对话内容的人们就此得知了从报纸上从来没有读到过的消息。这个方法行之有效，因为在媒体堕落腐败的社会里，人们就是学着从街谈巷议中获得信息的。

9 月，迪亚斯·奥尔达斯的梦魇变成了现实。参与过 5 月巴黎运动的一个法国学生来到墨西哥对学生们进行指导。但他传授的不是革命理论、设置路障或者制造燃烧瓶，因为墨西哥的学生们看来已经习得了所有这些技能。在法国的学生反抗运动中，在美术学院的学生的指导下，这位建筑专业的学生让－克劳德·莱韦克掌握了丝印海报的制作方法。现在的墨西哥城，到处张贴着用廉价的墨西哥纸张印出的海报：向学生挥舞刺刀和警棍的士兵的轮廓、一个嘴上挂着锁的男人、新闻媒体像蛇信子一样的舌头和被美元蒙住的双眼，甚至还有奥运会海报，描绘的是一只戴着战斗钢盔的邪恶的猴子，它的长相确切无疑地与某位墨西哥总统相似。

但是墨西哥和法国不同。在墨西哥，当学生试图在墙上张贴海报或者涂鸦时，他们遭到了枪击。

8月，学生们的示威游行以及随之发生的军队暴行扩散到了其他各州。据报道，有一名学生在塔瓦斯科州的首府比亚埃尔莫萨（Villahermosa）身亡。在墨西哥城，"全国罢课委员会"成功地召集了5万名示威者参加游行，抗议军队的暴行。8月，《美国新闻与世界报道》杂志的一篇报道称，墨西哥"在奥运会前夕"正遭受困扰。这正是迪亚斯·奥尔达斯不愿意看到的情景——墨西哥城的奥运会看起来像将会是另一场"芝加哥民主党大会"。"在军队恢复社会稳定之前，大约100辆巴士被焚烧或毁坏，商店被劫掠，四名学生身亡，100人受伤。"当局将这些暴力行为归咎于"墨西哥境外共产党煽动者的指挥"。墨西哥政府称，被捕者中的五个法国人曾参与5月巴黎的学生反抗运动，"被验明是老牌的煽动者"，可是政府并未提供他们的名字或进一步的身份证明。但《美国新闻与世界报道》杂志指出其中尚有"其他的因素"，包括对墨西哥一党专制的不满。

8 月底，共有 10 多万人参与了学生们的示威游行，有时多达数十万人，但是学生们怀疑，其中许多游行者其实是政府为了煽动暴力事件而安插的特工。迪亚斯·奥尔达斯决定效法戴高乐——对于任何一个国家的首脑来说，这通常都是一个错误，他组织了一场支持政府的大型游行示威。但显然他认为自己无法吸引足够的群众参与，于是强迫政府工作人员乘坐公共汽车进入墨西哥城中心。其中发生的一幕更令人难忘的情景是，为了发泄被迫参与的愤怒，办公室的女文员们脱下了高跟鞋并用它猛敲坦克车的装甲。

除了挽救奥运会的决心、对动荡的忧惧，以及因无法控制学生的沮丧，古斯塔沃·迪亚斯·奥尔达斯想必被正在发生的一切所震骇。奥尔达斯来自墨西哥城附近火山另一侧的普埃布拉州，是一个极端循规蹈矩的人。普埃布拉是一个异常保守的地方，奥尔达斯的那个世界里，男人都穿着西装，打着领带，即便年轻男子也是如此。在他的世界里，在鸡尾酒会上诙谐地和总统开玩笑是可以接受的，但是在公众场合公开嘲弄总统、在公共游行中把总统画成猴子或者蝙蝠则是不可容忍的。这些年轻人对于权威没有任何尊重——似乎对任何事情都不尊重。

墨西哥总统在每年的 9 月 1 日都会发表国情咨文。在 1968 年 9 月 1 日的国情咨文中，古斯塔沃·迪亚斯·奥尔达斯声称："我们异常宽容，以致因为过分宽大而遭到批评，但是所有事情都有一个限度，最近在整个国家的视野中发生的、无法挽回的对于法律和秩序的触犯，都不会被继续容忍。"人们熟悉了奥尔达斯的讲话常有的威胁意味，但是在这个演讲中，他向全世界保证奥运会将不会受到干扰，这听起来尤其杀气腾腾。每个人都记住的那句话是"我们将采取一切必要手段"。如同亚历山大·杜布切克和苏联人打交道的经历，墨西哥学生也不知道他们在和什么样的人打交道。马丁内斯·德·拉·罗卡表示："那是一个威胁，但是我们没有认真去听。"

示威抗议活动在持续。9月18日晚上10点30分，军队的士兵和装甲车包围了国立自治大学校园，他们使用两面包围的战术，分别迫近和检查各栋大楼，直到最终将数百名学生和教师聚拢，命令他们高举双手站着或者原地趴下。当军队继续合围校园并逐一占领每栋大楼时，许多学生和教师们许被刺刀和枪口指着束手就擒。人们不清楚有多少教师和学生被捕，但其中有些人于次日获释。据说有超过1000人被捕入狱。

9月23日，警察入侵了国立理工学院，学生们群起用棍棒予以还击，然后军队——所谓的奥夫雷贡的"人民军队"——来到校园，并且第一次向学生们开火。据《纽约时报》报道，冲突中有40人受伤，其间发生了交火并有一名警察丧生，尽管并没有任何证据表明学生们曾拥有武器。一些身份不明的"义务警员"，也可能是身着便衣的士兵们，开始袭击学校并向学生们开枪射击。

暴力事件正在升级。10月2日，政府终于和"全国罢课委员会"进行了一次会议。按照"全国罢课委员会"代表劳尔·阿尔瓦雷斯·加林（Raul Alvarez Garin）的说法，这次姗姗来迟的对话是一场灾难。"压根没有和政府的对话。我们什么都没说。"当月的一张街头海报画的是刺刀，说明文字则是"对话？"。"会议很恶劣地结束了。"罗伯特·埃斯库德罗回忆道。于是"全国罢课委员会"组织了一场集会，届时将宣布为声援政治犯进行10天的绝食，直到奥运会开幕的当天，那时他们将再次尝试与政府谈判。这个计划中的集会将于特拉特洛尔科举行。

学生们并不知道政府已经做出了决策。政府断定这些学生并非像潘丘·比利亚那样可以被买通，而是萨帕塔的同类。

如果让古希腊的悲剧作家来写这个故事，它的最后一幕大抵会放在特拉特洛尔科上演。它在此处结束似乎就是命中注定。墨西哥的故事经常始自外部的威胁者而终于墨西哥自身，帕斯将其称为"一张隐藏的面孔：一张印第安混血儿的面孔，一张愤怒和溅满鲜血的面孔"。马丁内斯·德·拉·罗卡喜欢谈论美国的影响，包括黑豹党和民权运动的影响。但是回顾"全国罢课委员会"的那些演讲，他惊讶地意识到，在批判政府违宪和背叛萨帕塔的革命理想的那些演讲中，他们其实具有鲜明的民族主义印记。所以他们的故事最终并不是关于切·格瓦拉、索邦大学、科恩－本迪特，甚至伯克利大学，而是与阿兹特克帝国皇帝蒙特祖玛、科尔特斯和卡兰萨有关，与奥夫雷贡、比利亚和萨帕塔有关。集会是在墨西哥政府所称的"三文化广场"上演的，但这个事件总是以其阿兹特克语地名"特拉特洛尔科"而被铭记。

如果有一个地方能够讲述墨西哥的历史，包括它的被征服、杀戮、野心、溃败、胜利和志向，那就是特拉特洛尔科这个地方。当蒙特祖玛从高山湖上的特诺奇提特兰岛——墨西哥城的前身——统治着阿兹特克帝国的时候，其中一个附属的小盟国就是比邻的特拉特洛尔科王国，它是阿兹特克帝国欣欣向荣的商业和市场中心。特拉特洛尔科王国的最后一任统治者是年轻的科特默克特金，他于1515年执掌政权，四年后被西班牙征服者颠覆。西班牙人摧毁了特拉特洛尔科王国，在它的废墟上建起了教堂，这是他们从征服伊比利亚半岛的穆斯林国家后形成的惯例。1535年，一座方济各会修道院也在此建立起来，并以新近统一后的西班牙的国家守护神"圣地亚哥"命名。

20世纪60年代，墨西哥政府也在这片征服和毁灭之地出场了，他们建立了一座高高耸立的外交部大楼，还有一个大型的、蔓延数公里的中产阶级住宅项目，它由许多长长的混凝土街区构成，每个街区都以一个州或者墨西哥历史上的重要日期命名。蔓延数公里的这些住房是很好的公寓，户主是忠实于革命制度党的家庭并享有房租补贴，这是墨西哥城中革命制度党的重镇。并非说这里就没有人反对革命制度党，但这些矗立的住宅是作为革命制度党施惠的证据而存在。在1985年的墨西哥城地震中，这一样板工程被证明并非如革命制度党所声称的那样品质超群，其中的大多数房屋都摇晃或者倒塌，成为一个广为传播的丑闻。而那些阿兹特克时代的残破建筑和方济各会修道院几乎毫发无损。

特拉特洛尔科有一个石板路铺就的广场，它的两侧由壮观的阿兹特克废墟建筑群的黑石白灰浆的围墙环绕。大教堂也在其中一侧面对着广场。在广场前面和另一侧则是在建的住宅项目。前方的奇瓦瓦大厦的三楼有一个露天过道，人们可以站在一面齐腰高的混凝土墙前眺望广场。

有经验的政治活动组织者不会选择特拉特洛尔科这样一个地方。只需要控制各栋大楼之间的一些通道，警察就可以封锁整个广场。有几个身手敏捷的学生从军队在国立自治大学的行动中逃脱，但是在特拉特洛尔科，绝不会有漏网之鱼。

集会预定于下午4点开始。3点时，警察就已经禁止车辆进入城市的中心地带。下定决心的人们步行前来——有的是夫妇，有的是带着孩子的一家人。只有5000～12000人进入了广场，但具体人数取决于你相信谁做的统计——这是7月的动荡以来规模最小的活动之一。

这只是一个将发表声明的集会，而非大型的示威游行。

20 岁 的 米 斯 沃 克 拉 娅 · 冈 萨 雷 斯 · 加 拉 多（Myrthokleia Gonzalez Gallardo）来自国立理工学院，是"全国罢课委员会"的一位代表，她的父母亲担心会有可怕的事情发生，但她还是不顾他们的恳求去了广场。她觉得自己非去不可。墨西哥的进步人士刚刚开始考虑妇女权益问题，而加拉多就是"全国罢课委员会"300 名代表中仅有的九位女代表之一。"当女代表发表意见时，'全国罢课委员会'听取的可不多。"她回忆道。但是她被挑选出来介绍四个演讲者出场，对于女性，这可是不同寻常的高调角色。

"当我和四位演讲者走近特拉特洛尔科的时候，"34 年之后，她回想起那个月时不禁哽咽，"我们被警告必须要小心，因为有人看见军队在附近出没。但是我并不害怕，我们决定只把它开成一个短会。工人们、学生们和许多家庭都进来了，挤满了广场。在广场里我们没有看见任何军人。"

一行人乘坐电梯来到奇瓦瓦大厦三楼的阳台，那是一个便于居高临下向广场上的群众发表演说的位置。"我们在三楼就位，然后开始演讲，"她说道，"突然间，左边的教堂的上方出现了闪着绿灯的直升机。广场里的群众毫无防备，许多人被枪弹打翻在地。然后，戴着白手套、手持武器的军人出现在我们面前，也许是从电梯上来的。他们命令我们下到底楼，然后开始殴打我们。" 加拉多听到周围传来自动武器"嗒嗒嗒"的射击声。

墨西哥军队有两个指挥系统，常规军向参谋长联席会议及国防部汇报，而"奥林匹亚营"则直接向总统汇报。看来，两个系统里的军人都出现在广场上。"奥林匹亚营"的士兵身穿平民衣服掩饰身份，但是为了能够彼此辨认，每个士兵都会戴一只白手套，好像这个线索不会被别人发现似的。这些士兵来到奇瓦瓦大厦的三楼，和"全国罢课委员会"的领袖们混杂在一起，然后当加拉多开始讲话时，他们就向下面广场上的群众开火。许多目击者将其形容为"狙击手"，暗示他们的枪法如同神枪手一般精准。但事实上，他们只是不加分别地向人群开枪，既打中了示威者，也有常规军中弹。最初被击中的人当中就有一名陆军将军。

常规军士兵暴怒地向着阳台回击，那上面既有戴着白手套的枪手，也站着"全国罢课委员会"的领导人们。戴着白手套的枪手恐慌起来，他们忘记了自己是卧底。"别开枪！"有人听到他们朝着广场喊道，"我们是奥林匹亚营！"

按照目击者的说法，广场里的扫射一直在继续，许多目击者还谈到奇瓦瓦大厦窗口旁的那些"狙击手"。在阳台上的"全国罢课委员会"领导人劳尔·阿尔瓦雷斯·加林，还有其他许多人被带到阿兹特克废墟建筑和方济各会古教堂之间的广场另一侧，被迫面向围墙站着。这些俘虏什么都看不到。但是阿尔瓦雷斯·加林清晰地记得枪声延绵不断地持续了两个半小时。

人群向教堂和奇瓦瓦大厦之间的空地逃散，但是通道被士兵们封锁了。另一些人试着逃向废墟建筑之间的教堂的另一侧，但所有的逃亡路线都被士兵们控制了。人群还试图跑进教堂——原本它应该全日开放以给予人们庇护，但是这些巨大的16世纪的大门却被闩上了。沿着教堂穹顶摩尔人风格的扇形围墙，狙击手们向这些逃窜的人群开火。这是一个完美的圈套。一些幸存者则称，有些士兵发了怜悯之心，帮助他们逃脱。

目击者们最为一致的说法是自动武器的枪声持续了两个多小时。包括冈萨雷斯·加拉多在内的其他人，都记得士兵们用步枪和刺刀进行攻击。尸体在市区里的几个地点被堆集起来。马丁内斯·德·拉·罗卡那时已被逮捕和关押在莱昆贝里的单人牢房里，她看到监狱里塞满了血流不止的囚犯，其中一些人还有枪伤。

墨西哥政府先是声称有四名学生丧生，但随后死者的数字上升到十多人。政府控制的报纸即使承认有遇难者，也只提供很小的数字。电视台则仅仅报道说发生了一次警察的行动。10月3日，《宇宙报》（*El Universal*）的报道称有29人身亡、80多人受伤；《墨西哥太阳报》（*El Sol de Mexico*）则称，狙击手向军队开火，导致一名将军和11名士兵受伤，20多位平民身亡；《纽约时报》报道"至少20人死亡"；而伦敦的《卫报》则报道说遇难人数为325人，奥克塔维奥·帕斯引用了这个数字，作为抗议，他结束了自己的外交官生涯。有些人则称有数千人身亡，还有数千人失踪。冈萨雷斯·加拉多的父母曾警告她不要前往广场，他们和红十字会一起度过了悲惨的十天，一直试图在尸堆中寻找女儿。10天后，他们在监狱里发现了她。许多人被捕入狱。阿尔瓦雷斯·加林在莱昆贝里的狭仄牢房里度过了两年又七个月。在被选为所在监区的老大后，他表示："这是我赢下的唯一一次选举！"。马丁内斯·德·拉·罗卡也在狱中服刑三年。

在之后许多年里，人们很难断言失踪者是被杀害了，被囚禁了，还是加入了游击队。确实有很多失踪者加入了农村地区的游击队。许多家庭犹豫是否要在儿女失踪这件事上大肆声张，因为如果这属实的话，可能反而会让政府把他们的子女和武装组织联系起来。现在的人权组织声称，500名据传与游击队有关联的墨西哥人在20世纪70年代被军方杀害。但是在特拉特洛尔科和一些后来发生杀戮的地点，都找不到大型的墓群。马丁内斯·德·拉·罗卡表示："那些家庭不会就儿女失踪主动提供线索，因为他们接到的匿名电话威胁说：'如果你讲出任何事情，你的其他孩子都得死。'我理解这一点。当我还是个小孩时，有人杀了我的父亲，并且告诉我如果不保持沉默的话他会杀了我哥哥。于是，我对此不置一词。"

在 2000 年，米斯沃克拉娅·冈萨雷斯·加拉多偶遇她学生时代的一位朋友，那位朋友见到她后惊讶不已。这么多年里，这个朋友一直以为米斯沃克拉娅当年在广场遇害了。

1993 年，大屠杀 25 周年，墨西哥政府允许在广场竖起一座纪念碑。幸存者们、历史学家和新闻记者都在寻找罹难者的名字，但他们只找到了 20 个。在 1998 年还有另一次尝试，结果只是稍稍增加了一些遇难者的名字。大多数试图解开这个谜团的墨西哥人估计遇难者在 100 人至 200 人之间。有些人估计的数字更高。有人曾看见某人在外交部大楼的高层上远远地拍摄现场的屠杀情景，但是拍摄的胶片迄今未被发现。

10 月 2 日之后，学生运动就解体了。奥运会顺利地进行，再也没有受到任何国内的干扰。古斯塔沃·迪亚斯·奥尔达斯所选择的继任者是路易斯·埃切维里亚（Luis Echeverria），后者是和他一起镇压学生运动的内政部部长。直至 1979 年去世前，迪亚斯·奥尔达斯仍坚称，他作为总统的最大成就是铁腕处理了学生运动，避免了奥运会举办中的难堪。

但正如入侵捷克斯拉伐克意味着苏联的终结，特拉特洛尔科同样标志着革命制度党悄然走向覆亡的开始。在墨西哥记者埃琳娜·波尼亚托沃斯卡（Elena Poniatowska）1971 年出版的一本关于大屠杀的异常大胆的著作中，阿尔瓦雷斯·加林说道："我们所有人都在 10 月 2 日得到重生。在那一天，我们都明确了我们将如何慷慨赴死，那就是为了真正的正义和民主而战斗。"

2000 年 7 月，革命制度党在其存在的 71 年历史中，首次在选举中被击败下台，而这是在数十年的缓慢过程中通过民主程序实现的，并未诉诸暴力。在今天，新闻界比以往远为自由，而墨西哥已经更接近于一个真正的民主国家。但意味深长的是，即便革命制度党已经失势，许多墨西哥人仍表示害怕接受本书写作中的采访，还有一些人虽然同意了，但是在斟酌之后又退出了。

为纪念大屠杀 25 周年而高高竖立起来的矩形石碑上，刻下了 20 个遇难者的年龄。许多人都只有 18 岁、19 岁，或者 20 岁。在纪念碑的底部还加上了一行字："尚有诸多姓名和年龄不详的同志。"

每年的 10 月，经历过 1968 年的墨西哥人都会哭泣。墨西哥人有绵长的记忆。他们仍记得阿兹特克人如何虐待其他部落，就玛琳切公主[1]和科尔特斯的合作、对阿兹特克联盟的背叛是否正当，他们依然争论不休。墨西哥人对科尔特斯恨意难消。对于法国在 1862 年图谋占领墨西哥，他们还是耿耿于怀。墨西哥农民们还记得埃米利亚诺·萨帕塔未实现的诺言。但绝对可以肯定的是，墨西哥人将永远铭记 1968 年 10 月 2 日在特拉特洛尔科广场的阿兹特克废墟之间发生的一切。

---

1 玛琳切公主（La Malinche, 1496—1529），当时墨西哥纳户特族的一位妇女，在西班牙征服阿兹特克帝国期间是科尔特斯的翻译、顾问、调解者和情人。

第四部
尼克松的秋天

如果说整个人类的命运取决于今天在美国所发生的一切，这并非夸大其词。对于世界上的其他国家，这是一个令人震惊的事实。他们一定会觉得自己像是一架超音速喷气式客机上的乘客，却被迫无助地看着一大堆醉鬼、瘾君子、怪胎和疯子在争夺控制权和驾驶座。

——埃尔德里奇·克利弗，《冰上之魂》，1968 年

第二十章

秋季学期的理论与实践

你们意识到我所担当的责任吗？我是唯一能阻止尼克松入主白宫的人。

——约翰·菲兹杰拉德·肯尼迪，1960 年

我相信，如果我对于美国和美国政治传统的判断、直觉认识和内心感受称得上正确的话，那么今年将会是我的胜利年。

——理查德·米尔豪斯·尼克松，1968 年

"昨天，在盛大、友爱与和平的氛围里，面对墨西哥城奥林匹亚体育场的 10 万名观众，墨西哥总统古斯塔沃·迪亚斯·奥尔达斯正式宣布第十九届奥林匹克运动会开幕。"《纽约时报》和全世界主要的报纸头版的新闻导语这样写道。在杀戮抗议者后，迪亚斯·奥尔达斯得到了他希望得到的报道。赛会的标志是和平鸽。就在用和平鸽会标点缀的各条大道上发生了学生们被殴打的事件，广告牌则宣称"有了和平，一切皆有可能"。各国普遍认为墨西哥组织了精彩的演出，开幕式被赞誉为"绚丽壮观"。在入场式中，每个代表团都举着旗帜，

经过如帝王般高高在上的迪亚斯·奥尔达斯总统——以前他被叫作"猿人"。当捷克斯洛伐克代表团入场时，每个人都情不自禁和深受感动地起立鼓掌。在奥运会的历史上，火炬首次由一位妇女点燃，这被视为自古希腊奥运会以来的重大进步。在古希腊，妇女如被发现出现在奥运赛场会被处死。墨西哥再没有任何学生运动的迹象。即便它被提起，墨西哥政府也只会罔顾事实，大言不惭地声称，学生运动是由美国中央情报局策划的国际共产主义阴谋。但是对墨西哥主办方来说，这个盛事的参与者的数量有些令人失望，在墨西哥城甚至还有空余的旅馆客房。

如同预期的那样，美国组成了历史上最优秀的田径队之一。但是政治因素改变了它。分别获得男子 200 米短跑金牌、铜牌的汤米·史密斯和约翰·卡洛斯，在登上领奖台时都没有穿鞋而只穿着黑色长袜。当美国国歌奏响，他们都举起了一只戴着黑色手套的拳头，象征着黑人权力。它看起来像一个自然的手势，但是以 1968 年的政治氛围而言，这个行动实际上是运动员们在一系列会议后做出的决定。黑色手套是买来的，因为他们预计将从 81 岁的国际奥委会主席埃弗里·布伦戴奇（Avery Brundage）手中接受奖牌，而布伦戴奇这大半年都试图让实行种族隔离制度的南非参加奥运会。因为确信将获得奖牌，他们计划用手套来避免接触布伦戴奇的手。但后来，布伦戴奇参加了另外一个项目的颁奖。眼尖的体育迷注意到他们两人分了一双手套，汤米·史密斯的右手和约翰·卡洛斯的左手分别戴上了黑手套。400 米跑选手李·埃文斯戴上了另一双手套，他是哈里·爱德华兹在圣何塞州立大学的队友和同学。在颁奖礼中，埃文斯以黑人权力的手势还礼，但没人注意到这一点。

第二天，卡洛斯在墨西哥城的一条主街上接受采访。他说道："我们希望全世界的黑人——无论是小杂货店或者修鞋店的老板——都知道，当奖牌挂在我或者汤米的胸前时，也是挂在他们的胸前。"

国际奥委会，特别是布伦戴奇，怒不可遏。美国代表团则分裂为两个阵营：对此感到愤怒的人，以及希望保持这个天才之队团结的人。国际奥委会威胁将对整个美国代表团施行禁赛，但转而又勉强接受美国仅对史密斯和卡洛斯禁赛，他们两人被要求在48小时内离开奥运村。其他黑人运动员也摆出了有政治寓意的姿态，但是奥委会似乎不厌其烦地找理由，辩称这些冒犯并不算同等严重。当美国田径队囊括400米跑所有奖牌，李·埃文斯、拉里·詹姆斯和罗恩·弗里曼都戴着黑色贝雷帽出现在颁奖礼上，并且也举起了拳头。但国际奥委会很快指出当美国国歌奏响时他们并未举拳，因此他们并未对美国国旗不敬。事实上，国歌演奏过程中他们脱下了贝雷帽。国际奥委会也大肆宣称，当他们举起拳头时面带微笑，而史密斯和卡洛斯举拳的时候则表情严峻。于是，如同在奴隶制的时代，面带微笑、手势也不具备威胁性的黑鬼是不会受到惩罚的。跳远比赛的铜牌得主拉尔夫·波士顿（Ralph Boston）赤脚登上领奖台，他也没有因为这个抗议行为受到谴责。跳远选手鲍勃·比蒙（Bob Beamon）的第一次试跳就跳出了8.9米，超出世界纪录近55厘米，他在领奖时将长运动裤挽起而露出了黑色袜子，但此举也被人们接受了。

在比肩接踵的奥林匹克体育场里，几乎没人注意到史密斯和卡洛斯参加颁奖礼时发生的事件。幸好有电视摄像机镜头移向他们两人拍特写——就像体育场里的每个人都把目光转向他们——才成就了这个1968年奥运会中最令人难忘的时刻之一。史密斯以19.83秒打破了 200 米短跑的所有纪录，虽然他其后的体育生涯因这一事件而蒙上了阴影，但无论何时被问及此事，他总是表示："我无怨无悔。"在 1998 年接受美联社采访时他说道："我们在那里挺身而出，是为了捍卫人权，是为了捍卫美国黑人。"

另一方面，一个来自休斯顿、籍籍无名的 19 岁黑人拳击手虽然是通过与史密斯相反的方式，但也让自己的体育生涯蒙上了奥运会的阴影。1968 年奥运会上，当乔治·福尔曼（George Foreman）击败了苏联冠军尤纳斯·切普里斯（Ionas Chepulis），获得重量级拳击冠军时，他不知从哪里拿出一面美国小国旗。难道他在比赛时都带着这面国旗吗？他在头顶挥舞着国旗。尼克松很喜欢这个表现，并且赞许地将他与那些总是批评美国的美国反战青年作对比。休伯特·汉弗莱则指出，这个挥舞国旗的年轻人在绳圈里接受采访时，赞许了尼克松威胁要解散的"工作队"[1]项目。但是对于许多拳击迷，尤其是黑人拳击迷而言，这个时刻似乎像以往的黑奴在讨好白人主子。福尔曼转入职业拳击之后，有些人将他称为"伟大的白人希望"，尤其是当他面对深受爱戴的穆罕默德·阿里的时候。阿里在扎伊尔重挫福尔曼，而当时所有的非洲黑人和世界上的大多数人都为阿里的胜利而欢呼。经此一败，福尔曼深受其辱，且多年未能恢复元气。

然而在这充满动荡和杀戮的一年，棒球赛季的进展也很怪异，如同诺曼·洛克威尔（Norman Rockwell）那些虚幻和快乐的画作。诸如米基·曼特尔（Mickey Mantle）和罗杰·马里斯（Roger Maris）——虽然后者已经转投圣路易斯红雀队——之类的名字会不

---

1 工作队（Job Corps）项目，即约翰逊所提出的"伟大社会"项目中的一个部分，它向 16 岁至 24 岁的贫困家庭儿童提供免费教育和职业培训。乔治·福尔曼正是因为参加了在俄勒冈州的"工作队"拳击训练营而走上拳击道路。

时地冒出来，还有些名字属于另一个时代——20世纪60年代和《东京湾决议》之前，大多数美国人从未听到过"越南"这个地名。4月27日，距离被包围的哥伦比亚大学不到2公里，米基·曼特尔在对底特律老虎队的比赛中击出了他的第521次本垒打，从而追平了特德·威廉姆斯而名列职业生涯本垒打排行榜的第四位。罗伯特·肯尼迪于洛杉矶被枪杀的那个夜晚，道奇队在洛杉矶主场对匹兹堡海盗队的比赛中，31岁的右手投手唐·德赖斯代尔（Don Drysdale）连续六次完封对手，这打破了多克·怀特（Doc White）保持64年之久的连续完封对手纪录。9月19日，即墨西哥军队占领墨西哥国立自治大学的前一天，米基·曼特尔轰出了他的第535次本垒打，从而打破了吉米·福克斯（Jimmie Foxx）的纪录，成为职业生涯本垒打排行榜的第三名，仅次于威利·梅斯和贝比·鲁斯（Babe Ruth）。关于特拉特洛尔科大屠杀的报道和红雀队的鲍勃·吉布森（Bob Gibson）共同出现在报纸的头版，当大屠杀开始的时候，鲍勃在世界大赛对底特律老虎队的开幕赛中，将对方17名队员三振出局，从而打破了桑迪·科法克斯（Sandy Koufax）在1963年对洋基队的比赛中创下的15次三振出局的难忘纪录。

棒球有了个美妙的赛季，但是它渐渐难以赢得关注。几乎每个体育场的上座率都很低，除了在底特律，因为老虎队是当地历史上第一支优秀的棒球队。一些体育场临近发生黑人暴动的地点。一些球迷认为，投球技术发展得过于完美，却以牺牲安打技术为代价；还有一些人则认为观众数量不断增加的美式足球更为激烈，因而也是更适合当下的运动项目。人们期待1968年的总决赛将是史上最华丽的投手对决，主角会是底特律老虎队的丹尼·麦克莱恩（Denny McLain）

和圣路易斯红雀队的鲍勃·吉布森。在这场七战四胜的系列赛中，老虎队在输掉前四场中的三场后，由于投手米基·洛里克（Mickey Lolich）出人意料的杰出表现而扳回了后三场。对棒球迷来说，这七场比赛是他们在1968年的一次休憩。对其他人而言，比如尤金·麦卡锡——据说是颇受尊敬的准专业的一垒手——则表示，最好的棒球运动员是那些"足以聪明地理解这场运动，但又不会因过于聪明而对其丧失兴趣"的人。

唯一和棒球一样没有与时代合拍的就是加拿大，那里正怪异地拥抱所谓的"特鲁多狂热"。加拿大接纳了据估计50至100名美军逃兵和数百名逃避兵役者，这个国家正在成为一片离奇的乐土。皮埃尔·埃利奥特·特鲁多（Pierre Elliott Trudeau）成为了加拿大自由党的新任总理。他是加拿大历史上少数几个被形容为"耀眼夺目"的总理之一。时年46岁的他仍是单身，是人们希望会面、接触，甚至亲吻的那一种政治家。他以不同寻常的衣着而著称，包括凉鞋、绿色的皮衣和其他无法预料的异想天开。有一次，他甚至手持一摞法案沿着众议院的栏杆滑下楼去。特鲁多练习瑜伽，酷爱轻装潜水，还拥有空手道的棕带资格。他有一叠显赫的研究生学位证书，分别得自哈佛大学以及伦敦和巴黎的名校。直到1968年，他更多地是以一名学者而非政治家而著称。事实上，他较少涉足的事务之一就是政治。

当美国人面临着或者汉弗莱或者尼克松这样的惨淡选择时，《时代》杂志的报道捕捉到了许多美国人的心声：

美国很少北望加拿大以寻找政治方面的兴奋点。但是在

上周美国人会艳羡加拿大人，他们的新总理皮埃尔·埃利奥特·特鲁多精力充沛、热情洋溢，除了他的睿智和政治技巧，他还展示了自己时髦、活泼的风格，以及处理国内问题时颇具想象力的路径。众多的美国选民渴望有一种新鲜的政治体验……

在一个极端主义盛行的时代，特鲁多是一个带有左派风格的温和派，但人们又很难辨别他的确切立场。虽然是来自魁北克的法裔，但他能够说完美的法语和英语。人们完全无法确认他站在哪一边，于是也希望他能够解决法语与英语的争执，因为法国大量的政治辩论都消耗在这个议题上。大多数加拿大人反对越南战争，他则表示应该停止轰炸越南，但是他不会去告诉美国该如何行事。这是一个经典的特鲁多主义的表述："我们加拿大人必须记住，美国也是一个主权国家。"在莫斯科，他曾经因为向斯大林的一座塑像掷雪球而被捕，但有时他又被谴责具有共产主义倾向。有一次，他被直接问及是否是共产主义者，他回答道："其实我是个划独木舟的人。我曾经划着独木舟从马更些河、科珀曼河，以及萨格奈河顺流直下。我试图证明独木舟是最适合航海的交通工具。在 1960 年，我从佛罗里达划着独木舟去古巴——一路上都是非常险恶的激流，有些人认为我试图将武器偷运进古巴，但是我倒要问问你，你能用一条独木舟偷运多少武器？"

提供了这样的答案后就能脱身，特鲁多真是一个罕见的政治家。1968 年，当世界上的其他国家都异常认真的时候，加拿大人则在发笑。缺乏政治经验的特鲁多会说，选民们最初是玩笑似的建议他参选，但是现在他们都"紧跟着我"。加拿大学者马歇尔·麦克卢汉则将特鲁多的面孔形容为"公司式部落的面具"。"没人能看穿这个面具,"麦克卢汉评论道,"他对于任何事务都没有个人的观点。"

但是,特鲁多在社会议题上有清晰的立场。尽管有沾花惹草的名声,但是他在妇女问题上态度坚决,包括推动堕胎合法化,他还直言不讳地倡导支持同性恋权益。在 4 月的大选前,人们总是看见特鲁多开着一辆梅赛德斯跑车。一个记者问他,作为总理他是否考会虑放弃梅赛德斯?特鲁多回答道:"你说的是梅赛德斯这辆车还是梅赛德斯这个女孩?"

2000 年,当 80 岁高龄的特鲁多辞世时,美国前总统吉米·卡特和古巴领导人菲德尔·卡斯特罗都是其荣誉护柩人。

披头士乐队也让每个人吃惊,虽然观点不同;有些人认为他们不够犀利,有些人则称他们缺乏献身精神。在 1968 年的秋天,他们发行了第一张自制唱片——一面是单曲《革命》,而另一面则是《嘿,朱迪》。《革命》这首歌传达的是这样的信息:"我们都希望改变世界",但是我们应该稳健和缓慢地行事。在许多地方,披头士乐队都因为这个立场而受到攻击,其中包括苏联的官方媒体的抨击;但是到了 1968 年年底,许多人开始同意他们的观点。到了秋季,人们通常会体验到复苏的感觉,而 1968 年的秋季带来的却是一种疲惫感。

并非所有人都有这种感觉。学运积极分子们回到大学,希望能继续他们在春天时中断的事业,而校方则期待恢复到以往的常规状态。当柏林自由大学于 10 月中旬开学时,它的女生宿舍已经被男生占据了大半个夏天。校方只好让步,宣布此后将实行男女生混住。

在哥伦比亚大学,激进的学生们希望不仅能将学生运动持续下去,甚至能够将它国际化。6 月，伦敦政经学院和英国广播公司邀请来自十个国家的新左派领导人参与一场辩论，他们将辩论主题定为"反抗中的学生们"。学生运动抓住了这个时机。既然像戴高乐这样的对手声称有一个国际阴谋，学生们认为召开国际会议是一个好主意。事实上，他们中的大多数人从未见过彼此，除了去柏林参加春季反战游行的那些人。

哥伦比亚大学的"学生争取民主社会"决定排斥刘易斯·科尔（Lewis Carl）参加会议，拉德对此不耐烦地说道："因为这杆老烟枪总是抽高卢牌香烟。"事实上，刘易斯·科尔是这个群体中最精通马克思主义理论的秀才。科尔和拉德会定期地被邀请参加更知名的一些脱口秀节目，比如戴维·萨斯坎德（David Susskind）和威廉·巴克利（William Buckley）主持的节目。

在哥伦比亚大学，"学生争取民主社会"的学生们觉得需要一种切合其行动的意识形态理论。马丁·路德·金有其道德律令理论，但是因为这些学生并非来自宗教背景，所以这个理论取向对大多数人并不适合；而共产主义理论——"参与一个大的政党，参与一个大的运动"又"过于专断"；古巴的理论取向"过于军国主义化"。"'学生争取民主社会'有种看法，即我们有实践而欧洲学生有理论。"科尔表示。科恩 – 本迪特持同样的观点。他说道："美国人对于理论没什么耐心，他们直接采取行动。我对杰里·鲁宾这个美国人印象深刻，他就是直接采取行动。"但是哥伦比亚大学的学生们因为非常成功地吸引到普遍关注，他们还是觉得有必要找到一个基本理论，以此解释他们的所作所为。科尔承认，想到要和那些训练有素的欧洲理论家进行辩论，他会有一种挫败感。

伦敦会议差点被英国移民当局阻止，他们试图将激进分子拒于国门之外。英国的保守党人不想让科恩－本迪特入境，但是内政大臣詹姆斯·卡拉汉从中调解，声称接触英国民主会对科恩－本迪特有好处。刘易斯·科尔也在机场受到阻拦，英国广播公司只好联系英国政府准许其入境。

科恩－本迪特立刻向媒体澄清，他们并非领袖，而是"扩音器，你们知道，就是学生运动的喇叭"。这是对他本人和其他许多人的准确描述。科恩－本迪特随后玩了一个恶作剧。1940年6月，当戴高乐离开法国到英国流亡时，他首次获得的声望源于向法国人民做的一次著名的广播讲话，在其中他呼吁法国人民继续抵抗德国侵略者，并且拒绝追随菲利普·贝当（Philippe Petain）的绥靖政府。科恩－本迪特当场宣布他请求英国给予庇护。"我将请求英国广播公司重组'自由法国电台'，如同他们在第二次世界大战时做的那样。"他声称自己将完全复述戴高乐当年的演讲，除了用"法国法西斯主义者"代替当年戴高乐所说的"纳粹分子"，以及用"戴高乐"代替当年戴高乐所说的"贝当"。

塔里克·阿里主导了这场辩论，这个出生在巴基斯坦的英国学生领袖曾经是著名的辩论社团牛津辩论社的主席。阿里表示，学生们放弃将选举作为改造社会的一种方式。

此后他们都去拜谒了卡尔·马克思的墓地并合影留念。

科恩－本迪特回到德国后，宣布将放弃他的领导权并遁入学生运动。他表示自己已成为"个人崇拜"的牺牲品，"权力会导致腐化"。他对伦敦的《星期日泰晤士报》说："他们不需要我。五个月之前有谁听说过'科恩－本迪特'这个名字？甚至在两个月前又有谁听说过？"

科尔觉得这是令人困惑的经历。他从来不曾理解科恩－本迪特的意识形态理论，也认为塔里克·阿里的辩论技巧令人不快。他当时接触最多的是德国"学生争取民主社会"的成员，并且在会议结束后与凯迪·沃尔夫（"Kaday" Wolf）在德国旅行。"最终，"他表示，"相似之处最多的是那些德国学生，德国学生受许多共同的文化影响——包括马尔库塞和马克思。我还强烈地感觉到青年人被难以置信地疏远了。在德国，如果一个身着年轻人服装的青年走在大街上，那些年长的德国人就会对他怒目而视。"

但是，当科尔在秋天回到哥伦比亚大学，他还是从法国学生那里带回了一个被称为"示范行动"的理论。法国学生已做的正是哥伦比亚大学的学生想要做的事情——分析他们已经采取的行动，从中发展出一个理论。"示范行动"理论认为，小部分人所采取的行动将成为更大群体的行动模板。占领楠泰尔大学就是这样的一个行动。

一些传统的马克思－列宁主义者给这些理论贴上了"幼稚病"的标签，对它们颇为不屑。6月，作为西方最大的共产党组织，意大利共产党指导委员会的委员和理论家乔治·阿门多拉（Giorgio Amendola）抨击了意大利学生运动的"极端幼稚病"，并且嘲笑学生们没有领导革命的资格，因为他们没有按照传统马克思主义的方式首先建立群众基础。他将他们称为"革命发烧友"。刘易斯·科尔则反驳道："'示范行动'为我们提供了第一个理论。这就是我们召开如此之多会议的原因。但问题总是同样的，那就是我们现在该采取什么行动？"

既然理论已到位，对成为一个革命中心，他们已准备就绪，如同海登所言，其目标是"造就两个、三个，乃至更多的'哥伦比亚大学'"。

这一理论同时使迅速成长的"学生争取民主社会"的全国总部巩固了其指挥中心的地位。在哥伦比亚大学的第一次行动是抗议苏联入侵捷克斯洛伐克的示威游行，但是那时仍是 8 月份，参与者数量不多。按照科尔的看法，"那次行动不是很成功。当时的口号是'西贡和布拉格，全世界的警察都一样'"。

为了开展活动以重启学生运动，哥伦比亚大学的"学生争取民主社会"决定主办一次国际学生大会，但这个活动从一开始就是个灾难。就在大会举办之前的两天，传来了墨西哥的学生遭到屠杀的消息。哥伦比亚大学的学生们非常内疚，因为他们甚至不知道在墨西哥有学生运动，于是他们计划在大会期间抗议示威。但是他们无法就此达成共识。法国的情境主义者在第二天就开始戏谑地模仿所有发言者，对他们中的一些人而言，在长篇累牍的发言和演讲之余，这是一个受欢迎的消遣活动。科尔回忆道："我们意识到在所有人之间都存在巨大的差异。我们唯一能取得一致意见的就是反专制主义以及对社会的疏远，只有这些文化性的议题。"逐渐地，其他代表团开始对法国人感到恼怒，尤其是美国学生，他们觉得在越南问题上被法国学生训斥了，此外法国学生无法理解越战问题在美国乃是燃眉之急。

按照马克·拉德的评价，"欧洲人太自命不凡，太理智了。他们就是想夸夸其谈，大多是空谈。代表们发表了演讲，但是我意识到不会有什么行动"。

拉德毫不怀疑自己正处在一个历史性的时刻，一场革命正逐渐展开，而其职责就是为之助一臂之力。1969 年 6 月，结合了一点切·格瓦拉的思想——"革命者的首要使命就是发动革命"，以及"将战争带回美国"[1]的概念和示范行动理论，拉德提议成立"天气预报员"
（Weathermen）—— 一个根据鲍勃·迪伦的歌词"不需要天气预报员，
你就能知道风向哪里吹"命名、鼓吹暴力的地下游击队组织。1970
年 3 月，他们将该组织的名称改为"地下天气预报员"（the Weather
Underground），因为他们意识到原名具有性别歧视的色彩。事后看
来非常明显的是，这个由中产阶级男女们发起的、根据鲍勃·迪伦的
歌词命名的游击队组织，最大的敌人可能就是他们自己。他们唯一的
受害者是自己的三名成员，他们在格林尼治村的一栋房子里制造炸弹
时因炸药爆炸而身亡。但是其他成员依然付诸暴力。政府开始趋向极
端和暴力，警察也是如此。时代正趋向暴力，而革命已近在咫尺。曾
第一个敲响拉德的寝室门将他发展为"学生争取民主社会"成员的戴
维·吉尔伯特，继续进行暴力革命活动。因为参与 1981 年的枪杀事件，
20 多年后他仍然被囚禁在监狱中。许多 1968 年的学生激进分子，在
20 世纪 70 年代都成为了墨西哥、中美洲、法国、西班牙、德国和意
大利的地下游击队战士。

　　政治的触角有时比人们想象的还要长。在那个春季的决定性的第
一天，洛克菲勒的退选在共和党的自由派中造成政治地震，它引发的
一系列事件成为美国此后不得不接受的后果。1968 年，诞生了新型的
共和党人。6 月底，当约翰逊总统任命阿贝·福塔斯（Abe Fortas）
法官接替厄尔·沃伦出任最高法院首席大法官时，这一点已十分明朗
了。沃伦在约翰逊政府任期届满之前已辞职，因为他认为尼克松将赢
得大选，而他不愿意看到自己的职位被尼克松任命的人选接替。福塔

---

1 约翰·格雷戈里·雅各布斯（John Gregory Jacobs, 1947—1997）同时是"学生争取民主社会"组织和"天气预报员"组织的领袖，倡导以暴力手段推翻美国政府，"将战争带回美国"就是他提出的口号。

斯是一个预料之中的选择，他是约翰逊总统的朋友，在三年前被约翰逊任命接替阿瑟·戈德堡（Arthur Goldberg）大法官。福塔斯以自由派大法官的领袖而著称，他代表了美国最高法院从 20 世纪 50 年代中期以来的特点。尽管他是最高法院的第五位犹太裔法官，但他可能将成为第一位犹太裔首席大法官。

在那时，参议院很少就最高法院的人事任命提出异议。共和党和民主党参议员都认可总统自行选择的权利。事实上，从 1930 年赫伯特·胡佛总统对约翰·J. 帕克（John J. Parker）的任命以两票之差被否决以来，还从未有过类似的争议。

但是对福塔斯的任命立即召来了关于"任人唯亲"的强烈抗议。福塔斯是约翰逊总统长期的朋友与顾问，但是他确实又有卓越的资历。对约翰逊总统"任人唯亲"的指责，用于他的另一个任命是更合适的——他任命霍默·索恩伯里（Homer Thornberry）接替福塔斯。索恩伯里也是约翰逊的老朋友，他曾建议约翰逊不要接受副总统的提名，但后来改变了主意。他也曾陪伴约翰逊在约翰·肯尼迪遇刺后宣誓继任总统。索恩伯里虽然是已经任职 14 年的国会议员，却是一个不出名的巡回法庭法官。他曾经是种族隔离主义的支持者，但是在约翰逊掌权后改变了立场，在几个备受关注的案件中，他都公开表达了反种族隔离主义的立场。

但是任人唯亲并不是主要的问题，任命最高法院大法官是约翰逊总统的权利。共和党人在过去的 36 年里只有 8 年入主白宫，但他们觉得在 1968 年有机会再次接管权力，而一些共和党人也希望任命自己的大法官。来自密歇根州的共和党参议员罗伯特·格里芬（Robert Griffin）联合了 19 名共和党参议员签署请愿书，认为约翰逊 7 个月后就将卸任，因此不应该再任命两名大法官。但是在法律或者传统上都找不到支持这个立场的任何根据。在 1968 年之前，在大选年中，曾经有 6 次对于最高法院大法官的任命。艾森豪威尔总统在大选一个月前对威廉·布伦南（William Brennan）的任命；在杰斐逊就任总统前数周，约翰·亚当斯（John Adams）对他的朋友约翰·马歇尔[1]的任命，这也是历史上最受尊敬的任命之一。格里芬只是想否决约翰逊的任命。"当然，一个即将卸任的总统拥有提名最高法院大法官的权力，"格里芬辩称，"但是参议院无须批准这些任命。"但是，格里芬及其与右翼共和党、南部民主党人的联盟并非在这个问题上完全独自行事。据后来成为尼克松总统特别顾问的约翰·迪恩（John Dean）称，总统候选人尼克松通过约翰·埃利希曼（John Ehrlichman）与格里芬保持着固定的联系，而埃利希曼后来成为了尼克松总统的国内事务首席顾问。

但是民主党在参议院里对共和党有将近 2 ∶ 1 的多数，他们支持约翰逊的任命；而许多的共和党领袖，包括其多数派的领袖埃弗里特·德克森也支持该任命。

在任命听证会上，福塔斯作为候任首席大法官遭到了史无前例的严苛质询。他受到了右翼共和党人及南部民主党人组成的联盟的攻击。主要的质问者包括来自南卡罗来纳州的斯特罗姆·瑟蒙德（Strom Thurmond）和来自密西西比州的约翰·斯滕尼斯（John Stennis），他们谴责福塔斯放任"促成了一些判决，而最高法院通过这些判决维护了自命的宪法修改者角色"。这是一个新式的联盟，通过仔细斟酌的语言，他们在总体上攻击了以福塔斯和沃伦为代表的最高法院，包

---

1 约翰·马歇尔（John Marshall, 1755—1835），美国最高法院任职时间最长的首席大法官（1801—1835），他在职期间的许多判例为美国宪法打下了基础，使得最高法院真正成为与总统及国会所代表的行政权和立法权地位相当的司法权主体。

括其反种族主义隔离和倾向于支持民权的判决，以及那些倾向于宽容色情和保护被告的裁定。在所提出的 52 宗案件中，据称有 49 宗是因为福塔斯的投票而无法使有关材料被裁定为"色情"。随后在一个秘密的闭门会议中，参议员们评估了这些据称有冒犯性的色情内容的幻灯片。斯特罗姆·瑟蒙德甚至攻击了沃伦首席大法官任职期间的一项判决，而那时福塔斯都还不是最高法院大法官。10 月份，这个联盟成功地以"阻挠议事"挫败了这个任命，而要终止阻挠议事则需要参议院的 2/3 多数票。支持福塔斯的参议员们缺少 14 票，因此这个任命被成功地搁置到国会会期的尾声——在美国历史上，这是首次以参议院的阻挠行动来阻止对最高法院大法官的任命。但由于福塔斯继续保留其大法官席位，对于索恩伯里的提名也因此难产。

尼克松上台之后开始攻击最高法院，试图排挤自由派大法官，并且想用来自南方的有反民权运动记录的法官取而代之。首个排挤对象就是福塔斯，由于白宫炮制的收受报酬的丑闻，福塔斯黯然辞职，而收受报酬是当时最高法院大法官的常见行为。第二个目标是由罗斯福总统任命的 70 岁的自由派大法官威廉·O. 道格拉斯（William O. Douglas）。杰拉德·福特（Gerald Ford）充当了白宫弹劾道格拉斯的急先锋，但此举未遂。在最高法院安插有反民权运动记录的南方法官，这一企图落空了。第一个被提名的克莱门特·海恩斯沃斯（Clement Haynsworth）被民主党多数派否决，因为那时民主党对福塔斯受到攻击一事仍耿耿于怀。第二个被提名的哈罗德·卡斯韦尔（Harrold Carswell）不无尴尬地被发现无法胜任。但是，福塔斯的去职以及最高法院高龄法官们糟糕的健康状况还是给尼克松提供了不同寻常的机会，他在首个任期就任命了四位最高法院大法官，包括策划对最高法院进行攻讦的司法部法律专家威廉·伦奎斯特（William Rehnquist）。

对老到的观察家而言，尼克松的策略，或者说是新的共和党策略，在迈阿密的共和党大会上就已经和盘托出了。当时他选择了马里兰州州长斯皮罗·阿格纽作为竞选伙伴，许多人认为这是一个错误的选择。鉴于洛克菲勒的声望，尼克松－洛克菲勒组合才是梦幻之选，即便洛克菲勒不愿意屈尊接受副总统提名。纽约市市长约翰·林赛是个仪表堂堂且深受欢迎的自由派共和党人，曾帮助克纳委员会完成关于种族暴力的调查报告，他已明确表态愿意成为尼克松的副总统竞选伙伴。保守派的尼克松加上自由派的林赛，这个竞选组合将给共和党带来涵括美国所有政治派系的跨度。但是尼克松却转向右翼，挑选了一个籍籍无名且不那么受待见的极端保守派斯皮罗·阿格纽。阿格纽在种族、法律和秩序等问题上的政见尤其反动，所以对很多人来说他就是个十足的顽固分子。

对阿格纽的提名招致了罕见的敌意反应，他对此很敏感并抱怨道："让我站在李尔王身边稍稍靠右的位置，这完全是刻意为之。"媒体于是很自然地追问，为什么李尔王是个右派？阿格纽微笑着回答："好吧，他给自己保留了对民众斩首的权利，而这就是一个右翼的立场。"当谈及共和党内和媒体对他的反应，阿格纽脸上的微笑消失了。"如果约翰·林赛被提名，也同样会有来自南部的责难和来自东北部的赞扬。"这才是确切的关键所在。提名阿格纽是共和党的地缘策略的一部分，在政治中它被称为"南方策略"。

在 100 年的时间里，南方的政治在时光里凝固。南方的民主党一直保持着约翰·考德威尔·卡尔霍恩（John Caldwell Calhoun）领导下的状态，这个接受过耶鲁大学教育的南卡罗来纳州人在维护各州权益的旗帜下，为保护南部的种植园和蓄奴的生活方式抗争了数十年，最终导致了美国内战的爆发。对南方的白人来说，共和党是亚伯拉罕·林肯所领导的遭人憎恨的"北方佬"政党，它迫使南方的白人解放作为其财产的黑奴。在美国的"重建"时期之后，共和党与民主党都无法向黑人提供什么新东西，于是在又一个世纪中，南方的白人仍忠于其政党，而民主党人也可以继续倚赖在南部牢牢控制的各州。乔治·华莱士作为独立候选人参选总统的特殊意义，在于南方的民主党人试图提供与以往的民主党不同的东西，即使他们不会就此成为共和党人。早在 1948 年，南卡罗来纳州的斯特罗姆·瑟蒙德就曾作为"各州权益党"（States' Rights Party）的候选人与杜鲁门竞争总统宝座，那时他表达的就是和乔治·华莱士同样的概念。

1968 年，作为阿贝·福塔斯最严苛的质询者，瑟蒙德转而成为了一名共和党人，尽管这一行径一度不可告人。在尼克松承诺不会选择令南部各州反感的竞选伙伴后，瑟蒙德成为了尼克松的早期支持者，并在迈阿密的共和党全国大会期间鞍前马后地为他效劳。所以，林赛其实从未能真正参与这个竞争，即使他本人对此并不知情。

1964 年，在约翰逊总统签署了《民权法案》之后，他的亲近幕僚称约翰逊总统异常沮丧，并且慨叹此举是将整个南方让给了共和党。这也就是为什么在 1964 年的民主党大会上，他和汉弗莱都极力反对"密西西比自由党"的参会。总统、司法部长，以及其他政府机构对于民权运动的支持并非一以贯之，而这就是民主党人看似不可能，但却是有意为之的欺骗行为的后果——一方面推进民权，另一方面则试图维持南部各州的选票。

包括马丁·路德·金在内的许多黑人和白人自由派，一向都不信任肯尼迪兄弟和约翰逊，因为他们明白这是些试图维持南方的白人选票的民主党人。约翰·肯尼迪因为获得了南方白人选民的支持而险胜尼克松。约翰逊这个说话无精打采的得克萨斯人尤其难以令人信任，但是肯尼迪的南方策略则是选择他作为竞选伙伴。喜剧演员兰尼·鲁斯（Lenny Bruce）的作品中常常带有嘲讽，他的表演中有这么一个针对约翰逊的段子：

> 最初的六个月民主党人甚至不让林登·约翰逊说话。因为他花了六个月才学会说"黑鬼"（negro）这个词。
>
> "尼格佬。"（nig——ger——a——o）
>
> "好吧，啧啧，让我们再听一遍，现在林登再说一遍。"
>
> "尼格佬……"

在《民权法案》通过之后，就算黑人和白人自由派还不甚了然，白人顽固分子对约翰逊的立场则已完全明了。在 1964 年的大选中，约翰逊以绝对优势击败戈德华特。共和党内部激烈地指责北部的自由派共和党人，尤其是纳尔逊·洛克菲勒，称其赢取选民支持不力。但是在南部，共和党候选人首次获得多数的白人选票支持。在一些州中，包括新近登记的足够的黑人选民出席投票，加上传统和强硬的南部民主党人，以及试图改革南方的自由派，他们合力阻止了戈德华特获得区域性的胜利。但是在戈德华特获得胜利的州中，除了他的家乡亚利桑那州，其余的五个州则是路易斯安那州、密西西比州、阿拉巴马州、佐治亚州以及南卡罗来纳州。

尼克松现在正重整共和党的山河。虽稍加掩饰，但其实等同于种族主义的两个诉求——"各州权益"以及"法律与秩序"，是他竞选的主要依靠。从卡尔霍恩的时代开始，"各州权益"就意味着联邦政府不得干涉南部各州排斥黑人权益。而"法律与秩序"则成了一个严重的问题，因为它意味着不仅可以使用戴利那样的警察手段对付反战示威者，也可以用其对付黑人反叛者。随着每一次黑人骚乱的发生，就会出现更多的支持"法律与秩序"的白人选民，包括像诺曼·梅勒这样的人，因为他们"对黑人及其权利已经厌倦"。关于这个现象更通俗的说法是"白人的反弹"，而尼克松就是在寻求这种反弹的白人选民的支持。即便是最为温和的黑人组织，如"全国有色人种推进协会"，也承认了这一点。菲利普·萨维奇（Philip Savage）是"全国有色人种推进协会"在宾夕法尼亚州、新泽西州和特拉华州的主任，他将阿格纽和尼克松称为"主要的白人反弹候选人"。他同时表示，阿格纽加入竞选使得"共和党在 11 月份绝对不会获得大量的黑人选民支持"。

1968 年，共和党内仍有黑人党员。来自马萨诸塞州的爱德华·布鲁克（Edward Brooke）是唯一的，也是美国自重建时期以来的第一位黑人参议员——他是温和的社会革新主义者，也曾协助林赛为克纳委员会工作，是一个共和党人。民主党那时还没有黑人党员，但正是对阿格纽的提名改变了这一状况。参加迈阿密共和党大会的 2666 名代表中仅有 78 名黑人，他们中的多数人或者不愿意，或者无法支持这个提名，然后就悻悻然地回家了。一个黑人代表对纽约时报社表示："关于对尼克松和阿格纽的提名，我无论如何也找不到办法对黑人进行辩解。"另一个芝加哥的黑人代表则称："他们告诉我们希望有'白人的反弹',所以他们根本不在乎我们。"共和党失去了它最著名的黑人支持者——首个打破职业棒球大联盟肤色界限、美国最受尊敬的体育英雄杰基·罗宾逊（Jackie Robinson），他宣布退出洛克菲勒的共和党竞选团队，转而为民主党工作，以图挫败尼克松。他还将尼克松和阿格纽的竞选组合称为"种族主义者"。

罗宾逊精准地界定了美国政党日后的分裂，他表示："我认为共和党忘记了一点，正直的白人将严肃地看待这场竞选，然后他们会和美国黑人、犹太裔及波多黎各裔美国人联合起来，并坚决表示我们不能走回头路，我们不能容忍这样的候选人，因为它不仅在本质上是种族主义的，而且它倾向于让南部各州拥有对目前发生的一切采取拒斥态度的权力。"

作为竞选伙伴，阿格纽拥有的有利条件之一，是他可以持较为右翼的激进立场，而政治家状的尼克松则可以保持克制的姿态。阿格纽坚称"国外的共产主义阴谋家领导了反战运动"，但当被追问这些阴谋家是谁的时候，他仅仅声称某些"学生争取民主社会"的领袖自称为马克思主义者，而以后他将掌握更多的相关信息。"公民抗命"，他在克利夫兰时表示，"当它妨碍了其他人的公民权的时候——大多数时候它确实如此，就不会得到宽恕。"他的潜台词其实是：民权运动触动了白人的公民权。他曾经抨击休伯特·汉弗莱"对共产主义心慈手软"，但是在共和党的国会领袖埃弗里特·德克森和杰拉德·福特对此表示不满之后，他发表了道歉声明并收回这一言论。阿格纽的另一个著名论断是："当你看过一个贫民窟后，也就等于看过了所有的贫民窟。"阿格纽因为使用了"日本佬"（Jap）和"波兰佬"（Polack）等字眼而受到批评，但这位副总统候选人则回击说美国人"丧失了幽默感"。

共和党的自由派则尽力不表现出对于提名的厌恶。林赛治下的纽约曾经目击黑人、学生和反战示威者参与的骚乱与游行示威，他写道：

> 今年我们听到了喧嚣的意见，说是为了保证我们的安全，应该每隔一两米就布防手持刺刀的士兵，应该碾过那些在街道上静坐的和平示威者。
>
> 现在你可以看到那种社会的前景。看看布拉格的街道，每隔一两米你就会发现手持刺刀的士兵。你会发现年轻人流淌的鲜血——他们留着长发，穿着奇装异服——坦克车隆隆驶来，粉碎了他们关于社会改革的合理诉求。如果我们抛弃有关正义和社会秩序的传统，那些就将是我们的坦克车，我们的孩子。

汉弗莱从芝加哥大会后就步履蹒跚地选战，很显然，他必须挑战尼克松的右翼立场。他的竞选搭档是缅因州参议员埃德蒙·马斯基（Edmund Muskie），这个东部的自由派巩固了民主党在那里的传统势力。左派也许对汉弗莱不满，但是他们不会转而支持尼克松。汉弗莱对越战的立场是不将其作为一个议题，因为是北越"早已挑起了战争"，而和谈将在他1月入主白宫前进行。但是在大选前的最后几个星期，汉弗莱开始直言不讳地批评这场选战所充斥的恐惧和种族主义倾向，他认为这种倾向已开始为尼克松赢得优势。"如果这种顽固和恐惧占据上风，我们将丧失艰苦努力后所获得的一切。我无法向你们提供简单的解决方案，根本就没有这种方案；我无法向你们提供藏身之处，根本就没有这样的处所。"

通过利用地方电视台进行竞选，汉弗莱为迅速发展的电视时代增添了新的篇章。在传统上，政客会来到一个城市，然后在机场组织一个规模尽可能大的集会，然后发表演讲，总之就是策划一次活动。汉弗莱经常这么做，但是在许多城市他都取消了这些活动。在所到之处，他必做的一件事就是出现在当地的电视节目中。至于尼克松，也许他不是最后一个不适合上电视的总统候选人，但在承认自己这个弱点方面，他是最后一个。人们普遍相信他在电视上出现的"下午5点的阴影"[1]使他输掉了1960年的竞选。耐人寻味的是，大多数通过收音机收听竞选辩论的人，都以为是尼克松赢得了辩论。1968年，一个化妆团队专门为他开发了粉饼和美白剂，这样当灯光打出来时，尼克松不会看起来像默片里的恶棍。他的电视协调顾问罗杰·艾尔斯（Roger Ailes）年方28岁，相信自己的年龄优势有助于竞选，他表示："尼克松不属于在电视的伴随下成长的那代人，他可能是最后一位这样的总统候选人：一方面无法在《卡森秀》中表现自如，另一方面在现实的选举中却游刃有余。"在1968年，出席电视脱口秀已成为了选战的最新形式。艾尔斯这样谈及尼克松："他在电视上是一个沟通者和名人，但是一旦脱口秀节目主持人开始说'现在他出场了……让我们欢迎迪克！'，后面发生的就不是他的强项了。"

大选在几周之后就将进行，汉弗莱－马斯基的选战开始刊载一些独树一帜又颇具效果的印刷广告。在此之前，从来没有选战中的领先者会受到这种形式的攻击。"八年前，如果有人让你考虑支持迪克·尼克松当选总统，你一定会当着他的面爆笑。"广告接着写道，"11月

---

1 "下午5点的阴影"，指的是在早晨刮过之后，在白天又重新长出的胡荏儿，它会使人的面部轮廓变暗，显得邋遢和疲倦。

5 日是面对现实的日子。如果你在心底已知道不能投尼克松的票，你最好现在就挺身而出表明态度。"这个广告还包括一张竞选捐款券，上面写着："阻止迪克·尼克松当选美国总统价值 ___ 美元。"

乔治·华莱士是个不确定因素。他是否会分流足够的南部选票来对抗支持尼克松的各州，从而毁灭他的南方策略？或者他会像老式的"各州权益党"，分流南部那些仍然忠心耿耿的传统民主党人的选票？华莱士向南部的群众宣布，由于尼克松和汉弗莱支持民权法案，他们两人都不适合入主白宫。面对欢呼不已的群众，华莱士称民权法案"摧毁了那句古老的谚语：一个人的家也就是他自己的城堡"[1]。尼克松曾抨击华莱士"不能胜任"总统职位。华莱士则反击称尼克松"是那种东部阔少，总是轻视所有的南方人和阿拉巴马州人，还把我们称为乡巴佬、乡下人、穷鬼和傻帽儿"。反讽的是，尼克松本人一向认为他自己反对"东部阔少"。

在这种绝望中也产生了一些有趣的行为。纽约布朗克斯的耶塔·布朗斯坦（Yetta Brownstein）以独立候选人身份参加总统竞选，她声称："我认为，我们需要一位犹太母亲在白宫处理各种事务。"同样独立参选的喜剧演员帕特·保尔森[2]，则最生动地表达了众多美国人对这场竞选的看法——他表情悲伤，语调低沉地说道："我认为自己是一个相当合格的候选人，首先是因为关于参选动机我撒了谎。一直以来，我对所有议题都保持模糊的立场，并且我将继续许下我无法兑现的承诺。"保尔森继续面无表情地说："许多人觉得我们现行的征兵法是不公正的，这些人被称为'战士'……"他的竞选活动作为《斯莫瑟

---

1 这个谚语被普遍认为代表了美国第四修正案对于公民个人隐私权的保护："人民的人身、住宅、文件和财产不受无理搜查和扣押的权利，不得侵犯。"
2 帕特·保尔森（Pat Paulsen, 1927—1997），从 1968 年起，他以独立参选人的身份连续参加了 1972 年至 1996 年的五次总统大选，但被普遍认为他的戏剧化动机超过了政治动机。

斯兄弟喜剧秀》这个流行电视节目的常规部分播出，汤姆·斯莫瑟斯成了他正式的竞选主管。在大选的前夕，民意调查者们认为保尔森将吸引数百万张的补名选票。

在选战的最后两周，民意测验开始显示出尼克松失去了那种神奇的力量——在政治竞争和棒球系列赛中人们常说的"势头"。尼克松的支持者人数停滞不前，而汉弗莱的支持率却继续增长，这一事实预示了汉弗莱能够更进一步的趋势。

众议院的选举也获得了关注，与过去的许多年相比，这次它获得了更多的竞选资助，也更富争议性。其原因在于存在一种可能性：如果汉弗莱和尼克松最终获得的选举人票数相当接近，并且华莱士又能赢得南部一些州的支持，那么就没有人能够在各州的选举人票数上获得多数，在这种情况下就将由众议院决定大选的获胜者。但是广大选民们并不认为这会是一个令人满意的结果。事实上，当时的一个盖洛普民意调查显示，81% 的美国人赞成废除选举团制度，而改由普选产生总统。

但是在大选日当天，华莱士没有成为一个重要因素。他从尼克松手里赢得了五个州，但是尼克松则在除得克萨斯州之外的南部各州大获全胜。尽管普选票数是美国历史上最为接近的之一——尼克松仅仅以 0.7% 的差额获胜——但是在选举团票数上，他则轻松击败了汉弗莱。民主党人控制了参、众两院，但是仅有 60% 的合格选民费心参加投票。有 20 万选民补名投票支持帕特·保尔森。

尼克松这个老牌冷战斗士的胜利，被捷克人视为美国反对苏联入侵的确认信息；大多数的西欧国家则担心，白宫易主将会延缓美越巴黎和谈的进程；发展中国家将此视为美国削减援助的信号；而阿拉伯国家则无动于衷，因为尼克松和汉弗莱都对以色列同等友好。

雪莉·奇泽姆（Shirley Chisholm）当选为首位黑人女性众议员。黑人在南部获得了 70 个席位，包括 20 世纪在佛罗里达州和北卡罗来纳州获得的首批席位，以及在佐治亚州获得的另外三个席位。但尼克松显然赢得了南部白人的大多数选票。将阿贝·福塔斯驱逐出局的同一策略也使得尼克松成功当选，然后它就成为了共和党的策略。共和党人获得了种族主义者的选票，而民主党人则获得了黑人的选票，结果证明美国的种族主义者选民多于黑人选民。自约翰·肯尼迪之后，再也没有民主党人能够获得南部白人的多数选票。

并非说所有的南部白人选民都是种族主义者，但共和党人在南部追求什么样的选票是一目了然的。每个共和党参选人都在谈论"各州的权益"。1980 年，罗纳德·里根在密西西比州农村一个籍籍无名的闭塞小镇启动了他的总统竞选。这个小镇在外界唯一的知名之处是 1964 年钱尼、古德曼和施文纳尔在此遭到谋杀。但是共和党的参选人里根却从未谈及"学生非暴力协调委员会"的这三位烈士。在费城和密西西比州启动选战时他谈论了什么？他谈论的是"各州的权益"。

第二十一章
最后的希望

现在，我对于琐碎的问题更加无动于衷了。两个手下来到我面前，他们被一些细枝末节的争论弄得气喘吁吁、面红耳赤，我很想告诉他们："好吧，地球继续绕着地轴旋转，丝毫不受你们之间的问题的影响。你们从中获得一点启发好吧……"

——迈克尔·柯林斯（Michael Collins），
《传播火种》（*Carrying the Fire*），1974 年

汤姆·海登后来这样回顾 1968 年："我想，这么一个糟糕的年份以尼克松的当选而结束还是合适的。"盖洛普民意测验显示，51%的美国人认为他会是一位好总统，6%的人期待他成为"伟大的"总统，而另外 6%的人则预计他会是"糟糕的"总统。看上去正像乔治·华莱士所谴责的加州的"东部阔少"，尼克松在他位于纽约皮埃尔酒店39 层的豪华套间里完成了组阁，从这个套间可以俯瞰中央公园的景色，酒店距离他在第五大道有 10 个房间的寓所也很近。尼克松是个工作勤勉的人，他每天 7 点起床，吃完清淡的早餐后步行走过一个半街区来到皮埃尔酒店。按照新闻报道的描述，他穿过大堂时"几乎不为人

所察觉"，然后他就开始了接下来 10 个小时的工作。拜访者中看来最能讨他欢心的是南加州大学的明星 O. J. 辛普森，这个橄榄球运动员比历史上任何其他的大学运动员的推进码数都高，并且获得了当年的海斯曼奖。"你会使用那种选项传球战术吗，辛普森？"这位当选总统十分好奇。

对于内阁之下的 2000 个高层职位的人选，尼克松告诉助手们他希望做尽可能广泛的搜索。牢记着这个指示，助手们让尼克松亲自起草了征求意见的信函，然后寄给了《美国名人录》（*Who's Who in America*）中收录的 8000 个名人。因此有一些新闻报道称，尼克松也征求了埃尔维斯·普雷斯利的意见，因为猫王恰好也被收在名人录中。尽管在惯例上总统会逐一公布内阁的人选，但是为了驯服在过去 10 年对其政治生涯困扰不已的媒体，尼克松在华盛顿的一家酒店一次性宣布所有内阁成员的名单，三大电视网同时在其黄金时段报道了这个消息。

这是尼克松罕见的电视创举之一。但是，另一项技术确实对尼克松产生了奇异的吸引力，但最后却成了他的祸根——录音机。约翰逊政府相当严格地限制使用偷录和窃听设施，但是在 1968 年春天，国会通过了一项打击犯罪的法案，它在很大程度上放宽了可以使用这些设施的联邦机构数量，以及准许使用这些设施的具体情境。约翰逊总统于 6 月 19 日签署了这项法案，但是他表示自己认为国会"批准了联邦、各州和地方官员在几乎不受限制的情形下进行偷录和窃听，这是采取了不明智的和具有潜在危险性的措施"。即便在法案通过之后，约翰逊仍指示司法部长拉姆齐·克拉克（Ramsey Clark）继续限制使用这些监听设施。但当选总统尼克松则批评约翰逊政府没有运用新的打击犯罪法案所赋予的权力。尼克松将偷录和窃听设施称为"打击犯罪最为有效的执法工具"。

尼克松对如何使用监听设施也有了新的想法。12月，尼克松的助手们公布了在阿拉巴马州的伯明翰和纽约的韦斯特切斯特县设立监听站的计划，这样的话，这位当选总统就能听到"被遗忘的美国人"的话语。这个计划是让志愿者们录下各种不同的邻里街区、市民会议、学校和集会中的对话，借此总统就可以听到美国人之间的交谈。来自韦斯特切斯特的一名志愿者称："总统先生表示，他可以为被遗忘的人找到一个办法与政府对话。"

芝加哥大会仍是美国一个日渐激烈的辩论的核心，即所谓的"法律与秩序"这个议题。尽管人们对于芝加哥骚乱事件的第一反应是厌恶戴利和芝加哥警察的所作所为，但是越来越多的人辩称，戴利和芝加哥警察强力维持"法律与秩序"的做法是正确的。12月初，由蒙哥马利·沃德百货公司副总裁和法律总顾问丹尼尔·沃克（Daniel Walker）领导的一个政府委员会，针对芝加哥骚乱发布了题为"冲突的权利"的调查报告。这份报告的结论指出，这一事件简直可以说是"警察的骚乱"，但是学生们使用的淫秽语言也大大激怒了警察。但不仅是左派，连主流的媒体都指出，警察对于淫秽语言已习以为常，因此人们不禁要问，这是导致警方纪律看起来完全废弛的原因吗？戴利本人就是以使用无法被媒体引述的肮脏语言而著称的。

报告同时描述道，当受害者们从警察那里逃脱，警察为了泄恨就肆意殴打他们能找到的任何一个人。但这份报告从未探究警察的暴力为何针对麦卡锡的竞选工作人员及其支持者。《生活》杂志的报道称，最腐败的警察部门也是最为暴力的，言外之意是这些都是违抗命令的

"坏警察"。但是包括戴维·德林杰在内的许多示威游行者，仍然确信这远非警方纪律的废弛所致，"有组织的警察暴力行为是计划的一部分"，德林杰在向国会作证时这样表示。

在另一方面，仍然有许多人相信芝加哥警方的行动是完全正当的。所以沃克报告既没有治愈伤痛或解决问题，也没有澄清事实真相。众议院非美活动调查委员会[1]自行召开听证会，并传唤汤姆·海登和其他新左派分子出庭，但他们未能听到杰里·鲁宾的证词，因为他穿着租来的圣诞老人服装并且拒绝换装。阿比·霍夫曼则因为穿着一件模仿美国国旗图案的衬衣而被捕，对他的指控是基于一条新近通过的法案——对国旗的"不敬"将构成联邦罪行。委员会的执行主席是来自密西西比州的民主党人理查德·艾科德（Richard H. Ichord），他声称沃克报告和报道此事件的新闻记者一样，都是"过度反应"。预料之中的是，火眼金睛的非美行动调查委员会揭露这整出事件都是"共产党人的阴谋"。他们的证据是：德林杰和海登都曾在巴黎与北越和越共官员会面。艾科德以莎士比亚式声情并茂的样子说道："暴力与这些先生们如影随形，如同黑夜紧紧跟随白昼。"

政府印刷局拒绝印制沃克报告，因为委员会不愿删除目击者们指责的学生和警察对骂中的淫秽语言。沃克表示，如果删除这些字眼会"有损整个报告的重要基调"。戴利本人则称赞了这份报告，只是对其总结部分提出了批评。当他走出新闻发布会的会场时，记者们朝他叫嚷着："你手下的警察骚乱是怎么回事？"但是戴利市长没有发表任何评论。

---

1 非美活动调查委员会（the House Un-American Activities Committee），1938年成立，目的是为了揭露美国国内与纳粹有关联的美国公民。它更为知名的是1969年调查被怀疑与共产党人有关联的公民、公务员和机构的活动。1975年，这一委员会被取消。参议员尤金·麦卡锡经常被误以为与这个委员会相关，但事实上他是参议院的"政府运作委员会"和"政府调查永久分委员会"的主席，并未直接参与非美活动调查委员会的运作。

随着民主党人和共和党人在日益压抑的美国竞相争夺支持"法律与秩序"的选民，国会为了遏制反战运动而通过了几条法律，阿比·霍夫曼因其衬衣图案对国旗"不敬"而被捕，就是依据其中的一条法律。1968 年通过的另一条法律，将意欲实施暴力而跨过州界也定为犯罪行为。芝加哥的联邦检察官考虑用这条未经实践的法律控告芝加哥示威游行的领袖。但是约翰逊的司法部长拉姆齐·克拉克对这个共谋罪审判毫无兴趣。但在尼克松上台后，他任命纽约的债券律师约翰·米切尔（John Mitchell）为司法部长，于是情况发生了变化。米切尔曾经表示，克拉克的"问题"在于"他总是从哲学角度关注个人权益"。他试图发起这个共谋罪审判，于是在 1969 年 3 月 20 日，汤姆·海登、伦尼·戴维斯、戴维·德林杰、阿比·霍夫曼、杰里·鲁宾、博比·西尔、约翰·弗罗因斯（John Froines）和李·韦纳（Lee Weiner）等八人被起诉——史称"芝加哥八君子"。海登、戴维斯、德林杰、霍夫曼和鲁宾都公开承认自己组织了芝加哥的游行示威，但是他们否认挑起暴力行为，这一点即便是在官方的沃克报告中也归咎于警察。但是他们和黑豹党的领袖博比·西尔几乎不认识。在审判中，因为博比·西尔反复地将朱利叶斯·霍夫曼（Julius Hoffman）法官称为法西斯主义者，霍夫曼下令将希尔捆绑并封住他的嘴。所有人都不知道为何"学生争取民主社会"的积极分子弗罗因斯和韦纳也被起诉，这也是唯一被无罪开释的两人。其他人在上诉之后，原判决也被推翻[1]。倒是约翰·米切尔后来在水门事件调查中因伪证罪而被判入狱。

---

[1] 1972 年 11 月，因为认定原审法官基于法律和种族偏见拒绝准许辩方律师审查未来的陪审员的资料，美国的上诉巡回法院撤销这一判决。在 1969 年的审判中，案件中的所有被告及其辩护律师也因其藐视法庭的行为被判入狱，但是在对于这个指控的重审中，法官虽认为德林杰、鲁宾和霍夫曼有罪，但选择不判决入狱服刑和罚款。

意大利人一度被弗兰卡·薇奥拉（Franca Viola）的故事所吸引，她终于嫁给了一位以前的同学，这是她的真爱。两年前，她拒绝了一名富家子弟弗利波·梅洛迪亚（Filippo Melodia）的追求，于是梅洛迪亚绑架并强暴了她。被强暴后，妇女只能嫁给强暴者，因为她是被玷污的，其他人无法接纳她，这是在西西里的男人中流传了近千年的法则。但是弗兰卡的行动获得了许多意大利人的赞扬，她和梅洛迪亚对簿公堂，并对他说道："我不爱你。我不会嫁给你。"这对于梅洛迪亚是沉重的一击，不仅是因为弗兰卡拒绝了他，而且按照西西里的法律，如果一个妇女不和她的强暴者结婚，强暴者就会受到审判。梅洛迪亚因强奸罪被判入狱 11 年。

12 月 3 日，在两名罢工工人于西西里被枪杀后，工人和学生们进行的罢工和示威使得意大利陷入瘫痪状态。无政府主义者引爆的一颗炸弹炸毁了热那亚的一间政府食品办公室，炸弹手们留下的传单上写着"打倒政府！"。12 月 5 日，一场总罢工又使罗马陷入瘫痪。但是在 12 月 6 日，工人们结束了要求增加工资的罢工，剩下 1 万名示威学生孤军作战。

在法国，将工人运动和学生运动结合起来的想法依然存在，但也依旧失败。12 月 4 日，雅克·索瓦若与工会领袖们会面，希望重建在春季时未能达成的联合阵线。在过去一年多的时间里，戴高乐一直人为地支撑法郎币值，因为他相信所谓的"坚挺的法郎"。现在法郎被严重高估，其币值在国际货币市场中急剧下跌。但戴高乐却没有采取通常的财政手段使法郎贬值，令欧洲和金融界震惊的是，为了支撑贬值的法郎，他实施了一系列极端的措施以削减社会福利支出。怒不可遏的法国工人在 12 月 5 日开始罢工。但是到了 12 月 12 日，政府通过谈判使罢工偃旗息鼓。而当学生们关闭楠泰尔大学以抗议警察讯问学生的企图时，他们发现自己再次陷于孤立无援的境地。法国政府则威胁将开除大学中的"学生煽动者"。

每发生一次打击，人们就会预测戴高乐将被驯服——他的声望在春季的骚乱和罢工后急剧下降，他的外交政策被苏联的入侵动摇，他的经济被法郎的崩溃摧毁。但是到了1968年年底，戴高乐第三次阻止了英国加入共同体市场，这令其欧洲伙伴们极度沮丧。

11月7日，贝亚特·克拉斯菲尔德（Beate Klarsfeld）——犹太裔法国幸存者和著名的纳粹追捕者塞尔吉·克拉斯菲尔德（Serge Klarsfeld）的非犹太裔德国妻子，前往柏林参加社会民主党大会。她走向总理基辛格，斥责他是纳粹分子并打了他一记耳光。到1968年年底，西德共将6221名在纳粹统治时期犯下罪行的德国人送进监狱——虽然被定罪者数量可观，但是其中只有比例极小的纳粹罪犯。在1968年，总共只有30个纳粹被定罪，其中大都是次要和籍籍无名的人物。尽管在希特勒统治时期有无数活跃和残忍的法院，但没有一个法官被送进监狱。汉斯·乔吉姆·雷泽（Hans Joachim Rehse）是一名曾判处230人死刑的纳粹法官，但是在12月6日，柏林的一个法院却判决他无罪。检方选择对他七宗独断专横、明目张胆的滥用司法罪行提出起诉，但是法庭的判决则认为其中只有一宗涉及滥用法律，而且它不是雷泽有意为之。这个判决是基于此前的一个判例："如果法官被纳粹的意识形态和当时的法哲学蒙蔽"，那么他们是无罪的。当雷泽离开法庭时，周围的人群高叫着"可耻！可耻！"，一位老人迎上前去，在他脸上狠狠扇了一巴掌。此后的一周里，有8000人游行穿过柏林来到市政厅以抗议释放雷泽。时间已所剩无几，联邦法律规定的对纳粹罪行的起诉时限是 1969 年 12 月 31 日，一年多后即将到期。

1968 年的夏天，西班牙政府在巴斯克地区的吉普斯夸省实行无限期的戒严。在拉斯卡诺村，教士指责风琴手不应在"升华的圣礼"中演奏西班牙国歌。教士因其批评言论而被罚款，因为那位风琴手恰好也是村长，此举对他来说不费吹灰之力。当村长外出时，他的房屋被焚毁。五名巴斯克青年被逮捕并拘留五天。据目击者称，有三天的时间里，警察踢踹和殴打被铐在椅子上的这五名青年。屈打成招之下，尽管只有警方证词而无其他任何证据，检方要求对他们判处死刑。12月，他们中的三人被判入狱 48 年，一人被判入狱 12 年，只有一人被无罪开释。

根据西班牙的费迪南德国王和伊莎贝拉王后颁布的法令，所有拒绝皈依天主教的犹太人都将被驱逐，这一法令已实施了 476 年，然而在 12 月 15 日，为了显示对正义的关切，西班牙政府宣布废止这条法令。

6 月，当汤姆·海登号召"造就两个、三个，乃至更多的'哥伦比亚大学'"时，他补充说明其目标是"从而使美国要么进行变革，要么就派出军队占领美国的大学校园"。到 12 月时，他已经看到了其中的第二幕。12 月 5 日，在旧金山州立大学师生和警察持续一周的冲突与混战后，全副武装的警察手持武器，投掷胡椒喷雾剂罐，开始对校园进行清场。面对 2000 多名学生，一周前刚刚就职的代理校长海亚克瓦（S. I. Hayakawa）谴责了 1964 年的"自由言论运动"，从而明确表明了他的态度："警察是奉命进行校园清场。再不会有无辜的旁观者了。"此次抗议活动的起因是黑人学生要求开设有关黑人研究的课程。在1968年最后的三周中，驻扎在旧金山州立大学的武装警察分队屡屡攻击聚集起来抗议的学生们，依靠这种方式，大学才没有被关闭。

旧金山州立大学附近的圣马特奥学院曾因暴力冲突被关闭，在12月15日它重新开放，但是防暴警察驻守在校园的各处，用该校校长的话来说，这里"就像一个兵营"。

哥伦比亚大学的校园因骚乱而满目疮痍，被千夫所指的格雷森·柯克校长在8月份辞职；12月，他迁入了布朗克斯的里弗代尔区拥有20个房间的宅邸。这个宅邸是由其业主哥伦比亚大学提供的。

12月初，曾支持尼日利亚联邦政府的英国，改变了它对比夫拉战争的立场。尽管此前英国坚称尼日利亚政府的胜利指日可待，现在他们则将这场战争视为毫无希望的僵局。美国也改变了它的政策。约翰逊总统下令，为比夫拉制定总值2000万美元、从海陆空三栖进行救济的大规模应急计划。法国一直都向比夫拉提供救援物资，尼日利亚曾愤怒地表示这是使比夫拉得以维持的唯一资源。在每天晚上6点，提供救济物资的飞机从加蓬首都利伯维尔起飞。但是比夫拉的战斗只能再多持续一年而已，1970年1月15日，当它最终投降时，据估计已有100万平民死于饥馑。

在11个月的谈判之后，美国船只"普韦布洛号"（Pueblo）的82名船员终于被朝鲜释放，作为交换，美国政府承认"普韦布洛号"被捕获时正从事侦察行动。一俟82名美国人获得安全，美国政府立刻否认了此前的声明。有些人觉得一个国家以这种方式处理事务有些奇怪，另外一些人则认为，为了在避免战争的前提下使船员获释，这是一个必要的小小代价。至于"普韦布洛号"被捕获时到底在做什么，迄今仍没有答案。

在越南，关于"美军新师"3月施行了美莱大屠杀的消息在持续传播。在秋天，师部收到了第11旅士兵汤姆·格伦报告大屠杀的信件，而新上任的美军新师副作战参谋科林·鲍威尔（Colin Powell）少校奉命给予书面回复。但在没有和格伦面谈的情况下，他回复说这些指控不值一提——它们都是毫无依据的谣言。但仅在九个月之后的1969年9月，威廉·卡利（William Calley）中尉就被指控进行了多起谋杀，到11月份它则成为了一条重大新闻。但是鲍威尔仍然声称，他直到大屠杀发生之后的两年才听说此事。鲍威尔在这个掩盖行为中所扮演的角色——在大屠杀发生时他甚至都不在越南——始终不为人知，直到1995年9月《新闻周刊》杂志所刊发的报道将其与鲍威尔竞选总统的传言联系起来。

尽管约翰逊在11月宣布单方面停止轰炸北越，并且期望此举将导向彻底的和建设性的谈判，但是在12月6日，征兵局宣布征兵指标将每月增加3000人。到了12月中旬，在巴黎的和谈代表则表示，由于大选的临近，约翰逊"过于夸大"了和平前景。

1968年年底，巴黎的美越和平谈判专心致志地以艰苦和决绝的努力解决……谈判桌的问题。北越代表团坚决要使用正方形的桌子，而南越代表团则完全不能接受这个方案。各个代表团激辩的提议还包括一张圆桌，两弧相对但不分开，或者是两弧相对但是分开。到了年底，关于这张隐喻性的桌子的布局共提出了11种建议，这也是和谈迄今唯一的成果。在谈判桌问题的背后是更棘手的现实，比如北越代表团坚持要有越共游击队代表参与，然而越共游击队拒绝与南越对话，但是它又愿意和美国代表进行交流。

乔治·麦戈文（George McGovern）参议员，这个最后一刻才决定参选的、支持和平的候选人，在芝加哥大会上脱口说出了许多人藏在心底的话，他将南越的副总统阮高祺（Nguyen Cao Ky）称为"自命不凡的独裁者"，并且谴责他和其他南越官员阻碍了和平谈判。"阮高祺一边在巴黎的豪华场所浪荡，一边为坐圆桌或者方桌讨价还价，美国士兵为了支持他的腐败政权却在越南战死。"出于对约翰逊总统的尊敬，也是为了避免干扰和谈，这位反战参议员的原则是避免坦率地批评南越人。但随着约翰逊总统的任期行将结束，有些人打算更为直言不讳，有些人表示仍将等到尼克松就任总统之后再畅所欲言，而麦戈文则提早了两个星期。当时的一项盖洛普民意测验显示，占据微弱多数的美国人赞成撤军并让南越人自行作战。

麦戈文力陈应该对越战的教训作深刻的检讨。对麦戈文而言，最大的教训即"进行历史类比的危险"。虽然20世纪60年代早期在东南亚和30年代在欧洲发生的情形全无相似之处，但经历过第二次世界大战的一代人之所以深陷越战的泥潭，部分原因在于他们目睹了对于希特勒的姑息养奸。

麦戈文表示："这是一场每天都进行伤亡人数统计的战争，多年来，它向我们提供这些数据，就像是提供足球比赛的比分一样。"军方理解这也是一个错误。他们甚至夸大了伤亡人数的统计数字。未来的战争将会尽可能地减少流血，用军事术语就是说，尽量不提供对方的伤亡数字。

军方也在总结它自己的教训，但它们与麦戈文尝试开启这个讨论时的所想并不完全契合。军方的结论是，在一个电视的时代，必须更严格地控制新闻记者；必须仔细地审查有关战争的形象；将军们必须考虑一场战役在电视上看起来会是怎样的情形，以及如何去操控那种情形。

兵役制的概念将会被抛弃，因为它造就了太多并不心甘情愿的士兵以及不利的公共舆论。最好是拥有完全由自愿者组成的部队，它吸收来自某些社会群体的成员，那些需要就业和事业机会的人。如果大学生不再被要求参战，战争在校园里也就不再会成为一个重大议题。

但是战争也就是用于对付防御能力相对较弱的国家，因此若是和那些可以进行数周而非数年抵抗的国家作战，技术上的优势就至关重要。

1968年的结束和它的开局完全一样，都是美国在谴责越共破坏了它自己的圣诞停火协议。但是在这一年的进程中，共有14589名美国军人在越南阵亡，从而使美军的伤亡总数增加了一倍。当美国最终于1973年从越南撤军，1968年仍是整个越战中伤亡人数最多的年份。

在1968年年末，捷克斯洛伐克依然不屈不挠。10万名学生进行了三天的全国性静坐罢课，其间也有蓝领工人进行短暂的罢工予以声援。杜布切克发表了一个讲话，表示政府正竭尽全力以恢复改革，但是人们应该停止挑衅行动，因为这将只会遭致政府采取强硬措施。事实上，到12月，随着国外旅行的禁令重新生效，最后的改革成果也一笔勾销了。12月21日，杜布切克向斯洛伐克共产党中央委员会发表了演讲，这是他在1968年的最后一次演讲。他仍然坚决地认为应该继续改革，并且他们将建成一种社会主义的民主。如果不是讲演中有几处谈及"目前的困难"，它几乎会被人们认为写于"布拉格之春"的高潮。他说道：

1 月份之后所实行的政策有一个持久和积极的特点，即
要求我们必须始终如一地确保根本的权利与自由，遵守社会
主义的合法性，并为遭受不公正待遇的公民全面平反。

杜布切克敦促每个人都回家，花时间与家人相处和休息。1969 年，
杜布切克被解除职务，然后在 1970 年被开除出共产党。杜布切克和
他的改革——"有着一张人性面孔的社会主义"——都渐渐在历史中
消失。因为意识到再也无法推行他希望的任何政策，姆林纳日在 1968
年 11 月辞职，他表示："我们真是傻瓜。但是我们的愚蠢在于对社
会主义进行改革的观念和想法。"

1968 年 4 月，杜布切克接受法国共产党的《人道报》(l'Humanite)
采访时表示：

我无法明白，为什么基于民主原则的富有活力的运作、
基于人们的自由表达权利的一种社会主义制度，竟然会更不
稳固。相反，我深切地相信，在党内和公共生活中的民主氛围，
其结果将会加强我们社会主义社会的团结，并且借此我们将
得以说服我们国家一切有才能的公民进行积极的合作。

杜布切克，这个脸上带着亲切笑容的官员，是一个令人困惑的矛
盾混合体。他的整个生涯都是作为集权主义发动机上的一个齿轮，然
而登上权力的顶峰后，他宣布自己是一个民主主义者。他既是一个实
用主义者，也是一个梦想家。在东欧社会主义政治的巴洛克式迷宫中，
他可能是个技巧纯熟的操控者，但最终他还是承认自己太天真了。

到了 1968 年年底，苏联人虽然忧心忡忡，但是他们仍然没有意识到，当他们扼杀"布拉格之春"的梦想时，他们付出了多大的代价。杜布切克试图像哥穆尔卡在 1956 年那样东山再起：克制他的雄心，降低人民的期望，与莫斯科友好相处。但杜布切克不是哥穆尔卡，至少这是苏联的结论——捷克斯洛伐克人民仍试图判断他到底是怎样的一个人。人们经常会忘记，在 1968 年，杜布切克是一个坚定不移的反战领袖，他甚至不会考虑以武力解决以拯救自己——作为一个领袖，他拒绝被欺凌或收买，无论是社会主义或资本主义，他从来没有参与冷战的游戏，从来没有转向资本主义者，从来没有违背任何一个条约、协议，甚或他自己的承诺——并且他仍执掌权力，真正的权力，虽然只持续了 220 个激动人心的日子。在此期间，不可能之事似乎变成了可能，如同 5 月时写在巴黎的围墙上的口号："做现实主义者，寻求实现不可能之事。"在杜布切克消失之后，没有人觉得自己曾真正了解这个人。

苏联在 1968 年 8 月 20 日对捷克斯洛伐克的入侵，标志着苏联开启了它自身的终结。20 多年后，当苏联最终瓦解时，西方世界为之震惊。他们都已经忘记了当年。但在苏联的入侵发生时，即使是《时代》杂志都预测了它的终结。这是一个英雄主义的苏联的完结：这个国家曾受到举世敬仰，因为它勇敢地傲立一方，建设了世界上第一个社会主义国家；因为它是其他社会主义国家兄长般的重要保护者；因为它牺牲了数百万人才使欧洲去除了法西斯主义的奴役。但它不再被视为一个仁慈的国家。它是一个实行"家长制"的霸权主义国家。在苏联解体之后，杜布切克论及苏联注定的本质缺陷时写道："它的体制禁锢变革。"

苏联的解体比大多数人预计的时间要长一些。2002 年，米哈伊尔·戈尔巴乔夫，苏联的最后一任领导人曾这样告诉他的多年好友、前杜布切克政府官员姆林纳日：

> "布拉格之春"尝试着对社会主义制度形成一种新的理解，对于它的武力干涉也在苏联内部产生了一种严重的反应，这导致对于思想自由的所有形式都进行了直接的攻击。苏联强大的意识形态和政治机构的应对行动异常坚决、毫不妥协。这对于所有的国内和国外政策，以及整个苏联社会的发展都产生了影响，由此苏联进入了严重停滞的状态。

杜布切克的梦想虽然从未找到其实现的路径，但与实际发生的大不相同——社会主义阵营的瓦解。他和许多共产党人一直相信可以矫正苏联体制的弊端，相信在苏联的领导下共产主义可以成功，但是在苏联入侵捷克斯洛伐克之后，没有人再相信这点。而一旦丧失了这个信念，就没多少剩下的东西可以信仰了。

这个梦想破灭以后，持改革立场的共产党人就没有了任何选择，只能转向他们认为有着无法接受的缺陷的资本主义。和 1968 年一样，他们犯了同样的错误——他们以为可以对资本主义进行改革，并且赋予它一张人性的面孔。

在波兰，1968 年时的知识分子和学生在一二十年后的 80 年代终于和工人联合起来，社会主义制度在波兰宣告终结。在 2001 年接受的一次访谈中，亚采克·库龙说到新的体制时几乎潸然泪下：

我希望造就一种民主制度，但我对此并未考虑成熟，其证据就是我以为资本主义可以进行自我改革，而诸如工人的自治等可以在以后实现。但那似乎为时已晚。这证明了我的盲目……

　　苏联社会主义模式的问题在于，中央集权化极易导致个人集权，没有任何方法可以改变这一点。资本主义是富人的独裁统治。我不知道该如何应对它。中央控制无法阻止资本主义。我感到遗憾的一件事就是加入了首届政府（后社会主义时代的）。我的加入促进了人们接受资本主义。

　　我以为资本主义是可以自我改革的。它不能。它就像苏联——一个小集团控制了它，因为资本主义需要资本。在这里（波兰），现在有一半人处在饥饿的边缘，而另一半人则觉得自己成功了。

　　在 1968 年年底接受采访时，最受尊敬的美国历史学家之一、81岁高龄的塞缪尔·埃利奥特·莫里森（Samuel Eliot Morison）表示："此前我们经历过反常的时期，那时它们看起来充满可怕的、无法解决的无序和暴力。然而，作为一个国家，我们继续存活下来。我们的民主的创造性在于其和解的空间，在于我们将自由与权威进行平衡的能力。我坚信这次我们将达成一种新的平衡，同时在这样一个过程中，获得对于我们与人民之间关系的新认识。"

　　如同亚采克·库龙在波兰所发现的，这个世界的变化和那些试图改变这个世界的人所期望的相去甚远，但这并不意味着 1968 年没有改变世界。反战积极分子并没有终结美国的霸权战争，他们所改变的仅仅是战争的实施方式，以及如何说服公众接受战争。通过反对征兵制，反战积极分子向将军们表明了如果要继续进行战争必须怎么做。

在历史中，将根本性的变动归因于一个具体的时刻总是不准确的。1967 年、1969 年，以及所有早些的年份都造就了独特的 1968 年。但是 1968 年是这种转换、这种本质上的改变的震中，它标志着我们后现代的由媒体驱动的世界的诞生。这就是为什么作为那个时期大众文化最主要的表达——当时的流行音乐仍然对此后的各代青年有重大的意义。

1968 年是冷战结束的开端，也是新的地缘政治秩序的黎明。在这种新秩序中，政治和领袖的性质都发生了改变。特鲁多以其风格而非实质而暴得大名，说明这种获取和行使领导权的方式已开始确立。20 世纪 60 年代的伟大先知马歇尔·麦克卢汉曾预言："一个政客将异常高兴地放弃权力以换取他的良好形象，因为他的形象在任何时候都会比他本人更有威力。"1968 年一代后来掌权的政治领袖，例如美国的比尔·克林顿与英国的托尼·布莱尔，都显示出他们对这种概念的领导才干是无师自通。

在 1968 年，"利益集团"经常会表示，但愿这些激进青年以这种激进方式行事，只是因为他们年轻——随着年龄的增长，他们一定会"冷静下来"并忙于赚钱。资本主义制度的力量，如墨西哥的革命制度党所示，在于它无限信奉自己的收买能力。但事实上，1968 年一代仍保持其激进分子的本色。美国的民意测验者发现，年轻的选民，尤其是 18 岁至 21 岁——这些拜 1968 年的激进行动主义所赐而获得选举权的年轻人，他们是最不愿意参与投票选举的群体。

1968 年 10 月，当海登面对"暴力成因与预防全国委员会"

（National Commission on the Causes and Prevention of Violence）作证时，利昂·希金博特姆（A. Leon Higginbotham）法官询问他，如果给予18岁的年轻人投票权，他是否认为年轻人的挫折感会减轻。海登则警告称，如果他们找不到可投票支持的人选，那么拥有投票权只会加剧他们的挫折感。大多数1968年时的领袖，要么像科恩-本迪特和汤姆·海登那样保持着政治上的活跃，要么成为了记者或教师——这些是试图改变世界的更直接的方式。亚当·米奇尼克成为了中欧发行量最大的报纸的编辑——他从未想象这会发生在自己身上，经常接待在法国被称为"68年代人"的来访者。"我在1秒钟内就能认出'68年代的人'，"他声称，"它与政治无关，它是一种思维方式。我见过比尔·克林顿，我可以看出他是一个'68年代的人'。"

当然，1968年的沉痛教训之一在于，当人们试图改变世界的时候，其他出于既得利益而试图维持世界现状的人会为了使他们噤声而不择手段。1970年，四位反战示威者在肯特州立大学被枪击身亡。

然而，全世界的人都知道他们并非无能为力，都知道他们可以像1968年的人们那样走上街头。而政治领袖们，尤其是接受过60年代洗礼的那些媒体奇才，都十分了解忽视这些大众运动的风险和代价。25岁以下的人在这个世界上没多少影响力，但令人惊叹的是，一旦他们准备好进行游行，他们的能量将令人刮目相看。还记得1968年吗？20世纪90年代中期，当学生们在巴黎开始抗议，密特朗政府对它的关注和重视程度，相当于戴高乐政府当初在一批大学陆续被关闭后才表现出的。密特朗对1968年记忆深刻，其政府中的每一个成员都是如此。1999年11月29日至12月3日，当西雅图举行的世贸组织大会遭遇大型和愤怒的"反全球化"示威游行时，它给当时的克林顿总统——世界贸易的热心推动者——留下了如此深刻的印象，以至于从那以后，他经常会讨论这个运动。

1968年是可怕的一年，然而它又是能激起许多人的怀旧之情的一年。尽管有成千上万人死于越南，100万平民在比夫拉被饿死，波兰和捷克斯洛伐克的理想主义被碾碎，墨西哥发生了大屠杀，持异见者在全世界范围遭受拷打和野蛮虐待，两个给全世界带来了最大希望的美国人被谋杀，但是对许多人来说，这是一个充满了伟大的可能性而令人怀念的一年。如同加缪在《反抗者》中所写，那些渴望安宁时光的人其实渴望的"不是减轻苦难，而是让苦难噤声"。1968年的激动人心之处在于，那时全球范围内的许多重要群体拒绝对世界上的许多不公保持沉默。他们不可能被噤声。他们的人数是如此众多，如果别无选择，他们就会走上街头厉声控诉。它给予了这个世界少有的一线希望，令其意识到哪里有罪恶，哪里就一定会有人们揭露并试图改变它。

但在1968年行将结束之时，许多人都感到疲倦和愤怒，并渴望读到并非令人消极和绝望的新闻。正是在那年年底，美国国家航空航天局（NASA）提供了一条这样的新闻。仅仅七年前——那时的美国似乎更年轻，那时政治谋杀似乎只发生在其他贫困和动荡的国家，那时后来将要去作战、捐躯和抗议示威的一代人还只是中小学生——肯尼迪总统承诺，在那个十年结束之前人类将登上月球。1961年5月25日，他宣布：

我相信，在这个十年结束之前，这个国家将致力于实现一个目标：使一位宇航员登陆月球并安全返回地球。在这一时期，没有其他太空项目会比它更令人类难以忘怀；没有其他太空项目会比它对于远程的太空勘测更为重要；同时，也没有其他太空项目会比它更加昂贵和更难以获得成功。在非常真切的意义上，它不仅仅是一个人飞向月球——而是整个国家。

20 世纪 60 年代的年轻人曾对早期的太空探测异常兴奋，当时是由电台报道并在学校教室中广播的。人们感觉生活在一个探索未来的新世纪，它可以与 15 世纪的那种感觉相比拟。但不知怎的，太空探索似乎渐渐淡出，或者说至少是每个人的关注点都转移了。年轻人不是去月球，而是去越南。间或会有报道谈及国家航空航天局的预算被迫削减以便为越战输血。肯尼迪认为月球登陆将耗资甚巨的预测是准确的：从 1958 年 10 月 1 日组建到 1968 年 10 月 1 日的十周年里，国家航空航天局在太空任务上已耗费 440 亿美元。

然后在 9 月底，人们得以退回到那个更纯真的年代。好像苏联对捷克斯洛伐克的入侵没有发生似的，登陆月球的太空竞赛重回议事日程。苏联人已经发射了"探测器 5 号"（Zond 5）环绕月球飞行，并且看起来他们将很快把一个苏联太空人送上月球。10 月，美国人送了三个人执行"阿波罗 7 号"任务，他们乘坐为最后登陆月球设计的宇宙飞船，绕着地球轨道环行了 11 天。飞船在 1 月份的一次非载人任务中接受了首次测试。由于"阿波罗 7 号"非常顺利地完成了任务，按照国家航空航天局的说法是"完美完成"，于是它决定超前一步。原计划将重复"阿波罗 7 号"飞行任务的"阿波罗 8 号"，将转而离开近地轨道并绕月飞行。然后在 10 月底，苏联将一名太空人送上"联盟 3 号"（Soyuz 3）

飞船，抵达了历史上人类距离月球最近的地方。

12 月 18 日，在首次卫星传输广播艾森豪威尔总统圣诞贺辞的十周年之际，"国际通信卫星 3 号"——新系列的通信卫星之一，能够将实况电视转播延伸到全世界——被成功发射。此举虽然没什么浪漫气息，却具备更大的直接效应，新的通信卫星将在太空中进行电视和电话传输的能力扩展到两倍有余。电视的新时代正式拉开序幕。

为了赶上圣诞节，"阿波罗 8 号"计划于 12 月 21 日发射。许多人预测，苏联人的纪录不会被这三名宇航员打破。伯纳德·洛弗尔（Bernard Lovell）爵士，卓越的天文学家暨英国卓瑞尔河岸天文台的负责人，表示此次任务的风险相当大，而能够获得的科学信息相对有限。美国国家航空航天局也坦承，这次任务的危险性超过以往。飞船将绕月球轨道飞行，而此前从未有载人飞船完成此举。并且，如果在环绕月球之后飞船的引擎无法启动，它就将陷入一个永久的轨道绕月环行，就像月亮的人造月亮。国家航空航天局同时也证实此次任务并非着眼于科学，其目的是为登月发展和演练必要的技术。

"阿波罗 8 号"按原定计划升空。就在飞向月球的中途，从飞船的内部转播了一段电视节目，其清晰程度是电视史上罕见的，数以百万计的人们都为此惊愕不已。当飞船接近月球时，它回身从太空中向地球传回首批关于我们小小的蓝白色星球令人震撼的照片。这些照片以黑白色刊登在全世界报纸的头版。来自"阿波罗 8 号"的电视转播和照片令人产生一种感觉，在 1968 年这第一个全球化的年份，它们就像这一年如此众多的里程碑式事件一样，是又一个全世界都在注视的对象。在圣诞节当天，三位宇航员就在距离月球表面仅仅 112 公里的上空环绕飞行，他们发现月球是灰色的，荒凉且凹凸不平。然后火箭点火，他们掉头飞返这个有着蓝色的海洋和茂盛的植物，但也充满冲突和倾轧的星球。

就在1968年行将结束之际，这个时刻充满了憧憬未来的极度兴奋。在这个瞬间，种族主义、贫困、越南战争、中东和比夫拉——它们全都被搁置一旁。公众在这时所体会到的，和1969年夏天当队友们登陆月球而宇航员迈克尔·柯林斯独自绕月飞行的感觉一样：

> 我真切地相信，如果全世界的政治领导人能够拉开一段距离，比如说从10万公里外观察他们的星球，他们的视野将被根本性地改变。至关重要的国家边界现在看不见了，喧嚣的争执突然间停止了。这颗微小的星球继续转动，它安详宁静，不会在意各个细部，它所呈现的统一的外表在强烈呼唤一致的理解和相同的待遇。地球必须变成它所显现的这样：蓝白相间，没有资本主义者或社会主义者的分野；蓝白相间，没有富人和穷人的差别；蓝白相间，没有嫉妒者和被嫉妒者的区别。

于是，1968年的终结，就如同但丁笔下那个终于从地狱回到地面并凝望群星的旅行者：

> 导师和我沿着这条幽暗的路径，
> 又开始重返那光明的世界之中，
> 我们顾不上片刻休整，
> 他在前，我殿后，我们一起攀登，

直到我透过一个圆洞，

看见一些美丽的东西显现在苍穹，

于是我们走出这里，重见满天繁星。

   ——但丁，《神曲·地狱篇》

致谢

我想对沃尔特·克朗凯特、基恩·罗伯茨和丹尼尔·肖尔表示由衷的敬仰和感激，他们如此慷慨地与我分享，为本书注入了来自他们非凡生涯的无数洞见与智慧。

我还想向我耐心的编辑南希·米勒郑重致谢，她在十年中和我一起为本书魂牵梦萦；感谢戴尔德丽·兰宁帮助我走出对于互联网的恐惧；感谢我无与伦比的经纪人夏洛特·希蒂，她是一个典型的 20 世纪 60 年代的人，一个我引以为傲的朋友。

感谢纽约公共图书馆的艾丽斯·多德的帮助与合作，感谢玛丽·哈斯克尔慷慨地与我分享她的海报收藏，感谢我的朋友汉娜·科多维兹在波兰的帮助，感谢埃尔兹比塔·沃帕扎的波兰语翻译，感谢我的朋友克里斯特亚娜·斯凯尔斯基和安杰伊·达德金斯基在华沙的帮助，感谢马克·西格尔的协助以及达赖厄斯·斯托拉对波兰历史的洞见。感谢彼得·凯特尔、费尔南多·莫雷诺和蒂托·拉米雷斯·莫拉莱斯在墨西哥城的帮助，以及尚塔尔·西丽和尚塔尔·勒尼奥在巴黎的帮助。感谢哥伦比亚广播公司的马琳·阿德勒、广播博物馆的简·克莱因，以及对我的研究提供帮助的萨拉·香农和德博拉·克洛普里克，没有他们的帮助与热情，我不知道自己将如何完成本书。

504

感谢我的妻子玛丽安·玛斯对我无微不至的帮助，她博大的胸怀使我对世界的信仰复苏，也以此纪念她的姐姐珍妮特·菲布斯，我想她应该会喜欢这本书的。我同样真挚地感谢阿道夫·阿圭勒·津瑟、劳尔·阿尔瓦雷斯·加林、埃莉诺·巴克塔德斯、弗朗索瓦·切鲁蒂、伊芙琳·科恩、达尼埃尔·科恩 - 本迪特、刘易斯·科尔、罗伯托·埃斯库德罗、康斯坦丁·格伯特、阿兰·盖斯马、苏珊娜·戈德堡、迈索科里亚·冈萨雷斯·加勒德多、汤姆·海登、阿兰·科里温、杰凯·库洛里、伊夫吉尼亚·马丁内斯、皮诺·马丁内斯·罗卡、洛伦佐·迈耶、亚当·米奇克、弗朗索瓦·皮涅特、罗伯托·罗德里格斯·巴诺斯、尼娜·尤金尼厄斯·斯莫拉、乔安娜·什切申娜的帮助，尤其感谢马克·拉德所付出的时间、殷勤好客和诚实正直，以及慷慨地准许我引用他未出版的手稿。

同时也感谢所有曾对我说"不"的人，尤其是那些迄今仍持这一立场的人。

1968: THE YEAR THAT ROCKED THE WORLD by MARK KURLANSKY

Copyright © 2004 by Mark Kurlansky

Questions for discussion © 2005 by Random House, Inc.

This Translation published by arrangement with Ballantine Books, an imprint of Random House, a division of Penguin Random House LLC through Big Apple Agency, Inc., Labuan, Malaysia.

Simplified Chinese edition copyright:

2015 Shanghai Insight Media Co.,

All rights reserved.

著作权合同登记号: 01-2015-8130

图书在版编目 (CIP) 数据

1968: 撞击世界之年 / (美) 科兰斯基著; 洪兵译. -- 北京: 民主与建设出版社, 2016.1
ISBN 978-7-5139-0935-8

Ⅰ. ① 1... Ⅱ. ① 科 ... ② 洪 ... Ⅲ. ① 世界史—现代史—史料 Ⅳ. ① K15

中国版本图书馆 CIP 数据核字 (2015) 第 283152 号

1968: 撞击世界之年
1968: ZHUANGJI SHIJIE ZHI NIAN

[美] 马克·科兰斯基 著　洪兵 译

出 版 人　许久文

出 品 人　陈　垦

出 品 方　中南出版传媒集团股份有限公司

　　　　　上海浦睿文化传播有限公司

　　　　　上海市巨鹿路 417 号 705 室 (200020)

责任编辑　李保华

装帧设计　陆　璐

责任印制　王　磊

出版发行　民主与建设出版社有限责任公司

　　　　　北京市朝阳区阜通东大街融科望京中心

　　　　　B 座 601 室 (100102)

电　　话　010-59419778 / 59417747

印　　刷　北京鹏润伟业印刷有限公司

开本: 710mm×1000mm 1/16　　印张: 32.5　　　字数: 380 千字

版次: 2016 年 1 月第 1 版　　　　印次: 2016 年 6 月第 2 次印刷

书号: ISBN 978-7-5139-0935-8　　定价: 78.00 元

浦睿文化
INSIGHT MEDIA

出品人：陈垦
监　制：张雪松　余西　出版统筹：戴涛　策　划：张雪松　余西
编　辑：杨俊君　　　　装帧设计：陆璐

浦睿文化 Insight Media
投稿邮箱：insightbook@126.com
新浪微博 @浦睿文化